SMART CARS ELECTRONICS AND SOFTWARE

Development Methods, System Integration, Process System and Project Management

智能汽车电子与软件

开发方法、系统集成、流程体系与项目管理

杨修文 著

机械工业出版社
CHINA MACHINE PRESS

图书在版编目（CIP）数据

智能汽车电子与软件：开发方法、系统集成、流程体系与项目管理/杨修文
著. —北京：机械工业出版社，2024.4

ISBN 978-7-111-75116-8

I.①智… Ⅱ.①杨… Ⅲ.①智能控制–汽车–研究 Ⅳ.①U46

中国国家版本馆 CIP 数据核字（2024）第 043658 号

机械工业出版社（北京市百万庄大街 22 号　邮政编码 100037）
策划编辑：杨福川　　　　　责任编辑：杨福川
责任校对：龚思文　张　薇　责任印制：李　昂
河北宝昌佳彩印刷有限公司印刷
2024 年 4 月第 1 版第 1 次印刷
186mm×240mm・21.75 印张・471 千字
标准书号：ISBN 978-7-111-75116-8
定价：109.00 元

电话服务　　　　　　　　　网络服务

客服电话：010-88361066　　机 工 官 网：www.cmpbook.com
　　　　　010-88379833　　机 工 官 博：weibo.com/cmp1952
　　　　　010-68326294　　金 书 网：www.golden-book.com
封底无防伪标均为盗版　机工教育服务网：www.cmpedu.com

Praise 赞　誉

本书以通俗易懂的语言介绍智能汽车电子与软件的知识，无论你是初学者还是经验丰富的工程师，都能轻松理解其中的内容，快速掌握关键概念和技术要点，提升自己在智能汽车电子与软件领域的专业水平。

——马小龙　小鹏汽车功能安全专家

作者结合自身多年开发经验，深入浅出地介绍了智能汽车软件在架构设计、软件开发、系统集成等各个环节的核心技术，帮助读者构建完整的智能汽车电子软件开发体系。本书逻辑清晰，各章节之间关联性强，无论是对零基础的初学者，还是对希望进一步拓展专业知识的从业者来说，都是不可多得的学习材料。你可以根据自己的需求和兴趣灵活选择阅读的重点，提升专业技能。

——韦松　吉咖智能机器人有限公司研发总监

本书从需求、架构、集成、测试等多个维度详解汽车软件产品开发过程，从软件开发到汽车产品集成，为汽车产品开发人员搭建了完整、清晰的技术与工程认知框架。本书对汽车电子电气架构的理解尤为精彩，从对比 SOA 与 AUTOSAR 的视角剖析汽车软硬件架构设计的演进，令人耳目一新。

——张旭　华为自动驾驶感知技术专家

对于 Web 应用或者手机程序员来说，在界面上加一个按钮很容易，但是在汽车方向盘上加一个滚轮按钮，其难度将会以指数级增加，需要考虑零件的材质、外观、性能、组装、震动与冲击、人机交互功能、ECU 硬件、传感器、总线通信等一系列因素，所以汽车软件开发和普通软件开发有很大不同。

本书讲解了汽车产品开发的组织架构、项目管理、开发方法、流程体系、核心标准、工具链等关键内容，是一本汽车电子与软件的全景式技术管理类图书，不仅适合汽车行业的从业人员阅读，也会让对汽车软件开发感兴趣的朋友受益匪浅。

——刘欣 《码农翻身》作者 /IBM 前架构师

本书作者具有丰富的汽车行业经验，对智能汽车电子与软件领域有着独到的见解。他的务实和较真精神贯穿全书，使得这本书既有理论知识上的专业性，又有实践性和思想深度。通过阅读本书，读者可以深入了解汽车行业的变化趋势，对汽车电子和软件有更全面的理解，并从中获取宝贵的经验和启示。

——边俊 上海磐时创始人 / 汽车安全技术社区 SASETECH 理事长

本书案例丰富，不仅有软件开发与交付的典型案例，还将汽车史上的重要事件作为案例进行解析，增强了说服力和感染力。另外，本书引用了大量生动形象的比喻，如借助带孩子的案例来理解 FMEA，用文艺复兴来比喻汽车变革等，使得本书内容通俗易懂。

——杜芳 博泰车联网产品总监

本书围绕智能汽车电子与软件，探讨了汽车智能化、数字化转型趋势下的多个关键议题——软件开发方法、系统集成、流程体系与项目管理，以及汽车研发如何走向开放协同、数据驱动与敏捷迭代模式。本书是作者在汽车行业丰富工作经验的总结，专业性与深度并重，理论与实践相结合，为相关从业者提供了宝贵的参考和启示。

——朱少民 同济大学特聘教授 /《软件项目管理》作者

本书注重实践应用，结合丰富案例和实际经验，帮助读者更好地理解和应用所学知识。这些案例不仅展示了解决问题的最佳实践，还提供了对常见挑战和解决方案的深入探讨。通过阅读本书，你将获得实际操作的能力，能够运用所学知识解决现实中的问题。

——刘虹 上海伊世智能科技有限公司 CEO/ 轩辕实验室创始人

从事功能安全设计及认证工作 20 余年，我常被客户问功能安全到底是什么。在我看来，功能安全的一个很大的前提，隐藏在深刻理解电子与软件行业技术背后。杨修文是优秀的汽车电子与软件行业践行者，他撰写的这本书是一部着重讲"道"的科普之作。在智能化带来巨大挑战的今天，他对行业前沿科技的介绍与预测会对读者产生巨大的帮助。

——郑威 TÜV 北德中国区功能安全总监

本书不仅关注技术层面，也探讨了项目管理的重要性。在项目管理日益成为软件开发关键成功因素的今天，通过学习本书介绍的项目管理的方法和体系，读者可以提升项目管理能力，学习如何制订项目计划、管理团队资源以及有效应对项目风险，成长为更出色的项目经理。

——冯亚军 蔚来汽车资深系统安全专家

非常荣幸能够为本书作荐言。我最初结识和了解杨老师是通过他撰写的专业文章，被杨老师的研发管理专业水平和求真务实的态度所吸引。

正如作者所言，汽车产品正处于向智能化、自动化、数字化方向高速迭代发展的时代，导致研发工作更加需要跨界复合型人才的加入。本书为"汽车人"和准备成为"汽车人"的朋友提供了指引，为制造领域和软件与信息技术领域的从业者提供了思想沟通的桥梁。

无论是从个人消费者角度还是从软件行业的多年从业者角度，我都认为"安全"是汽车产业永恒的主题。智能汽车广泛地被软件定义和管控，在研发、生产和维护环节，技术管理者与研发（测试）执行者要面对更加复杂的软硬件安全问题。本书作者敏锐地抓住了这些问题的本质，从产品工程思维、管理方法论、流程构建、一线实践等多个角度循序渐进地提供了扎实严谨的管理理念和丰富翔实的实战经验，帮助读者提升管理水平，为全球用户提供"更安全的数字产品"。

——陈悦　上海蜚语信息科技有限公司高级副总裁

这是一本涵盖汽车电子与软件行业方方面面的综合性参考书。无论你是想了解技术管理，还是想深入技术细节，本书都能满足你的需求。通过本书，你将了解百年汽车产业发展过程中汽车电子的软硬件乃至互联网的差异和整合，掌握行业发展的趋势。

——姚振　腾讯智慧出行解决方案总经理

本书精心梳理了项目管理、敏捷开发、信息安全等相关汽车软件方法论，并对每个方法论都进行了深入解读，确保读者可以从汽车软件开发的角度正确理解和运用这些方法论，为实际工作提供直接帮助。尤其是本书对敏捷开发的多维度解读，让人耳目一新。

——侯旭光　广汽集团汽车工程研究院电子电气架构总师

这是一本兼顾理论与实践的力作，呈现了现代汽车电子和软件技术管理的必备知识。杨修文先生以其对行业的独到见解和多维的视角，向读者传达了他对汽车电子生态系统的热爱和尊重，为读者呈现了一份富有洞察力的行业指南。

——董浩（博士）　清华大学苏州汽车研究院智能安全中心主任/优策科技总经理

本书在梳理软件开发的同时，也提供了针对汽车行业的定制化建议，如敏捷开发在汽车行业的实践难点，以及可能的应对策略等，这些基于行业特点的专业分析，使本书内容更加贴近汽车软件开发的实际情况，针对性和指导性更强。

——陈闻凯　亿咖通科技产品安全部负责人

本书对汽车软件开发的过去、现在和未来进行了多角度的梳理，既有理论分析，也有实战经验，还有对行业发展的思考。基于这种宏大视野和系统思考，本书不仅具有知识价值，还具有指导价值，是汽车从业者必备的开发参考读物，也是汽车企业实现数字化转型的重要工具书。

——栗羽峰　长城汽车基础软件研发部总监

本书作者以第一人称的口吻，结合自身在汽车头部企业十多年的亲身经历，将本可能是佶屈聱牙的技术类图书写得生动有趣且贴合实践，绝不是晦涩理论概念的堆砌。当然，本书内容也不乏广度和深度。通过阅读本书，读者会从行业、组织、项目、开发、集成、工具链等全方位的视角看到汽车电子与软件管理的历史、现状与趋势，而这都对当前迫在眉睫的汽车软件研发体系革新大有裨益。

——柴文蔚　爱索咨询 CEO

本书作者以丰富的案例故事结合工程化实践的活动，从点、线、面全方位视角讲解了智能汽车软件开发和管理的各个环节。我相信书中的观点和判断能够很好地引发各位读者的深入思考，在软件定义汽车的大时代背景下，对智能汽车软件开发与管理有进一步的理解和规划。

——赵鑫　禾赛科技高级总监/《汽车电子功能安全实战应用》主编

这是一份汽车电子工程入门指南，是初学者的答疑解惑手册。本书不仅将行业的管理理念和方法进行溯源、类比和推演，比如从 CMMI、ASPICE、AGILE 到 SAFe，还通过真实的工作场景和管理环境，让这些理论更加立体和层次清晰地展现在读者面前，让读者能将工作中的疑惑快速对标行业实践，找到答案所在。这是一本值得常备常阅的汽车电子管理百科全书。

——李晓燕　地平线 PMO

本书结合软件工程化在汽车工业化发展过程中所处的位置、作用与趋势，重点分析了汽车软件全生命周期的典型场景，基于软硬一体的 ECU 产品视角，探讨了具备一定普适性的汽车软件开发工程框架。本书从方法论、标准、组织、项目管理、工具链等角度依次展开，将软件体系进入汽车企业的全景以及加速企业智能化转型的路径呈现给读者。

——潘英超　小米大数据委员会前秘书长，腾讯智慧出行解决方案总监

为什么要写这本书

在汽车行业工作了十几年，我见证了行业的飞速发展，也一直在不断地转型，尝试了多个不同的岗位，涉及汽车产业链的各个领域。按理说，我这样一个汽车行业的持续探索者、践行者和观察者，应该能与行业同频同调，但我仍时常对行业变革之剧烈与迅猛感到惊讶。

所以，当本书策划编辑杨福川向我约稿时，我的第一反应是忐忑：行业变化如此剧烈，概念满天飞，争论此起彼伏，观点间歇性矛盾，有多少能为读者提供稳定价值的东西？

作为一个工程师，我秉持着务实与较真的态度，对行业内一系列概念进行了详细梳理，诸如软件定义汽车、SOA（面向服务的架构）、软硬件解耦、Scrum（敏捷开发）、SAFe（大规模敏捷框架）、CMMI（能力成熟度模型集成）、ASPICE（汽车软件过程改进及能力评定）、数字化、用户体验、场景化、智能座舱、无人驾驶、中央计算等。

不可否认的是，行业正在快速变化，但很多核心的东西并没有彻底改变，更多是在持续演进，所谓的"颠覆"不过是开始于某个时间点的媒体铺天盖地的宣传。比如：软硬件解耦，早在20年前开始的AUTOSAR（汽车开放系统架构）就已经致力于此；ASPICE也是类似，汽车电子十几年来一直就是按照这个思路在开展相关工作；而敏捷（Scrum、SAFe等），到现在也没有形成行业普遍认可的最佳实践。

此外，本书更侧重于探讨汽车电子与软件行业的技术管理，而非具体的技术细节。因为后者的迭代速度更快，而前者的内涵更持久。

从技术管理的视角再往下看，我发现市面上只有一两本译著的小部分章节对这一主题有所涉及。同时，中国市场和国外市场的特点截然不同，我们自己的软件开发及造车的思路也与国外有很大差异，因此，我们需要知道如何在自己的文化背景下开发自己的软件、集成自己的产品及制造自己的汽车。

鉴于大量行业内外的人士正在向汽车电子与软件领域转型，行业亟须统一沟通语言和搭建转型框架。如果本书能够作为一座桥梁，站在汽车工业的肩膀上，面向软件定义的未来，取其精华，去其糟粕，融其先进，展现一个在汽车行业进行软件开发的全景式方法与管理体系，那么这也是我这个汽车人对汽车行业发展贡献的一点绵薄之力。

从上面总结的可行性、专业性、稀缺性和必要性几个角度看下来，我的忐忑情绪有所缓解，我对这个项目的热情越发高涨。

我偶尔喜欢写一些文章，但也因为如此，我深知利用业余时间写书很不容易，不仅需要将分散的知识点和经验串联起来，还需要查阅大量资料来建立整本书的体系架构，并填补知识空缺，这将是一项非常耗费时间和精力的工作。

此外，写书是一件公开的、严肃的事情，绝不仅仅是个人行为。尽管写起来十分辛苦，但这并不是对文字懈怠和对专业不负责任的理由。而且，汽车软件是一个知识密度极高而又迭代非常快的领域，专业的读者拥有各自精深的领域，让他们满意实非易事。

在这种无法消除的忐忑之下，经过深思熟虑，我决定在写书时践行以下 3 个原则：尊重自己、尊重读者、尊重工程。

尊重自己

虽然写书不是为了取悦自己，但言要由衷，尊重自己的感受，只有遂了自己的内心和达到自己的要求，才能最大限度地发挥自己的价值，这是我写作本书的首要原则。

回头来看，我大抵是尊重自己的，也是尊重自己所处的汽车行业的。

在整个写作过程中，我投入了十二分的精力，努力保持热情，克制松懈情绪，反刍了自己在汽车行业十几年间的所见所闻、所学所想，也查阅了超过全书文字百倍的资料，力求让每一句话、每一个知识点、每一个概念、每一张图都有理有据。

当然，写书时的毫不保留并不能保证书的最终品质，还要继续看下面两个原则。

尊重读者

毋庸置疑，书籍出版离不开商业范畴，读者就是"客户"。服务于客户是理所应当的，也是商业社会的基础规则。写书要满足"客户需求"，这也是汽车软件开发最基本的逻辑起点。

关于尊重读者原则，我总结了 3 个具体的方法论：

第一，从朴素的经验逐步推进到汽车软件、汽车产品、汽车流程、汽车术语及整车，尽量层层递进，深入浅出，避免堆砌专业词汇。

第二，保证内容完整且成体系，帮助非汽车电子与软件背景的从业者快速搭建一个体系，进而掌握基本知识、行业意识和入门思路。

第三，这一点算是普遍性需求，我尽量将文字写得流畅一些，交流感强一些，还增加了一些必要的故事案例和类比，让读者读起来轻松有趣，不至于晦涩难懂。

尊重工程

第三个原则是尊重工程，本来我想用"尊重逻辑"这个词，因为对于偏技术实战类的书来说，逻辑与系统是必不可少的。然而，从我写作和工作的经验来看，逻辑很美丽，但对于我们的实际工作还远远不够，逻辑自洽与实用有效完全是两回事。

所以，我将"逻辑"改为"工程"，工程来源于一线、真实和细节。在表达的过程中，注重梳理逻辑，但工程本身的逻辑是需要探索的，是阶段性的，很多时候它的逻辑并不清晰。这样说似乎有些矛盾，但我希望通过这个原则把控表达的分寸，不为了看起来正确而隐藏必要信息。

在写作过程中，我逐渐对尊重工程的内涵进行了扩展与细化，比如严谨、数据、结构化、一线、实战、案例等，具体体现在绘制大量的结构化思维导图、分级提炼知识点、注重工作上手的实战经验、增加辅助理解的案例等。

希望这3个原则能很好地将本书想表达的内容和读者需要的内容结合起来，给读者带来价值。

本书读者对象

前面讲了"尊重读者"这个原则，其前提是有清晰的读者定位。结合自己的优势并和策划编辑反复沟通，我将本书的核心读者定为以下两类人群。

第一类是不熟悉汽车工业体系，但想向汽车电子与软件转型的人群，比如想切入汽车行业的互联网、ICT（信息与通信技术）背景的企业与个人。这类读者需要了解汽车行业的运作模式以及车载软件的特殊性，进而将自己的软件特长充分发挥出来。

第二类是汽车行业非电子软件相关，但想向汽车电子与软件转型的人群，比如底盘、驱动、内外饰等领域以及设计、质量、试验、项目管理等职能的相关人员。这类读者需要找到软件切入点，并构建起完整的知识框架。

其中，与本书内容直接相关的岗位有软件项目经理、技术项目经理、产品工程师、特性负责人、需求分析工程师、系统及软件架构师、测试人员及质量保证人员等。

当然，准备进入汽车行业的在校学生、职场新人、中基层管理者、组织转型推动者，以及其他对汽车电子与软件行业感兴趣的同人都可以根据自身需求阅读。希望这本书能为不同背景、不同岗位的读者提供有价值的参考和帮助。

本书内容简介

本书是一本专注于汽车电子与软件的全景式技术管理类著作，主要聚焦于行业背景、组织架构、项目管理、软件开发方法、系统集成、流程体系、人员搭建、核心标准、开发工具链、痛点及展望等核心内容，这些内容分布在全书的各章内。

第1章讲行业背景，从行业发展的关键里程碑、技术演变、行业格局、安全问题、量产落地、传统汽车与互联网的融合等几个典型角度阐释了汽车行业的局部特点。认识这些将有助于读者理解软件在汽车行业落地与深化时的一些现象或问题。

第 2 章讲组织融合，从 OEM 与 Tier 1 的组织模式特点及软件所处位置开始，引出组织变化与融合的趋势，并以软件质量为例提出了软件体系进入汽车企业的路径，为相关从业者提供一些参考思路。

第 3 章讲项目管理，从汽车软件全生命周期和交付的角度对软件开发的主干进行梳理，并从主干上摘取裁剪、质量门、bug 管理、变更管理、文档管理、配置管理、风险管理、成本估算等重要的例行项目活动，进行了不同角度和相互贯通的阐述，力求架起有逻辑的框架，提炼来源于实践的思考。此外，还重点探讨了数据驱动、数字化转型、复杂性管理及汇报技巧等主题。

第 4 章讲产品开发，基于软硬件一体的 ECU 产品视角，从产品开发的角度，梳理了汽车软件开发及产品系统集成的主体脉络，具体从需求、架构、集成、测试以及整体的追溯关系方面展开叙述，以期搭建一个具备一定普适性的汽车软件开发的工程框架。

第 5 章讲行业体系，侧重体系框架的梳理，依次对 ISO 9000、IATF 16949、ASPICE 等标准进行了详细解读，让读者能够对普适性体系标准在汽车软件领域的落实情况有所了解。

第 6 章讲人员角色，从一个典型的软件组织角色定义说起，依次从组织、项目、流程 3 条角色线梳理了相关内容，以便读者快速理解对应组织的人员组成及其与自身的映射关系。同时，还对角色能力发展与个体转型做了分析。

第 7 章讲方法论与标准，包括项目管理、敏捷实践、FMEA（失效模式及影响分析）、三大安全、8D 等主题，从不同的维度引出了一些实际工作中经常遇到的问题。注意，该章各小节之间相对松散，每一节之间不构成严格的顺承关系。

第 8 章讲工具链，从汽车软件开发工具链基本应用场景的角度进行了概要梳理。考虑到专业软件开发属于更细分的领域，而且与汽车行业本身的关联性不大，所以该章整体侧重于介绍开发管理类工具，这类工具有时也称为 ALM（应用程序生命周期管理）类工具。

第 9 章讲痛点与困惑，总结了转型过程中始终面临的一些具体问题，包括从业者心态难以调整、软硬件差异、敏捷无法奏效、信息壁垒高筑、ASPICE 繁重、转型迟缓等。

第 10 章讲未来展望，通过一个轻松简短的幻想场景来为全书收尾，不追求可操作性，但希望能够引发读者的一些思考。这也是对全书主题的升华和总结，希望能对广大读者有所启示。

如何阅读本书

第一，由于章节前后有较为紧密的逻辑关系，且部分基础概念会先行阐释，所以建议按照从头到尾的顺序来阅读。

第二，当选择自己感兴趣的部分跳读时，可能会涉及感觉突兀的过渡语句，此时，适当向前看一两个小节基本可以找到顺延关系。

第三，本书是站在 ECU 产品层的角度展开的，下接软件，上承汽车，阅读时可适度关注此叙述视角。

第四，如果时间有限，又需要快速上手，可以按照第 4、3、7、2、8、6、5、1、9、10 章这个顺序阅读。

勘误与交流

汽车行业属于知识和人才非常广泛而又密集的领域，尽管我已经投入了最大的努力，但能力有限，疏漏不可避免，恳请读者朋友批评指正。可以发送邮件到 yxw5968@126.com 或者添加微信 dsqy1980 与我交流。

致谢

感谢我的妻子，她对我工作的支持和对家庭的付出，给了我向外发展的空间和向内休息的港湾。

感谢我的儿子，他的懵懂与纯真给我们带来太多欣喜、快乐，也让我们对美好生活的追求有了更多的意义与动力。

感谢父母，没有他们的默默付出，小家庭无法如现在这般幸福，我也无暇投入更多的精力到写作中。

感谢这本书的所有读者，你们的关注、认可及鼓励是我写作的最持久的能量源泉。

谨以此书献给我的家人和读者，并致敬百年汽车工业。

目　录 *Contents*

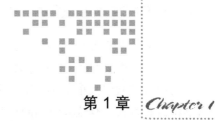

汽车向软件转型的行业背景

在写下本书正文的第一句话前，我停了有半个小时，作为一个汽车行业老兵，面对我仍持续投入着热情与汗水的领域，一时不知从何处落笔。

确实，汽车在这一两百年内的发展实在太过于宏大，无数的思想、技术、人才都肇始或成熟于此。如今，仍有大量的新企业、新思潮不断涌入，从任何一个角度切入都将会是鸿篇巨制，想要全面，实难驾驭。

另外，考虑到本书不是针对汽车产业的研究，所以，为服务我们的主题——汽车软件开发转型，本章会概要地梳理一些典型的软件进入汽车相关领域的行业背景，挂一漏万，抛砖引玉，或许能让大家更容易理解软件在这头古老"巨无霸"之间穿梭的种种。

1.1　百年汽车走向软件

1886 年 1 月 29 日，颇具知识产权意识的德国工程师卡尔·本茨（奔驰创始人）为世界上第一辆三轮汽车申请了专利。因此，1886 年基本被公认为汽车元年，汽车时代开始了。

走到 21 世纪第 3 个 10 年，汽车工业已发展 130 多年，其中起起伏伏、来来往往、生生死死的故事不计其数，但弱水三千，只取一瓢饮，所以我只选取了其中与我们主题比较相关的 8 个节点来串一下它的脉络，如图 1-1 所示。

图 1-1　百年汽车的 8 个节点

1.1.1　手工打造奢侈品的法系车

汽车尽管发明于德国，但却是在法国发展起来的。

或许是源于法国人骨子里的浪漫，也或许是由于产业发展的阶段性，在汽车时代早期，以法国为中心的欧洲汽车工业，基本采用的是在手工作坊完成豪华打造的模式，面向的人群自然都是有钱人。有钱人的相同点就是有钱，不在乎售价；不同点就在于五花八门的需求，有追求速度的，有追求奢华感的，有追求外观的，有追求独特 logo 的……据说，当时同样款式的汽车最多不会超过 50 辆。

总之，这时的汽车企业按照订单进行单件小批量的设计制造，汽车属于奢侈品。顾客是上帝，有钱的顾客更加是，这一小部分人的需求就是这个阶段汽车业发展的动力和方向。比如，直至现在仍然有不少手工工艺的阿斯顿·马丁就是当时的品牌之一。

写到这里，可以关联到另一个现象，就是敏捷开发，尽管敏捷开发不能完全等同于单件小批量开发，但其中不乏相似之处。

贴近客户、贴近客户需求、贴近频繁变化的客户需求在敏捷开发与单件小批量开发中均有所体现，敏捷开发里的全栈人才和阿斯顿·马丁公司中拥有高超且全面的钣金技艺的工人也有某种相通之处。

新事物的诞生与发展，似乎都是伴随着小部分人的高价定制需求开始的，这个阶段的巨大成本是必然要突破的障碍，而后才能走向成熟化、普适化。从这里，我们或能理解一些智能汽车发展初期的表现。

1.1.2　面向 95% 平民的福特

奢侈品，有人喜欢，有人不喜欢，例如福特就不喜欢。

1903 年，务实且强势的福特汽车成立了。其创始人亨利·福特非常不认可欧洲汽车企业只为 5% 的富豪造车的思路，他认为那 95% 的平民才代表真正的汽车市场，这批人没有多少钱，也没什么特别的嗜好，不追求享受和精美，车就是车，就要便宜、简洁、结实、耐用和安全……

在这样的考量下，超级产品 T 型车在 1908 年被推出了。果如福特预期，这款被称为"可以在黑色里选择任何颜色"的单一车型大获成功，也成为老百姓能买得起的第一辆汽车，如图 1-2 所示。

1914 年，基于标准化和互换性的理念，世界上第一条流水线在福特诞生。流水线的加持让 T 型车如虎添翼，曾创造了单一车型最高产量的世界纪录，也让美国逐渐从欧洲手里夺走了汽车工业中心的位置。

时至今日，流水线的标准化作业依然是汽车行业的典型特征，汽车行业里"量产"的概念就是来源于此。当然，尽管福特先生自己反复解释，标准化不意味着僵化、死板，现代汽车工业也持续在朝着柔性化生产、快速换型等方向努力,但标准化和差异化天生是矛盾的两极。

图 1-2 福特 T 型车

软件开发中,要不要严格按照流程执行,要不要平台化、标准化开发,也始终是争论的焦点。要与不要,各有优劣势,核心在于是否符合当下的形势。

所以,福特的 T 型车虽然超级强,但并非无敌。在基础需求市场被填满以及随后人群更多的需求被释放后,T 型车原本经典、简洁的优势就变成了落后、单调的劣势。

1927 年,T 型车寿终正寝,停产了。

1.1.3 欧洲汽车品牌百花齐放

T 型车停产的背后,有欧洲汽车业的一份"功劳"。

没有什么战略或方法是百试百灵的,相对更擅长天马行空而不精于规模化的欧洲车企开始在产品多样化上持续下功夫,于是,整个欧洲大地迸发出各大汽车品牌,如图 1-3 所示。

这些品牌各具特色,豪华的、平民的、大的、小的、复古的、现代的、轻盈的、厚重的……真可谓精彩纷呈,令人眼花缭乱。再加上,欧洲各国本就具有多元的文化特点,多样化是其优势,同样也带动了规模化。1966 年,欧洲的汽车产量超过北美,欧洲再次回到汽车工业的中心。

所以,标准化与多样化从来都是一体两面,很难界定孰是孰非。在智能化时代,平台化与定制化、敏捷与瀑布、质量与效率、管理与自组织等也是如此,汽车行业时刻考验着我们选择与平衡的智慧。

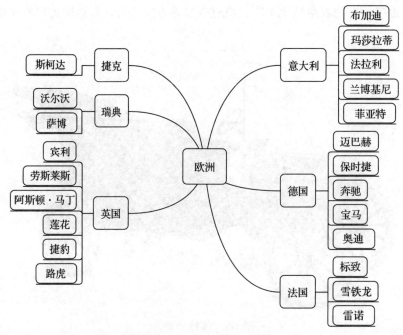

图 1-3　欧洲的各大汽车品牌

1.1.4　通用汽车推进汽车组织现代化

作为名气与福特汽车并列的通用汽车，我们在前面并没有提到其做了哪些明显的贡献。实际上，汽车工业的组织现代化，在某种程度上可以说是由通用汽车来完成的。

虽然福特解决了"量产"的技术问题，但早期它的管理制度具有其创始人鲜明的个人色彩，不适合大范围推广。通用汽车却在斯隆（艾尔弗雷德·斯隆，通用汽车第八任总裁）的领导下建立了现代化的管理体系和分权制度。

我们不去涉及太多的管理学概念，只是借用彼得·德鲁克在斯隆自传《我在通用汽车的岁月》的序言中的一段话："他是第一个在一家大型公司里设计出一套系统化的组织架构、规划和战略、评估体系以及分权原则的人。简而言之，就是一套管理学的基本概念。说句题外话，作为管理的设计师和缔造者，斯隆的工作确实是美国在第二次世界大战中取得的成就中的一个主要因素，它不但促使美国的工业界为空前的生产任务进行总动员，而且几乎是在转瞬之间从毫无准备的状态和严重的大萧条中振作起来。"

汽车行业的人多数知道 GVDP（Global Vehicle Development Process，全球整车开发流程），这个来自通用汽车的整车开发体系已基本成为行业的标杆与框架。

数字化是现在非常热的概念之一，而在 20 世纪 60 年代，以通用汽车为代表的美国车企已经实现了 90% 以上的计划与管理数字化、自动化。当然，现在的数字化有更多的内涵和适用场景，但我们可能仍需要知道这个看似传统的汽车业在多方面有着深厚的积累。不管是转型还是融合，我们都需要面对汽车行业的历史沉淀。

1.1.5 丰田与精益互相成就

丰田在汽车领域里并不算前辈，在汽车被发明的 8 年后，丰田汽车创始人——丰田喜一郎才出生。1950 年，丰田喜一郎的堂弟丰田英二还到早已是汽车霸主的福特底特律工厂参观学习。30 年后，丰田的汽车产量超过美国竞争对手，跃居世界第一。

这背后不可忽略的因素是"精益生产"，这一创举掀起了一场制造业运营管理的革命，同时，也扩展到了很多其他领域，敏捷、持续集成等软件开发中的诸多方法论都或多或少传承于此。精益生产相关方法论如图 1-4 所示。

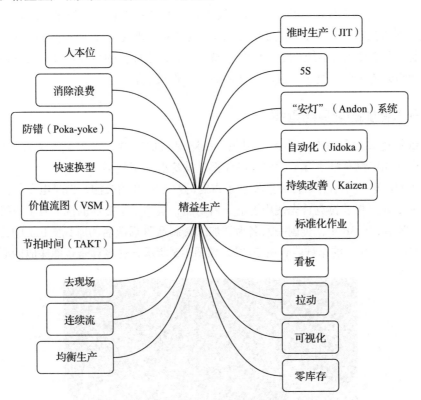

图 1-4 精益生产相关方法论

在此之后，汽车行业也成为名副其实的"制造业的明珠"。

1.1.6 环保与安全法规的约束

野蛮生长之后，交通事故、环境污染等问题逐渐浮出水面，引起了大众的注意。

欧洲、美国、日本都相继颁布了相应的法律法规来规范汽车行业的发展，比如，欧洲的排放法规、绿色税收法规，美国的联邦汽车安全标准（FMVSS）、汽车召回法、空气清新法、平均油耗法，日本也在排放和安全方面制定了相应的法规。

从环保与安全开始，涉及各个领域的强标、推标逐渐蔓延到汽车行业的方方面面，依法造车、卖车成为汽车行业的底线。

当然，环保与安全到现在也依然是汽车行业的焦点，环保催生了新能源、电动车，而安全则成为软件落地的挑战。

1.1.7 汽车全球模块化供应

合资、收购、兼并、扩张始终伴随着大型汽车企业的发展历程，可能没有哪个行业像汽车一样，将分公司开遍了全世界，套用一个名词，就是全球化。

继整车厂之后，零部件厂也走上了类似的海外扩张和兼并重组的路。复杂的组织模式会给管理协调带来巨大障碍，大名鼎鼎的 IATF 16949（即汽车行业的全球质量管理体系标准）的诞生，在某种意义上统一了这样的乱局。自此，全球化的零部件分布设计供应与主机厂统筹协调组装成为延续至今的汽车行业的典型合作模式。

1.1.8 汽车智能的前身与延续

前面讲的更多的是汽车在生产、组织、战略等层面的内容，不了解的人可能会觉得：是不是只有这几年汽车里才有了软件，以前都是铁疙瘩？当然不是。

所谓智能汽车，并不是软件突然发现了古老的汽车，开始关注，而是电子软件整体发展的延续。1912 年，凯迪拉克首先使用了电子启动器，脱离了手摇杆的汽车看上去有了几分智能的样子。随后，1930 年，美国一家名为"加尔文制造"（后改名为摩托罗拉）的公司制造了一款名叫"摩托罗拉"的车载收音机 5T71，如图 1-5 所示，这也算是智能座舱的原始版吧。

图 1-5 "摩托罗拉"车载收音机 5T71

接着，20 世纪 60 年代，汽车发动机开始使用半导体点火装置；到 20 世纪 70 年代，伴随着安全与环保越来越受到重视，电控喷油和引入微处理器的防抱死制动系统在汽车行业广泛应用；再然后，变速器控制、发动机管理、CAN 总线、电子稳定系统、电子助力转向、安全气囊控制、汽车空调、汽车导航等逐一亮相，直到我们熟悉的现代汽车出现。

在当下，这些稳定在传统汽车里的电子软件基础依然是我们必须面对和考量的，无中生有地呐喊颠覆、变革、跨越式发展，有时更像一个骗局。

以上算是蜻蜓点水般地回掠了百年汽车工业的历史，有辉煌、成功与经典，也有没落、失败与过时，以史为鉴，这也是所谓"软件定义汽车"的肩膀。

1.2　汽车工业的特点——技术隐形化

汽车工业一度是极为封闭的，属于那种赢家通吃、竞争不怎么激烈的行业，而封闭不完全是由于法规、标准的限制，很大一部分原因或者说一个表现是"技术隐形化"，下面用两点来阐释这个概念。

1.2.1　NVH 正在淡出理论研究

汽车 NVH（Noise, Vibration, Harshness，噪声、振动与声振粗糙度）是一门玄学，一长串的振动学公式很"玄"，复杂的频谱曲线很"玄"（如图 1-6 所示），数不清的工程变量很"玄"，有人听得到、有人听不到的感觉更"玄"。

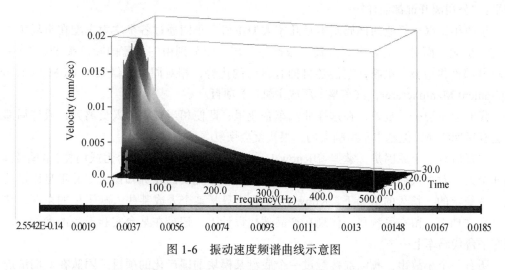

图 1-6　振动速度频谱曲线示意图

"玄学"是工程师半玩笑、半吐槽的说法，但却体现了 NVH 技术复杂性、非线性、无逻辑、无规律的特点，这使得它并不比软件系统更好把握，无数学者、工程师绞尽脑汁也没能让大家对它的认识更透彻。可是，这个未被透彻认识的 NVH 实际上并不算多么新兴的技术，尤其在汽车工业积累比较深厚的欧美国家，NVH 研究正在逐渐远离工程人员的视线。

这似乎是个悖论，一边是理论认知不透彻，一边又是研究减弱。它的背后反映了什么道理呢？

NVH 的本质或许未被探明，但工程化应用其实已经具有相当高的成熟度。背后很大一部分原因是，长期的实践、摸索、调整，已经让整个产业链中原材料选择、成型工艺参数设置、产品设计准则定义等各个环节都被打上减轻 NVH 的烙印，技术已经隐形，可能没人说得清楚来龙去脉，而行业惯例也已经将这个复杂问题掩盖，即便还会遇到一些问题，直接贴毛毡或涂油大约就能带来立竿见影的效果。

这就是技术隐形化和技术的产业链内化，而谁有这样的内化，谁就有高效的核心竞争力，整个行业的内化则是发展成熟的表现、产业及技术规律的必然和从业者推动的方向。

无论是自动驾驶也好，还是智能座舱也罢，都会沿着这样的轨迹演进。用软件开发的术语来说就是，迭代。

为什么要敏捷与迭代？就是因为发展期与过渡期的一切未定。为什么需要流程规则和大量的驾驶数据积累？因为我们要将"未定"推向"确定"。

1.2.2　Know-How 构筑技术壁垒

上一小节侧重于整个行业在时间维度的沉淀，这一小节侧重于行业内不同领域的优势，也就是借用 Know-How 这个概念聊聊。先说一个小故事。

几年前，公司里一位很资深的专家在种种原因下要离职，聊天过程中，他多少有点意难平："公司离开谁都照样转……"

早两年，汽车行业的格局基本是几家大型主机厂集团通过各个主力车型在市场中占有一定的份额，而对应的各个细分技术或产品领域，则分别由三五家国际巨头 Tier 1（一级汽车零部件供应商）垄断，它们各自拥有自己的优势，相对固定地做某些 OEM（Original Equipment Manufacturer，汽车整车厂或主机厂）项目。

我们会发现一个现象，在这样的汽车企业里，即使相当资深的人员离开，或许局部业务会有短期阵痛，但基本不影响大局，很快就会恢复。

这背后有一个原因是，掌握着 Know-How（姑且理解为核心竞争力或门槛）的是公司，而非个人。对个人而言，可能他有丰富的项目经验和扎实的业务知识，但并不足以撼动什么。在稳定的、长久的格局下，Know-How 远不只是某个人或某些人脑子里的东西，它们会落在文档上，留在系统里，体现在产品迭代设计上，记录在某台实验设备的参数上，表现在平台代码库上……

还有一个小故事，我以前接触过一个底盘某模块的国产化的项目。团队在对图纸进行参数调整时，发现一个"无用"的小卡扣，为了节省成本，就将其切掉了。但在还没正式量产，小批量试运行时，出现了多起脱落问题。分析下来，问题原因就是缺了那个小卡扣。这就是典型的国外车企 Know-How 的一个例子。

当然，故事不会持续停留在这里，否则，也不会有中国成为智能汽车中心这样的事情发生。成本的倒逼、民营企业的追赶，让传统汽车行业的很多领域的 Know-How 已经不具备竞争优势了，特别是一些内外饰产品，说论斤卖也不算太夸张，技术附加值被极限摊薄。

传统三大件（发动机、变速箱、底盘）的 Know-How 本来是值钱的，但电动车出来后，对现有垄断者当头泼了一盆凉水，这是后话。

现在，新能源或智能化整体属于混战阶段，旧时代的 Know-How 降价了，新时代的 Know-How 还很脆弱，大家都希望智能汽车的技术探讨不再针锋相对，不再唇枪舌剑，只有所有的技术都隐形化了、惯例化了，市场格局再次由乱到治，我们才会真正成为智能化的受益者，而不是驾驶数据积累的"实验员"。然而，这个过程需要大量的量产车来跑通。

1.3　软件工程化与汽车工业化的结合

接着聊"技术隐性化"，它的实现需要经历长时间、大批量、频繁迭代的过程，我们选择了"工程化"和"工业化"来描述这个过程。

实际上，这两个概念比较大，内涵与外延都很广，但对于汽车行业而言，倒是有比较独特的含义。汽车研发及制造的第一级目标可以理解为量产，量产的基础就是工程化与工业化，这两部分是从图纸与代码转变为汽车的主体环节。

1.3.1　工程化的内涵与模式

汽车企业有几个比较常见的应用类工程师岗位，如 DRE（Design Release Engineer，设计发布工程师）、AE（Application Engineer，应用工程师）、PE（Product Engineer，产品工程师）、SPM（Software Project Manager，软件项目经理）、FO（Feature Owner，特性负责人）。

这些岗位的核心要务是从项目 Kick-Off（启动）起，把软件与产品带到量产，交付到工厂，这可以理解为汽车行业的"工程化"。

在当前中国汽车研发环境下，一般有 3 种工程化的模式，如图 1-7 所示。

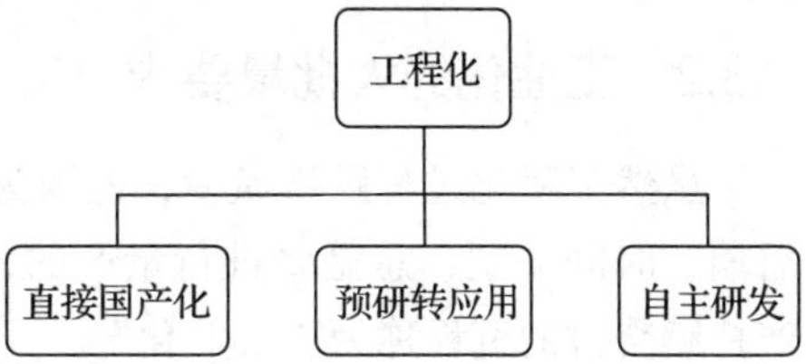

图 1-7　3 种工程化的模式

1. 直接国产化

无法回避，汽车源自西方，技术沉淀与发展都在西方。尽管我们在很多方面已经追赶上来了，但整体的优势技术仍然牢牢被西方掌握，这个状况从每年的全球汽车零部件供应商百强榜即可看出，其中中国企业少之又少。我曾经接触过某款结构非常简单的底盘减振件，但找遍全国也没有找到满足弹性模量要求的橡胶垫，无奈之下，只能进口。

所以，一直以来，国产化是常态。其基本模式是借鉴国外图纸、模型代码或底层软件，完成本土供应商落地、局部模块集成或者应用层适配。在这种模式下，出了问题要排查或者要按照本土项目需求修改时，比较依赖或受制于国外技术中心，这在相对传统的汽车电子领域表现得尤其明显。

2. 预研转应用

不管是民营企业，还是外资本土分公司，都希望独立自主，因此，它们也会在部分环节尝试小范围预研。整体来说，拥有自己的设计权，算是一定程度的正向开发。

基于某种假设，在实验室、笔记本、工作站设计出硬件或者写出代码，初步完成基本测试，跑通软件，算是预研部分初步完成。但这时，无论是设计的鲁棒性、需求的适配性，还是测试的完备性都有很大的提升空间。毕竟，预研离市场、一线、工程、客户，甚至组织，都有些远。

当应用类工程师带着这一套东西开始做具体项目时，文档不完备、需求过时、模块划分与组织无法对应、测试用例没考虑到客户场景、与已经断供的硬件依赖太强……无数的问题都会迸发出来，而后只能删删减减，草草发布，这是多数预研的现状。

除非预研职能处于拥有极为强势的市场地位和技术话语权的企业，下游客户可以按照预研时的设想来适应，否则，多数预研项目会落一个纸上谈兵的口实，这也是一众预研团队满满的技术情怀总是被现实无情粉碎的原因之一。

3. 自主研发

这几年国内科技创业型公司如雨后春笋般不断涌现，它们在自主研发上的热情和激情，为汽车行业带来了新鲜血液，也让中国汽车工业在座舱、智驾、三电等很多新技术领域有所突破，甚至在应用层面占据了一定的领先地位。

在与国外同事沟通某些技术点时，我偶尔也会听到他们说："你们是第一个做的，我们没有经验。"所以，我们在正视与国际巨头的技术差距的同时，也可以期待国内团队在一定程度上打破前两种模式的尴尬。

1.3.2　工业化的大批量要求

虽然工程化过程跌跌撞撞，但因为汽车行业有刚性的 SOP（Start Of Production，量产）后墙，时间一到，总是要进行量产的，SOP 延期的很少见。我们把工程释放的产品进入量产持续交付的过程称为"工业化"。

也许有人会疑惑，工程化似乎已经完成了需求，验证了需求，为什么还需要工业化呢？

因为工业化的深层次含义——量产。量产是指大批量生产，这是汽车这种规模性产业的特点，也是汽车能走进千家万户的原因。

要进入汽车行业流程里的量产，不容易，要持续在成十万百万的交付中保持预期的性能，也不容易，甚至更不容易。

为了有更直观的感受，我们再引入两个概念——六西格玛（6 Sigma）和 PPM（Part Per Million，百万分之一）。六西格玛是来源于摩托罗拉的管理策略术语，旨在追求极高标准的质量。狭义上，六西格玛水平也指缺陷率仅为百万分之 3.4，就是 3.4 个 PPM，如图 1-8 所示。在汽车行业，六西格玛已成为一门专门的学科，也成为一个质量指标（当然，这不代表所有汽车参数都用这个指标）。

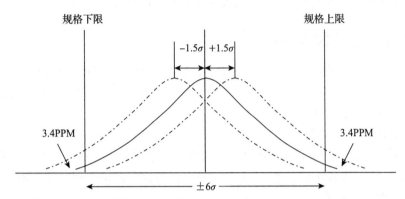

图 1-8　±1.5σ 漂移的 6σ 水平（3.4PPM 对应的合格率为 99.99966%）

汽车的硬件或机械产品已经比较成熟，会有设计、产品、产线的大量沿用、复用，在这种情况下，工业化的迹象并不明显。但是，对于一些新的产品或车型，工业化过程仍然存在，具体是什么样的过程呢？

在按照 IATF 16949 完成了研发、小批量试产，签署了 PPAP（Production Part Approval Process，生产件批准程序）后，还要完成量产爬坡。在这个过程中会有很多问题出现，而后需要进行一轮轮的"工程化"迭代。即使进入全面的量产，针对不断出现的售后问题，还需要进行一轮轮的优化迭代。这些原先未预见的问题类似于现在自动驾驶领域所说的 Corner Case（边缘场景）。而当产品足够稳定或者修修补补已经无法解决问题时，可能就到停产（End Of Production，EOP）的时候了。

这是汽车硬件或机械部分的"工业化"过程，需要持续不断地迭代。那么，对于新兴的智能驾驶或智能座舱来说，会更容易吗？答案似乎不是的。

实际上，在当下典型的智能汽车领域，我们并未看到过完整的"工业化"过程。造车新势力的占比虽然强势攀升，但数量依然较少，时间依然很短，可以说市场验证似乎还不够充分。比如，在智能汽车在真实路况下长期行驶时，摄像头画质清晰度、车道线识别准确度、横纵向控制稳定性、制动控制的延时性等性能是否无问题，很难说。

明确可见的机械产品迭代了几百年，问题仍无法规避，而更复杂的智能耦合系统到底会有什么问题，确未可知。被寄予厚望的 OTA（Over The Air，远程升级）能否在智能汽车工业化的路径上力挽狂澜，我们拭目以待。

1.4 安全成为汽车智能化的红线

开车出门，家人"注意安全"的叮嘱总是伴在耳边。

确实，一两吨重的大铁块在路上狂奔总是让人心悸。交通事故虽不鲜见，但任谁都难以接受，这显然反映出大众对于汽车安全的高度敏感和极低的事故接受能力。一辆汽车可能承载着几个家庭的生命与幸福，汽车安全无疑是公认的红线。

1.4.1 总是上热搜的安全事件

当微信群、抖音里不时出现这辆车自燃了、那辆车 ADAS（Advanced Driver Assistance System，先进驾驶辅助系统）失灵了、另一辆车自动加速了、再一辆车气囊没点爆之类的视频时，大众的神经很容易被牵动起来。

不知道有多少人还记得高田这家公司，由于"气囊门"事件，这家曾经的全球安全标杆企业亲手制造了汽车史上最大规模的召回事件，迁延十多年，召回车辆逾亿辆，波及面甚广，涉及近 20 个知名汽车品牌……终于，在全民讨伐下，2017 年，这个 84 岁高龄的商业帝国晚节不保，倒闭了。

这并非孤例，大众后轴断裂、丰田加速踏板卡滞、通用前悬架衬套脱出、福特发动机熄火、本田刹车过软……类似的召回事件不绝于耳，特别是涉及安全的，车主都是谈"召回"色变。

可以这样说：对于消费者而言，最恐怖的是车祸，次恐怖的是召回；对于汽车从业者而言，最恐怖的是召回，次恐怖的是停线。

随着技术越来越成熟，方案越来越固定，经验教训被越来越充分地消化，不管是合资的还是国产的，传统汽车的安全性整体上已到达可接受的程度。新车上市时，强力营销汽车装了多少气囊的车企越来越少，毕竟这是底线。

而对于新能源、智能化汽车，在安全已经形成"红线"与"底线"的市场里，如何应对安全的属性与概念，是汽车从业者必然要面对的话题。当然，这里还涉及一个概念——State of the Art，也就是当前技术水平，包括民众心理期待值和技术发展水平等，我们在 4.3.6 节会展开聊一下。

1.4.2 当我们谈安全时我们在谈什么

回到安全本身，它的概念实际上是有些模糊的。

普通人眼中的安全是，不要影响我的人身财产安全，以及"安全感"。但对于专业人员来说，当我们谈安全时，我们到底在谈什么？汽车安全演进过程如图 1-9 所示。

1. 被动安全

最传统的安全是被动安全，通常是指被直接冠以"安全"名号的安全气囊、安全带以及相关联结构组成的安全系统，主要作用是在车辆发生事故之后对乘员进行保护，属于事后补救。由于乘员在车舱内，所以车身框架的结构设计、内部空间预留、座椅布置、仪表板走向、材料选择等都是被动安全系统的一部分。

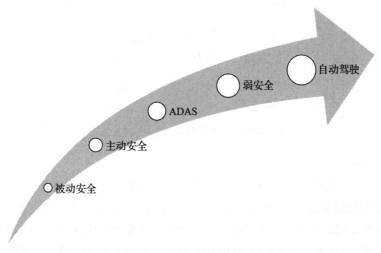

图 1-9　汽车安全演进过程

现在的被动安全基本可以被量化，我们常听到的车辆安全星级就是基于 NCAP（New Car Assessment Program，新车安全评价规程）来评定的。NCAP 通过碰撞测试，根据不同的碰撞或翻滚等模拟事故的工况，结合基于生物学的假人伤害判定，来综合评估一辆车的碰撞安全性。其中，按照地区又会分 C-NCAP、US-NCAP、Euro-NCAP、A-NCAP、J-NCAP 等，一般认为 Euro-NCAP 最严格，但不同的 NCAP 在具体工况上会各有侧重点。此外，还有大量其他法规，比如，美国联邦机动车安全标准 FMVSS 208 等，相关技术细节我们不再展开。

另外，还有一些其他的安全概念，比如电池自燃、线束短路、车内空气质量等，这些都属于大安全的范畴，这一块的重点在制造业的质量把控上，与被动安全算是同源，本书不会涉及太多。

2. 主动安全与 ADAS

被动安全属于亡羊补牢，它的内涵比较明确，也有相应的明确、有效的解决方案。但大家都期待的是主动预防，也就是主动安全。主动安全的概念实际上也是模糊的，早些时候的典型代表是 ABS（防抱死制动系统）和 ESP（车身电子稳定系统），单纯用于避免事故。

随着 ADAS 的火热，听起来有点老土的主动安全不再怎么被提及。然而，对于汽车而言，抛开另一条技术演进路线——动力问题，基本就是在舒适性和安全性上做平衡与推进，在安全性问题被解决前，二者总是相伴相随的。主动安全与 ADAS 的关系如图 1-10 所示。

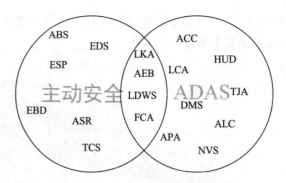

图 1-10　主动安全与 ADAS 的关系

（1）主动安全

就概念而言，主动安全对安全性的关注多一些，常见的系统有 ABS（Anti-lock Braking System，防抱死制动系统）、ESP（Electronic Stability Program，车身电子稳定系统）、EDS（Electronic Differential System，电子差速锁）、EBD（Electric Brakeforce Distribution，电子制动力分配系统）、TCS（Traction Control System，牵引力控制系统）、ASR（Acceleration Slip Regulation，驱动防滑系统）等。

（2）ADAS

ADAS 更注重舒适性，常见的系统有 VCS（Vehicular Communication System，车联网）、ACC（Adaptive Cruise Control，自适应巡航控制）、LCA（Lane Changing Assist，变道辅助系统）、ALC（Adaptive Light Control，自适应灯光控制）、APA（Automatic Parking Assist，自动泊车辅助系统）、TJA（Traffic Jam Assist，交通拥堵辅助系统）、DMS（Driver Monitoring System，驾驶员监控系统）、HUD（Head Up Display，抬头显示系统）、NVS（Night Vision System，夜视系统）等。

有些系统兼顾安全性和舒适性，比如 LDWS（Lane Departure Warning System，车道偏离报警系统）、LKA（Lane Keep Assist，车道保持辅助系统）、AEB（Autonomous Emergency Braking，自动紧急制动系统）、FCA（Front Collision Assist，前方防撞辅助系统）等。

就像马斯洛需求层次一样，从安全性到舒适性是逐渐提升的需求，主动安全到 ADAS 就是对应了这种需求与技术的协同演变。

3. 弱安全与自动驾驶

以同样的逻辑，再看自动驾驶。

现在，很多企业在宣传时会弱化 ADAS 和自动驾驶的界限，出事故后，又急于切割 ADAS 与自动驾驶的关系。从这个现象我们能明显地看出，安全在这里扮演的角色，体现了功能本身对驾驶安全的接管程度和保障程度。

实际上，现在 ADAS 的绝大多数功能仍然针对的是潜在的"不安全"场景，正因为有"不安全"，才会反复地讲"安全"。就如我们前面所讲，在各家车企都有能力达到

NCAP 五星的时候，车企不太会卖力宣传自己车辆的碰撞安全性，因为这种安全水平是默认的。

同理，只有当技术水平、民众观念、基础建设等全面升级，自动驾驶的安全变成"弱安全"，大家不再热烈地谈论安全问题，不再热烈地宣扬规避危险的能力有多强，边缘场景也极少被发现时，自动驾驶时代才真正到来。

那个时代有很大的想象空间，不知道何时会来临，我们一起期待。

1.4.3 怎么保障软件的安全

1. "高田"工程师错了吗

认识汽车、理解汽车、设计汽车，都无法绕开"安全"这个主题。然而，当这个大而模糊的目标摆在我们面前时，我们该怎么做？怎么保证？由谁来保证呢？

结合前面提到的高田"气囊门"事件，这次事故当然很严重，高田也确实犯了不可原谅的错误，作为法律实体，它付出了惨痛的代价，但事情是人做的，那么，接下来我们要思考的是，这个企业的管理层以及每天画图、做实验的工程师，他们是否一直在昧着良心做着冒天下之大不韪的事？他们是否该承受至少是道德上的谴责？

这似乎难以确定，从现状来看，他们只是一群普通的从业者，有人负责，有人偷懒，有人严格做实验，有人造假数据，有人填坑，有人挖坑，有人专业，有人业余……我们无法要求每个自然人都是纯粹的、道德高尚的人，即使是，他们也未必具备足够的知识、经验与远见。

所以，把问题归结于具体的人，是被迫的，也是低效的。

2. 功能安全、预期功能安全与信息安全

我们要尊重技术与数据，而不是做一个安全哲学家，所以，仅仅了解各种理念、概念远远不够。

安全，首先是一条红线，然后是一种理念，再然后是一条条规则与标准，最后才能落实到流程体系和产品需求上。

目前，主要有 3 类标准来规范智能汽车的安全，主要以 ISO 26262（功能安全）、ISO 21448（预期功能安全）与 ISO/SAE 21434（信息安全）为代表。这几个标准都不算太老，最早的 26262 是 2011 年 11 月颁布的，但它真正得到广泛应用是在造车新势力爆发的 2015～2016 年之后。21434 是 2021 年 8 月正式颁布的，实际上，到目前为止，各大企业基本还没有成形的模式。21448 最晚，2022 年 6 月才发布正式版本。

我们简单地描述一下这几种安全的大致概念（7.4～7.6 节会更细致地讨论）。

❑ 功能安全主要考虑硬件随机失效和开发中人为错误导致的风险，侧重于符合设计。

❑ 预期功能安全是在系统符合设计的基础上，考虑人员误操作、环境极端场景及系统本身性能局限等导致的风险，侧重于满足期望。

❑ 信息安全，顾名思义，主要考虑黑客网络攻击、环境干扰、隐私信息泄露等导致的风险，属于一个新的维度。

当前资本逐鹿市场，很多东西被模糊掉了，由乱到治可能需要一个过程，而我们每一名管理者与技术人员可以力所能及地慢下来，思考一下"安全"这个问题。

1.5　软件正在改变汽车格局

"店大欺客，客大欺店"，这是句谚语，是对不少行业现状的一种总结，也是看待汽车行业的一种视角。

1.5.1　从几个故事看形势与趋势

先分享几个这几年发生在我身边的故事。

故事 1

在汽车行业里，车厂基本每年都会提年降。在一次和某材料供应商开会时，我边敲键盘，边像往年一样提出今年要降价。按照以往的经验，这时需要与供应商进行讨价还价，可是这次不太一样，该供应商的销售人员带着职业式微笑通知我们："我们今年要涨价。"

故事 2

OEM 工程师发来一份 CAN（Controller Area Network，控制器局域网络）矩阵，Tier 1 项目经理看了下变更履历，然后告诉对方："不好意思，这个信号我们改不了，麻烦推动一下架构，通信要求要和之前保持不变。"留下这位 OEM 工程师在原地茫然无措。

又过了三年，Tier 1 销售人员在和 OEM 工程师谈一个新平台报价时，OEM 工程师抛出了一系列想法，没有参数定义，没有具体要求，只有感觉。Tier 1 销售人员回头问自己的项目经理："我们能做吗？"回答是坚定的、有力的："没问题，可以改，我们还可以出几个方案供选择。"

故事 3

一位求职者接通了某大牌车企猎头的电话，稍稍一愣："这不是几年前我心心念念想去但拒绝我的那家吗？"对方客气地询问："请问是否看这个机会？可以为您争取 30% 的薪资涨幅。""不好意思，这家公司给的薪资太低了。"这位求职者果断拒绝了。

故事 4

几年前在 4S 店换气嘴被坑了 200 元的某女士，最近买了一辆新势力汽车。有一天她接到售后的电话，告知其胎压异常。半小时后，开着维修车的师傅笑盈盈地过来，很快修补好了，免费。

故事 5

某互联网公司与主机厂合作开发新车，按照常理，互联网公司是供应商，主机厂自然是客户，而发布会上，却见不到作为客户的主机厂。

从这些故事中并不能简单地得到什么结论，但可以明显地看到一些形势与趋势。

1.5.2　销量为王——行业地位的变化

这些"店"与"客"的关系，在某种程度上反映了消费者、OEM、供应商及新入局者共同纠葛下的汽车行业格局的演变。

"店"与"客"的大与小，主要在于谁能否赢得消费者的青睐，当它能催生足够大的销量时，它就可以"横行"，反之，则要低头。每个月的销量排行榜像是各家 OEM 轮流坐到不同的江湖交椅上。当消费者被一些企业服务得更好时，另一些企业则会失去定义市场的资格，所谓"销量为王"。

如今，不仅新势力在拉满弓向前冲，长期雄霸汽车行业的老牌 Tier 1 与 OEM 巨头也倍感焦虑与恐慌，但它们很难完全抛掉"偶像包袱"或"利益结构"，欲拒还迎。面对持续下滑的销量、不断被蚕食的市场、一个接一个倒闭的企业，传统车企苦不堪言……

总之，已经卷起来的汽车行业正在变化。

1.5.3　顾客在逐渐被视为"上帝"

"顾客是上帝"这句话被说烂了，汽车企业也一直在讲"顾客思维""用户导向"，并设有市场调研、用户试驾等相关环节。但是，从消费者的角度深思一下，未必如此。

在互联网行业，产品经理是比较常见的岗位，他们的核心素质之一便是有用户思维，能够将用户需求与产品定义融合起来。反观汽车行业，绝大多数企业是没有产品经理的，即使部分大型企业有这个职责划分，也更多是在对产品或车型路线进行维护，象征性地收集一些多手信息来制定所谓的产品规划。

简单地说，研发工程师离顾客太远了，在汽车行业，研发工程师"闭门造车"、不知道也不关心自己的项目对应市面上哪款车的情况非常普遍。

我之前接触过某供应商的一个底盘电控模块项目，该项目的开发团队难得地关注到终端消费者的感受，这反倒让我觉得有些惊奇，原来是考虑到以前售后处理的经验。该团队提到产品的异常抖动表现可能会让消费者投诉，需要对标定参数做出一定调整，但要牺牲一些其他的性能……整个过程，只是一个人的几句话，没有数据源，没有进一步论证，但当时的心里竟隐约有种对消费者"仁至义尽"的感觉。对比互联网所讲的极致体验，是不是有些高傲和古老？

总之，在卖方市场的传统汽车年代，对于终端使用者而言，汽车设计决策是强势的："我是专业的，你是外行。我认为这样对你好，你不懂。太多的决定，你并不知道，也无须知道。"

形成这样的情况有诸多原因：

- ❑ 技术的专业性与复杂性。
- ❑ 技术普及的困难程度。
- ❑ 行业发展的成熟度。
- ❑ 顾客需求演变的阶段性。

当然，没有任何理由去进行无意义的批评与抨击，暂且将其作为一个理解问题的角度。

但是，在互联网思维与企业已经全面进驻汽车行业的时代，大家或被动或主动地开始认真考虑"顾客是上帝"这个理念。比如：一些主机厂在命名上创造新意，如比亚迪的王朝系列、长城的咖啡系列；各车企，尤其一些新势力，尝试将体验店开进商场；用户场景的概念也开始被推到台前。

1.6　传统汽车的没落

讨论这个问题之前，先界定概念，这里的"传统汽车"是指基于汽油机的乘用车，这也基本符合普通民众的朴素感受。

自2017年左右以来，"传统汽车要死掉"这样的论调一直存在，甚至有愈演愈烈的迹象。虽然确实有一些传统主机厂倒闭了，但是对于一个百年产业轻易地下这样直接的论断显然是不合理和不负责任的。不过，我们可以从一些现象来管中窥豹。

1.6.1　变局来得出其不意

"百年未有之大变局"这几年也常常被用在汽车行业，先不论合适与否，巨大的变化是很多读者也深有体会的，即便对于从业者而言，这样的变化还是有些出其不意。

一开始，我们并没有那么清楚汽车行业怎么了。

令我印象比较深刻的是在2015年左右，有一天，我听说一个在公司工作超过10年的同事被某新势力以3倍工资挖走了，这件事在大家收入基本相差不大的稳定环境里，自是激起一片惊呼，有人不相信，有人羡慕，有人不以为然……

很快，越来越多的新势力浮现，精美的PPT此起彼伏，创始人、投资人豪华的背景让人艳羡，各大自媒体鼓噪得也令人心慌。到了2018年左右，据说有近400家新势力车企完成了注册。网上有人总结了一张车标图片，光怪陆离，也真是汽车行业一道独特的风景线。

到2020年前后，在诸多因素的影响下，新势力车企倒闭、破产的新闻充斥在耳边，那张车标汇总图片随之被划上了一个个红叉。

与倒闭相对的，直接宣布造车、建立汽车科技公司或者投资汽车相关领域的企业依然不断出现。其中，有做手机的苹果、华为、小米，有做家电的格力、海尔、美的，有做房地产的宝能，有做搜索的百度、谷歌……几乎所有大家耳熟能详的企业都进入了汽车行业。此外，还有一众细分领域，如雷达、摄像头、芯片、算法、导航、地图等领域的零部件科技企业，也纷纷进入汽车行业，名字之繁多令人惊叹。当然，传统主机厂也不遑多让，除了自身努力转型，还投资或建立独立运营的智能汽车公司。

巨变之下，汽车行业的格局在快速调整，随着年销量的起伏，各大品牌的市场地位和口碑开始出现"三十年河东，三十年河西"、风水轮流转的现象。这样一看，用"百年未有之大变局"来形容汽车行业似乎并不为过。回头再看看这几年的波诡云谲，甚至有种恍惚的感觉。

1.6.2 一些仍在混战的观点

造车难不难？新能源是不是资本泡沫？传统汽车是否会消亡？电动汽车是不是工业垃圾？类似论题在曾经、现在及一定的将来都会引起激烈的辩论，乃至骂战。出于利益相关、情感诉求、专业背景与立场位置等差异，一时间谁也无法说服谁，这里我们不去论断，但可以观察。

汽车行业很复杂，它的演变是极为复杂的系统工程。但从繁杂的争论中剥离出来，一般有这样一些流行的观点：

- ❑ 在气候危机与能源安全凸显的国际大背景下，"双碳"战略目标将推动内燃机的消亡和新能源的兴起，各大组织也确实陆续出台禁售燃油车的政策，这是整个社会的趋势。
- ❑ 传统汽车三大件的技术门槛比较高，外行难以介入，而对于电动车的三电系统，汽车行业并无优势，门槛已经降低，壁垒也被打破了。
- ❑ 新能源不只是 EV（Electric Vehicle，纯电动汽车）、HEV（Hybrid Electric Vehicle，混合动力汽车）、PHEV（Plug-in Hybrid Electric Vehicle，插电混合动力汽车）、REEV（Range Extend Electric Vehicle，增程式电动汽车）也都需要内燃机的技术积淀，传统车企依然具有相当的优势。
- ❑ 电动车结构简单，控制精确，更容易与智能化系统匹配适应，更容易与智能汽车协同发展。
- ❑ 电动车夏天容易着火，冬天续航不行，让人有强烈的安全与里程焦虑，只适合市内短程使用，不能取代燃油车的地位。
- ❑ 以特斯拉为代表的新势力类似于 Apple，以四大汽车集团（丰田、大众、通用、福特）为代表的传统车企类似于 Nokia，没有变革思维，再强大也会被快速打败。
- ❑ 汽车制造产业链复杂，属于重资产行业，需要大量的资金、技术和人员投入，法规沉淀、品牌积累都有相当高的壁垒，门槛非常高。
- ❑ 汽车制造业技术非常成熟，虽然门槛不低，但是有既有的解决方案，汽车厂将沦为代工厂，彻底失去领导地位。
- ❑ 新势力的开发管理模式都源于传统车企，使用高薪将传统头部车企的技术人员批量挖过来，标准、体系、模板、文档都参照传统车企，自身并不具备竞争力。

❑ 传统车企没有互联网思维、用户思维、流量思维，会被拥有互联网基因的新势力颠覆。

……

还有很多观点，它们有自成一体的逻辑，但还处于混战阶段，所以，我们姑且将它们作为参考。

1.6.3 传统汽车确实呈现疲态

对于传统汽车是否会死，我们无法给出明确的答案。但是，传统汽车行业面临的问题是已然的、显著的，它们确实在没落。

燃油车禁售新闻不断传出，新势力市值超过传统汽车霸主，路上新能源汽车越来越多，几乎所有传统主机厂都在转型，软件人才的议价能力稳居高位，大量骨干人才外流，以及最直接的销量与市场份额下滑等，如图 1-11 所示，这都尽显传统汽车的疲态。

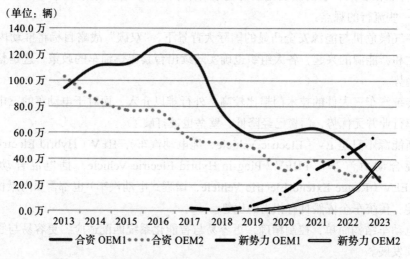

图 1-11 某典型合资 OEM 与新势力 OEM 的国内销量走势

再回到本节的标题，传统汽车是否会没落？

那些大型的传统汽车实体可能会转变、转型、变革，互联网或其他行业也在带来新鲜血液，吸收、融合、转化为新的基因，那些旧模式下的传统汽车格局可能不存在了，或者说传统制造部分的附加价值被弱化，这或许算是一种死亡。但是，传统汽车的那些公司、那些人、那些品牌、那些文化、那些沉淀可能以一种新的模式而存在，这样也算不得死亡。

综上，这个问题实际上是个伪命题，或者说仅仅是对概念的翻炒。于我们而言，从心态、技术、规划上积极应对这样的行业变化才是当务之急。

1.7 本章小结

本章从行业发展的 关键里程碑、技术演变、行业格局、安全问题、量产落地、传统汽车与互联网的融合等典型角度阐释了汽车行业的局部特点。由于整个产业是极为复杂的,且处于摸索与迭代的剧变阶段,所以,我们更多是展现现状,而避免提出更多的个人判断。认识这些行业背景有助于理解软件在汽车行业落地与深化时的一些现象或问题。

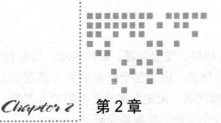

软件开发与汽车组织的融合

在第 1 章，我们概要地梳理了一下汽车的行业背景。这一章，我们将聚焦在与从业者关系更密切的组织层面。毕竟，所有工作都要在组织边界约束下和组织目标指引下完成，尤其是对于汽车这种动辄需要将几百上千人、数十家供应商、近万个零件统筹协调到一起的大型网状领域。再加上为了迎接软件的到来，大大小小的汽车企业都在争先恐后地谋求转型，而转型最显著的表现就是组织架构变动，所以组织的部分确实有必要聊聊。

"组织"这个概念偏书面化、偏学术化一点，对于实务的工作而言，我们可以把组织架构、规章制度、职务划分、权责分配、行事惯例、决策风格等特点理解为组织范畴。

2.1 Tier 1 和 OEM 常见的组织模式

汽车行业当然不止 Tier 1 和 OEM，但很长时间以来，以几大 OEM 集团为中心点，各大 Tier 1 环绕的架构构成了汽车行业最流行的合作模式和最核心的内圈，而后向上或向下一层层传导，形成所谓的供应链。

在这条供应链里，往上看，Tier 2 或 Tier 3 可能是做零部件的零部件供应商，甚至是细碎的电子元器件供应商或原材料供应商，离汽车已经越来越远，甚至都不太能看到汽车的影子，业务范围一般也不只是汽车行业。再往下，就是 4S 店、后装市场、二手车市场、消费者。此外，还有一些人员外包公司、设计公司、算法公司、软件公司及大量新生的初创科技公司都会参与进来，带来很多不太一样的特点。不过，这部分组织最终会落入 Tier 1 与 OEM 的标准、人员架构或管控中，目前还未形成稳定的格局。

所以，了解了 Tier 1 和 OEM，基本就摸清了汽车行业一定时间内的组织特点。至于后续智能汽车催生的新型业务模式，我们仍需要摸索与等待。

2.1.1　Tier 1

先说 Tier 1，因为 Tier 1 和 OEM 遵循相似的做事套路和行内规矩，且零部件研发制造属于小而美的精细化运作，所以这对于认识宏大而略显粗颗粒的 OEM 有一定的帮助。另外，二者也都属于制造业的大范畴。

我们先用经典的企业组织三大基本职能理论来搭建框架，也就是财务、营销与运营，如图 2-1 所示。

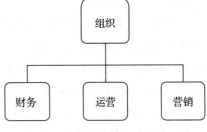

图 2-1　企业组织的三大基本职能

1. 财务

其实，财务离我们的主题比较远，从广义上讲，财务主要是资金的预算、筹措及分配，企业里和"钱"相关的活动都要和财务挂钩。对于一般工程人员，最多的可能也就是在项目成本管理、产品成本核算、人头预算、PR/PO（Purchase Request / Purchase Order，采购申请 / 采购订单）、出差报销、工资发放、项目结算等环节和财务打交道，日常工作中不会介入太多。

2. 营销

营销与工程开发的交互相对多一点。尤其是在当下，营销对汽车工程产品的需求挖掘和市场推广甚是重要。一般来说，营销在 Tier 1 中对应的职能就是销售，或者叫商务，分得细一点的，还会有市场、公关、售后等。

3. 运营

运营是我们要探讨的重点。结合前两者，我们可以更容易理解运营的概念。粗略地看，企业的核心目标是"赚钱"。营销是挖掘需求，进而让消费者来"花钱"买产品或服务；财务则是把"钱"处理得妥妥当当的；运营就是提供产品，以满足消费者的需求。多加一句话，工程开发人员在低头做事的时候，强烈需要有所谓的"商业意识"，也就是营销与财务的意识。

当然，运营的概念范畴远大于工程开发。一般来说，制造业运营的划分方式有两种。

（1）运营的第一种划分方式

按照前述普适性的企业组织三大基本职能理论，运营会包括产品设计、选址规划、设施布置、工艺设计、质量管理、供应链管理、项目管理以及人事、安保、行政、IT（Information Technology，信息技术）、法务、知识产权等支持职能。也就是说，将运营视为无所不包。然而，这样的划分太过宽泛，于 Tier 1 的针对性和贴合性都不强。

（2）运营的第二种划分方式

将运营拆分为技术中心与工厂运营，如图 2-2 所示，这也是比较典型的汽车行业组织模式。抛开共性的支持部门，技术中心包含设计、测试、工程样件试制、工程质量、采购、项目管理等；工厂运营则包含工艺、生产、质量、物流、维修等。

1）设计。设计也称为研发、开发等，这几个词在实际使用中区分得不是很清晰。但根据工程化的成熟度，会分为前期和后期，前期有时候会叫预研、平台或创新等，后期有时候会叫量产项目、客户项目或应用项目等。前期可以理解为人们常说的从 0 到 1，后期则可以理解为从 1 到 100。

在传统汽车领域，与设计相关的岗位有研发工程师、产品工程师、应用工程师、设计工程师、CAD（Computer Aided Design，计算机辅助设计）工程师等，常规工作就是 3D（Three Dimensional，三维数据）、图纸、BOM（Bill of Material，物料清单）的释放和 DV（Design Verification，设计验证）、PV（Production Validation，生产确认）的推进等。

在汽车电子软件领域，设计会对应另外一些岗位，比如，系统工程师、系统架构师、软件开发师、算法开发师、标定工程师、软件集成工程师、电子工程师、硬件工程师等。具体会在 6.1 节展开，这里不再赘述。

2）测试。不管是实体的零件，还是虚拟的软件，当被制造或集成后，都需要测试以确保其符合要求并达到目标。

图 2-2 运营的第二种划分方式

说到测试，就不得不引出 V&V（Verification & Validation，验证与确认）的概念。类似的辨析很多，我们在这里做个补充。理论上，验证是针对需求文档进行的，而确认是针对用户需求来进行的；实际上，现实工作中很难区分得那么清楚，需求文档来源于用户需求，用户需求也会写到需求文档上。而且，站在不同位置的用户的需求也不一样。

所以，区分这两个概念的意义更多在于"用户思维"和"商业意识"的建立，尤其是在智能化时代，我们应该关注用户要什么，而非我是不是基于文档规避了责任。

3）工程样件试制。汽车与互联网的一个比较典型的差异点就是汽车高度依赖硬件。多数设计与测试阶段均需要用到硬件，比如，CV（Concept Verification，概念验证）、DV、HIL（Hardware In Loop，硬件在环）都离不开硬件的环境。但这个阶段还没到量产，样件的来源只能是试制，具体方式有快速成型（如 3D 打印）、修改现有样件、样件车间组装、非正式产线生产等。

另外，对于多数交付黑盒子的 Tier 1 来说，按时给 OEM 交付不同成熟度（如 ABCD）的工程样件，以支持整车开发，几乎成为其工作的核心。

除此之外，有些企业还会专门对竞争对手或对标产品进行拆解分析。部分工作也会在试制车间完成。

4）工程质量。从职责定义上看，工程质量包括质量目标定义、质量体系维护、项目与过程审计、设计问题跟踪、质量阀管控等。但在实际工作中，工程质量对项目开发的介入程度远低于工厂质量对生产的介入程度。

我们认为主要有两方面原因："行业的成熟"与"设计的非标"。

足够成熟的行业已经有了做事惯例，而设计的非标又让其过程无法很标准，这就让质量职能的体系化与标准化属性难以施展。换句话说，即使没有质量，训练有素的工程师也可以按已有模式将产品顺利交付。

工程质量何时会凸显出来呢？涉及"新兴领域"时。

当某个新兴领域需要"由乱到治"时，工程质量就会成为这样的推动力量，而当这个领域进入稳定的"治"的阶段时，则是工程质量退居二线的时候。

如此看来，工程质量的目标似乎成了让自己消亡，这是个有意思的悖论，也是当下智能汽车这个新兴领域里的工程质量正在经历的。后面章节还会聊到质量这个话题，此处不再展开论述。

5）采购。采购是供应链范畴中的一部分。作为 Tier 1 的甲方，采购一般不面向 OEM，而是面向 Tier 2，主要涉及供应商的定点、设备采购、子零件或原材料的采购等工作内容，决策依据通常包括技术可行性、质量体系能力、内部风险管控策略、供应链风险评估、成本核算、自制与外购分析等。

6）项目管理。项目管理是大家非常熟悉的一个词汇，它是管理学的一个分支，市面上有很多专门介绍项目管理的书籍。

抛开学术性的定义，项目管理或者说项目经理的核心价值之一就是承担"责任"，也就是说，作为项目的责任人，他们要对项目的成败负起责任，要操心项目的事情。

一般来说，项目经理是 Tier 1 和 OEM 的窗口人，负责信息的整合、传递以及对项目策略的规划、把控，对内代表 OEM，对外代表 Tier 1。

7）工厂运营。由于这部分与我们的主题离得稍微远了些，因此这里仅进行粗略阐述。

工厂运营关注的是零部件产品的持续生产，实质是在从输入到输出的转化过程中带来增值，也就是关注从原材料、设备、人员、能源等到成品的过程，而转化系统就是由工艺、生产、物流、质量、维修等组成的工厂。

工厂运营有着非常悠久的历史，也演变出了非常多的管理理念，其中有很多理念与汽车软件开发的理念颇为相通，比如，工厂的零件互换性、工艺柔性化、精益生产、工序能力与软件开发的模块化、敏捷开发、过程成熟度等密切相关。这也是为什么我们会提出"软件工厂""持续集成"等概念。

总结一下，运营的第二种理解方式的基本工作思路为：技术中心通过项目管理将新产品导入工厂，然后在工厂的运营下，去实现产品批量的标准化交付，这是一个迭代循环的过程。项目与运营的关系如图 2-3 所示。

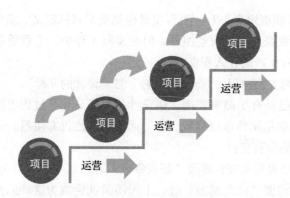

图 2-3　项目与运营的关系

另外，因为 Tier 1 供应的是零部件，而零部件的技术特点与其所属的公司又是千差万别的，所以具体企业的组织划分会有各种各样的模式。但无论如何，基本的职能逻辑是类似的。

2.1.2　OEM

总体而言，OEM 与 Tier 1 的组织职能框架很类似，只不过 Tier 1 提供的产品可能是五花八门的，比如，变速箱、发动机、控制器、仪表盘、座椅、天窗、空调等，而 OEM 提供的是整车。

❑　从功能实现看，整车比零部件具有更强的同一性和统一性。

❑　从落地过程看，整车与零部件有不同的考虑场景。

❑　从核心价值看，整车的价值更多体现在顶层功能逻辑定义与复杂系统的集成上。

基于这些因素，我们可以针对整车 OEM 组织提炼出一些与 Tier 1 侧重点不同的共性特征来，如图 2-4 所示。

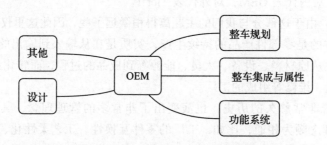

图 2-4　整车 OEM 不同于 Tier 1 的一些关注点

1. 整车规划

相对而言，Tier 1 有比较明确的需求来源方，即 OEM，规划思路比较聚焦。而 OEM 面对的终端客户并未过多介入整车开发，而且还需要考虑诸如国内外政治环境、经济形势、社会观念、技术现状及趋势、竞争对手情况、用户画像等宏观但繁杂的内容。

也就是说，OEM 需要更多的自驱和自主属性，即 OEM 更需要"自建方向"。这是 OEM 建立整车规划职能的必要性。在多技术路线并进的环境下，它的意义也显得更为重要。

通常来说，整车规划需要明确公司战略、整车平台组合、动力系统平台组合及智能化方向等，如图 2-5 所示。

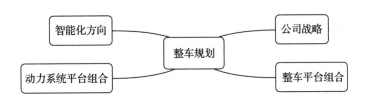

图 2-5　整车规划需要关注的一些内容

（1）公司战略

战略是比较宏大的维度，但在变革下，战略的重要性是十分突出的。比如，如何选择燃油车、EV、HEV、PHEV、REEV 的技术路线，目前比亚迪已经宣布放弃燃油车市场，其他车企如何决策与行动，都是由公司战略决定的。

（2）整车平台组合和动力系统平台组合

战略是个方向，落地需要整车平台组合和动力系统平台组合的推进，前者可能考虑车型类别、销售国家、上市时间、定位人群等，后者是当下整车利润的主要来源，也是需要重点关注的，并且要与整车平台相匹配。一般来说，动力系统平台组合包括发动机、变速箱以及三电或混动系统。

（3）智能化方向

智能化是现在的技术热点，环境感知、智能决策、协同控制、V2X（Vehicle to X，车联网）、云平台、大数据、高精度地图、信息安全等都是各大 OEM 绞尽脑汁关注的内容。

2. 整车集成与属性

在整车规划的约束下，OEM 的开发对象就是一款一款的整车，开发方式主要是集成，目标是满足各类"属性"。属性的平衡也会成为汽车的"卖点"，我们经常看到的各款新车的卖点就是被平衡出来的属性，汽车设计本就是平衡的艺术。

属性有很多划分方式，可以从美学、人机工程、NVH、车辆动力学、能耗、安全等多角度展开，如图 2-6 所示。

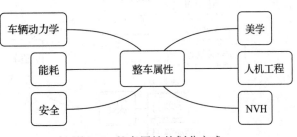

图 2-6　整车属性的划分方式

整车属性的具体表现可能有：

❑ 车辆的流线型是否美观？

❑ 方向盘是否遮挡仪表？

❑ 发动机抖动、风噪、路噪能否接受？

❑ 转向时是否侧倾？

❑ 制动距离是不是太长？

❑ 百公里油耗是否达到 10L？

❑ 冬天续航里程是否有缩短？

❑ 红灯起步感觉如何？

❑ 配置了几个安全气囊？

❑ 座椅舒适度怎么样？

❑ 底盘会不会很快生锈？

……

当然，这背后有大量的标准、量化参数、CAE（Computer Aided Engineering，计算机辅助工程）运算、大小型设备等资源的支撑，实际开发一款整车涉及的属性评价点也会逾千。

所以，整车集成复杂吗？确实很复杂，但由于技术与标准的成熟、集成能力的分散（很多环节的集成能力是掌握在 Tier 1 手里的），整车集成的门槛在逐渐降低。同时，市场开始呈现透明化与白热化，创新点明显匮乏。这也给智能识别及引导客户需求带来了机会。于是，与智能驾驶、乘员舒适度、智能互联、信息安全等相关的更多属性被逐渐分离出来。

3. 功能系统

通常，我们会把整车划分为车身、动力总成、底盘、电子电器 4 部分，这也是整车集成的对象。各部分又会进一步划分为子系统或子零件，整车功能系统部分划分示意如图 2-7 所示。

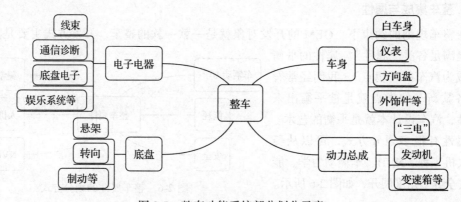

图 2-7　整车功能系统部分划分示意

（1）车身

车身包括白车身、仪表、方向盘、外饰件、中控、座椅、气囊、地板、灯具、玻璃、保险杠、雨刮器、四门两盖等。

（2）动力总成

动力总成包括"三电"（电池、电机、电控）、发动机、变速箱等。

（3）底盘

底盘包括悬架、转向、制动、底盘框架、轮胎等。

（4）电子电器

电子电器包括线束、通信诊断、底盘电子、娱乐系统、电子电气架构（Electrical & Electronic Architecture，EEA）、空调控制、灯具控制、基础软件、硬件等。电子电器也是传统汽车电子软件的领地和走向智能汽车的前沿阵地。

在以上各类可不断细分的系统里，工程师会带着整车集成的属性要求走进各个 Tier 1 或者内部自研团队来共同完成零部件的开发释放。

4. 设计

从美学和功能的角度出发，设计部会进行车身造型、内外饰 CAS（Concept A Surface，初步造型面；Class A Surface，A 级曲面；有时也等同于可见面 A 面）、油泥模型、色彩纹理等的定义。一直以来，各种凹凸有致的外形、色彩斑斓的内饰、或长或短或高或低的车身都是 OEM 吸引消费者重要手段，直到道路上的车基本趋同。

随着智能座舱的兴起，UE（User Experience，用户体验）、UI（User Interface，用户界面）、音乐视频、动效展示、语音控制、手势操作、多屏互动、氛围灯等更关注用户体验的内容也被引入设计部的职责范围。当然，这部分能在多大程度占用用户时间和吸引用户兴趣，以及需要多长时间，仍需要观察。

5. 其他

在试验认证、项目管理、样车试制、生产运营等方面，OEM 也有其不同于 Tier 1 的开展方式，比如，试验认证中的风洞试验、三高试验、路试、碰撞试验、型式认证等，以及生产制造中的四大工艺，它们都有着比较典型的整车的特点。

总之，不同的 OEM 有不同的组织划分方式，但基本职能结构并不会跳出这个逻辑框架，即便是新势力车企，它们仍然需要这些职能。只不过，新势力车企在灵活性、扁平化、去中心化、权力下放、内部竞争、电动与软件方面会有更突出的表现。

2.2　软件开发在整车交付中的位置

通过前面的梳理，我们会发现整车从设计、制造到交付是极为复杂的系统性协调过程。那么，越来越复杂的"软件开发"的步调是如何与整车开发协调一致的？它处于什么样的位置？会带来什么样的影响呢？

2.2.1 功能、ECU、域和中央计算

先区分几个概念。

1. 功能

按照国标的定义，功能是对象满足需求的属性。一般来说，功能可以理解为贴近用户的、更高层级的、更明确感知的需求，比如，拨动拨杆，雨刮器开始摆动，就是一个简单的功能，满足了用户清理挡风玻璃的需求。而再细分，会涉及挡位的变化、速度的调整以及电机的控制等工程意义的需求。

针对用户和业务，我们的首要目标其实就是实现各种功能，实现方式是满足拆解后的工程需求。

2. ECU

ECU（Electronic Control Unit，电子控制单元）是汽车软件开发的主体工作对象。在产品层面，一辆车里会嵌入几十个甚至上百个 ECU 模块。在分布式电子电气架构中，一个 ECU 承担一套相对单一且独立的功能，并最终被集成在一个"盒子"里，而后通过线束与整车连接，以实现 CAN/LIN（Controller Area Network，控制器局域网络；Local Interconnect Network，局域互联网络）或硬线下的交互。

3. 域和中央计算

域可以理解为功能集合。伴随着智能汽车的火热，为了更好地降低成本、提升协同效率、提高软硬件解耦程度、增加信号互通及传输实时性等，集成度更高的域控制器及跨域融合被提了出来，比如，比较流行的 5 域划分有动力域、底盘域、车身域、座舱域、自动驾驶域，以及不同域之间的融合。

继续提高功能的集成度，就是中央计算平台了，比如，特斯拉率先实现了一个中央计算模块加两个车身控制模块的架构。EEA 演变趋势示意如图 2-8 所示。

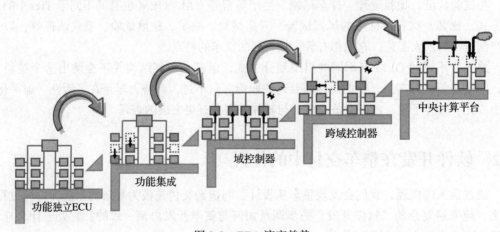

功能独立ECU
功能集成
域控制器
跨域控制器
中央计算平台

图 2-8　EEA 演变趋势

以上几个概念体现了汽车各功能从分布到集成的演变，也体现了整车 EEA 的演变，而各功能及其背后的软硬机械件在技术层面的协调就是 EEA 的工作。

2.2.2　软件仍需进入汽车

EEA 的演进过程听起来确实让人兴奋，但技术进步与汽车格局演变是渐进的。无论是传统 OEM 霸主，还是国际 Tier 1 巨头，它们仍然掌握着汽车本身的"核心科技"，这也让它们不会坐以待毙。即便"软件定义汽车"，但本质上汽车依然是由零部件组装起来的物理实体，软件依然要被刷写到硬件模块里，软件还是在进入汽车。

前面提到，传统单一 ECU 所承载的功能被持续集成，这会让 ECU 的数量持续缩减。但是，因为分布式架构发展为中央计算平台需要时间，而且除了 ECU，汽车还有其他几千个机械零件要组装。所以，站在整车研发制造的大背景下来看，软件终究是一个一个集成包，进入一个一个实体模块里，而后在整车里程碑节点处进行配置、协同、交付与验证。如果把整车看作一个 ECU 集合，软件其实是一种配置管理，其中每个模块的软件都是一个配置项（关于配置管理的内容，详见 3.8 节）。

在汽车制造中协调软件的模式，短时间内不会被打破，只是在价值增值、资源倾向、战略取舍等方面会更侧重于软件。

这是站在传统汽车视角下的不变的地方，乐观的地方。

2.2.3　合作模式持续变化

不变中的变与乐观中的悲观，也值得所有传统汽车人思考。

大约在 2016 年，我当时在一家 Tier 1 公司，第一次和一家新势力 OEM 公司合作，时至今日，虽然这家公司早已倒闭，但回想起来，它的很多设计理念和组织模式倒是有很大胆的突破。彼时我所在的团队早已习惯小改款，日常单纯和 OEM 与 Tier 2 打交道，项目释放节奏也是按部就班，开发与测试标准基本固定，这家公司的这种突破让大家一时感到很大的不适。

除了技术层面的高风险，另一个比较突出的特点是复杂的项目组织模式。原先的项目涉及的组织职能只有 Tier 1 工程中心、Tier 1 工厂、供应商、OEM，即使再拆分，由于每个职能都是按层级分责权以及单一项目推进的方式，因此最终对接的也只是对应职能的一两个人，整个产品释放的内圈也就是 20～30 人。可是，稍微夸张一点讲，这家公司属于全栈自研的另一端——全栈外包，造型和数模由设计公司完成，新增非汽车行业的硬件供应商，软件部分由软件公司负责，工厂也是代工……

这显然会导致大量的新问题，比如，人员能力不足、供应商资质不够、沟通渠道复杂（如图 2-9 所示）、责任难以划分、交付计划不好协调、知识产权归属不清、使用的工具不统一等。最终不算太意外，项目很快流产了。

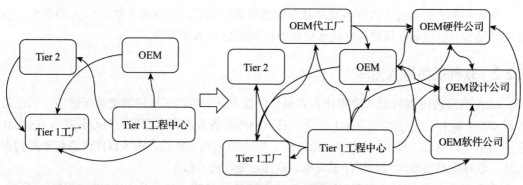

图 2-9　沟通渠道变化示意图

项目虽然失败了，却也是给到了一点启示，对比当下正在发生的事，那个阶段的合作模式的变化并不突兀，甚至只是小巫见大巫。

尽管从整车视角看，软件依然在进入汽车，但 EEA 在变、动力系统在变、消费者需求在变、供应层级在变、价值点在变、话语权在变、玩家在变……

大量变化之下，合作模式必然会变。OEM 要掌握灵魂，Tier 1 要捍卫地位，Tier 2 要直接对接 OEM，互联网要颠覆一切，软件公司要定义汽车，芯片公司要在被卡脖子的同时卡别人脖子，新势力要整合生态，还有大量的初创科技公司都想要活下来。

在抢夺"软件"的混战中，我们会发现这几年汽车企业的组织架构在频繁变动，流程体系不断迭代，人员流动异常突出，这背后既有客观因素的影响，也有对新事物的主观摸索，而在其实现的过程中，既需要懂汽车，也需要懂软件，还需要懂业务。随之，大量的疑问被提出。

- ❑ 底盘或内饰出身的软件领导如何理解机械与软件管理的差异？
- ❑ 管控供应商的主机厂工程师发现内部自研团队不配合怎么办？
- ❑ 一个域控制器的参与人员多达 1000 人该怎么协调？
- ❑ 只交付某个软件模块的互联网供应商怎么管理？
- ❑ 更多的接口处的工作由谁承担？

……

这些问题的答案都将推动汽车行业软件开发合作模式的重新定义。

2.3　软件自研成为 OEM 的期望

无论如何，软件都已成为汽车新的价值点。作为汽车中心圈的 OEM，自然不愿意任人宰割，不管是合资的、本土的，还是新势力，都在努力尝试自研。毕竟，如果没了原有的动力总成，利润就会降低不少，而在智能时代，失去了智能系统集成的能力，失去了功能策略差异化定义的能力，就没了核心竞争力。

2.3.1　自研与外购的决策要素

自研与外购的概念并不新鲜，早在汽车诞生之初，二者就是讨论的热点，福特汽车就是经历了先大量外购，然后自制，再分包给供应商的过程。或是效率，或是利润，种种原因下，在汽车工业化的过程中，向供应链外购逐渐成为汽车行业中心化交付模式的典型特点。

实际上，自研与外购，或者衍生出来的自制与外购、外包与内包，都是通用的采购或管理概念。一般来说，企业主要考虑的是成本，谁便宜用谁，但这仅仅限于不涉及核心技术的产品。除此之外，可能还需要考虑以下一些因素：

- ❏ 质量水平的高低？
- ❏ 供应链安全与否？
- ❏ 知识产权属于谁？
- ❏ 技术能力是否有必要积累？
- ❏ 后续调整是否足够灵活柔性？
- ❏ 是否有助于整体运营以及是否适配整体竞争战略？

……

面对 EEA、软件、芯片、算法、操作系统、域控制器等新兴技术制高点，OEM 同样会不遗余力地思考"自研与外购"的决策。

2.3.2　如何选择自研对象

1. 自研的内涵

有人可能会误认为，自研是自己把所有东西都做出来。实则不然，一枚小小芯片背后的整个产业链都是非常复杂的，有 EDA（Electronic Design Automation，电子设计自动化系统）软件、电路、硅片、晶圆、封装、测试、光刻机……任何一家公司都不可能也没必要去自研整条产业链。

大名鼎鼎的苹果手机，难道掌握全产业链吗？没有，非但不是，甚至比主机厂还有过之无不及，比如，手机的玻璃是康宁的、屏幕是三星的、外壳是富士康的、摄像头是索尼的、内存是海力士的、电池是 LG 的，组装还是由富士康完成的。但谁会认为苹果手机没有自研能力呢？

自研自然是在"核心竞争力"和"核心盈利点"上自研，苹果的软硬件集成和 iOS 生态系统就是让用户有"爽"点的核心，这也是它自研的内涵。对于 OEM 也是一样，它需要思考如何自研自己的卖点和差异点。另外，从某个角度来看，自研研的不单单是技术，也是谈判桌上的"话语权"。

2. 自研的对象

那么，到底哪些能够自研呢？

现在还未形成定论，供应商和主机厂的观点也颇为不同，供应商认为 OEM 没必要，

OEM 又认为很必要，可能直到格局稳定之后才能看到准确答案。

但是，基本逻辑是从"可差异化的系统功能定义"和"可提升话语权的卡脖子技术"入手。

所以当前也可以看到很多 OEM 在做控制器的应用层开发，而将底层、中间件、硬件及模块代工交给供应商。从功能区域看，他们更关注整车控制、三电、ADAS、座舱娱乐。对于所谓"卡脖子"的芯片，部分本土或新势力也开始布局自研。

当然，自研并非一日之功，限于体制、文化、人才、技能、经验等，OEM 的自研之路并不轻松。有时候，迫于无奈，仍然需要继续向供应商妥协。

2.4   OEM 如何融入软件供应商内部

既然自研很困难，那么要开启自研之路的 OEM 就需要积累，就需要学习，但是，向谁学习呢？

基本上，汽车电子软件最好的老师就是那些优秀的供应商，比如，汽车电子 Tier 1，以及那些新入局的互联网或 ICT（Information and Communication Technology，信息与通信技术）企业。稍微说明一点，这些新入局企业与原本的 Tier 1 已经有了很大的差别，但为了描述统一以及站在汽车业的视角，我们暂且将与 OEM 直接交互的供应商称为 Tier 1。

OEM 虽然作为客户，但是，无论是 Tier 1 巨头，还是软件能力强悍的新入局者，很多细节都是不对 OEM 开放的。所以，在实际工作中，想了解到供应商的真实开发情况很难，特别是一些强势的软件产品供应商。

那么，站在 OEM 的角度，我们可以思考一下，怎样才能让这样的学习及技术进步更顺利呢？OEM 进入 Tier 1 内部的思路如图 2-10 所示。实际上，这样的思考不仅是为了 OEM 自身的价值，也是在慢慢打破行业封闭。

图 2-10   OEM 进入 Tier 1 内部的思路

2.4.1   入局资格——承诺

想深入的前提是对方承诺能够深入，以及自己有能力深入。我们先解决"承诺"的问题。

1. 承诺的方式

无论什么方法，这都是我们在生意场之上进行的讨论。OEM 和 Tier 1 的合作也都是商务关系，一切都要建立在签署了商务合同的基础上，只有这样，你才能拥有真正进一步深入的权力。

2. 如何拿到承诺

核心问题在于怎么拿到"承诺",进而获取深入的"权力"。

先想想 OEM 对于 Tier 1 最大的震慑力是什么呢?不外乎不买你的东西,也就是不把项目定点给你。

所以,最好是在采购定点路上拿到承诺。当然,如果你的车型的预计销量不足以吸引 Tier 1,甚至要依赖 Tier 1 才能造车,那么你就直接失去入局讨论的资格了。

3. 常规惯例

现在很多 OEM 习惯的玩法是,在 RFQ(Request for Quotation,报价请求)里加一些泛泛的要求,比如,要提供什么资料、完成什么活动、查什么东西,然后签字认可。尽管在实际操作中,很多时候都流于形式了,但是这一步非常必要,这是底气和资格。

"承诺"的获取,更多的是形式上的成功,我们还需要关注"能力"的成功。

2.4.2　打到"七寸"的承诺——详细标准

说句不那么恰当的话,"给你机会,要看你中不中用"。

在国内主流企业里,长期以来,OEM 和 Tier 1 的地位和实际能力的对应正好是相反的,OEM 具备提要求的资格,但 Tier 1 更具备"忽悠"你的能力。在不同水平的 OEM 和 Tier 1 中,这个天平的倾斜程度可能略有不同,但基本趋势是一样的。

主要方式是制定能打到"七寸"的标准作为要求,你提出的需求越细化、越精准,就越具备深入真实层面的效果。目前,基本还是集中在测试上下功夫,比如,要求提供更细化的、不同层级的、固定模板的、明确交付周期的测试计划与报告等,整体侧重于验收,但水平有高有低。承诺的 3 个层次如图 2-11 所示。

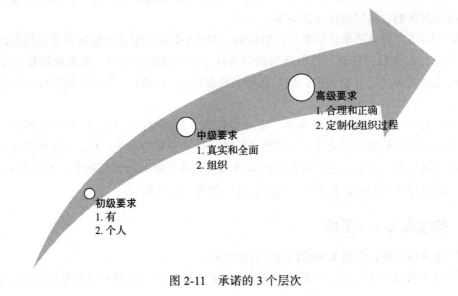

图 2-11　承诺的 3 个层次

1. 初级要求

举个例子，初级要求是提供软件测试报告。

这时解决的是有无的问题，面对的是个人。前提是信任个人的业务能力和职业素养。

2. 中级要求

中级要求，需要证明这是 Tier 1 内部正式释放的文档，要签批，要原生报告，且需要更详细的信息，可能还要提交单元测试、静态分析、性能报告等。

这时解决的是真实和全面与否的问题，面对的是组织。前提是信任组织流程和文化秉性。

3. 高级要求

前两者都是看结果，或详或略。高级要求就是要跳到过程里来看，我们要看到你的分析过程、回归策略、测试计划，以及能否与结果形成闭环。还要看从 OEM 的需求到测试结果能否全链路闭合、逻辑自洽，以及能否满足一些特定要求，比如，bug 逃逸情况、测试完成率、测试覆盖率、代码覆盖率等。

这时解决的是合理和正确与否的问题，面对的是定制化组织过程。前提是 OEM 有能力合乎道理地提出要求或判断结果。

通过定标准、提要求，可以逐步深入 Tier 1，但还是不太够。

2.4.3 再深入一点——审计

再深入一点的方式就是审计。

记得一个很佩服的项目经理说过，谁急谁主动，不要去做那个总是追着别人着急的人。审计在一定程度上能够达到这个目标。当然，前提是要完成很多铺垫工作的，比如，审计结果对报价的影响、高层的介入推动等。

如果 Tier 1 比较在意审计结果，在审计时，Tier 1 会相对更主动地展示更多信息以证明自己，现在比较典型的就是虽热但还未被普遍接受的 ASPICE 评级。如果能够推动审计进入供应商选择或项目定点流程中，且具有相当的影响力，OEM 工程团队就会有更大的机会深入进去。

比如，打开 Tier 1 内部工具系统、走进实验室、查阅原始资料、检查测试环境、问询非 PM 或销售的其他岗位人员等。为了使评级结果达到更高的水平，Tier 1 会更积极，也不那么容易隐藏信息。但是，这需要我们的审计人员具备足够的经验与能力，不能纸上谈兵。当然，目前这种深入的机会并不多，需要行业一起努力地开放。

2.4.4 持续深入——工具

项目接触得越多，会越来越意识到工具的价值。

不管是大家的日常工作，还是本节提到的 OEM 的目的，都离不开大量的文档、数据、信息、沟通。做得详细了，会觉得复杂、工作量大，而门槛太高就很难落地；但做得轻量了，又有很多地方把控不到位。

协同工作是一个趋势，竞争越来越激烈，大家都要开放，原本有的东西靠捂反而会落伍，丰田不都开放了混动技术吗，Tier 1 想延续以前黑盒子的垄断模式确实越来越困难。

如果能通过工具链将 OEM 和 Tier 1 拉通，大家在开放的平台共同工作，同频同调，这样才是真正持续深入。

写到这里，说实话，对于实际操作是偏理想化的，在落地工作中存在太多的困难，真正要有效果，需要 OEM 有足够的市场地位，也需要高层有足够的认识并不断推动。否则，两大阵营的融合和行业的开放不是简简单单就能够实现的。

2.5　软件供应商如何进入 OEM 体系

OEM 要通过深入 Tier 1 来掌握"核心科技"，而无数的科技企业要想活下来（这里不讲那些原本就有话语权的头部），终归是需要进入 OEM 体系的。因为你没有自己的渠道，只能是整车搭载你的软件或硬件，整车有销量，你才有后续存活的资本。但对于论资排辈、看背景的汽车行业，入局并不算容易。新供应商进入 OEM 体系的思路如图 2-12 所示。

图 2-12　新供应商进入 OEM 体系的思路

2.5.1　资质认证

无论是 VDA 6.1 与 16949，CMMI（Capacity Maturity Model Integration，能力成熟度模型集成）或 ASPICE（Automotive Software Process Improvement and Capacity Determination，汽车软件过程改进及能力评定），还是 26262 功能安全或 21434 信息安全，都会有一些体系性的资质认证。此外，还有一些诸如 CE、E-mark 之类的市场准入认证，一些涉及 EMC（Electro Magnetic Compatibility，电磁兼容性）、ACE-Q 的产品级认证，以及实验室的资质认证等。

证书重要吗？这要分两类看，一类是"强标"，顾名思义，必须要达到要求，必须得有，比如，进军欧洲市场的 CE，就类似于一些公司的本科毕业证书；一类是"推标"，名义上不强制，但业内都在做，大家普遍认可，聊胜于无，比如，ASPICE 评级，就像大学生的英语四六级证书。

对于在圈内无历史成绩的新企业，还是需要一些资质来让自己迈进这个门槛，或者至少证明你可以和大家用相同的"语系"沟通。

除了"硬"认证，还有"软"认证，所以初创公司非常喜欢宣传自己的创始人或者投资方的豪华背景，以让外界对其有一定的信心。此外，初创公司也特别喜欢在各类行业论坛、自媒体上"抛头露面"，虽不算资质认证，但也属于口碑的积累。智能汽车时代，营销正在变得越来越重要。

2.5.2　开发前移

资质认证多少有些务虚，开发前移就是多少有些被逼无奈的务实了。

大牌供应商的产品已经经过多轮的迭代与市场验证，技术开发与产品落地能力都有目共睹，在新项目报价时，直接拿成熟方案即可，即使对于新技术，有组织承诺也基本问题不大。

但是，对于初创公司，没有充分的量产经验作背书，着实难以赢得信任，任谁也不敢将一款新车型的生死交到一个新手手里，毕竟缺一个螺丝钉，车都下不了线。所以，初创企业需要在报价期间，甚至还未启动商务报价的更早期，就得投入人力、物力、财力，去进行客户对接、需求分析、方案定义、软件开发、系统验证等工作，几乎得在极短的时间完整走一遍产品释放过程，或可用结果来赢得订单。

2.5.3　定制化

大型零部件企业为了追求低成本与高效率，通常会尽可能地将产品平台化、标准化，无论是外壳尺寸，还是软件架构，这让它在与整车或者相关对手件联调匹配时出现很多问题。

对于愈加追求激进与速度的主机厂，尤其是一部分国内自主车企，被一个个头部供应商大象拖得实难起身，这就给小型创业公司提供了机会，它提供定制化服务，从而让主机厂在这个节点上增加了柔性，也增加了获得定点的机会。

当然，从服务态度上来看，要及时响应，要快速迭代，团队也可以是专属定制化的、"保姆"式的。曾经，我在和一家主机厂谈新项目技术难点时，恰巧碰到竞争对手的销售人员，对方半开玩笑地讲到，客户需要什么，我们提供什么，需要驻厂，立马搬过来，需要人才，立马把你们挖过来……初创企业最擅长的就是灵活、周到地提供服务。

2.5.4　能力共建

针对一些新技术，比如，自动驾驶芯片、算法或者域控制器等，业内还没有成熟的技术方案与路线，而巨头企业面对新技术又谨小慎微、处处掣肘。这时，如果科技企业有自己的核心技术竞争力，与主机厂共建互换或是一个可能。

比如，供应商提供底层的技术架构和白盒的开发数据，以让主机厂有机会接触到细分领域的深度技术，而主机厂则要提供测试的车辆、场地与大量的数据，以支持供应商完成算法训练、技术迭代与产品落地，即实现技术互换、能力共建与生态共享。

2.6　走向开放协同与敏捷迭代的汽车组织

新技术崛起、大量玩家涌入、开放合作、打通业态模式、大鱼吃小鱼、兼并重组、垄断封闭，这似乎是产业发展的一个周期性轮回。

而如今，似乎又到了轮回的起点，这就让处于上一个轮回终点的胜利者显得不合时宜，让那些单打独斗的封闭式交付模式显得不合时宜。

不过至少，我们可以看到"开放协同"和"敏捷迭代"这两大趋势。

2.6.1　开放协同

由于自身战略定位、技术或供应链优势等差异，芯片、算法、软件、标定、硬件、传感器、系统集成、验证等不同职能都可能会分散到原有的 OEM、Tier 1、Tier 2 或新入局者等各个组织，这样一来，固有形态会被打破，合作模式将从链状结构走向复杂的网状协同生态。

比如，OEM 的内部软件中心会担当 Tier 1 的角色，在应用层开发时就会作为系统集成商 Tier 1 的供应商，而在面对 Tier 1 提供的系统时又变成客户；Tier 2 在算法与芯片上可能会晋升为 Tier 1；Tier 1 与 OEM 之间在某些环节也可能有第三方参与……原本的层级供应边界越来越模糊。

究其原因，一方面，在这个正在被打破的格局里，各个组织都想抢夺一把交椅，都想自己说了算，无论是在"高价值点带来的利益分成"上，还是在"差异点的定义权与改动权"上。

另一方面，复杂新技术的迭代既面临巨大的挑战，又有一旦突破就能够在很短的窗口期快速跃居高位的特点，二者互为因果，这会让行业各方自然走向取长补短的开放协同中，互相学习，互相模仿，而谁封闭，就相当于谁与行业"为敌"。比如，大家会迅速地发现，各车企新推出的智能汽车有着非常相似的造型，例如隐藏式门把手一时很受欢迎，那么跟随潮流就好，轮子不必马上重新造。当然，也有特斯拉和苹果这样的特例，作为成功的独立先行者，它们走出了独有的路径，极难被复制，但大多数企业还是需要开放、合作、抱团、协同的。

此外，由于新势力来势汹汹，迫于压力，开放协同的最大障碍之一——Tier 1 巨头开始放低姿态，根据主机厂的需求来提供产品，卖软件也好，卖硬件也罢，或者软硬件一起卖，再或者卖架构方案。原有供应链里的"巨头"的妥协也是行业开放协同的"温度计"和"强心针"。

2.6.2　敏捷迭代

除了模式变得开放协同，还有一点就是要快，要敏捷，要先上马，再迭代。

　　当然，此敏捷非彼敏捷，即它并非市面上的各种敏捷培训理论或实践框架，而是取其本意，灵活且快速。

　　实际上，业务需敏捷几乎是大家对新技术的统一认知，并不需要特别的阐释。但是，这几年汽车行业"敏捷迭代"的速度着实让人有点目不暇接，多少有点超速了，甚至回头再看其变化，速度快到超乎我们的想象。

- ❑ 创新、转型、破局、变革、颠覆愈演愈烈。
- ❑ 信息化、数字化、智能化此起彼伏。
- ❑ 敏捷重生与敏捷已死相伴相随。
- ❑ 架构调整、软件中心成立、拆分合并的组织变动不断。
- ❑ 不断倒闭和不断新建的造车厂早已司空见惯。
- ❑ 技术颠覆时常官宣。
- ❑ 大数据、AI（Artificial Intelligence，人工智能）、云计算在媒体铺天盖地的宣传下，让人感觉似乎已经飞入寻常百姓家了。
- ❑ 电池容量与续航里程水涨船高。
- ❑ 车机尺寸从 3 寸、5 寸、11 寸、17 寸、32 寸逐级攀升，甚至还有某已倒闭新势力车企在每一个座椅后面安装了一台 Pad。

　　……

　　太多的变化还没来得及理解就过去了，不管是企业、从业者，还是普通消费者，或多或少，都有些慌乱。企业怕被竞争对手拍倒，想快速打造一款有卖点的新车；从业者怕被潮流与风口落下，想谋求转型与突破；消费者既担心电池不安全，又怕错过购置税优惠，还想感受下智能座舱的酷炫。

　　背后固然有很多原因，技术的进步、经济的变化、资本的推动、营销的传播或者特斯拉的鲶鱼效应，但这确实是当下的环境，或快或慢或停顿，都是所有致力于加入汽车行业的人的共同的思考与选择。

2.7　汽车企业文化与软件的冲突

　　对于企业文化，似乎只有大型企业里做 PPT 的时候才会谈，谈完之后，可能还会被致以"鄙夷"。

　　一直以来，我也是这么认识的，但经历了几家公司后，发现不同公司确实会有不同的做事方法和做事思路，这大约就是企业文化的影响。

2.7.1　文化就是游戏规则

　　电影《寒战》里，演员梁家辉有段很经典的台词："我在警队服务了三十年，我认识了不少朋友，也得罪过不少人。不过这三十年，我学会了一件事，就是每一个机构、每一个部门、每一个岗位都有自己的游戏规则。无论明也好，暗也好，第一步，是把它学会，不过很多人还没有走到这一步就已经死了，知道为什么吗？自以为是。第二步，就是在这个游戏里面找出个线头来，学会如何不去犯规，懂得如何在线球里面玩，这样才能勉强保持性命。"

先举一个比较小的例子，到一家新公司，你面临的第一件事经常是"怎样称呼你的领导和同事"。这件事并不大，但如果你不事先进行简单了解，贸然去喊，可能会显得不合时宜。

再比如，什么样的会议不该参加，什么样的事情需要汇报，谁具有项目的话语权，什么样的能力对公司、部门或领导更重要，部门核心圈里那些人的关注点是什么，谁和谁有一定的竞争关系……

企业文化更接近于公司、部门、小组里或明或暗的游戏规则，而且更多是暗的、小的、人与人的、一个一个管理层的行为举止的传导，是需要揣摩、学习和一定时间的积累的。

2.7.2 文化与软件的冲突

软件进来后，行业自然面临变化，变化就会触及原有的游戏规则，而游戏规则自带利益划分属性，所以冲突和矛盾成为必然。

在传统合资或外资汽车企业里，我们会发现纯靠自驱动去实现创新、转型是很难的。在长期的内部运作与市场反馈调整下，企业已经形成了固定的、平衡的模式，也在很多领域构建了坚硬的技术壁垒。而更重要的是，这个组织内具有话语权的管理层已经形成了自己的认知逻辑，所谓位置决定想法，不仅是从利益的角度，也有视角的原因。

再加上，本土分公司话语权普遍不强，受国外总部的掣肘，零星的改革派也没有多少活动空间，所以那种具有主观能动性的变化几乎失去了动力，变化的失败或不了了之也是意料之中的。

形成明显对比的是，本土的几个主机厂一直以肉眼可见的速度在成长，而且在智能汽车热起来后可以快速地融入，一部分原因就在于自上而下贯穿的拼命三郎般的劲头。

在 2015 年左右，我接触的几个国内主机厂几乎没有什么技术能力，所能做的就是参考对标车型修改，不理解为什么，也不知道如何评估可行性，全套方案基本都需要供应商来评估完善，遇到冲突，就让几方供应商直接沟通，优势更多在于崛起的市场，用市场来强换技术，或者用钱挖人才。

而到了 2018 年左右，其中一个主机厂的一位技术负责人坦诚地说，前几年，我们底子很薄，很多时候不懂，现在我们要开始讲理、讲工程逻辑、讲方案融合、讲我们真正的要求……

到了 2021 年，我在技术交流中发现该主机厂在新能源、EEA、软件需求定义、软件测试、网络安全、标定匹配等新技术方面也已经取得了长足的进步，这在几年前是不可想象的。

许多的跨界者和初创企业，不但具备拼命三郎的特点，还有着充足的软件或消费电子经验，在诸如车机这种"大手机"上具备天然优势。

本土企业在汽车行业的积累与软件能力的提升以及外来者的高调闯入，确实快速冲击到了那些国际汽车霸主，也或多或少让它们体会到了切肤之痛。这让大家都纷纷开始行动起来，建立独立的智能软件中心或科技公司等，内部也在各方利益纠葛下迟疑地转型。但对于这艘由那些带有企业文化属性的小事、小规则构成的汽车企业大船，转向确实迟缓、困难。

不久的将来，汽车行业协作格局一定会有比较大的变化，孰胜孰负，拭目以待。

2.8　从软件质量看组织转型路径

这一节讲一下质量。我们有很多职能，为什么单挑质量？

作为汽车企业里的一个典型职能，在面临组织模式变化时，质量部的主导或参与可以算是顺理成章。毕竟，体系流程搭建、质量规划、持续改进都是质量的分内之事。

当然，不同的企业会有不同的组织方式，比如，有些企业专门成立了数字化、PMO（Project Management Office，项目管理办公室）、IT、流程管理等部门负责类似的组织流程相关的工作，有些企业则将这些工作分散到职能部门。无论如何，我们暂以质量为引子看转型，殊途同归，思路是相通的。

2.8.1　无所适从的汽车软件质量

这个岗位不算新，但业内比较少，主要存在于小部分大型的汽车电子 Tier 1 或 Tier 2 公司，而这样的公司的产品和业务已经形成了成熟稳定的模式，所以相关岗位上只有零星几个人，关注度并不高。

这几年，大量非汽车背景的软件公司或非软件背景的汽车公司都开始着手汽车软件的开发，而且软件技术也在快速地更迭。这时，大家就面临两个问题：

❑ 一是，汽车开发模式和软件开发模式如何结合？

❑ 二是，新的软件开发模式应该是什么样的？

这两个问题既给一众汽车软件质量从业人员带来了许多新的机会，也给他们带来了不少困惑。

❑ 如何协调复杂背景的人员结构？

❑ 如何与不懂软件的领导交流？

❑ 是侧重管控过程，还是侧重测试结果？

❑ 线上和线下处理工作的边界在哪里？

❑ ASPICE 过时了吗？

❑ 敏捷靠谱吗？

❑ 追溯那么耗时耗力，100% 追溯的价值有多大？

❑ 软件在汽车公司里总是感觉有些水土不服怎么办？

事实上，目前的形势就是，我们站在坚若磐石的汽车开发体系里，手里拿着尚不敢确定的软件工程体系，犹疑地思考着如何给迟缓的汽车开发插上智能软件的翅膀，确实是有些无所适从。

2.8.2 传统汽车质量的启发

我们并不是站在一片荒芜的不毛之地，汽车软件质量或者说汽车软件开发模式虽然面临一些新的场景，但"质量"本身却历史悠久，不妨来回头看看。

典型的质量管理发展有不同的阶段和特点，有先有后，也有融合，如质量检验、质量统计、质量保证、全面质量管理、零 bug 等。但是，具备比较典型的质量特点的是质量检验和质量保证，质量统计是工具，全面质量管理与零 bug，实际上已经脱离了狭义的质量范畴。而当范畴扩展到比较广义后，也就失去了针对性讨论的意义。

结合质量检验和质量保证的特点，我们对照看下传统汽车领域的质量——一般主要分"工程质量"和"工厂质量"两大类。

1. 工程质量

工程质量多少是有些边缘化的，在汽车行业内，很多工作都是以工程为主导的。

（1）变量少

大量工程技术的标准化和内化让新产品的变量变少了，比如，多数是小变体项目，无论是流程，还是设计，都有充足的历史经验可参考。这时，专门进行质量管理的必要性被减弱。

（2）难以标准化

仍存在变量的工程开发部分本身就是难以或不能标准化，如造型或 UI 设计。毕竟，标准化是质量的源头和目标。在这种情况下，工程开发中出现的问题多是协调性或者零散技术问题，这都不是质量的专长和本职。于是，工程质量的重心被放在数据支持和问题汇报上。

一般而言，只有在部分流程意识非常强、产品成熟且具备市场垄断性的德国或日本企业里，工程质量才具备较强的话语权，对项目释放有独有的判定权。

2. 工厂质量

工厂本身的目标在于标准化，但部分工位仍然需要人工的参与，机械硬件产品本身也会在制造、运输、使用中损耗破坏。

人会犯错，物会波动，这就会导致产品或过程与标准存在一定偏差，工厂质量的作用就是控制偏差。比如，在人员参与比较多的环节加强产品检验和过程监督，或者对来料、过程、售后等质量问题进行牵头协调。

不过，汽车制造领域本身已经是标准化的优秀代表了，算是大局已定，日常工作更多是对现有框架的维护与修补，使其趋于完善。但随着自动化程度的提高、人工的减少，质量职责势必会继续收缩，而这一进程的推进本也是质量职能的期望。

2.8.3 质量管理的目标——干掉质量

接着上一节的讨论，我们可以得出这么个说法：质量管理的目标就是"干掉质量"，也就是要让质量角色弱化、边缘化，直至消失。类似地，致力于转型的职能终归要退居二线。

是不是有点值得玩味？换个角度来看，如果质量人员冲锋在前，时时刻刻抛头露面，是不是正好说明质量问题很多？如果放眼望去，看不到质量人员的身影，而一切都在高质量运转，这恰恰才是前面所说的质量追求的目标。

那么，路径是什么？怎么走？

2.8.4 软件质量的落地路径

现在回到汽车软件上来，暂时抛开具体的方案（后面章节会讲），思考一下，如何实现汽车软件质量或开发体系的落地？

这里依然用质量控制（Quality Control，QC）、质量保证（Quality Assurance，QA）、质量管理（Quality Management，QM）这 3 个质量术语来展开介绍，看如何做好这几个角色，以便水到渠成地让软件在汽车里很好地落地生根。软件质量的落地路径如图 2-13 所示。

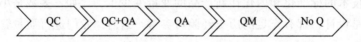

图 2-13　软件质量的落地路径

值得再次说明的是，组织转型的责任方显然并非只有质量，QC、QA、QM 的思路也适用于其他负责转型的职能。

质量圈内喜欢用一个类比——驾驶车辆，来描述质量工作。现在的汽车行业就相当于一个新手在驾驶一辆新车。

1. QC

QC 相当于仪表盘，显示车辆实际状态，如车速、胎压、油量等，一旦检测到系统有问题，就会给驾驶员预警。

这是质量管理的第一阶段，当然这个阶段也会有好和差之分。做得差的，只能给出一些状态展示，这个状态也不一定完整、客观、直观，或者即使完整、客观、直观，也仅限于此，不能指出问题所在。做得好的，不仅能清晰展示客观状态，做出很好的度量，给出趋势，还能精确定位核心问题。

可能还有人接着说，是不是好的 QC 还要给出问题的根因和解决方案呢？如果能做到，自然是好 QC，但实际上有些强人所难，也基本做不到。

那么，好的 QC 具体是怎么样的呢？

- ❑ 可以及时梳理项目信息，便于项目经理或成员查阅，或提醒其不要遗忘。
- ❑ 可以帮团队分析 bug 数据，定位聚合问题，预测趋势，制作报表，让项目经理或领导了解项目的真实状态。
- ❑ 可以检查过程数据，看有什么不合理等。

做到这里就差不多了，所谓好一点呢，就是你的信息要准确、关键。

不过，QC 是实实在在要做的事，是多数人都能看到的质量人员在做的事。当你不知道能做什么时，先把 QC 做好。

实际上，测试也属于 QC 范畴，目标是展示软件的状态和存在的问题，所以有的公司会把 QC 等同于测试。不过，由于测试本身具有很强的专业性和独立性，因此暂不把测试包含进来讨论。

当然，只有 QC 是不够的，就像司机并不会只依靠仪表盘的信息开车。

2. QA

QA 相当于驾驶手册或老司机告诉你的经验方法，仪表盘报得再准确，也只能让你停下来加个油、修个车。亡羊补牢，虽说是犹未晚也，但实际上还是有点儿晚，最好能提前加满油、做好保养，以便能快速、安全地到达目的地。

QA 要通过流程、体系、工具、方法论等预防问题，或者提高 QC 工作的效率。也就是说，它也要致力于减少 QC 的存在感。而且，说实话，对于开发、测试、项目管理都不是其专长的质量控制人员，只靠每天去控制，能控制到多少有效的信息呢？难说。

所以，这个阶段，观念要从 QC 往 QA 上转，要和业务部门一起建立优化体系，进而系统化地预防偏差或者更高效地展示状态。

这就涉及两个不可分割的环节：一是建立及优化流程；二是搭建数字化工具。

前者可以让业务部门知道什么时候该由谁按照什么方法做什么事；后者可以解放 QC 做 Excel 的双手，提高展示效率和效果，还能更好地提升业务部门的工作效率，皆大欢喜。

不过，QA 也不能松懈，除了要保证流程是合时宜的，保证工具是好用的之外，还要做很多优化改进工作。另外，工具和流程毕竟有局限性，要在这局限中边做 QC，边做 QA，顺便压缩 QC 的空间。

最关键的是，质量工作千万不能流于形式，要深入项目，深入业务，不能纸上谈兵，要站在质量人员的立场去和业务部门合作。

还有，必须要获得管理层的支持。一个负责任的 QA 加上领导赋予的产品释放权，是可以帮助产品提升质量的。然而，这个过程一定是漫长的、痛苦的、矛盾的。

3. QM

随着时间的推移、行业的发展和所有人共同的努力，在某个契机，你会嗅到一点 QM

的味道，那是人车合一的快感和哲学。在那之后，老司机逐渐不再需要总是看仪表盘，驾驶技巧也慢慢烂熟于心，可以靠直觉加速、转弯，或者直接转为自动驾驶了。

这是技术、供应链、文化、观念的成熟的体现。

无论如何，当足够成熟后，质量人员与其他转型者就可以选择退居二线了，就像制造业的研发系统、某些互联网企业或某些自动化工厂，质量的身影已经若隐若现。

QC、QC+QA、QA、QM、No Q，或许是汽车质量未来发展的一个轨迹和目标，也或许是汽车向软件转型的一条路径。

一句话送给所有正致力于带领软件进入汽车的人，共同体悟：质量是给一些重要干系人在某个时间带来的价值。

2.9 本章小结

本章首先介绍了汽车行业的核心玩家 OEM 与 Tier 1 的组织模式及软件在其中所占据的位置。

在这个背景下，组织变化其实是已经并正在继续发生的事情，所以接下来，针对其中的 OEM 自研的选择、OEM 与供应商的融合思路和新入局者如何进入汽车体系等方面做了阐述。

然后，总结分析了开放协同和敏捷迭代的组织发展趋势，也提到了企业文化对汽车软件转型的影响。

最后，以质量中的 QC、QA、QM 为引子提出了软件体系进入汽车企业的路径，以给相关从业者提供一些参考思路。

第 3 章 *Chapter 3*

面向整车的软件项目管理

我们逐层推进，在前两章对宏观的行业背景和组织模式做了简单串联，或可让读者对汽车整体有些许感性认识。接下来，我们介绍具体的"项目"。PMI（Project Management Institute，美国项目管理协会）对项目的定义是："项目是为创建独特的产品、服务和成果而进行的临时性工作。"这个定义很经典，但对于特定行业的针对性略弱。

在汽车行业里，各大主机厂每两到五年都会推出一款新车，而每半年或一年会推出大小改款，变更的零部件则按照收窄的周期进行协调开发。不论从整车还是从零部件角度来看，基本每款新车或改款车都会催生一个项目。之所以说"基本"是因为有些变化实在太小，按照交流惯例或者公司流程会把它当作一个变更。这些工程活动本身并没有本质差异，区别点可能在于是否有新的项目代号，是否有新的零件号，是否有特定的流程要走，是否要组建新的团队，是否有独立的项目预算等。

总之，汽车行业的业务可以约等于项目，或者说要靠抽象的项目这个基本单元来驱动落实，没了项目，公司也基本没了继续存活的机会。

为了使内容更顺畅和更具逻辑性，本章会从项目经理的视角，重点围绕项目流、项目管理的角度展开，尽量与第 4 章的产品开发及技术管理区分开。

另外，需要再次提醒的是，本书主要站在产品的视角来讲述，即 ECU、域控制器或其他软硬一体的车载控制器，尤其从本章开始，体现得比较突出，阅读时可适当注意。

3.1 汽车软件全生命周期

从呱呱坠地、长大成人，步入壮年中年，再到垂垂老矣，直至离开这个世界，是一个人从 0 到 0 的一生。软件也一样，也会经历从初生到成熟再到死亡，即从一个想法（idea）

到 EOP 的一生。这就是汽车软件的生命周期。

3.1.1 技术推动与市场拉动

先从一个原始的问题说起，为什么需要某个新产品或软件呢？一句话回答，技术推动或者市场拉动。

1. 技术推动

技术推动是主动的，比如，AI、5G、电池等技术的不断发展和成熟让市场看到了落地的希望，接着扰动了资本，催生了科技企业、新势力企业的诞生，衍生了一系列新的技术，并同步让市场上的消费者需求被释放、被满足。这是技术推动的意义。

2. 市场拉动

市场拉动则是被动的，比如，竞争对手持续降低的成本、同级产品不断迭代的新功能、顾客日益攀升的需求、不断加严的行标、短缺的芯片都会让企业被迫加入开发新技术的队伍。这是市场拉动的意义。

当然，技术和市场也是相辅相成并需要同频同调的。没有行业关键技术的突破，没人有应用的奢望，没有市场需求的释放，也不会推动企业技术的迭代。

于从业者而言，就是既要低头深耕、钻研技术，又要抬头看路、跟准潮流，知道自己在做什么和为什么而做。

3.1.2 六大环节

有关技术与市场的论述只是一个很大的概念，基础技术和市场苗头都是很初步的源头，可以辅助我们理解。但软件或产品并非这样泛泛之谈就可以落地，而是需要非常严谨的工程逻辑去推进。

在第 1 章，我们论述过工程化与工业化，但按照这两个阶段划分汽车软件的生命周期，着实有些粗放了。如图 3-1 所示，当我们面对一个真实的项目时，大体可以将其划分为更细化的六大环节：创新研究、市场推进、产品开发、量产爬坡、量产供应、量产结束。

图 3-1　汽车软件项目生命周期六大环节

值得注意的是，现在很多主机厂都开始自研。尽管对于整车项目，内部的软件开发团队也具有供应商的性质，但它显然不同于外部供应商，更多是内部的策略规划，而没有市场的概念。这里我们主要是针对更具普适性的外部供应商来展开的。

1. 创新研究

对于企业及其中的从业者来说，怎么理解创新？

大家有空的时候，可以翻看一下每年申请的专利，尤其是实用新型专利，很有可能会让你觉得不可思议。确实，绝大多数的创新是对已经成功市场化的产品或商业模式的改善，而非什么颠覆。对于要赚钱的公司而言，有另一个更简单粗暴的视角，即创新就是要提升原有的赚钱竞争力或开拓赚钱新市场。其中，产品解决的是赚什么钱的问题，而商业模式解决的是怎么赚钱的问题。

（1）创新来源

创新很好，难在创新的来源。

不管是开发人员灵光乍现的想法，还是下游客户天马行空的想象，都是创新研究的初始构思。我们也可以简单列举一些汽车行业里常见的构思或点子来源。

- ❑ 来源于市场调研，尽管这种调研往往很形式化。
- ❑ 来源于售后或主机厂反馈的问题，这种问题的他驱力比较强。
- ❑ 来源于某个员工开车时的"顿悟"，所以有一些大一点的公司用物质激励员工申请专利。
- ❑ 来源于某个领导的"拍脑袋"。

……

此外，汽车企业普遍会有拆解竞争对手车型或产品的部门，从拆解过程中发现可以借鉴、学习、创新的点。虽然方式看上去有些笨拙，但却是我们行业里最常见的创新形式。

（2）创新方向选择

有了想法后，并不是无脑往前冲，马上投人、投钱、投时间去做，而是需要统筹考量很多因素。

- ❑ 到底要不要做？
- ❑ 需要投入多少钱去做？
- ❑ 什么时间做完？
- ❑ 市面上有没有现成的解决方案？
- ❑ 如果没有现成的解决方案，客户兴趣有多大？
- ❑ 即使有兴趣，客户愿意付钱吗？
- ❑ 客户不愿意付钱，自己承担开发费用吗？
- ❑ 这个概念从技术上能否初步分析是可行的？
- ❑ 技术可行性研究需要做到什么程度？
- ❑ 竞争对手是怎么做的？
- ❑ 新势力企业是怎么做的？
- ❑ 市场接受度如何？

……

创新方向的选择，可能需要经历频繁的专家研讨、市场调研、逐阶段评审验收的过程，这是一项专业的、群体性的智力活动。当然，就像我们第 1 章讲预研时讲到的那样，实际工作中往往难以做到这么细致。

2. 市场推进

市场、商务上的工作并不是要等技术完全到位了才开始，而是需要与技术同步推进，也就是说，在产品生命周期初期就开始启动市场相关工作，待协同技术达到一定的成熟度，拿到项目订单后，就可以将其交接给项目团队进行产品开发了。市场推进的对应职能就是销售，工作过程可以粗略分为开拓、报价、谈判 3 个阶段。

（1）开拓

奉行狼性文化的销售团队在开拓阶段就会很积极地进行客户对接、项目分析。当然，我们不是什么活都接，要综合各方面信息考虑商务策略，是必须拿到，可拿可不拿，还是完全不做，这将会影响到产品开发及后续报价的策略。考虑因素可能会有：

- ❑ 预计年销售量。
- ❑ 竞争优势，例如，与竞争对手的成本差异、客户的定点关注点。
- ❑ 客户风险评估，如负债情况、倒闭的风险。
- ❑ 过往合作情况，有没有拖欠过开发费之类。
- ❑ 法律或政治风险，如是否涉及政治制裁市场。

……

实际上，最关键的还是要看市场地位，是挑选还是被挑选。

（2）报价

当开拓阶段的进展比较顺利或分析结论比较积极时，团队就会做正式报价，而后进入报价阶段。

1）报价驱动。报价驱动的源头一般是客户采购的 RFQ，包含时间、技术、成本、项目等各方面需求。

2）报价输出。在报价过程中，工程团队不仅要考虑商务策略，更要考虑技术成熟度。最终的报价输出物包括但不限于：

- ❑ 技术方案。
- ❑ 项目计划。
- ❑ 偏差声明。
- ❑ 团队定义。
- ❑ 责任划分。
- ❑ 研发成本。

报价输出物的类型很多，但整体会分为对内部团队的"项目定义"和对外部客户的"报价反馈"。综上，报价基本流程图如图 3-2 所示。

（3）谈判

多数情况下，报价的目的就是拿到订单、拿到项目定点，所以反复的谈判和沟通必不可少。方案不适用了、偏差不同意了、需求变更了、报价太贵了等问题都需要解决，直到拿到项目定点或者丢掉的通知。如果项目正式定点了，报价阶段的相关分析与承诺就要开始转移到项目团队了。

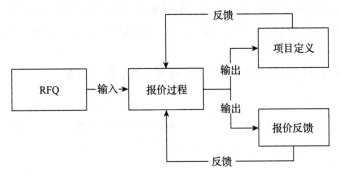

图 3-2　报价基本流程图

　　以上是我们梳理的市场推进的内容，虽然抽象出来的文字过程有明确的前后顺序和界限，但在现实工作中，尤其是市场商务工作，我们很难按部就班地进行，比如，销售人员决定报价策略前可能需要工程人员先做一定的报价分析，而工程人员开始报价分析之前，又希望先拿到销售人员的报价策略，这就引来了先有鸡还是先有蛋的争论，面对这类非纯工程事务，就需要灵活处理了。

3. 产品开发

　　产品开发这部分相对比较复杂一点，有不同的理解视角，为了便于认识，我们可以从产品（纵向）和开发（横向）两个维度来看。

　　（1）产品静态结构

　　从纵向来看，产品静态结构可以拆分为系统、软件、算法、标定、硬件、机械等，如图 3-3 所示。每个部分又可以继续拆分，这里以硬件、系统、软件为例简单说明一下。

- □ 系统会有车路人、整车、ECU（Micro-Controller Unit，微处理器）与周边件、ECU 内部等不同的层次。
- □ 软件可分为通信管理、诊断管理、故障管理、电源管理、传感器管理及应用层功能等模块。
- □ 硬件可拆分为电路板、MCU、通信驱动、存储器、内部传感器、供电电容、终端电阻等。

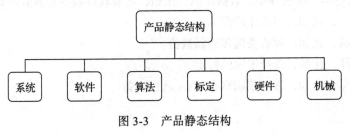

图 3-3　产品静态结构

（2）开发动态演变

从横向来看，开发动态演变有以下几种方式，如图 3-4 所示。

❑ 产品成熟度可以划分为 A、B、C、D 样或者其他对应软件成熟度的划分名称。

❑ 开发逻辑可以适配需求分析、架构设计、详细设计、需求验证、整车确认等组成的
V 模型。

❑ 承载软件的硬件会有 CV、DV、PV 这种另外的验证思路。

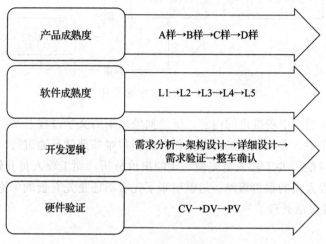

图 3-4　开发动态演变

此外，按照复杂度或者成本高低也可以将项目划分为不同的等级。所以，横纵交织后
会变成相互影响、相互制约的复杂网状结构，限于篇幅，这里无法详述，我们会在后面逐
渐展开。

4. 量产（爬坡、供应、结束）

到了这些阶段，软件味道已经弱了很多。软件不同于硬件，对硬件来说，即使设计锁
定了，它还是有很多变差，需要严格的供应链和工厂管控，其质量不但取决于设计，也取
决于工艺和生产，而且还会随时间出现损耗，软件则不会有这个情况。这些环节的内容在
IATF 16949 里有详细的定义，如果有兴趣，可以查阅 5.2 节。

对于软件本身，量产后涉及的工作主要包括：

❑ ECU 或整车下线过程中的数据读取，比如，读取软件版本号或故障码以进行校验。

❑ 数据写入，比如，写入生产序列号。

❑ 参数确认，比如，检查关键传感器数值。

❑ 配置选择，比如，选择不同的标定。

❑ 软件刷写，比如，诊断仪刷写或 OTA 远程刷新。

……

此外，除了管理方面的问题，其余软件相关的 bug 还是会返回到开发团队去分析解决。

本小节尝试描绘了软件的生命周期，但由于汽车软件的依赖性和复杂性，难以尽述，需要结合具体场景和具体产品来融会贯通。

3.2　软件项目的开端——裁剪

在上一节软件生命周期的视角下，我们看到一个完整的项目会涉及很多环节，但做过项目的人都知道，不可能对每一个项目都这样去做。项目分大项目和小项目，除去想靠做大项目出业绩的，大家本能上更喜欢做小项目，因为小项目做起来轻松，有更多的裁剪，工作包上、流程上都会轻量很多。

项目裁剪算是个舶来词，就其含义，相当于具体项目具体分析，为独特的项目定义独特的规则。下面我们就来具体分析。

3.2.1　裁剪的通俗理解

裁剪的本质就是将现有的通用组织过程资产调整到更适合项目需求的方式。尽管裁剪在实际结果上多数是减少了工作内容，但这并不是简单地减少，而是一个恰当的组合，是对诸如"又要马儿跑，还要马儿不吃草"之类矛盾的平衡，所谓"刚好够"。

通俗理解就是，我们要遵守一套完整项目流程，交付一套完整的工作产品，但限于成本、时间、团队意愿等因素，相对简单的项目就没必要做到这么"完美"、这么复杂。

值得注意的是，裁剪不代表非标准化，也不属于偏差，而是标准流程的替代流程，是特定项目的执行标准。

此外，由于软件刚刚进入汽车行业，敏捷正在受到高度重视，裁剪必要性和灵活性（也就是裁剪方法的裁剪）的提高也会是一个大的趋势，行业的发展需要我们更加随机应变、更懂得具体问题具体分析，这是裁剪的行业基础。最新的 PMBOK 第 7 版还将裁剪设置为项目管理 12 大原则之一（详见 7.1.2 节），正是一个例证。

3.2.2　裁剪的理论逻辑

1. 模式选择

项目裁剪的第一步，是先确定开发模式，是常规的预测型（即瀑布型），适应型（迭代型、增量型、敏捷型），还是混合型。

大家都知道的简单逻辑是，对于稳定的、成熟的产品或环境，预先充分计划的、按部就班的、文档驱动的预测型模式更合适；对于多变的项目，需要不断适应变化，随时改变策略，这时适应型或混合型模式更合适。总的来说，从当下情况来看，汽车行业大大小小涉及软件的公司普遍都在自上而下地推行更敏捷的模式，以应对外界环境的变化。

当然，实际工作中，由于公司项目、产品模式相对稳定，让整个开发体系发生变化并非易事，也并非是哪个项目团队可以自由选择的，上述只是一个理论概念。

2. "快"与"对"

由于汽车行业整体对于安全性、可靠性有更高的要求，ASPICE 或 ISO 26262 标准也同样被重视了起来。弱化流程去追求"快"和加强流程去追求"对"，在目前及将来一定阶段内会处于融合平衡阶段，这两个看上去有些矛盾的方向，也是汽车软件从业者要考虑的问题，需要根据具体公司具体项目的特点进行具体分析。

3. 具体裁剪原则

确定开发模式后，接下来就是针对具体项目过程的细节进行修剪了。尽管项目要敏捷，裁剪要灵活，但依然需要被有效管理起来，否则必然会乱套。换句话说，裁剪必须要有方法和标准，很多时候还需要得到管理者的监督与批准。首先要确保的是，项目层面的裁剪不会对组织的更大战略产生不利影响，甚至与战略目标相悖。

我们裁剪时需要考虑到组织和项目的方方面面，如人员、时间、规模、成本、文化、客户等，但对于汽车行业里多数是以交付产品（物理零件或软件）为目的的公司来说，产品的特点及变更范围往往是裁剪的起点和核心点，其他方面一般处于相对稳定的状态，而且在产品层面识别清晰后，也会对其他方面的处理提供判断依据。

3.2.3 裁剪的落地思路

前面从理论层面解释了裁剪。那么，汽车行业一般是如何落地的呢？裁剪的步骤如图 3-5 所示。

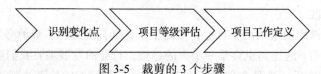

识别变化点　　项目等级评估　　项目工作定义

图 3-5　裁剪的 3 个步骤

1. 识别变化点

绝大多数项目都是基于现有的量产产品进行修改，极少从 0 到 1 进行自研，裁剪的主要对象也是这类项目，裁剪的手段多是"复用"，即自身不做。

修改的范围也就是项目的原始需求，我们的产品经理、项目经理、系统工程师等会基于这个改动范围进行评估，改动越小，可以裁剪的越多，因为可以复用的越多。

2. 项目等级评估

但是到底怎样算是改动大？怎样算是改动小？哪些要复用？哪些要新做？如果完全由项目组做决定，经验丰富和认真的项目团队做得好一些，经验少和散漫的也基本是乱来了。

标准的建立依然是非常必要的，所以我们要分级，而不是无级。

细化来讲，就是基于系统、软件、硬件、测试等的变化点，进行项目等级评估。而对于如何评级，则要结合具体的产品和业务特点来定，核心考虑点是资源的消耗量。

从产品开发角度，可以考虑以下维度：

❑ 新需求是否超过多少条？

❑ 电路设计布置是否变化？

❑ BOM 清单是否更新？

❑ 是否有额外的硬件或 EMC 测试？

❑ 有多少新的软件功能点？

❑ 要做多少次软件集成？

❑ 要改多少行代码？

❑ 要更改多少个标定参数？

从项目管理角度，可以考虑以下维度：

❑ 预算是多少？

❑ 对人员能力有什么要求？

❑ 团队的文化背景是否复杂？

❑ 是否涉及跨区域交流？

对于具体的量化数值定义，则要根据组织的经验决定了。

3. 项目工作定义

伴随着项目等级的定义，需要同步定义各等级所需的不同的过程、人员参与、工件（模板、文件、输出或项目可交付物等）等，也就是设定做不做、做什么、什么时候做、怎么做和做到什么程度。

这也是难以确定的准则，有些东西是无论如何都必须要有的，如需求分析；有些东西是可能有也可能没有的，如架构设计；有些东西可能有但程度不一，如质量阀的数量……诸如此类，不一而足。

总之，当产品与项目足够成熟，就可以抽出历史数据来定义清晰的评级规则和不同级别对应的裁剪方式，一旦裁剪做完了，整个项目的规划也基本做完了。而当产品与项目不够成熟时，就需要"摸石头过河"，大家一起来"随机应变"，一起来揣摩分寸。

最后补充一点，尽管我们上面一直叙述的是产品级的裁剪，但对于整车，也是有类似操作的。比如，分别从整车和动力总成（含三电）的视角看变化点，可能涉及外饰颜色、车轮尺寸、车灯造型、前脸造型、中控仪表型号和发动机标定参数、动力系统平台等，然后确定整车开发的级别和相应的交付流程，思路大体是接近的。

3.3　软件与样件产品交付的方法

无论是生命周期，还是项目裁剪，都是抽象出来的框架体系，如果我们想再说得直白一点，汽车软件开发或产品开发的最直接的目的是什么？

不外乎就是给下游客户交付软件或刷好软件的样件，也就是说，最终目的就是按时、按质、按量交付软件或样件，在不同节点交付不同成熟度要求的软件或样件也串起了项目组工作的主干。这也是我们理解项目的另一个视角。

此外，从形态上来讲，有物理样件是汽车软件与纯软件领域软件最典型的区别，我们几乎无法脱离物理样件或硬件去谈汽车软件开发。

3.3.1 软件交付的 3 个关注点

朴素地理解狭义的软件交付动作，似乎没什么可讲的，就像把大象装入冰箱分 3 步，复制、粘贴、提交就完成了这个动作。但即使从"测试完成到交给客户"这个狭义的交付阶段来看，还是有些思考点的，尤其是对于功能安全级别比较高的软件，如果交付出了问题，轻则整车瞎火，重则车毁人亡。

另外，不同于硬件或机械件本身具体可见的物理实体几乎承载了全部的产品，软件属于抽象的智力产品，不单是软件本身，相关的说明文档也非常必要，否则无法展开下一环节的工作，比如，对于迭代频繁的软件，如果没有变更范围的说明，下游测试就没办法有针对性地开展。

对于具有成熟体系的公司，不同成熟度和不同客户用途的软件交付过程也是在 3.2 节描述的裁剪中定义清楚的，比如，用户产线装车或整车路试的软件必须完成什么流程、什么测试、什么文档、什么评审之类。我们从更普适的交付思路来看，一般会关注 3 点，即是否做对了、是否交对了、是否交全了，如图 3-6 所示。

图 3-6 软件交付时的 3 个关注点

1. 是否做对了

这部分需要对软件开发过程进行整体把控，在需求、开发、编译、集成、测试所有环节都完成后判断是否正确，但其结果不是交付环节能够决定的，交付环节起到的是最终的把关作用。

2. 是否交对了

最简单的就是版本有没有拿错，这涉及前期的软件分支管理、代码管理、集成管理等，以及必要的参数技术确认，比如，在待交付软件中读取版本号或关键的参数后，与需求角色确认是否正确。当然，在实际工作中，还得靠人的细心。

3. 是否交全了

"全不全"的定义来源于客户，比如，有的客户只要一版可烧录的 HEX 文件，有的客户则需要提供一系列的测试报告、过程记录、OTA 刷新包等。

常规来看，业内普遍会使用 SW Release Notes（姑且将其翻译为"版本说明"）来汇总该版本软件的状态。一份好的版本说明可以清晰地展示该版本软件的全貌，通常可能包含但不限于如下内容。

- ❑ 最基础的软件版本号。视开放程度可以只录入整包或者增加标定、底层、芯片、操作系统等版本代号。
- ❑ 软件用途。
- ❑ 使用环境，如仿真环境、台架、路试车、产线等。
- ❑ 软件成熟度级别。
- ❑ 软件释放履历。
- ❑ 需求基线。
- ❑ 相比上一版本的变更点，如变更的功能或模块、修复的 bug 等。
- ❑ 测试汇总。
- ❑ 软件局限，如未解决的 bug、残存的风险等。
- ❑ 匹配的硬件信息等。

总体来说，这 3 个关注点属于要做好的范围。

那么，到底如何保证呢？

交付环节的项目属性很强，也就是独特性和变数很多，需要大量的人员参与进去，而参与人员数量越多，错误越难以避免，所以需要更多的管理手段。

目前为止，交付评审几乎是唯一的管理手段，也就是说软件交付不能窗口人自己说了算，需要其他人的批准。如果按照"四眼原则"的话，还需要独立于项目之外的人。其实，对于软件而言，评审也具备更普遍的意义，所以我们可以有更多的讨论，详见 3.4 节。

3.3.2　样件交付成熟度的划分——ABCD 样件

软件的交付还有另一种方式，就是刷写到硬件里，直接交付硬件。这也是汽车电子软件行业一直以来更通用的黑盒交付模式，汽车行业更多地把零部件样件当作商品来卖，同时，它的开发流程主线基本都是围绕交样进行的（量产交样的内容在这里不涉及）。

当然，现如今，在软硬件解耦程度的提高和 OTA 的普及下，交付模式越来越聚焦在软件交付上。在这里，我们举一个带有软件的样件成熟度的划分，但会同时涉及机械及软硬件状态的描述的例子，可能会帮助大家加深对项目流程的理解。

总体而言，对于研发样件的划分是按照其设计和验证成熟度来定义的。不同公司基于不同的开发流程和产品特点会有不同的定义和不同的习惯，同一公司不同的人也会有不同的细节理解，这里我们给出一种惯用的区分方式，即按照 ABCD 样件来划分成熟度，如表 3-1 所示。

表 3-1　ABCD 样件

样件类型	基本特点	制造方式	适用场合	软件状态
A 样	早期不成熟产品	工程车间（不规范）	台架基本功能测试，不能用于耐久	完成基本功能与接口测试等
B 样	较成熟的过渡产品	工程车间（相对规范）	受限的上车上路测试	主要功能完成开发与验证，遗留 bug
C 样	设计及验证完成的产品	正式产线非量产	整车产线与耐久测试	需求已执行与验证完毕，无 bug 或非严重 bug 已获得偏差许可
D 样	产线及整车确认的产品	正式产线小批量	可销售（如内销或展车等）	整车层级已确认
量产	—	—	—	—

1. A 样件

A 样件一般是很早期的不成熟产品。

A 样件的制作方式不规范，比如，手工件、3D 打印、其他样件代替、现有样件修改等。一般也只用于非常基本的功能测试，比如，外观确认、结构匹配、包装开发、HIL（Hardware In Loop，硬件在环）测试、台架测试或其他基本工作原理确认等，不能用于耐久类环境测试。

A 样件的软件可能没做或者做了很简单的基本功能或接口测试。

2. B 样件

B 样件的成熟度比 A 样件高一些，这个概念比较含糊，可以理解为过渡阶段，很难与 A 样件有清晰明确的界线。

一般而言，B 样件的制作方式（与量产流程相比）、功能状态以及测试完成度的关键部分都已经基本满足要求，但还剩余一些非关键部分，如非配合尺寸不良、非正式产线出件等。一般 B 样件可以上车测试，也可以用于完成受限的路试等。另外，常说的 DV 就是用这个阶段的零件进行验证。

B 样件的软件可能还有部分非关键模块未开发完或仍然带有一些 bug，标定也可能还在调整阶段，但至少满足了可测试的条件，主要功能都能跑通，剩下就是工程化的打磨了。可以说，在开发阶段，多数模块处于 B 样件的状态。

3. C 样件

C 样件代表了设计完成并被验证的样件状态，所有功能需求都已满足，硬件或机械件也都是正式模具或产线下来的，但还不能用于销售，因为此时只能证明用非量产的方式可以生产出单件（或少量）的合格品。实际上，这里的合格品有一个隐含前提，即需要通过 PV。

对于软件开发团队而言，需求都已经满足，子功能都已经验证完毕，即使仍然有可知

bug（实际上，没有 bug 的软件是不存在的），也不严重，相关方都能够达成偏差许可。从开发的角度来看，开发工作已经完成，但还缺最后一步——客户确认（validation），如整车或产线确认。如果发现了问题，可能还需要一个迭代。

简单来说，C 样件是技术层面没有问题（含产品和生产）。

4. D 样件

尽管 C 样件在技术层面已经没有问题了，但汽车行业讲究程序"正义"和量产稳定，这就引出最后的样件概念——D 样件。

D 样件是指经过小批量试生产（量产工艺）并经过必要认可（如 PPAP）的样件，除了设计与工艺，组织与流程也均被认可，证明了组织有能力批量生产合格产品。此时软件也已经完成全部确认工作。D 样件之后将进入量产供货的阶段。

这里我们花了一点篇幅去区分不同样件成熟度的理论概念，有助于我们理解项目。但在实际工作中，即使是机械产品，基本也很难按照这种节奏一步一步走下来。对于现在越来越多的软件，更是如此，版本迭代频繁，bug 此起彼伏，可能到了所谓的 D 样件阶段还是有不少 bug 待解决，后续还得换件、刷件。

3.4　软件里程碑质量评审流程

前文提到，评审几乎是唯一的软件交付过程管理手段，这里我们展开讲一下，作为软件交付的补充。

3.4.1　里程碑和质量门的关系

我们的一生会经历很多重要节点，18 岁成年、参加高考、走进大学、开始工作、结婚成家、生儿育女、退休养老……表征着我们的人生到达了一个个新阶段，也代表了我们的成熟。

像人一样，软件在生命周期的 6 大环节或者 ABCD 样件中，也有着更多的大大小小的节点，即便某某是被保送到大学，没有参加高考或者某某奉行独身主义，"裁剪"了部分过程，但依然还有一些要经历的人生阶段与节点。

在项目里，我们习惯将这些节点称为"里程碑"，需要正式评审的会议被称为"质量门"（也称为"质量阀""阶段门""卡点"等），一般是在交付节点前设置。另外，还有一些不那么正式但具备一定强制性的关卡，如领导签字、代码评审或客户演示评审等。

从概念上看，里程碑本身具备更广泛的意义，但只有需要审核挡点的里程碑才会对项目产生明确的影响，不需要审核的里程碑更多是一个路标，就像公路上没有查验的卡口，车辆仍会疾驰而过。我们讨论的重点也会集中在需要审核的、正式的、更全面的里程碑，即质量门。里程碑与质量门的关系如图 3-7 所示。

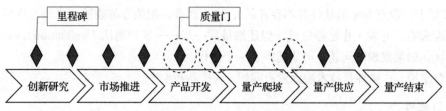

图 3-7 里程碑与质量门的关系

众所周知，汽车项目对时间非常敏感，这种敏感不单表现在着急上市，还表现在冗长复杂供应链里各节点的协调。可以说，多数项目经理最大的关注点就在于按时交付，而层层传递下来，按时成为项目团队压力的主要来源。

那么，按什么时间呢？按照软件或样件交付的时间。再规范一点，就是按照需要得到审核通过的里程碑的时间，后续要么直接提交软件交付物，要么将样件交付的工作转移到生产与物流团队的手里。

3.4.2 如何开展质量门评审

评审是一个非常通用的概念，有很多种类，例如，同行评审、内外部审计、IATF 16949 审计、功能安全认证、ASPICE 评级、领导检查、签字、开会汇报、团队回顾以及我们要讲的质量门等都是广义上的评审。

但就模式来看，评审基本都会分为以下 3 种现实模式：靠经验、走过场、靠检查清单（checklist）。如图 3-8 所示。

图 3-8 评审的 3 种现实模式

- ❏ 靠经验的效果主要取决于个人能力和责任心。
- ❏ 走过场是很多情况下的现状，大家普遍对评审的重视程度不高，需要良好的流程设计，形成良好的评审文化。
- ❏ 检查清单是一种平衡的手段，是主要的评审工具，是可以传承和沉淀知识经验的方式，也是比较实在的落地路径。

总之，无论是评审者还是被评审者，无论是管理者还是被管理者，理解评审背后的含义确实有助于我们在层级分明、阶段分明、评审频繁的汽车行业里推进工作。

下面我们从不同角度了解下评审。

1. 检查清单的设置

作为比较实用的检查清单，它的定义会根据评审对象的不同体现不同的专业性。不过，本节不谈专业，只谈更普适性的设置，这是因为，面对纷繁复杂且不断更迭的技术，我们显然无法处处把握细节，更多的是需要基于产品或项目特点对方法论的内化。

以下整理了 15 类与软件评审相关的实用示例，可供参考。

❑ 交付物是否有专属 ID？ ID 及版本设置是否正确？是否使用了正确版本的软件？
❑ 是否文档化及存档到正确位置？模板是不是正确或最新的？文件的结构是否合理？
❑ 必填项目是否均已填入？ Excel 筛选里是否有未设置内容？变更原因是否记录？文档历史是否有日期、修改和作者？
❑ 被评审项是否被验证、被基线化、被授权人评审及认可，并得到正式释放？
❑ 计划的内容是否均完成？上一阶段或版本的开口项是否已在这一阶段或版本关闭？
❑ 某"易错项"设置是否正确？被删除的部分真的不需要了吗？
❑ 是否建立追溯链接，如需求和测试用例？是否所有的测试用例都至少有一个到相应需求的外链接？
❑ 前后保持一致吗？所有在 A 上的更新是否已经在与其相关的 B 上体现，如系统与 Excel 或 FMEA（Failure Mode & Effect Analysis，失效模式及影响分析）与功能安全档案？需求是否与我们的系统概念和设计规则一致？
❑ 是否有详细、合理和可被理解的描述？是否使用了一致的专业术语？
❑ 它的前提条件是什么？满足了吗？
❑ 粒度是否足够？是否有定性的相对描述，如小的、大的？组件的划分是否合适（模块化、高内聚、低耦合）？
❑ 硬件通常也会对软件产生影响，这些依赖项是否被清楚地识别？每个组件的输入和输出是否完整？系统和软件的匹配关系是否经过检查？
❑ 执行这些需求是否存在任何风险？
❑ 是否每个测试步骤都有一个序列号来标明测试步骤的顺序，并且有预期和测试得到的结果？
❑ 对比更改前后的输出，判断更改是否合理？

这些条目多是针对基本的完整性和逻辑性的检查。但对于一个优秀的评审者或管理者来说，这些还远远不够，零散且无逻辑。真正深入业务运作、把握产品细节还是非常必要的，如果不能把握评审对象的细节正确性和现实适用性，那么永远都是夸夸其谈。

2. 层次、对象与思维
所以，我们尝试再系统地提炼一下评审方法论（如图 3-9 所示）及部分现状的不足。
（1）评审的层次
❑ 有没有
❑ 对不对
❑ 好不好
现实里往往只能做到有没有做，或者按照纸面标准看对不对，很难做到按照实际业务情况判断好不好。
（2）评审的对象
❑ 产品
❑ 过程

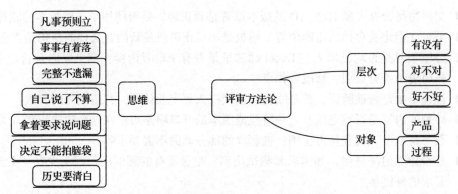

图 3-9　评审方法论的层次、对象与思维

现实里往往只能做到判断过程是否遵循标准，以及产品表现的度量指标是否有问题，好一点的能够判断数据未来趋势，而很难具备判断产品、软件、测试设计的好坏及合理与否的能力。

（3）评审的基础思维

❑ 凡事预则立（计划思维）。

❑ 事事有着落（闭环思维）。

❑ 完整不遗漏（系统思维）。

❑ 自己说了不算（评审和批准思维）。

❑ 拿着要求说问题（标准思维）。

❑ 决定不能拍脑袋（分析思维）。

❑ 历史要清白（基线思维）。

能够透彻理解并讲清楚这些逻辑，是评审者安身立命的法宝和最后的杀手锏。

这是理论，实践时可以偶尔回头看一下，辅助指导实践。接下来看实践经验。

3. 评审实用"找坑"指南

项目组的人经常"挖坑"和"填坑"。作为评审员，其实就是负责找那些没被填好的坑或意图藏起来的坑。找坑可以彰显评审员的本领，也代表了质量门的质量。以下列举了一些评审中常见的"坑"，如图 3-10 所示。

1）没有规划或规划不充分，即对于一个项目没有整体的规划或团队成员并不了解项目规划。

❑ 立项的背景是什么？是要沿用量产产品修改标定优化某些表现，是要应对新升级的法规，是要进入某些新的国际市场，是要解决上一代产品什么样的局限，还是要新增某些功能点？

❑ 项目运行的模式是什么？是全栈自研，是模块分包，是多供应商同级供应，还是单供应商全部交付？

❑ 项目定义的方式是什么？是什么样的项目架构？是基于哪个软件拉分支？变更范围是什么级别？裁剪成什么样的项目类别？是否要完成 ASPICE L2 的认证？

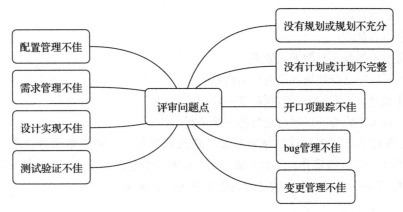

图 3-10　评审中常见的"坑"

当然,这是很大的话题,涉及的内容往往超出了软件自身的范畴。但如果交流过程中发现这些信息都非常模糊,则可以反向识别出项目启动会或日常内外部沟通会等这类统筹或信息传递的会议未制订计划或未执行,也可以判断出项目章程或项目启动文档等类似的纲领性文件没有编制或没有发布等。

2)没有计划或计划不完整,以及计划未被很好地监控等。相比规划,这里的计划更细节一点。

- ❑ 最基础的时间计划没有及时更新,其他具体的活动也是类似。
- ❑ 里程碑不完整。
- ❑ 目标显然无法达成。
- ❑ 工作包之间的依赖关系不清楚。
- ❑ 计划没有在各部门打散到可执行颗粒度,比如,没有具体的软件开发计划。
- ❑ 计划在团队内外部没有达成一致。
- ❑ 计划部分内容已经超期且无应对措施。
- ❑ 工作包没能落实到人。
- ❑ 计划执行没有被监控,比如,没有分配的任务项、开口项清单、会议等。
- ❑ 任务项没有按照要求导入跟踪工具里。
- ❑ 无法识别出关键路径。
- ❑ 资源设备不充足。
- ❑ 没有功能开发计划及功能的成熟度划分。
- ❑ 没有明确功能与里程碑的映射关系。
- ❑ 没有与需求建立追溯关系。

3)开口项跟踪不佳。开口项跟踪是项目经理的主要武器,也是经常会查出问题的地方。

- ❑ 没有责任人。

- ❑ 没有截止日期。
- ❑ 描述不清楚。
- ❑ 会议上不沟通，长期无人处理。
- ❑ 有些开口项已经超期且没有应对措施。
- ❑ 胡乱填写录入系统的开口项的各字段。
- ❑ 没有对未完成的开口项对交付的影响进行分析。

4）bug 管理不佳。随着软件越来越多、迭代越来越快、开发越来越透明，汽车软件 bug 从几个几十个起逐级攀升，座舱类软件的 bug 甚至会达到以千或万计数的级别。一般需要特定的系统对 bug 进行管理，这是出问题的重灾区，例如：

- ❑ 不按照流程进行推进。
- ❑ 不分配对应的角色。
- ❑ 随意关闭。
- ❑ bug 内容描述不清晰。
- ❑ bug 等级划分不合理。
- ❑ 测试失败项不对应 bug。
- ❑ 修复版本和计划混乱错误。
- ❑ 根本原因描述不清楚。
- ❑ 未与相关的变更、测试用例等建立链接。
- ❑ 无法按照计划完成修复。
- ❑ 带严重 bug 交付。
- ❑ 释放文件上声明的清单不完整。
- ❑ 交付时遗留的 bug 未进行风险分析。

5）变更管理不佳。变更是极为普遍的活动，甚至很多项目完全就是靠变更驱动的。这里可能会出现如下问题。

- ❑ 没有进行变更影响分析。
- ❑ 没有经过变更控制委员会（Change Control Board，CCB）批准就执行。
- ❑ 变更范围不清楚，比如，什么需求、什么版本、哪个章节、变什么等。
- ❑ 与该变更相关的需求、测试、任务、开发等无追溯关系。
- ❑ 变更长期无人处理。
- ❑ 基于未冻结的内容进行变更。
- ❑ 规划的变更未执行，软件就被释放。
- ❑ 变更与功能计划未对齐。

6）配置管理不佳。这部分现在已经比较弱化了，问题类型不外乎配置项不全，配置项及整个矩阵无评审无批准，没有打基线……这部分暂不多说，后面会详细展开。

7）需求管理不佳。需求可以分为客户、系统、软件、法规等很多层次，我们放在一起来看，问题列举如下。

- ❏ 未考虑法规需求。
- ❏ 原始需求没有存档，也没有控制版本。
- ❏ 需求没有被拆分。
- ❏ 需求没有标记出状态，如被接受、被拒绝、被执行等。
- ❏ 未被接受的需求没有得到相关上游客户的认可。
- ❏ 需求未澄清就被执行。
- ❏ 缺少性能或接口需求。
- ❏ 需求颗粒度太大，比如，软件需求只有概要描述，未区分不同场景。
- ❏ 不同版本的需求文档无变更履历。
- ❏ 功能没有按计划实现。
- ❏ 没有评审。
- ❏ 没有追溯。

8）设计实现不佳。实话实说，这部分属于专门的开发人员的范畴，很少有能直接评价设计水平和合理性的评审员，多数是做比较浅的管理上、流程上的评审。毕竟，很多背景信息无法掌握，通常可能存在如下问题。

- ❏ 没有架构框图。
- ❏ 没有功能分配。
- ❏ 没有状态机或时序图。
- ❏ 没有接口定义。
- ❏ 没有评审。
- ❏ 没有追溯。
- ❏ 各处信息不统一。
- ❏ 未关注资源消耗或已超标。
- ❏ 未完成软件复用分析。
- ❏ 代码模型没上传。

9）测试验证不佳。这部分的测试设计、脚本编制、环境调试等专业领域依然不容易深入，只能尽力而为，而因为这类工作的目标性很强，即找 bug，所以除了要关注策略、计划、评审、追溯、跟踪等管理类问题，还会更关注结果。

- ❏ 报告错误，比如，原始报告未通过，实际汇总标记为已通过。
- ❏ 覆盖率、执行率和通过率偏低。
- ❏ 静态验证违反项未修复。
- ❏ fail（测试失败）项未触发 bug 或无风险分析。

总结一下，质量门的开展是评审者和被评审者的"较量"。基于不同流程成熟度和人员经验及能力，会识别出不同的问题。一个具备项目释放权的质量门加上一个负责任且有经验的评审员确实可以保证软件交付的质量。但是，事情往往很难尽如人意。

3.4.3 略显尴尬的评审

不尽如人意的地方就是，质量门在汽车软件行业常常流于形式。

我个人比较排斥把工作做成纸面工作，纸上谈兵。而汽车软件行业目前的评审是比较典型的纸面工作代表，其背后影射出来的是汽车对软件过程及规则的忽视。

原因可能有二：

❑ 一是，在精于机械制造的汽车行业里，软件开发过程不太受重视（下一节会展开）。

❑ 二是，国内汽车圈里能够真正深入业务的评审员少之又少。

那我们该如何看待这个理论上有价值实际上又难落实的工作呢？

1. 法治还是人治

看评审的价值，首先要看所处的环境是法治还是人治。答案显而易见，越是法治的地方越重视流程或标准评审，越不容易在权衡决策时被权衡掉。这个道理本来没什么可单独拿出来说的，想强调的是，法治和人治并不一定有清晰的划分边界。

总体来看：

❑ 外企相较于民企更接近于法治。

❑ 工厂相较于研发更接近于法治。

❑ 劳动密集型相较于智力密集型更接近于法治。

❑ 成熟产业相较于初生产业更接近于法治。

❑ 财务相较于销售更接近于法治。

❑ 底盘相较于座舱更接近于法治。

❑ 代码编写相较于项目管理更接近于法治。

❑ 外审比内审更接近于法治。

❑ IATF 16949 比 ASPICE 更接近于法治。

但我们所处的企业是一个复合的系统。外企里有需要善于人际的本土销售，民企里有精细严谨的财务会计，工厂里有各种背景的工人，研发里也有关键测试的严格规程。有的标准大家还在探讨，有的标准已经被业内普遍认可，有的领导认为好的流程执行导致好的结果，有的领导认为人定胜天……

组织环境是走向法治还是人治，有很多方面的影响因素。

❑ 有时候来源于各人文化观念的差异。

❑ 有时候来源于内在工程逻辑的需要。

❑ 有时候来源于外在政治或业务权衡的诉求。

❑ 有时候来源于整个行业技术发展的成熟度。

所以，面对这种复杂境况，着实需要动一番脑筋。

2. 流程悖论

如果想让这种未深入业务的评审有价值，只有反过来让各环节真正重视流程。大力制定更合适的流程，且严格执行。只有这样，流程才会日益完善，价值才会逐渐提升。

但是，这在当前阶段的国内市场和企业里还不太现实，悖论呼之欲出。这就不得不让我们思考组织模式的问题和流程的价值，这也是汽车向软件转型中必然要面对的问题。

3.5　软件 bug 的管理模式

说完了软件开发的直接目标——交付，再换个视角，日常汽车软件项目管理精力主要集中在哪里？

目前的答案大约是 bug，从机械研发走来的汽车人还是习惯于盯着问题来管理，而且已经出现的问题代表着即将带来的损失，自然会予以重视，尤其是产业链源头的主机厂软件管理者，他们的思维会推动整个部门、公司及供应链上的资源向后期的 bug 靠拢。

可能有人会问，从互联网走来的新势力企业会不会有不同的思路？可能不会，主流的互联网企业是 To C 的，追求用户体验和速度，不太关注安全性，快速上马，然后再迭代解决 bug 也是它们的属性。

抛开行业特点，这其实也反映了人的普遍心理。有一个"前景理论"解释了这一现象，大多数人面对"获利"是风险规避的，不愿意冒险；而面对"损失"又是风险偏好的，更愿意冒险。这个理论稍微有点绕，简单来说，就是趋向确定的"利"，而避开确定的"害"，或者更简单的理解是"对损失更敏感"。

没出现 bug 时，前期的流程体系管控、架构优化设计都会带来额外的成本，而这些工作带来的好处（比如，能减少 bug 逃逸）又是预估的、不确定的。出于对损失的敏感，人会本能地出现前期"混"、后期"还"的现象。

对于当今的汽车机械和互联网软件，这样的模式似乎已成惯例，行业的特点与成熟给了大家返璞归真、依赖本能的资格。但是，机械和软件是不同的，汽车与互联网也是不同的。我们需要关注到汽车软件的独特性。

3.5.1　机械与软件的不同

汽车机械研发发展上百年，已经足够成熟。一般来说，在研发端，过程的管控并不算严格，数模画好，模具开好，尺寸合格，然后 DV 与 PV 通过后，就意味着产品设计不会有什么大问题了。因为，产品看得见、摸得着，在生命周期所面临的场景都已经被识别得八九不离十了，这些场景的设计要点和验证方式已标准化，也就是我们前面讲的产业链内化。再加上，物理实体本身的鲁棒性也更好。所以，剩下的变差靠工厂的标准化作业来保证即可。

这样来看，机械产品研发以测试论成败和生产流程高度标准化的模式是合理的，是贴合其发展阶段及满足其需要的。

1. 研发的不同

但是，如果把机械研发思维用在软件开发上，就是汽车软件管理最大的问题了。把机械研发阶段的唯测试论、唯问题论作为软件可以自由"敏捷"的信心，也显然是对软件的一种误解。

机械是一种具象的物理体，而软件是一种抽象的逻辑体。后者是以代码和文档承载的智力产品，整个生成过程可见度很低，尽管有自动代码，但整体来说，软件属于依赖人的高度定制化产品。

在这种情况下，如果只看测试结果及失败后的 bug，显然不够，测试依赖于需求和设计，需求和设计也都是将多人的大脑活动后落在纸面上，无论这条链路的哪个环节出问题都会导致软件本身出问题。

举个简单的例子，如果某个功能的需求被遗漏了，那么设计人员就不会设计该功能，测试人员也不会测试该功能，bug 自然也就没有了；再如，需求没问题，但测试用例时漏掉了该功能，bug 也不会出现。此外，除了该识别的 bug 没识别出来，前期工作的人为疏忽也可能导致不该逃逸的 bug 逃逸，带来额外的成本。

2. 生产的不同

软件开发过程其实是一个融合过程，开发与生产并没有清晰的界限。毕竟软件一旦发版，就是简单的复制粘贴了，不会存在原材料不良、作业过程错误、物流问题，不会受到环境温度影响，也不会过于依赖设备的好坏……

对于软件，外界影响质量的这些非标因素、管理因素都会前移，相当于每次软件释放都是一次将开发和生产融合在一起的过程。

但是，机械与软件背后的管理逻辑是相似的，对汽车安全的要求也是同样的。制造业生产要遵守流程，要标准化，软件"生产"理论上也要，而不是只盯着开发的测试问题。这也是为什么早在 20 世纪 80 年代就有人提出"软件工厂"的概念。

做一个简单的对标，现在让大家有些反感的 ASPICE 有点类似于工厂标准化作业，备受追捧的敏捷开发又类似于产线柔性。

在汽车时代，机械与软件之间的平衡与融合问题，不是非此即彼、消亡与颠覆的问题，需要我们既能理解机械制造，也能理解软件开发。

3.5.2 汽车与互联网的不同

这一部分其实在本书其他地方都或多或少提到过，这里做一个简单总结。

互联网最愿意提的是"用户体验"，这也是互联网企业或产品的核心竞争力。汽车行业则不像互联网那样追求持续和极致，而是更关注平衡各种技术属性。而且，传统汽车是强势的，离用户相对比较远，传统汽车带来的体验更多是车本身的原始功能。

互联网要追求"快"，先让产品进入市场，在使用过程中获取用户反馈，再进行迭代优化。汽车行业则不那么追求快，一辆车完整经历研发、生产、销售、报废整个生命周期可能得二三十年，更关注"稳妥""安全""验证的充分性"。

互联网更多是智力性、创造性的工作，以"个人"为主，过程也相对简单，不需要和各种学科领域打交道。汽车行业则有着复杂的产品结构、学科领域和供应链，会涉及大量的跨领域协作。

3.5.3　最"好"的开发过程——bug 管理

前两节，我们抨击了如今紧盯 bug 的管理模式，并引出了有关机械与软件、汽车与互联网的不同的思考。本节我们言归正传，bug 管理实际上是当下汽车软件领域主流企业里最规范、最数字化、最规模化协同的代表，甚至没有之一，这让我们不得不去梳理一下汽车软件 bug 的管理思路。

1. 为什么 bug 管得这么"好"？

这个"好"是打引号的，也就是说其实并不完美，而是相对软件工程其他环节而言，大家会更愿意遵守它的规则，也更容易实现在线协作。

先看看对比汽车行业其他问题或者信息，汽车软件 bug 具备的一些特点，如图 3-11 所示。

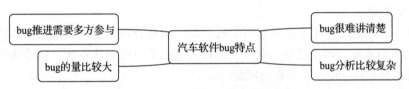

图 3-11　汽车软件 bug 的一些特点

（1）bug 很难讲清楚

bug 看不见，摸不着，具有偶发性，甚至得到一个 bug 的准确描述都颇费周折，到底是什么场景造成了什么影响，有没有附带问题，很难讲得很清楚。很多时候我们需要结合视频、log（日志）、文档等多重辅助才能将 bug 基本讲清楚。

（2）bug 分析比较复杂

汽车软件是一个非常比较复杂的系统，涉及线束、硬件、软件、标定、系统等多方面。每一个学科又是专业的知识领域，可能需要多轮分析，反复研讨，才能定位到责任人、根本原因及修复方案。

（3）bug 推进需要多方参与

在当今的汽车格局里，这种现象更为明显。一个软件团队可能涉及本土、国外、OEM、Tier 1、Tier 2、对手件部门等多方组织，职能上还会涉及需求、开发、测试等不同角色。这些人都需要充分协同工作。

（4）bug 的量比较大

硬件与结构件变动的时间太长、成本太大，所以变动的可能性很小，软件变动则稀松平常，这也让软件 bug 的数量明显增加。

bug 的特点会让我们很容易发现，我们需要一个平台去记录、传递、共享多重多变的信息，还需要不断迁转责任人。这时，仅靠邮件、电话、开会、Excel 很难满足这种工作需求，内嵌工作流的在线平台就应运而生了，大家也自然都认可并愿意去遵守。

2. bug 管理流程

不同的公司有不同的 bug 推进流程、术语定义、责任归属等，但基本思路都不会跳出提出、分析、修复、验证、关闭这一循环，如图 3-12 所示。其实，这和我们的常识没什么本质的不同，比如，提出问题、分析问题、解决问题。需要关注的是软件 bug 管理的一些细节注意点。

图 3-12 bug 管理流程

（1）提出

在这个阶段，我们会面临 3 个问题：谁可以提、什么可以提、怎么写里面的内容。

1）谁可以提？

对于第一个问题，理论上，谁都可以提问题，但贴近现实项目开发工作的话，多数情况是由测试人员来提，名正言顺。此外，对接外部的项目经理或系统工程师接收到下游客户或工厂等的异常反馈时，也会提出问题。

2）什么可以提？

再看第二个问题，什么可以提？同样的，理论上，任何让软件使用者不满意的产品表现都能提。但是，实际工作中，大家还是会综合效率、指标、职责划分等，按照约定俗成的规则来做，比如，有些模棱两可的问题在线下解决会更合适。

3）怎么写里面的内容？

当确定要提了，则要明白怎么写里面的内容。前面我们提到过，bug 处理会涉及多个环节，多人参与，所以一定要把它讲清楚。

❑ 基于需求的期望行为及实际的表现行为。

❑ bug 级别，比如，产品视角下的严重程度和项目视角下的紧急程度。

❑ 发生概率。

❑ 发生环境，如自测台架、客户台架、整车路试、产线等。

❑ ECU 或整车的运行模式，如电源模式、自检状态等。

❑ 发现来源，比如，集成测试、功能测试、整车测试、客户试驾、售后投诉等。

❑ 操作顺序，有正式的测试用例最好。

❑ 发生的软件版本。

❑ 隶属的学科领域或子功能。

❑ 对应的硬件配置。

❑ 对应的需求基线。

❑ 照片、视频、日志、CAN trace、dump 辅助性信息等。

随后，我们就可以将问题分配给有能力、有责任分析或者能够作此判断的人。具体视流程细分程度而定。

（2）分析

bug 处理的最主要的智力活动都集中在"分析"上，这是一个复杂且难以尽述的环节。bug 分析者在该环节要全面地评估整个 bug。常见的分析内容可能包括：

❑ bug 提出者已提供的信息复盘。

❑ 根本原因，比如，编码、需求定义、需求沟通、设计鲁棒性、测试环境等。

❑ 潜在影响，比如，对法规、监管、安全、生产、其他项目、其他分支、各组件、各接口的影响。

❑ 测试工具。

❑ 相关待变更文件，如需求、测试用例等。

❑ 解决方案，比如，具体修复方法、偏差认可、不修复许可等。

在实际分析过程中，这些内容或许会涉及不同的角色，需要进行反复沟通确认，直至各方达成一致。

（3）修复

有了办法，下一步就是进入具体的执行阶段——开始修复。其实，这也是一种开发，需要完成必要的需求更新、代码更新、单元测试、集成测试等活动，并做好必要的追溯、链接必要的文件、标记修复的版本等。

（4）验证

bug 管理显然也是需要闭环的过程，测试人员、其他 bug 提出者或关键相关方需要对 bug 的修复状态进行验证与确认，更具体的有关 bug 的验证内容会在 4.6 节介绍。

（5）关闭

这个环节本身没有什么特别要做的工作，根据流程拆分的细致程度，再进行一轮评审，或者直接关闭，随之该 bug 就完成了自己的使命。

基本的 bug 管理思路如上，但具体推进过程可能会有很多设计，包括但不限于提交、承诺、评审、集成、回退、搁置、重开、拒绝、直接关闭等不同动作或状态以及其他细化的属性信息。

bug 是驱动软件开发的重要枢纽，是当下汽车软件协同开发最典型的代表，这也可能是汽车软件数字化的一个起点，很值得我们将其升华、迁移到其他开发环节。

当然，对于 bug 本身而言，如何持续通过工具落实流程体系、厘清各相关方权责、推进快速解决、快速调用填入信息以保证准确、确保 bug 真正在软件中被解决、bug 的状态与趋势能够高效透明共享等问题，针对不同团队、不同产品，我们也依然还有很多可以探索、改善的地方。

3.6 软件项目变更管理

项目团队刚解决完 bug，又来了新的变更，这是很让人不开心的事情。然而，行业的变化，也让大量的变更不期而至、难以躲避，这就引出了我们本节的主题，控制变更还是拥抱变更？怎么控制？又怎么拥抱？

3.6.1 是不是变更的争论

以下情形在汽车电子软件行业相当普遍。

主机厂提出某项要求，供应商认为这是变更，需要走变更流程，要求主机厂下变更单，然后供应商重新报价，商务再去谈钱；而主机厂呢，认为这是之前需求的澄清，而且就这么点功能，加个 DTC（Diagnostic Trouble Code，诊断故障代码），改个报文，要什么钱……

争论就此开始。基于现实情况，争论双方各执一词，但主导变更的，胜少负多。于是，是不是"变更"的争论，慢慢转化成业内的一种模式，提出者和接收者双方都排斥变更。从整个行业来看，汽车行业对变更的控制也确实比较严格。

这种现象背后的原因并不复杂。大规模供应链协作的模式里，牵一发而动全身，这是任谁都难以处理的事情。此外，汽车行业会设置非常刚性的交付节点，SOP 后墙不倒。对于这类瀑布式的、目标刚性的项目，项目的成功实际上也常常取决于其对变更的控制。

3.6.2 变很痛，那不变呢

所以，在汽车行业，要判断一个汽车项目经理老到与否，可以看其能否在项目早期就将项目范围明确下来，并控制后期变更，且能保留一手证据，以自证清白。

之前的汽车呢，功能成熟稳定。造车距离终端消费者很远，是专业的人做的事，造出什么买什么，用什么。这种前提下，这样的做法未必不可，甚至是最佳选择。

但是，时代开始变化了。变更越来越难控制，系统越来越复杂，使用场景越来越多元，很多需求需要持续澄清，需求方的需求也在不断变化，还有很多其他制约因素。我们很难找到一个节点去锁定需求和方案，如果一定要找，则要以功能或体验损失为代价。

大约是发现变更无法规避，这几年，敏捷理念中的拥抱变化快速兴起了。既然无法抵抗，不如坦然接受。

大家都听过这句话，世界是物质的，物质是运动的，运动是有规律的，规律是可以认识的。运动，即变。变本是常态，行业发展是周期性的相对静止和绝对变化。

智能汽车时代就是绝对的变的周期回来了。终端消费者，作为智能汽车这个大系统中的一员，已强势参与进来。他们的所思所想，例如他们想把钱花在哪里，他们愿意在车机上停留多长时间，他们有多偏好 ADAS，他们选择新势力的愿望有多强，他们对燃油车的怀旧情怀还剩多少，都会带来诸多变化。拥抱这些变化才是我们当下最该考虑的。

3.6.3　如何做好变更管理

那么，什么叫"好"呢？我认为，至少有这几个目标需要满足：变更要被系统地分析、被相关方决策、被及时推进、被授权方确认，直到关闭。

实际上，我们会发现，变更管理内在的工程逻辑和正向的软件开发或者上述的 bug 管理并无本质差异。我们挑选 3 个比较有代表性的关键部分着重解释下，如图 3-13 所示。

图 3-13　变更的 3 个关键部分

1. 变更来源

变更可以来自内部的功能改进或问题，也可以来自外部客户的变更需求。但按照实际情况来看，大家普遍不愿意自发地进入内部驱动的变更流程中，所以，多数能被冠以"变更"名号的，是来源于下游客户的变更需求。

毕竟，汽车行业的"变更"有着除变更以外的意义，如责任划分、成本归属等。而软件变更更多是系统变更分析后进行的拆分，如果是纯软件级别驱动的变更，则还需要向上一级的系统推演。

2. 变更分析

与 bug 相同，变更分析工作也是变更管理中最关键的智力投入。

首先，相关方都要理解这是什么变更，各方对变更的认识要站到同一水平线上，但这一步并不像想象中那么容易，理解错漏是经常的事情。

其次，要从商业收益、技术可行性、进度、工作量、预估成本、风险、可测试性等多个维度展开分析。

此外，还要考虑清楚这个变更到底要在哪些车型、哪些项目、哪条产品线、哪条分支上执行等。总之，这是宏观且细节的系统性工作，而且变更越靠后，就越复杂，就越体现出这个特点。

3. CCB

这是变更管理最核心的环节。严格召开 CCB 也是汽车行业对变更严格控制的典型体现。开头先要强调一件事，CCB 不是分析会，而是决策会，是带着分析结果去进行权衡决策的，是根据变更影响进行拍板定调的，是让冲突的多方达成一致的。

尽管更多变更在更短时间内的涌入，倒逼我们要更灵活地处理变更，但考虑到汽车的"纠葛性"，CCB 的权威还是很有必要保持的，这也给灵活与敏捷划定了一条安全线，所以，基于经验，CCB 最好是一定级别的管理层及多个关键相关方参与的面对面会议。

一般来说，CCB 会对如下问题给出答案，做还是不做？按照什么节点交付？做的话，选择什么方案？工作分解方式是什么？针对变更的测试策略是什么？当然，最关键的决定是做不做，其余未尽事宜都可线下跟进处理。

做到这些，只能算是初步的"好"，刚刚实现本节开头提到的那几个小目标。如果将"变更"扩展理解为汽车差异化竞争力的推进器，那么我们就需要对其进行更深入的思考，比如，远程更新 OTA、面向服务的架构（Service-Oriented Architecture，SOA）、软件定义汽车（Software Define Vehicle，SDV）下 API（Application Programming Interface，应用程序编程接口）的标准化等是否会革新传统变更的内涵与执行方式，就很值得拭目以待。

3.7　软件项目文档管理

除了部分蓝领工作人员，几乎所有工作都离不开文件，有文件就需要存档，存档就要建立文件夹，文件夹就需要结构。至于这个结构怎么搭，文件怎么放，用什么工具，就千人千样了。

说到文档管理，不可否认，图书馆是具有相当的专业性的，下面我们不妨先从图书馆的视角来引入。

3.7.1　图书馆学五定律

1931 年，一位名叫阮冈纳赞的印度图书馆学家写了一本影响深远的《图书馆学五定律》。五定律分别是：书是为了用的、每位读者都有其书、每本书都有其读者、节省读者的时间、图书馆是一个生长着的有机体，如图 3-14 所示。

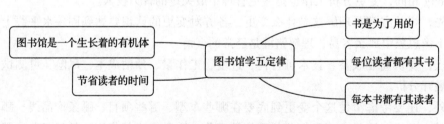

图 3-14　图书馆学五定律

接下来我们逐一拆解这五大定律在文件结构上的适用关系。

1. 书是为了用的

文件是为了用的，而不是只为了保存，这强调了文件管理的统领目的。我们进行各类文件存档的目标实际就是用，要查看，要修改，要复制，要删除。这是我们在考虑如何搭建文件结构时的一个目标，要便于用，要针对用。

2. 每位读者都有其书

项目组或者部门内的每个人都有相应文件可放可看的机会，这强调了每个人的权利。

这里是从人的视角来看文件管理的，你怎么存放，要考虑到用的人的特点，特定的人有特定的需求，而且"一个也不能少"。

3. 每本书都有其读者

每份文件都要有人看、有人用，而且要便于让文件"找"到合适的读者，这强调了文件自身的价值。这里是从文件的角度来看的，一份文件可能会有不同部门、不同职能、不同职级的人来查阅，从哪个入口找到这份文件、怎么命名、怎么设置结构、怎么设置权限，都是可考虑的点，文档管理原则和工具使用技巧的及时宣贯与培训也都是必要的，没人看的文件就没必要花费大精力去处理了。

4. 节省读者的时间

节省文件使用者的查阅或处理时间，这强调了便捷和效率。这个比较好理解，文件要容易找得到、容易编辑、容易保存等，如果文档无法实现在线编辑的话，就要进行下载、保存、修改、上传等操作，颇费时间。当然，有些确实需要更复杂的环节管控的情况另说。

5. 图书馆是一个生长着的有机体

文件管理要常用常新，要随着业务发展而变化，这强调了持续发展。这是一种理念，我们常常看到不同类型的文件管理模式和不同逻辑的文件夹结构。具体怎么选，要考虑到业务的实际与发展情况。最简单的，项目新增了一个职能团队，是不是有必要新建一个文件夹？

3.7.2　过程法与要素法

我们前面愣是把文件夹上升到接近哲学，至少是学科的高度。但具体怎么做，还是得换个角度讲讲，讲讲"术"。

这里就不得不提 MECE（Mutually Exclusive, Collectively Exhaustive，相互独立，完全穷尽）原则。基于此，下面介绍能够在汽车行业实际使用的过程法和要素法，如图 3-15 所示。

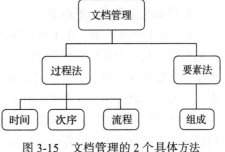

图 3-15　文档管理的 2 个具体方法

1. 过程法

过程法就是按照事情发展的时间、次序、流程来分门别类：

- ❏ 项目管理中的启动、规划、执行、监控、收尾。
- ❏ 工程中的需求、实现、测试、验收。
- ❏ 软件版本迭代交付中 V1、V2、V3。
- ❏ 样件的 A、B、C、D 样。
- ❏ bug 管理流程中的提出、分析、修复、验证、关闭。

❑ 硬件验证的 CV、DV、PV 等。

2. 要素法

要素法是按照事物的不同要素来划分。换言之，就是把一个整体划分成多个组成部分：

❑ 项目组织架构图里的项目经理、系统工程师、软件工程师、测试工程师。
❑ 产品 BOM 结构里的各个零件。
❑ 项目管理要素里的风险管理、质量管理、成本管理、采购管理、进度管理、变更管理。
❑ ECU 的系统、软件、算法、硬件、结构。
❑ 测试里的系统、软件、集成、静态、单元等。

一般来说，建立文件夹时基于这两个维度进行分类，整体逻辑就不会太混乱。

图书馆学五定律和 MECE 原则的"道"与"术"的结合，就是本节给到的文档管理小技巧。实际上，对绝大多数其他信息与数据而言，它们也是最常见的分类、分层方式。

3.8 软件项目配置管理

配置管理常被误认为是文档的版本管理，虽形式上接近，但其有着更丰富的内涵和意义，尤其是对于复杂项目中频繁迭代的软件来说。而且，如果要选择一个最主要的软件管理工具，我认为配置管理可以上榜。

3.8.1 从一张"标签"说起

为了便于逐层理解，我们就从一张标签说起。

1. 汽车标签及其标识意义

再引申到汽车行业，车上有车辆识别码（Vehicle Identification Number，VIN）、钣金会打钢印以及几万个零件多数都要贴标签。此外，除了实物标签，软件里也会写入各种标签。可见，标签在汽车里也是必不可缺的。然而，越司空见惯的东西，它背后的意义越值得深思，因为这正说明其具有普适性的价值和意义。

这里暂且不去扩展，先局限在汽车产品标签上。仔细想一想汽车 ECU 标签的样子和使用场景：一张白底黑字带背胶的长条，首先映入眼帘的是品牌 logo，当然也会有产品名字，上面写着车型或项目名，有零件号，有各类版本号，有条形码，有生产日期，可能也有说明类或警示类文字或符号等，如图 3-16 所示。

不难理解，标签的第一作用是标识，它将对从产线上出来的、看上去一样的产品做唯一性标识，从此这些产品就获得了一个时间和空间的唯一交汇点。当我们拿起它来，可以对它进行分门别类。哲学家莱布尼茨说过，世界上没有完全相同的两片叶子。这样看标签倒是起到了将其落地的作用。

图 3-16　汽车 ECU 标签示意图

2. 汽车标签的追溯价值

言归正传。前面提到了标识的意义，但企业的目的，显然不仅仅是便于交流。

再想一下，我们还会发现在日常工作中，针对不同的需求，我们会基于标签查该产品的上下游，看它在各类载体上的流转状态，比如，采购单、总成图纸、子零件图纸、变更记录、BOM、DFMEA、数模、硬件电路图、测试报告、物流记录等（这里所有的东西都有唯一的"标签"，如版本号）。这样，一旦出现了质量问题，我们就可以找到根因或者追回召回，也会用其作为追责证据。

这就是追溯。中文里的追溯，是追寻源头，是来龙和前世，但在这里，它还有去脉和今生乃至来生的含义，这就显然比静态标识的意义更加广泛了。不过，没有自带静态标识的标签，追溯也就无从谈起了。

3. 软件标签与机械标签的异同

我们再来扩展一下，"标签"及"追溯"进入软件领域后，会怎么样呢？

（1）相同点

先看相同点，抛开最直观、最狭义的软件版本号不谈，"标签"是不是近似于配置管理里配置项的基线？

这可能会有一点不好理解。回顾一下，前面提到的标签概念，时空交汇的唯一点。机械产品被贴了标签后，就在时空里占了一个点位。软件产品也一样，发了一个版本并被定义 ID 后，也是占了一个点位，也就是我们说的基线化。

（2）不同点

不过，二者最大的不同是什么呢？

一个机械产品从开发到生产，变量非常有限。前面提到的图纸、测试报告等也是屈指可数的版本变化，肉眼可见的清晰。逻辑虽可以，但根本没必要做什么明确意义的配置管理。一张 BOM 表包含所有子零件，记性好的，脑子记就可以。所以，除了产品本身之外，其他东西自然就被弱化了。

带有软件的 ECU 则不同于纯机械产品的静态性，它具有频繁迭代的成长性。软件看不见、摸不着，对应的需求、架构、代码、测试、bug 等一系列相关的配置项都在频繁变化，而且各自之间又有很强的依赖性。

所以，我们不能像对待机械产品一样，只关注软件产品本身，还需要把更多的与软件产品相关的配置项纳入管理范围。也就是说，仅仅通过标签来管理是不够的，我们需要配置管理的辅助，以便清晰地知道每个节点的状态和关系。

4. "网"——配置管理

关于配置管理本身，我们可以将其设想为一个形象化的结构，横为纬，竖为经，纬线是软件产品的迭代生命轨迹，经线就是基线，经纬交点就类似于贴了"标签"的"产品"，也就是被基线化了的配置项，包含但不限于软件包（有时把硬件也一并考虑在内），每根经线都是一次发版，最终形成的这张网就是配置管理，如图 3-17 所示。

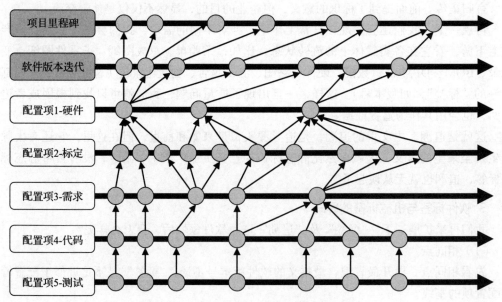

图 3-17 汽车软件产品配置管理示意图

3.8.2 一项完美的配置管理工作

但是，软件进入汽车行业是很着急的，大家都赶着上市，配置管理也随之需要轻便灵活起来，在实际工作中，由于做好太笨重，甚至有被直接放弃的趋势。从软件开发本身来看，配置管理的价值和使命远没到被淘汰的时候，但需要与时俱进。

先思考一个问题，完美的配置管理是什么样子呢？

首先，要从每个配置项的版本控制做起，要清晰地记录变更履历，要经过多人有效评审，要有评审记录，评审发现的问题要继续跟踪记录，最后要锁定版本，且锁定不是口头说说，要在一些特定的存储区域用工具锁定，其他人无法更改等。这些流程极为烦琐，一处出问题，可能就要从头来一遍。

单个配置项的版本控制及释放烦琐但不难，但是别忘了，各个配置项之间还会发生复杂的关系，它们并不是单一的、独立的、解耦的，而是会互相依赖、互为输入、互相嵌套，可谓牵一发而动全身。

比如，又到了交付的日子，配置管理员准备打条基线，但他在 Excel 里一项一项地梳理配置项时，发现还缺一项测试的结果。测试工程师说，需要系统架构师输入一个需求参数，不然没办法测。然后，系统架构师回去查了查文档，确实是漏了一个参数，之前没考虑到，但这个参数涉及功能安全，可能要和功能安全经理再确认下……一番确认之后，功能安全档案要改，系统需求要改，代码要改，还要重新评审，评审过程中，发现这是一个挺大的变更，还得上 CCB……

所以，在实际工作中，我们很难做到真正完美的配置管理，因为有太多的限制且耗费太大资源。

3.8.3　配置管理的最大价值

既然这么难，是否真的有必要进行配置管理？特别是对汽车开发领域而言，配置管理最大的价值是什么？

1. 对汽车开发的价值

在汽车行业里，项目组需要在项目生命周期的特定里程碑冻结一组配置项，以便在项目开发中实现可追溯性和完整性。这是汽车行业配置管理的出发点。

再换种通俗的说法，可追溯性就是能找到当初是怎么想的、怎么做的，完整性就是该做的都做了，不要遗漏。举几个案例：

- ❏ 出现售后问题时，能找到当初是怎么做的，便于定位问题的根本原因。
- ❏ 分配任务、协同工作、传递信息时，能够保证准确交流，避免用错标定参数，集错软件版本，满足已废除的需求。
- ❏ 进行项目交接时，可以找到完整的、正确的文件版本。
- ❏ 一个新的项目要拉一个分支去开发，可以找到对应的、准确的源代码或其他基础文件。

这大约是配置管理在汽车软件领域的一些比较有代表性的价值。如果没有比较好的管理，杂乱的信息很容易被搞混、被误读、被遗忘。

2. 版本控制与结构化

那么，支持这些价值的最不可或缺的要素是什么呢？我总结为"版本控制＋结构化"，这应该是最起码的原则要求了。

版本控制比较容易理解，这里不再展开。结构化分两种：静态结构化与动态结构化。

❑ 静态结构化。这相对容易理解，比如文件夹结构，但这个阶段只是实现了东西的堆砌存储，尚不能充分用起来。

❑ 动态结构化。这其实是配置管理的精髓。我们需要在某个节点用一条线把静态结构化存储的一堆文件穿起来，这条线就是基线，它定义了项目在这个点的状态，也就是 3.8.1 节最后讲的经线。

另外，结构化并不仅仅是简单清晰的一级一级拆分的金字塔结构，也可能会有一个上级对多个下级或一个下级对多个上级的结构，这些层级会交织在一起。

举个简单的例子，我们有同一级别的 A、B、C、D、E 这 5 类文档，每类文档又有 1、2、3、4、5 这 5 个版本，这 25 个文档会安安静静地被静态结构化，即按版本存储。但穿线方式有很多种，可以是 A5B5C5D5E5，也可以是 A3B4C1D3E2，需要我们动态去寻找、确认合适的基线。而且，实际情况中，结构显然不会这么简单，会分很多等级，会相互交织、相互调用，复杂程度非常高。

配置管理要交付的产物，就是在"版本控制＋结构化"的前提下实现的正确穿线。

写到这里，应该是把价值骨干理清楚了。

3.8.4 烦琐之处在哪里

接下来开始寻找枝叶，我们先回想一下前面提到的完美配置管理的困难之处：

❑ 配置项有严格的命名规则，但实际中命名经常是混乱的，而命名一旦混乱，也就难以找到正确的信息。

❑ 文档更新时，要记录变更履历，但具体的内容完整与否、准确与否、及时与否，都取决于个人的责任心和细心程度，不容易做好。

❑ 配置项要发布，一般需要正式的评审或签字，评审还要基于一套检查清单，之后还要特别操作锁定版本，这也是一个很冗长的过程。

❑ 配置项及基线的选择都要花一番精力去找，而且一旦一处信息错了或要更新，很多其他引用该信息的文档文件都要相应更新。

❑ 有依赖的配置项之间还要建立追溯关系，不管是在系统里增加链接，还是在文本里增加描述，都是烦琐的，且要实时更新。

❑ 信息来源分散，责任人分散，同样的信息会以不同格式放入不同的文档模板中，想要收集完整准确的信息，颇费周折……

基于这些场景，我们可以提取出一些烦琐关键词。

❑ 不直观，结构化要靠想象。

- ❑ 人工工作多，完成品质依赖于个人意愿和能力。
- ❑ 分散化，涉及大量沟通协调工作。
- ❑ 按部就班，过于重视理论严谨性和完整性，而忽略实际使用需求。
- ❑ 耦合性强，牵一发而动全身。

这些内容正是我们可以优化的地方。

3.8.5　基于价值，删繁就简

找到了要守住的价值底线，也找到了烦琐的部分。此时我们就可以尝试一种可能更简便的方式，但前提是要使用工具链，比如，Polarion、JIRA、飞书等。工具链会在第 8 章详述，这里只讲述初步的方法论。

一般来说，这样的软件 ALM（Application Lifecycle Management，应用生命周期管理）工具会有非常丰富的功能，但我们主要基于工具完成以下 4 个目标：结构可视化、信息同源化、痕迹自动化和基线灵活化，如图 3-18 所示。这些概念不是很好理解，下面详细解释一下。

图 3-18　配置管理工具的目标及优势

1. 结构可视化

汽车行业还是以项目为组织方式和以里程碑交付为目标的。

首先，我们可以通过工具提供的里程碑建立功能，来搭建一个按照里程碑序列排布的项目框架，组成我们整个项目的结构。按照项目的复杂程度，还可以建立更细节的下一层次里程碑或交付物。然后，再通过建立不同里程碑之间的链接关系，并借由不同展示效果（目录式、金字塔式、看板式等）实现可视化。

2. 信息同源化

信息同源化是什么呢？我们要先花一定的精力保证基础数据是正确的，而且要保持这些数据在一个源头、一个区域。各个其他区域使用这些数据时需要通过链接或 ID 去调用，当同源的数据改变后，所有调用这个数据的区域都会自动更新，以减少大量的重复工作，避免出现错误。

3. 痕迹自动化

另外，对于单个配置项的版本控制，最重要的是可以知道每次的变更点。人工录入耗时、耗力、易错，这时，工具的自动痕迹留存功能就体现了很大的价值，我们还可以通过工具轻松对比变更点的差异，比人工描述更完整准确。

痕迹留存在客观上也起到了评审的作用。如果没有任何记录和约束，评审常常会流于形式，但强制的痕迹留存，会让人提高对交付物的重视程度。

4. 基线灵活化

写到这里，应该是解决了一部分烦琐的问题，也基本保留了"版本控制＋结构化"的价值。

或许有人还记得前面提的"穿线"的比喻，我们似乎还没有实现最终的穿线。

在实际项目场景中，很多情况是以最新版本作为基线版本，也就是所谓的穿线。这时按照时间戳做断点即可，因为时间线是一维的，时间点是单一的，在这个时间点之前的所有链接的配置项的最新状态就是要被穿线的配置项。

对于更复杂的情况，可以在工具里配置一些属性菜单，通过批量选择为每一个版本打上标签。再或者，可以通过工具的批量打基线功能完成。总之，建议视具体需求，充分挖掘开发工具的功能来实现比较轻量的打基线，这样在一定程度上，也算是实现了基线灵活化的目标。

整个过程下来，我们会发现，单纯地交付一份配置管理文档的工作消失了，它被融合到整个开发和项目管理过程中。这是数字化工具给我们的帮助，也是对配置管理深入理解后的优化或改进。

不过，数字化工具仍然还只是工具，它能否解决我们的问题，关键要看如何用。而且，实际使用中也会出现很多问题，如工具不会用、有自己的习惯、不愿改变、不愿分享等。

所以，尽管数字化是未来，但需要不断尝试、不断适配、不断优化、不断落地，这是一个求索的过程。本章后面的 3.11 节和 3.12 节会专门讲一下软件开发数字化，这里不再展开。

最后需要说明的是，本节着重描述了项目层面的交付物的整体配置管理，而广义上的配置管理可能会涉及持续集成、分支策略、协同编码、bug 管理等更多底层的内容。

3.9 软件项目风险管理

配置管理的目标之一是把项目做得整整齐齐，但现实中显然不会始终整整齐齐、顺顺利利，总会出各种事情，这就会涉及所谓的风险。

3.9.1 风险的含义

在汽车行业，大家对风险的关注度很高，但是要将其作为一门"专业"又显得不够。

理论上，风险分为威胁和机会，即不确定的损失和不确定的收益。再广义一点理解，只要事件的发生不是唯一确定的，就认为该事件存在风险。然而，迁移到我们的工作惯例里，就不必搞得那么学术、那么复杂，可以把你担心发生的不好的事情作为风险。

如果你不知道有什么不好的事情，那就是你的经验不足以支撑你意识到风险，或者对于某些低概率突发性事情，大家事先都无法预想到，这就属于薛定谔式风险，风险处于有无叠加态。这也是为什么需要在最早期没有预见任何风险时就要留一定时间或费用的余量。

当这不好的事情确实发生后，就会转移成问题。大家日常工作中的挑战，基本可以简化为处理问题和应对风险。但由于与前面讲到的紧盯 bug 相似，应对风险往往激不起大家的兴趣，只有当风险转化为问题后才着手解决。这是惯例，同时也是改善的方向。

3.9.2 风险管理的形式化

从形式上看，我们会有一套风险管理模板或流程，比如，定义风险属性（概率、影响、紧急程度等）、定量与定性风险分析、接受（或转移、弱化、消除）风险及风险的升级流程等，如表 3-2 所示。

表 3-2 风险管理模板示意

编号	风险名	风险初始等级	风险提出者	风险描述	风险概率	风险影响	风险责任人	应对措施	措施责任人	风险应对后等级	应完成日期	当前状态
01	×××											
02												

但是，当项目经理或职能经理发现一些高级别风险时，更重要的是转化为相应的行动，而这些行动就转变成常规的开口项或任务，写在书面上的风险就被搁置了，这会显得风险本身对于解决问题和推进项目的帮助不那么直接，进而导致其本身的没存在感。

3.9.3 风险形式之外的价值

不过，风险管理并非毫无意义，我们可以结合一个我经历的真实小案例，来看下做好风险管理的价值。

某项目马上进入最后的交付阶段，软件发版、内部测试、文档释放、生产准备等几乎一切就绪。大家正在轻松地开例行项目会议，间或还有人提出团建。一位经验丰富的老工程师偶然间看到下游客户内部系统里有一个 bug，没有标记项目号，但长期的技术浸淫，他敏感地感觉到 bug 可能和本项目相关，可这个 bug 在内部没有测试到，也没有收到下游的通知。

出于强烈的风险意识和责任感，这位工程师通过这个风险信号，驱动项目经理组织团队进行风险分析，发现原来是下游测试工程师标错了项目号，导致 bug 未被传递到开发部门，这个 bug 是会影响产线下线的严重 bug。及时的沟通处理既避免了一次紧急救火，也为内部增加了一条风险经验，还完善了后续项目 bug 评审的过程。

规范的风险管理，对一个项目而言，价值似乎没那么大。但对于组织而言，一次规范的风险管理，不单是帮助一个项目成功，也是在积淀整体的工程能力，我们不应该让其流于形式。就像一名身强力壮的小伙子可以从泥坑里跳出来，这很厉害，但一个老江湖能够敏锐地感知到泥坑的存在，进而绕过泥坑，这才是更厉害的。

此外，我们并不是纯粹地避免风险，有意识地承担经过计算的风险，也是商业活动的固有属性。

3.10 软件项目成本估算

类似于风险管理，软件项目估算是另一个看上去有些形式化的工作。现实工作里，由于开发更多是人的智力性活动，估算的重点多在"估"上，有理有据的"算"则比较少。然而，我们项目的决策、开发的预算、乙方对甲方的报价、甲方对乙方报价的确认、项目进度的规划、部门人头的安排等都要基于此来开展。所以，虽然不那么准确，但还是得估。

3.10.1 3 个估算对象

先圈定重点的估算对象。我们都知道，工程开发不直接增值，但相关人员的工资是要发的，测试台架是要花钱的，线束是要买的，硬件也是要消耗的，这些都得完成财务结算，而这就涉及软件开发的成本估算问题。

据此，我们先引申解释估算的 3 个相关概念——资源、工作量、成本，如图 3-19 所示。

图 3-19 软件估算的 3 个概念

1. 资源

资源包含人和物两方面，前者解决有没有人干及人有没有能力干的问题，后者处理开发所需要的设备与工程样件等，相对而言比较固定。

2. 工作量

工作量常会与持续时间混在一起。工作量是某个角色（非具体个人）要花多长时间去做某件事，可能是 1 人月，比如，1 个测试 1 个人 1 个月测完。业内也习惯统称为工时，对应英文为 effort 或 workload。而持续时间是，这件 1 人月完成的事的任务结果要多久后交付，尤其关注，在关键路径上你要占多久，可能要 3 个月的时间，对应英文是 duration。二者的关系如图 3-20 所示。

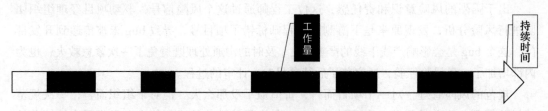

图 3-20 工作量与持续时间的关系

工作量与持续时间的差异主要来自两方面。

❑ 第一，事情本身的难度有高低，人的能力水平有高低，不同的人做同一件事所需要的时间不一样。

❑ 第二，受限于上述提到的资源有限性及资源之间的依赖性。对于按测试用例去逐条测试这种可拆解的工作，一个人做要 2 个月，两个人做就可以 1 个月。而对于那种依赖计算机运行速度的仿真工作，再怎么加人也没用，如果只有一台机器，还得依赖上个人做完的时间。或者这个人要忙于其他项目，只有半个人头用于该项目，这时的持续时间也明显和工作量不一样。

理论上，实际情况一般比较复杂，不同工程师的能力水平、设备的损耗及性能、人与人之间的沟通耗时都很难量化。实际上，搞这么复杂也没必要，或者说很难标准化，多数是基于经验的。

3. 成本

成本是从"钱"的角度讲的，就是这个项目整体要投入多少资金，也是工程部门对外的财务输出。开发成本的输入则主要来源于"资源"和"工作量"这两部分。

另外，资源中的"物"相对固定，也容易标准化，资源中的"人"的工时费多数会按照一个默认值定义（针对角色，财务统筹下来的一个固定数字）。所以，我们本节讨论的估算对象主要是"工作量"。

操作层面可以简化为，基于单次开发或一个完整项目的整体任务量，去估算不同角色分别花在任务本身的时间（非持续时间）。

角色的内容会在第 6 章展开，这里粗略提一些。首先是开发工程师，他们的工作主要分为正常的按需求开发和大量的解 bug 工作，其中又涉及需求分析、架构设计、详细设计、单元测试、组件集成及集成测试等人员。其次是各类软件测试工程师。此外，软件项目经理、软件质量保证人员等也应被考虑在内。

3.10.2　2 个估算方法

估算方法有很多种，比如，专家判断、自上而下、自下而上、类比估算、德尔菲技术、三点估算、斐波那契数列、故事点估算、规划扑克等。

理论或数学化模型的提炼自有其价值，但如果直接套用，实用性很差。现在流行第一性原理，所以我们就抛开这些名号，简单化理解。

大家用得最多的估算方法的核心其实就两点：搞清楚项目信息和依靠经验。其中，依靠经验又分为脑子里的经验和纸面上的经验，前者靠有经验的个人，后者靠公司的历史数据。值得注意的是，估算和前面讲的裁剪是一脉相承的，裁剪本身也是参考历史项目进行分析的过程，裁剪的结果也是估算的部分判定依据。

1. 搞清楚项目信息

首先，要尽量搞清楚估算的项目的情况，比如，时间风险、项目体量、项目裁剪级别、需求变更程度、沟通复杂度、技术难点等。

2. 依靠经验

然后，再结合一些相似的历史项目数据，比如，参考来源于同一主机厂、同一软硬件平台和有着相近时间跨度的项目，并让一些专业有经验且有责任感的人参与评估，比如，拆分到最小的工作包或者功能单元让更多的专业责任人精细化评估。

总体来说，这几乎是现实里能找到的唯一有效的估算办法。如果想让这个方法得到的估算结果更加精确，就要在历史数据沉淀上下功夫。此外，估算不是一次性的，要根据项目进展，定期逐步细化、精确化、准确化，尽量做好。

3.11 数据驱动软件开发

对"估算"不准确的妥协多少有些出于无奈，但人类追求准确的脚步不会停下来。马克思说过，一门科学，只有成功地运用数学时，才算达到真正完善的地步。再结合现在甚嚣尘上的数字化转型，这让我们很有必要讨论一下数字、数据、数学在汽车行业的价值。

3.11.1 开发是否有必要关注数据

数据是个很大的概念，我们尝试将其与我们的主题对接。

1. 数据本身的意义

❑ 每个月汽车销量排行榜出来之后，各大媒体会针对各家车企的各大车型进行点评，里面多会使用不同维度的数据分析，来佐证其观点。

❑ 企业里，领导们会基于各种数据来进行重大决策。

❑ 金融大咖们、行业大佬们会分析研读各种数据，来定义可决定企业发展的方向。

❑ 这两年热火朝天的大数据、推荐算法也是频频在耳边响起。

❑ 甚至，国计民生、大国博弈都离不开数据的支撑。

人们似乎已经形成了一个共识，数据很重要，有信服力的观点或决策都需要数据来撑腰。

2. 汽车工程数据及分析的缺失

作为一名深耕汽车工程的人，长期以来，我看到数据被广泛用于市场、财务、物流、生产等领域，而并未看到数据在汽车工程开发领域占有一席重要之地。仅有的应用多是前面刚讲到的开发成本估算，或者总结项目基本数量类信息。即使在软件领域，至多是 bug 趋势、需求条目数、分布柱状图、测试覆盖率等一些简单维度的数据分析，或者更准确的说法是统计和估计。

即便如此，这些数据的准确性、完整性、及时性都非常值得怀疑。特别是一些与工程定义不那么相关的数据，大家扪心自问，数据的可信度是不是确实不尽如人意？

究其原因？可能有这两方面。

- ❑ 一是，这个领域没有那么多数据，巧妇难为无米之炊。
- ❑ 二是，行业积累的经验已经可以让"拍脑袋"的可靠性足够高了，没必要画蛇添足，没必要花精力去做一件性价比没那么高的事情。

为了印证经验是相对准确的，我也特意在招聘平台看了下汽车行业数据分析的岗位。目前我只在两个新势力车企中发现与开发领域搭点边的数据分析岗位，且职能描述比较空洞，估计也没有具体的落地思路。其他的数据分析岗位，基本都是与市场、销售、战略相关的。所以，我基本可以下这么一个结论，汽车开发领域很少关注数据及数据分析。

3. 汽车软件开发下数据分析的必要性

那么，汽车开发领域是否有必要关注数据？

以前，可能确实没太大必要。但随着互联网模式、软件、所谓生态以及数字化等相对新鲜血液的不断涌入，数据越来越多，"没数据"和"靠经验"这两个场景都会被弱化。现在及以后靠数据进行分析、判断、决策的必要性也越来越凸显。

假以时日，在某个发展阶段，当人的交互更多、系统更复杂、代码量更大、数字化程度更高时，可能就会产生大量的数据。由此，独有的数据分析岗位需求或许也就在汽车行业应运而生了，所以我们不妨先准备起来。

3.11.2 怎么理解汽车软件的数据分析

概念是我们认识事物的一个入口和交流问题的基础，但也要考虑语境、环境、目的。我们接着理解汽车软件的数据分析。

1. 数据分析的含义

上海交通大学出版社出版的《英汉多媒体技术辞典》是这样定义的。数据分析是指用适当的统计、分析方法对收集来的大量数据进行分析，将它们加以汇总和理解并消化，以求最大化地开发数据的功能，发挥数据的作用。数据分析是为了提取有用信息和形成结论而对数据加以详细研究和概括总结的过程。

PMBOK 也有类似这样的描述。数据收集和分析是为了加深对某种情况的了解而收集、评定和评估数据和信息的方法。数据分析的输出可用图表、图形、矩阵和示意图等可视化方式加以组织与呈现，并通常用于为决策提供依据。

2. 数据分析的 3 个动作

结合这两个还算不错的定义、我们自己的经验与汽车软件领域的实践情况以及本书致力于实用易理解而非理论严谨的目标，在形式上，我们可以将数据分析限定在 3 个动作上，即整理数据、画出图表和写出文字，如图 3-21 所示。

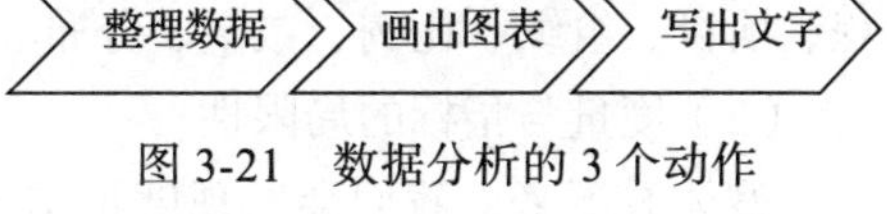

整理数据 ▷ 画出图表 ▷ 写出文字

图 3-21 数据分析的 3 个动作

做出这样的解释，乍看之下，似乎显得促狭，但正是我们的用意。我们经常会有种不良思维，无限放大内涵和外延，结果就会导致宏大而无根。不妨做枚尖而专的钉子，而非到处找钉子的锤子。

3.11.3　数据分析的 3 个段位

从整理数据到画出图表，再到写出文字，基本是走过了这个领域数据分析的路径。但要玩出花儿来，并不是一件容易的事。图 3-22 展示了数据分析的 3 个段位。

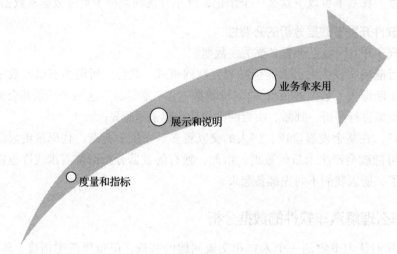

图 3-22　数据分析的 3 个段位

1. 度量和指标

度量与指标是比较相关的概念，我们放在一起来讲。

（1）度量与指标的含义

二者都是比较书面的词汇，翻阅专业书籍，会看到很多不同角度的解释。我们不是标准制定者，也不进行概念深挖，就按照业内的说法，度量可以理解为对软件、过程、项目定性或定量的描述与评价，且侧重于定量驱动定性。

指标比较好理解一些，我们都知道 KPI（Key Performance Indicator，关键绩效指标），大体上就是画的一条边界，不能越过，对相关方进行考核，选出最差的，比如，bug 数量不能超过多少个。度量的内涵要比指标大一些，可以认为度量包含指标，指标是度量项里关键的部分。

无论是度量还是指标，都有很多大小、粗细各异的维度，例如时间、成本、产品、过程、项目、组织、比例、数量、分布、趋势维度等。

（2）度量与指标的局限性

整体看下来，我们会发现度量本身并不简单，需要非常系统和专业的知识体系，它的建立、落地和维护过程都是很大的工程。而且，度量在逻辑上确实可以驱动一些改进，比如，管控 bug 逃逸率可以提升前期测试的充分性。但为什么我们把它放在最低段位？

我曾经在某次技术评审时被问到一个问题，为什么将某个功能参数定义为 10，而不是 9？这其实是在限定的范围内根据经验估计的，然后经过相应的测试验证是可以的，并没有什么特别的道理。时隔多年后，我偶然间发现，这个参数的最优定义是有数学公式的，但它依然不能直接计算出被验证通过的 10。

实际上，软件开发本身并不是具备严密因果关系的数学，而是基于经验的工程。我们通过不断地调试、摸索，最终将软件开发出来，但 bug 总会不期而遇。我们可以做出实现需求的软件，但无法证明是不是只有这一种实现方式或者为什么只有这一种实现方式。再加上，汽车行业是一个影响因子繁多的领域，软件开发要考虑的问题也远不止单纯的软件本身。这让复杂汽车软件的度量变得很难说得明白，也很难有扎实的定义逻辑。

因此，在汽车行业，少量的软件开发度量指标的定义更多是来源于部门之间的权衡、一定程度的经验值及试运行一段时间的调整。所以，在行业与技术比较成熟稳定之前，暂时将度量与指标放在最低段位，也情有可原。

2. 展示和说明

展示和说明，即写报告、做汇报。这应该是所有数据分析人员经常做的事，也基本能够完整对应上面讲的数据分析的 3 个动作：整理数据、画出图表、写出文字。

提到数据我们会想到什么？会不会想到一张密密麻麻的 Excel 表格，里面有一条条的数据，有行有列，有文字，有数字？

那么，表格有没有什么铺陈规则呢？有的，"维度"和"事实"。

（1）维度

维度，也就是认识事物的角度，是认识事物的一个独立的逻辑视角，比如，描述人群，可以从姓名、性别、年龄、身份证、户籍、政治面貌等维度来看。但要注意维度的区分最好有清晰的概念界限，所有维度要处于同一逻辑级别，而且要考虑大众认识和思考的习惯。

举个例子，当我们描述人群时，想关注不同年龄层的信息，如果按小于 20 岁、20～30 岁、30～40 岁、40～50 岁等进行划分，有时会让人不容易理解，因为这些划分有很多相似性，都属于年龄，不构成单一概念，不够有区分度，而使用"年龄范围"作为单一维度会更好些。

（2）事实

事实，是指这个维度下的客观记录。常见的有连续型的数字（如年龄）和离散型的类别（如户籍）。它们在表格里有不同的体现形式：一维表、二维表和多维表。理解表格的几维时，注意不要和空间的概念混看，有些人会按照线、面、体这种空间概念来对照，但其实不是特别容易讲清晰，因为所有的表格从空间上看都是二维的。

1）一维表。一维表是将所有的维度放在第一行，从列去看，数据都是这个维度下的不同"事实"数据点，如表 3-3 所示。

表 3-3　一维表示意

序号	姓名	性别	年龄	户籍	学历
01	张三	男	25	北京	本科
02	张三	女	28	天津	硕士
03	李四	女	30	上海	大专
04	李四	男	33	苏州	本科
05	王五	男	35	广州	硕士

2）二维表。二维表是将一个维度的"事实"放在行，一个维度的"事实"放在列，行列交汇处是分析或展示结果。如表 3-4 所示，行是"户籍"维度，列是"姓名"维度，交汇处为不同姓名的人在各地的数量。

表 3-4　二维表示意

	北京	天津	上海	苏州	广州
张三	1	1	0	0	0
李四	0	0	1	1	0
王五	0	0	0	0	1

3）多维表。多维表实际上是二维表的变体，行或列可以增加更多的维度。如表 3-5 所示，列增加了"性别"的维度，可以看到不同姓名不同性别的人在各地的数量。

表 3-5　多维表示意

		北京	天津	上海	苏州	广州
张三	男	1	0	0	0	0
	女	0	1	0	0	0
李四	女	0	0	1	0	0
	男	0	0	0	1	0
王五	男	0	0	0	0	1

对于一般的数据分析，一维表作为源数据，而二维或多维表作为进一步分析或展示的基础。

走到这一步，整理数据的工作算是基本告一段落。接下来，要基于需求和分析思路绘制出各种更复杂的表或图，或边绘制边识别思路、边分析，比如，亲和图、因果图、控制图、流程图、层级图、直方图、矩阵图、思维导图、散点图、折线图、饼图、面积图、雷达图、气泡图等。虽说字不如表、表不如图，但必要的文字说明和解释也是需要的，毕竟对背景不了解的人，单看一张图表未必能很快看明白是什么。

简单来说，数据分析就是基于"维度"和"事实"这两个基本要素，完成各种分组、对比、交叉、汇总、计算等处理，然后选择合适的方式展示及说明出来。这里的难点在于维度的拆分、数字的敏感性、数理统计知识的理解、工具使用的掌握以及文字的表达能力。

"展示和说明"的完成基本上代表数据分析在形式上的结束。在这个段位，你可以在数据的完整及准确性、图表的直观及美观性、文字的通顺及严谨性等上面下功夫，但多数人只能停留在这个形式上的好与坏。

3. 业务拿来用

完成上面两个段位，基本算是一个合格甚至还不错的数据分析者。但不管是从自身长期发展上，还是组织需要上，都还不够。我们最终的期待是，让业务能够更深入地用起来。例如，基于你的数据分析结果，业务人员能够理解并评估项目或产品状态、预测未来走势、及时控制潜在偏差，以及改善技术实现或管理方式。

然而，分析明显不仅仅是一个技能，不是说对 Excel 函数倒背如流、当过大学数理统计课代表、高考作文还满分就够的，背后需要的是全方位的业务经验和能力。

举个例子，现在最多的数据是 bug 的信息，一般工具链导出来就是一维表，如果直接通过透视表识别出 bug 在通信模块有明显聚合，或者结合其他信息可以判断出信号列表传递和评估过程有些问题，那么，业务部门就可以参考我们这样的判断去优化相关的合作流程。这里暂不多言，毕竟这部分需要充分结合业务来讲，我们无法在本书里涉及太多。

当然，通过数据来强力驱动研发效能提升，还只是美好的期待。

当前汽车研发领域，既不具备充分的文化环境和数据积累，也不太具备拥有这样能力的人，需要我们多花一些精力，力争找到一个好的突破口和落地点。

3.12　软件开发数字化转型

上一节的数据驱动开发是一个自下而上的初步实践尝试。而数字化这个概念就更大了，往往会被提升到战略层面，尤其对于这几年热火朝天的汽车行业来说，这也是一个非常大的课题，我们尝试梳理一下。

某头部咨询公司在 2021 年有个调研，结果表明多数企业数字化转型的第一目标是"提升运营效率"，这可以作为我们实践的参考。

简单理解，数字化就是利用信息技术将物理世界映射到数字世界，实现手工自动化、线下线上化、流程工具化、标准工作自动化、基于数据进行的分析预测及利用数字化技术对原本业务模式的革新等，进而实现降本增效、构建竞争优势。

3.12.1　转型之道——高层的决心

戊戌六君子之一的谭嗣同说过："各国变法，无不从流血而成，今中国未闻有因变法而流血者，此国之所以不昌也。有之，请自嗣同始。"

无论革命、变法、变革还是转型，都会涉及打破原本的格局。打破的过程必然会损害到一批人的利益，于是，冲突矛盾，甚至流血牺牲，不可避免。古今中外，概莫能外。

首先且最重要的是解决方向问题和决心问题，而且高层领导是首当其冲的第一责任人。

如果高层没有这样的血性、韧性和坚定信念，不能坚持一个战略方向不动摇，没有"流血牺牲"的准备，那么我们精通的"中庸之道""平衡之术""明哲保身"会瞬间席卷而来，每一个聪明人都会有自己的表达和想法，转型基本不可能推行下去。

3.12.2 转型之术——流程与数据

实际上，我也不认为全方位、颠覆性的变革适用于当下的汽车行业，那是某些咨询顾问的看法。汽车行业并不是初生的行业，它已经形成了严谨且全面的流程，所谓大量的"最佳实践"。现在更应该考虑的是，如何在软件全面铺开的年代进行改良与融合。

我们可以从"流程"与"数据"这两个层面进行，但二者显然是融合在一起的，如图 3-23 所示。其中，IT 工具是贯穿它们的基础。

图 3-23　转型之术所涉及的内容

1. 流程转型

总结下来，流程转型大体可以按照以下 3 个相互贯通的步骤展开：挖掘、上线、拉通。

（1）流程挖掘

挖掘是指挖掘现有线下的业务模式或习惯，挖掘主干流程的特点和痛点。可能有人会有疑问，不是已经制定了很多流程吗？还需要挖掘什么吗？我们并不缺流程啊？

其实，多数线下工作非常难去严格按照流程执行。做流程或 IT 工具的同事经常会抱怨，这些人怎么没一点流程意识、规则观念。但要换位去想，如果你去做这个岗位很可能也会这样，业务部门的同事承担着巨大的交付压力，各自也都有原本的工作习惯和舒适区，让其心甘情愿去做感觉不到直接价值的工作，自是不愿意。

纸面上的流程更多是一种完整逻辑的梳理和积累，直接用在工作上难免僵化。我们需要挖掘大家现在习惯的工作模式里的或显性或隐性的优点和缺点，结合下一步的上线模式，并综合考虑 IT 工具的特点。要简化，要快，要优化，要致力于让他们舒服，而不是难受。比如，一款新手机开发出来，总是要让客户体验更好的，而非更糟的。业务是客户，不是管控对象。

（2）流程上线

简单说，就是去 Office 化、去 E-mail 化、去电话化、去开会化、去手工化、去现场化等。

然而，尽管在说"数字孪生"，但线上模式必然不同于线下模式。同样是买东西，线下实体店到处逛、试穿、讲价、购买显然和线上的搜索、查询、对比、下单、等待收货的方式不一样。这需要结合业务和组织需求进行一定的创造性改良，比如，可能要考虑到 IT 工具的使用门槛、数据上传下载的便捷性、展示的直观性等。

（3）流程拉通

这一步至为关键。流程要关注在"流"上，像水流一样，不要有挡点，不要中断，要四通八达，支流和主干得并进。目标是要实现原始需求和终端结果的端对端打通。

我曾经研究过某德国车企，它的流程极为完善，已经形成了"流"的框架，开端驱动（trigger），链条会环环相扣带动下游，另一端会输出相对确定的结果。但是，由于数字化做得一般，多是人工工作，为了让"流"可以流下去，中间加入了大量的监控点，无数的评审、签字环节，堆叠如山且层层嵌套的文档，也让人烦不胜烦。而其他多数公司是缺乏这样的企业文化的，更是难以拉通，"梗阻"现象频发。

用工具拉通流程是一个很好的方式，能够固化流程要素、简化管理工作、减少人工操作。因此，拉通既是数字化的特点，也是数字化的要求。具体体现在如下一些方面。

- ❑ 将 OEM 与 Tier 123、本土（local）与全球（global）、不同部门拉到同一平台上协同工作。
- ❑ 不同的信息系统要打通，可跳转访问，可获取链接，可同步数据，可自动回填信息。比如，将需求管理、模型搭建、代码管理、持续集成、项目管理、测试等系统以及日常办公的 Office 软件等打通。
- ❑ 软件开发与硬件及机械件开发的协同，硬件样件准备的到位要与软件测试的需求同步。
- ❑ 终端客户、市场、设计、研发、测试、生产、售后的软件信息的实时导入和反馈等。

总的目标是，信息、操作、结果的流动要畅通无阻。

前面讲过，对于当前的汽车软件开发领域，bug 管理是数字化做得最好的部分。细想之后，你会发现 bug 有大量重复化、业务流程标准化且反映了多数人员最关注的产品问题的特点。

我们初期也可以寻找具备这类特点的流程环节来进行数字化，实现在主干上抓主要矛盾的目的，比如，在环（In Loop）测试、自动化测试、持续集成方面都有相对好的实践，也可以进一步深化数字化。

效率和管控的平衡永远是流程探讨的主要焦点。敏捷、简化的思维要放在脑子里，保留价值增值的部分，而审核管控类的部分要能少则少。数字化的固化和强制作用，在一定程度上，可以减少人为操作时需要的管控挡点。

2. 数据转型

流程转型会催生、积累数据。数据也需要被优化并利用起来，我们将其定义为数据转型。

（1）数据同源

对于数据，有一个很简单但常被忽略的点，就是前面讲到的数据同源，它可以很大程度地提升沟通效率和数据传递准确性。我们要考虑经常复用的主数据的持续维护、完善，并在不同的区域进行共享。比如，项目中经常用到的里程碑节点、版本号，会在时间计划、任务、bug 等不同的地方使用。如果这些定义固定在一个源头，其他地方直接调用、实时更新，就会很方便。

（2）数据追溯

还有一点，数据要能追溯，追溯是汽车软件行业常提的一个关键概念。尽管现在的汽车行业多数已经开始使用各类 ALM 工具链，但由于做起来耗时耗力，要么不做，要么为了应付评审草草去做，甚至后补，很少能起到预期作用。比如，大家更喜欢在 Excel 里根据心情写变更履历。不过，工具已经具备了行为痕迹留存这样的功能，也是一种追溯。总的来说，如何更便捷地追溯是重点，也是难点。

（3）数据可视化

现在汽车行业的数据还不够好，即数据和实际两张皮的问题明显，而数据完整、准确和实时都需要数字化的全方位铺开才能实现。

其中可视化可以更具冲击力的方式让业务人员感觉到数据的价值，比如，让流程以美观、直观、可视的方式流转，以减少沟通与协调，而且用户的不断参与也能让数据越来越真实。

这也是为什么新势力车企造车时先从 PPT 开始，会讲故事可能比会讲事实更有实效。这部分我们会在 8.7 节提到一些思路，可作参考。

道也好，术也罢，存于心间，落于脚下。万里长征是一步一步走出来的。对于企业、部门、个人来说，识别重要业务场景，学习数字化技术，做好流程上线，尽量实现自动化，固化价值流，柔化不确定流，积累高质量的数据，用心地进行数据分析，完成精美直观的可视化图表等，是我们已经知道，且可以做和应该做的。

尽管从历史来看，变革多是积弊日久、被逼无奈，变革多要流血牺牲，变革多为失败……不过，无论如何，当今汽车行业的数字化变革已经蔚然成风。虽还在浑水里摸索，但就个体而言，这是一个造梦的时代，也是一个造英雄的时代。

3.13 软件项目复杂性的驾驭思路

行业的变革，不单带来兴奋，也带来痛苦，汽车软件开发越来越复杂就是痛苦之一。平台化战略是绝大多数公司开发新产品的思路，也是维护品牌的基础。我们对这个几乎成为常识的概念也都非常熟悉了，就像 iPad，有 Mini 版，有 Air 版，有 8 英寸，有 10 英寸，都是基于一套平台化的技术方案进行修修改改的。随着技术的成熟，平台化会让事情变得简单。

软件开发与此类似，也有着平台化的理念，就是基于一套通用基础软件进行拉分支开发。如今，在时代变革的大背景下，我们需要对其有更多的思考。

新兴的软件大举进入古老的汽车行业，扰乱了原本的平台化步调，让实际项目里增加了很多不同要素及附带的多样组合，而且各个职能都想"创新"和"茁壮成长"，打破原有约定俗成的标准模式，从而带来更多的复杂性。

该如何驾驭和管理这种复杂性？本节就来思考一下这个问题，但提前说一下，为了尽可能集中到一个小点来讲清楚，我们不谈"艺术"，只谈"技术"。

3.13.1　如何理解软件项目复杂性

VUCA 算是一个模型，我们借过来用一下，它是指 Volatility（易变性）、Uncertainty（不确定性）、Complexity（复杂性）、Ambiguity（模糊性）。

PMBOK 第 7 版对 VUCA 的解释如下：

❏ 易变性，快速且不可预测的变化的可能性。

❏ 不确定性，缺乏对问题、事件、要遵循的路径或要追求的解决方案的理解和认识。

❏ 复杂性，由于人类行为、系统行为和模糊性而难以管理的项目集、项目或其环境的特征。

❏ 模糊性，不清晰的状态、难以识别事件的起因或者有多个选项。

由于定义想要包罗万象，所以对于特定领域而言，不是很容易理解，而且它也确实不满足我们的 MECE 原则，姑且作为参考。我们尝试换一种角度，可能不够精准全面，但或有助于理解我们自己的汽车软件业务。

1. 易变性

易变性相对容易明白些，我们可以粗略地将其对应为各种变更，包括但不限于需求、方案、时间、团队等。

2. 不确定性和模糊性

初看名字，感觉不出来明显差异，我们就放在一起看。既然正面不好理解，看看它们的反义词——确定和清晰。这样似乎容易些了，"确定"是指状态的稳定，包括自身状态和因果关系；"清晰"是对当下稳定或不稳定状态的认识。

反过来，不确定性就是整体的状态、关系、结果、目标等都是不稳定的，缺少线性的因果链接，具有偶然性，是因与果内在逻辑上的，是认知上的。比如，某一个 bug 莫名其妙地出现几次，又莫名其妙地消失了，由于有很多综合的环境因素和设计因子，所以即使开发人员分析出可能的根本原因，修复之后，也并不确定 bug 被解决了。

模糊性就是不知道，没有信息，说不明白，是认识上的。比如，一个新员工说不清楚这个项目的状态，甚至由于项目前期管理混乱，没人说得清楚。

3. 复杂性

首先，我们项目中会有多种要素，比如，不同类型的项目、不同的组织（公司、部门）、不同职能的人、不同的需求、不同的时间线、不同的硬件 BOM、不同的软件版本、不同的子系统划分等。这些项目要素之间会交互，会依赖，会有前后次序，会互为输入。要素越多、交互越多，再加上前面变更的频繁、因果的不确定、认识的模糊，会让复杂性倍增。

总结一下，复杂性就是这一堆项目里有很多项目要素，要素会频繁变更，要素也会互相依赖，而要素本身状态、变更、依赖关系都是不确定的，且我们没认识清楚，说不明白。汽车软件项目复杂性示意图如图 3-24 所示。

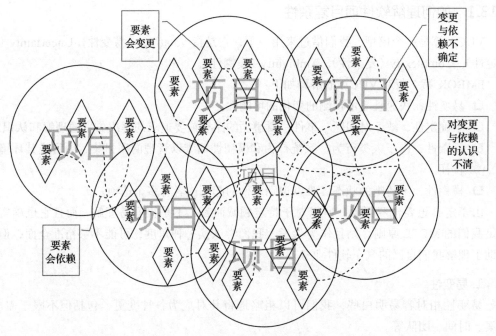

图 3-24　汽车软件项目复杂性示意图

3.13.2　平台化项目的要素及特点

平台化的一大特点是，共享项目要素，并在共享的基础上，区分差异性，而后进行差异点的创造和共享要素的调用、组装。

当然，要素是个概念，最终要落实在工作产品上。所谓驾驭，也就是管理。接下来，我们从管理的角度识别一下要关注的工作产品，接触最多的有项目计划，功能模块或子系统，硬件与软件，需求、设计、测试，文档、IT 系统、工作项（bug、任务、风险等项目中需要处理的具体事务），团队等。

1. 项目计划

项目计划是整体调度，串起了项目的走向，让所有人有迹可循。首先，平台化项目的计划显然会有前后次序，前续项目开发测试交付的各个阶段，相对而言，都会更早进行且更成熟，而且，根据所共享的产物的不同，可能会有逻辑依赖关系。

其次，99.9% 的各类项目计划都会变化，不会严格按照既定的日程安排完成。与此同时，多数 PM 不能及时更新项目计划，导致大家看到的时间信息多数不正确。如果涉及多项目、多 PM，则情况更是如此。

2. 功能模块或子系统

功能模块或子系统是针对我们电子软件系统进行的划分，是基于架构的，是技术实现的需要，是按照更细的颗粒来管理。

对于平台化项目，功能模块或子系统往往不跟着项目线的纵向去走，也就是说责任人不隶属于单独的项目，而是通过子系统来横向串联。横纵向的兼顾是平台化管理的关注点。

3. 硬件与软件

硬件与软件是我们最终的价值承载物，自然不可忽视，核心目标是把正确的软件刷到正确的硬件里，并装到正确的车上。对于这两个"实体"的管理，主要关注车型的配置、软硬件自身代际平台类别、参数或 BOM 配置类别、同一配置下不同成熟度的状态等。平台化产品里会频繁地复用这些"实体"。

4. 需求、设计、测试

需求、设计、测试是工程化的基本路径，任何产品的交付都离不开这个思路。需求变更是绝大多数变更的类型，甚至对于平台化产品而言，项目本身就是靠需求变更驱动的。平台化项目的很多原始功能需求都是共用的，变更可能是针对整个平台下的项目铺展开，也可能是针对某个项目进行的独特变更，后者会催生出一条项目分支来。设计与测试，理论上都是向上追溯到需求的，需求共用，设计和测试很多时候就是共用的。

5. 文档、IT 系统、工作项

文档、IT 系统及在其中创建的工作项都是信息的承载体。文档就是 Excel、Word 和 PPT；"IT 系统"在这里是指所谓数字化的 IT 工具系统，而非与软件概念同级的系统，所以加了引号；工作项是项目管理中需要跟踪的、独立的事项，一般会创建在 IT 系统里，会带 ID、截止日期、内嵌流程等。

这三者几乎可以将项目信息全部涵盖，因此，我们探讨的所有复杂性都会体现在这里面。

6. 团队

团队，就是组织内做事的人组成的集体。另一个广泛的代称是相关方，比如，客户、

Tier 1、Tier 2、系统、软件、开发、测试、匹配、项目管理等。

走进团队里，横向、纵向、职能上、项目里、部门里、外部、内部还都会对应各式各样的角色。项目越复杂，平台化项目集越大，涉及的人员越繁杂，可能出现的问题越多。人是最不稳定，也是最复杂的。

3.13.3　复杂性的表现及应对思路

结合前两节，我们会看到复杂性是什么？

一个平台下有很多类似的项目，每个项目的项目计划，功能模块或子系统，硬件与软件，需求、设计、测试，文档、IT 系统、工作项（bug、任务、风险……），以及团队会频繁变更，它们之间也会互相依赖，而它们本身的状态、变更、依赖关系都是不确定的，且我们没认识清楚，说不明白。

针对复杂性的关键词——变更、依赖、不确定与不清楚，我们找一些方向或思路来尝试应对，如图 3-25 所示。

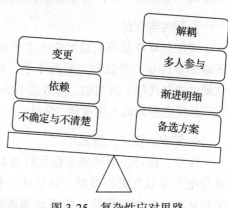

图 3-25　复杂性应对思路

1. 变更

变更不可避免，我们可以尝试增加韧性（在工程语言中，是指鲁棒性），即可以一定程度适应它的变化。

例如，软件版本号是软件的标识，需要具备唯一性，所以，我们可以将不同维度的项目信息加入版本号中，比如，客户名+项目名+整车架构名+产品平台名+硬件配置名+软件成熟度+集成时间等。这种多维度信息带来的好处是定位的准确和信息的全面，但其"韧性"非常差，即一旦任何一个维度发生变化，都会造成这个名字的不适用。

2. 依赖

依赖对应的就是解耦，既然依赖，就想办法打断依赖。比如，之前见过有人将计划发布的时间放到需求代号里，这明显不合适，因为计划时间极容易变化，难道每次计划时间变化，都要更改代号吗？这就是相对固定的需求与相对不稳定的时间计划的解耦。

3. 不确定与不清楚

不确定与不清楚，可以让更多人参与、知晓，可以通过迭代的方式小步快跑，可以渐进明细地让信息逐渐完善、思路逐渐明晰，还可以为潜在的不同结果准备备选方案，以打有准备之仗。关键词为多人参与、渐进明细与备选方案。

以上粗略地从项目管理层面总结了一些复杂性的应对思路，但复杂的新技术、新软件开发都是实践学科，需要在业务细节中不断磨炼，不断积累经验。

3.14　软件项目经理的汇报技巧

向内求知，向外求索。

在汽车行业这种需要高频度沟通协调、应对复杂性的领域里，向外表达非常重要。很多时候甚至比低头做事更重要，不单是对项目推进，也是对个人发展。

不过，面对开会、写 PPT、汇报这些表达类工作，我们总是习惯忽视，认为是"纸上谈兵"。然而，就形式而言，"纸上谈兵"却是各级管理层的日常，乃至我们今天所有的重要决定都是以"纸上谈兵"的形式制定的。当然，我们只是借用纸上谈兵这个词，以区分实实在在做的价值增值的事情，暂不必过于纠结它的准确含义。

我们以需要经常汇报的项目经理视角来看看这种纸上谈兵的方法，其他角色也类似。我们将纸上谈兵划分为 1.0 和 2.0，1.0 只能基于历史数据和理论数据完成谈兵，而 2.0 可以基于当下数据和实践数据完成谈兵及用兵。前者可以举一，后者可以反三。

我比较喜欢看《三国演义》，在马谡失街亭那一集，诸葛亮说马谡"屡献战策，累有功劳"，而刘备先前则认为其"言过其实，不可大用"。对应一下，马谡算是纸上谈兵 1.0，饱读兵书，有理论水平，也有些才气，但无随机应变之能，难堪实战用兵之职。诸葛亮则是纸上谈兵 2.0，不但能谈，而且能用。

3.14.1　纸上谈兵 1.0 之能上能下

能上能下，是指上要贴合业务、融通管理，下要深入细节、关注技术。

打个比方，你要讲明白你负责的项目的高层级信息，例如，车型的立项背景、战略意义、市场定位是怎么样的，预计有多少销量，在公司或客户端处有什么营销思路，技术亮点在哪里，与竞争对手的差异在哪里，供应链如何铺开，采购策略什么样子……这个叫"上"，所谓高屋建瓴。

但是，如果只是说完这个就没了，那你会显得大而无当。

然后，你得说清楚产品的路径是怎么规划的，准确的项目计划是什么，软件如何分支，团队怎么搭建，成本控制的情况如何，需求用什么渠道传递，验证的进展到哪一步了，bug 的解决计划是否清晰……这个叫"下"，所谓脚踏实地。

至于"说"和"写"的术与器，这就见仁见智了，有需要文字描述的，有需要表格汇总的，也有需要图片示例的，因时因地而用，暂不多言。

做到框架性的能上能下后，看起来还是不错的，思路挺清晰，信息传达得也挺到位，但如在此停步的话，还是不够，真要面对一些困难需应变之情形，还是不行。

3.14.2 纸上谈兵 2.0 之细节

2.0 要多哪些东西呢？抛开个人实践、经验、技术差异等，与 1.0 的差异就在于"细节"。

靠查资料、读报告、背数据、打腹稿，我们基本能够达到纸上谈兵 1.0 的水平，例如，纸面信息足够全面，理论框架足够完整，PPT 设计足够精美，逻辑脉络足够严谨。但是，细节都是一层一层抠出来的，细节都是一个坑一个坑填出来的，细节都是在现场一点一点做出来的。

优秀和普通的差距可能在框架和逻辑，而优秀和卓越的差距则在于一点一滴积累起来的边边角角的细节。

一个工作 3 年的项目经理基本可以完成一个不大不小的项目，和一个工作 15 年的资深项目经理相比，可能看不出明显差异，甚至前者做出来的东西更漂亮。然而，追溯到 5 年前某个已经 EOP 的项目上的代码 bug 的来龙去脉时，或许只有资深项目经理才说得清楚。当然，也有可能相反。

其实，可以看得出来，纸上谈兵谈得好并非易事，既要有高屋建瓴的视角，又要有全面系统的框架，还要有有血有肉的细节。

3.14.3 一个实用的汇报框架

纸上谈兵之后，再看一个实用的升级汇报框架。

项目经理的权力之一就是有举手汇报权。一般有 3 种情况需要举手。

❑ 获取支持：一是你遇到问题需要支持，且自己硬啃会崩了牙，或者延误项目时，就可以适时向领导举手。

❑ 领导决策：二是你有一个两难或多难的选择，需要领导决策。

❑ 信息分享：三是你有一些经验或教训想分享下，也是可以举手的。

当然，一次举手也可能三者皆有。具体如何操作呢，如图 3-26 所示。

图 3-26　项目升级框架思路

1. 快速导入背景

首先，快速给与会者一个背景。

万事万物都背景，领导们很难对你的项目特别了解，上来就谈具体细节，难免让人不知所云。

开头要有一个整体的汇总，比如，要包括项目名、汇报人、红黄绿的项目状态、带有关键高层级里程碑的时间线、Top 3/5 的信息以及你今天的目的……这个背景会让领导快速了解项目的整体状态。

2. 清楚描述问题与信息

其次，描述清楚你要说的问题或信息。

这就要因事而论了，但原则是精炼、直奔主题、领导敏感，比如，马上到交样或造车的节点了，但有一个很大的软件功能 bug 无法修复，会造成产线停线。

3. 展示多方案

然后，给出团队的多个方案。同时，还要明确给出各个方案的优劣势，比如，时间是不是延期、成本是不是超标、质量是不是有风险、下游客户是不是满意……

4. 给出团队判断

最后，给出团队的结论。汇报时要给出团队自己的判断，然后解释为什么，这样更有利于获得领导的支持，让项目按照你想要的方向推行下去。

整体写这么多，需要说明的是，尽管我们写的是方法，但就像我们不可能通过看书学会游泳一样，向外表达需要去真正地做，去写去讲，不只是看和想。文章是写出来的，演讲是讲出来的，而且写和讲也完全不一样，各自有一套自己融会贯通后形成的浑然天成的模式，实际的表达输出其实很大一部分是来源于练就的本能。

纸上得来终觉浅，绝知此事要躬行，而躬行之后仍然要落于纸上、落于口上，写给项目经理，也写给其他人。

3.15　本章小结

本章重点讲了汽车软件开发项目的脉络和管理的关键点，也提供了部分实践经验。

前半部分，先从全生命周期和交付的角度串联了整体软件开发的主干，并在这主干上摘取裁剪、质量门、bug 管理、变更管理、文档及配置管理、风险管理、估算这些重要的例行项目活动，进行了不同角度和相互贯通的阐述，力求架起有逻辑的框架，提炼来源于实践的思考。

后半部分从数据驱动、数字化转型、复杂性管理 3 个视角，分析了汽车在面临软件大举进入时需要考虑的主题，最后从项目经理的角度探讨了项目管理与推进的重要抓手——向上表达。

Chapter 4 第 4 章

软件开发与产品系统集成流程

在汽车行业里，各个公司总有一大群勤勤恳恳做事情的工程师，他们在画图、写需求、编代码、搭台架、试车、调产线……他们严谨，细心，低调，在整个行业大的变革浪潮里，踽踽独行在不显眼的一隅，默默无闻地做着不那么耀眼的工作。

然而，当跳过宏大叙事，走进巨幅背景里，我们会发现，原来行业基座就是靠工程师们一点一滴、一丝一毫地进行工程化打磨而垒起来的。是他们，创造了客户真正愿意付钱的那部分"价值"，也就是我们所有文化、理念、战略、体系、框架、方法、思路、管理等务虚内容的现实体现，这就是本章要讲的价值载体——产品。

当然，或许随着新业态、新模式的诞生，服务也可能会是汽车行业的新的价值点，但汽车作为一个实体存在，它的产品属性更加稳固。因此，产品会作为我们讨论的重点。

还有，本书的定位不是一本硬核的产品技术书，产品技术要聚焦，要纵深，要细节，但本章会从普适性技术逻辑上展开，着重于车载 ECU 类产品的软件开发与系统集成流程及技术管理，也是对 3.1.2 节里"产品开发"的扩展，目的仍然是服务于本书主题。

4.1　从一个旋钮看智能汽车

要写本章，首先就必须搞清楚一个基本问题：汽车是什么？但是，这又近乎是一个哲学问题。因为它承载的东西太多了，我们不可能把几万个零件拆解并组装后解释明白，也不可能把行数以亿计的代码编译成 01 字符串后说得清楚。即便只是讲个大概，要想讲得通畅也不容易，需要一番编排。

当我们创造、设计、解释一个专业事物时，需要自顶向下、从总到分地层层细分。但为了快速地串联相关概念，本节选择相反的方向——自底向上、从细碎到整体、从具体到抽象。接下来，我们就按照这个思路尝试一下。

4.1.1　莫名其妙的客户需求

我比较喜欢开车，但长距离的开车又难免让人失去耐心，我总想在开车时做点什么，点一点车机，切换一些音频，改一改导航什么的。有一天，我又在这样做的时候，前车急刹，吓得我浑身一激灵。

于是，我陷入了沉思……

车厂能不能在我手握方向盘的地方加一个旋钮，让我可以通过手指自由控制，这样就不用分心了？作为一名用户，这是一个终端用户的需求；而作为一名工程师，我要考虑这个需求能不能实现，怎么实现，如何细化，以及实现需要考虑哪些因素。

4.1.2　机械结构的设计

滚轮，首先是一个机械件，而且汽车原本的样子就是机械。我们先从机械说起，如图 4-1 所示。

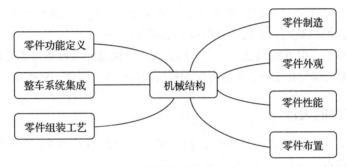

图 4-1　机械结构设计部分考虑点

1. 零件制造

首先要想办法把这个旋钮做出来。一般内饰件都是用工程塑料，或许用 ABS（Acrylonitrile-Butadiene-Styrene Copolymer，丙烯腈 – 丁二烯 – 苯乙烯共聚物)，也或许用 PA（Polyamide，尼龙)。既然是塑料，可以选择用注塑的方式做出来，但注塑就要考虑零件从模具中出来时的拔模角，这同时会影响到主机厂造型设计师的发挥空间。

2. 零件外观与性能

在这个零件做出来后，我们还要考虑它的美观性，不能只是白色或黑色的塑料原色，要喷个漆或者做个电镀。除了美观，司机经常会用手去拨动、按压，旋钮是不是耐磨、耐手汗、耐化妆品等都要经过严苛的测试。

3. 零件布置与组装工艺

好不容易做好了这个零件，然后，需要把它装到方向盘上。这时需要考虑到旋钮的大小、与握把的距离，因为这会影响到好不好操作、会不会误触。此外，方向盘里面是镁铝合金之类的金属骨架，安装这个按钮会不会影响骨架的尺寸进而影响强度？又或者会不会影响到驾驶员的转动手感与稳定性？对了，方向盘上有发泡、真皮等，发泡的模具会不会受到影响？牛皮的切片、排布、缝制会不会因为这个地方而有很大变化？或许还会影响到生产的节拍，到时候，每天的产量都会下降……

4. 整车系统集成

似乎一切都考虑妥当了，结果整车碰撞试验时，旋钮刮破了安全气囊的气袋，这是对工程师的一记重击，还得回过头来重新设计。

5. 零件功能定义

先沿着旋钮往下看。旋钮安装好之后，还要考虑这个旋钮到底需要什么样的动作，是前后滚动，左右拨动还是上下按压。基于动作的需要，可能下面需要连接滚轮开关、按压微动开关或导电橡胶。可是，开关的设计又是一门学问，需要考虑按压手感是不是太生硬或太柔软，按压声音怎么样，接触电阻该设置多少欧。另外，如果进了灰尘或水，如何预防短路或断路？长期的腐蚀、氧化、磨损可能也得考虑……

确实，麻雀虽小，但五脏俱全。一个手指头大小的微动开关可能需要耗费几百上千人几十年的打磨，才能耐得住几十万、几百万次的疲劳耐久分析，最终装到整车，投放到市场上。

4.1.3 电子硬件的设计

既然是电子开关，肯定离不开电子，而电子必然脱离不了硬件。图 4-2 所示为电子硬件设计的部分考虑点。

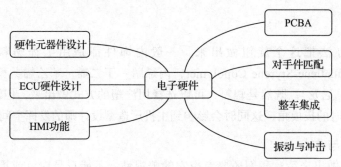

图 4-2 电子硬件设计部分考虑点

1. PCBA（Printed Circuit Board Assembly，印制电路板）

说到电子开关，下面总得连线吧，得有印制电路板吧。要几根线，多粗，怎么布线，怎么走线，是直接焊接还是接插件，这也是要费一番功夫的。

2. 对手件匹配与整车集成

好不容易走出了方向盘，但这些线束是需要一些载体的，这些载体就是方向盘下面套在转向管柱上的组合开关。组合开关承载着车灯、雨刮器、换挡拨片、ADAS 设置、娱乐按键控制等操作功能。

而这里涉及的管柱的高度、方向盘的尺寸、驾驶员坐在座椅上的操作距离等又依赖于整车总布置的各种"硬点"分布与造型设计，包括放置旋钮的总成及承载电子操控的组合开关在内的零件都要放在这个有限的空间里。

3. 振动与冲击

另外，能否经受得住从车轮、转向节、转向拉杆、转向管柱传递上来的振动、冲击，也是一个巨大的考验。

4. HMI（Human Machine Interface，人机交互）功能

走到这里，我又回过头来细想了想，我到底要用这个旋钮干什么呢？我想通过它调整导航界面显示的大小，还想切换音乐。

5. ECU 硬件设计

但是，这似乎都是一些常规功能。既然让我提需求，让我设计，索性激进一点，我还想给这个按钮加个加速功能。这个功能可不简单，光简单电路和硬件可不够用，我们先得考虑设计个 ECU 来处理这个功能，ECU 需要有 MCU、存储器、供电电路、I/O（Input/Output，输入/输出）接口等。

6. 硬件元器件设计

ECU 硬件设计过程显然会比上面的旋钮更为复杂，需要考虑更多的问题，比如：元器件在高温下的功耗小于额定功率吗？脉冲耐久性是否通过测试？高湿度环境下的鲁棒性如何保证？电阻的公差计算是否考虑了温度、老化？而且光自己设计好还不行，ECU 身处整车电气系统及周围电磁环境中，得满足一定的 EMC 标准。

4.1.4　软件、架构与安全的设计

有了硬件，就需要软件来赋予它更多的逻辑生命，如图 4-3 所示。

1. 基础软件与操作系统

首先，要有基础软件（或操作系统）处理与硬件打交道的基础工作，比如启动、计时、中断、引导、滤波、脉冲宽度调制、存储等。对于断路、过压等故障，还要有诊断及对应的故障监控功能等。

2. 应用层软件

再往上要有应用层软件，车机里的 App 自然属于这一类，还有各种涉及功能逻辑的软件组件。比如，基础软件将旋钮的按键状态（长短按或滚动）与键值（时间）处理封装后派

发给上层应用软件，应用软件根据预设逻辑调节音量或导航显示。

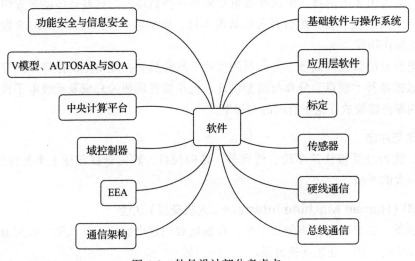

图 4-3　软件设计部分考虑点

3. 标定

可以通过改变不同功能的对应键值来定义不同车型的触发逻辑，这种改变代码某个参数而不改变代码跳转逻辑或行数的方式称为标定。

4. 传感器与硬线通信

对了，加速功能得考虑到车辆的实际速度，这就需要一个车速的信号。是不是要增加一个车速传感器来获取车速呢？可是这样，又增加了传感器的设计、布置、线束连接、信号处理方面的工作。

5. 总线通信

新增传感器及用线束连接的方式还是有点复杂。或许车上其他模块会有这项信息，有时可以借用，比如，ESP 上就有车速。但是，怎么拿到呢？再连一根线吗？那样也很复杂，而且 ESP 也不一定有足够的接口。于是，引出了数字信号，也就是通过总线来通信连接。这样不但可以减少软件重复设计，也可以减少线束的数量。

6. 通信架构

实际上，想到总线通信的模块不在少数。几十上百个车载 ECU 模块都在互相收发信号以实现各种功能，但信息多了就容易乱，最好能够统筹协调。自然而然地，主机厂就成为这个角色，而信号矩阵就是这样一种协调各模块信号的文件，也构成通信架构的一部分。

7. EEA

在通信架构的基础上再往大一点扩展，把汽车的车身、底盘、动力系统以及相应的电子、电气、智能设备连接起来，就会形成一个更宏大视角下的整车电子电气架构（EEA）。

8. 域控制器与中央计算平台

既然线束可以省，那么控制器能不能省？按键能不能省？前一个疑问在催生域控制器和中央计算平台的过程中推了一把，后一个疑问则在智能座舱中的各种触控、声控、手势控等人机交互的发展中贡献了力量。

9. V 模型、AUTOSAR 与 SOA

尽管我们在极简地叙述，但是或许仍能窥见一点汽车电子软件的复杂性，如果有一套标准的开发框架来指导我们就好了。

其实是有的，崇尚分层测试的 V 模型就是汽车开发的基础框架。从整车到零件，从机械到软件，基本都被框定在这个 V 模型中。而且从技术角度，我们也总结出了更专业的标准或方法论来简化这种复杂性，比如，致力于分层、解耦、标准化接口的 AUTOSAR，以及近几年汽车行业盛行的、追求向上封装到"服务"的 SOA。

10. 功能安全与信息安全

另外，我想到，我是想通过这个旋钮来增加安全性，那万一车速信号发错了，岂不是会导致车速控制出现问题，带来更大的危险？这就要针对车速信号背后的逻辑好好做一番功能安全分析。而如果有黑客攻击我的车，想篡改这个信号，就会带来另一种危险，这种风险的控制隶属于信息安全范畴。

至此，我们从天马行空的"一个旋钮"的需求大体串联了汽车中生产、机械、硬件、软件、算法、标定、架构、功能与信息安全、系统集成及复杂严苛的汽车使用环境的方方面面。我们以此作为引子，用一个拗口的长句尝试总结回答一下本节开头提的问题。

汽车是在一个具有多物理部件系统的、提供复杂逻辑功能的、深陷技术深度依赖的、身处严苛使用环境的、不能突破安全底线的、需要开放拥抱产业链合作的大背景下，进行的成本与质量、工程与艺术的平衡及融合下形成的有机体。

4.2　汽车软件开发基础模型——V 模型

4.1 节快速串了一下汽车电子软件产品的开发脉络，其中提到 V 模型在这个脉络中的骨干作用。本节会针对 V 模型进行扩充。

开发模型其实有很多，比如增量式、原型式、螺旋式、喷泉式、W 模型等。限于篇幅且必要性不大，我们不讲那么多。其实，能够反映最基本工程逻辑的模型就是瀑布，其他模型大多是以瀑布为基础衍生出来的，或多或少都能从中看到瀑布的影子。

4.2.1　瀑布模型是一种认知逻辑

瀑布模型是大家听得最多的，也是具备最朴素的认知逻辑的一种模型。

瀑布模型，顾名思义，就是像瀑布的水流一样逐层推进。简单来说，瀑布模型就是在

需求、设计、测试三大基础板块上的扩展，如图 4-4 所示，各项工程活动就像多米诺骨牌
一样按次序排布并逐层驱动，直至最后一块
骨牌倒下。这种方式简单，且非常易于理解，
所以也便于管理。瀑布模型对于标准化、规
范化要求比较高的领域，更是极具友好性。
汽车制造就是非常典型的瀑布。

一个简单的、单一的软件模块的开发，
如果需求描述清晰、设计方式确定、测试用
例明确，最佳的开发模型就是一波流的瀑布
模型。

当然，不是像一串珠子一样的单向、单
通道、串行模式才是瀑布。即使是一个最简
单的机械件开发，也会有并行、来回反复修
正的过程。

我们可以总结出瀑布模型在广义上具有
以下两个特点：

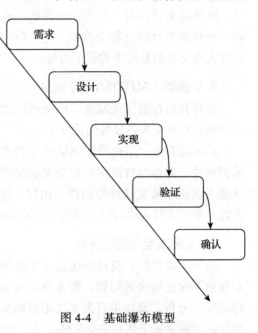

图 4-4　基础瀑布模型

❑ 在时间线上线性串行。

❑ 后序输入需要依赖前序输出。

综上，我们会发现，瀑布模型不单是一种开发模型，也是一种无法跳脱的思考方式。

4.2.2　V 模型的本质

然而，世间规律并非总是完美如 1, 2, 3, 4, 5 这样的次序。当我们面临具备一定复杂性
的系统和合作环境时，最基础的瀑布模型就不便于我们参考了。

身处冗长供应链和拥有复杂机电软硬一体系统的汽车就面临这样的问题，因此基于瀑
布模型演变出来的 V 模型就逐渐成为汽车行业应用最广的模型。我们在后面章节中也会看
到，行业内各种体系标准都是基于 V 模型搭建的。基础 V 模型的架构如图 4-5 所示。

1. 层层嵌套的汽车 V 模型

V 模型被习惯认为是一种软件开发模型，但对于汽车软件，显然无法独立于汽车谈软
件。不妨按照系统工程的方式理解一下，当俯瞰整个汽车的设计开发架构时，我们会发现
这就是一个个大 V 模型嵌套小 V 模型的架构。

首先，多个整车 V 模型会作为背景板来支撑汽车整体开发架构，进而支持整车属性定
义、造型设计、架构设计、需求拆分、子系统实现、样件交付、整车集成、整车验证等整
车里程碑目标的达成。接下来，一个个 ECU 系统的开发再通过多个小的 ECU V 模型来不
断推进，如图 4-6 所示。

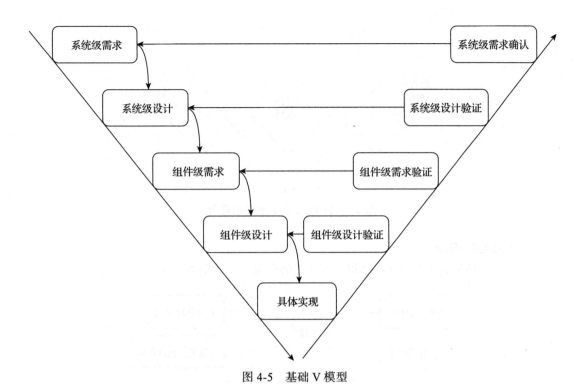

图 4-5　基础 V 模型

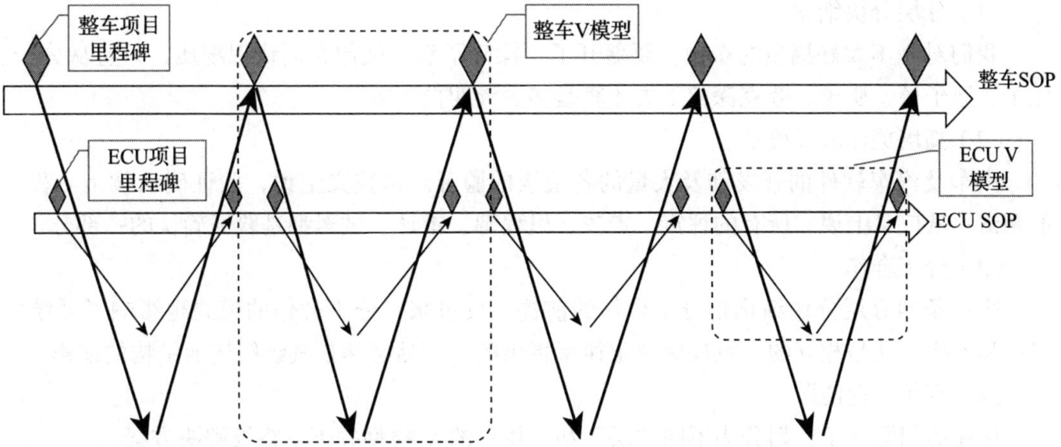

图 4-6　汽车整车与 ECU 迭代 V 模型关系示意图

　　进一步地，每一个 ECU 系统还能划分为机械、软件、算法、标定、硬件、子系统集成等学科领域，而它们也是通过更下一级的小小 V 模型来运转的，如图 4-7 所示。

　　伴随着 V 模型的不断迭代，零部件、子总成、功能域系统、整车逐渐成熟，直至整车投入量产。

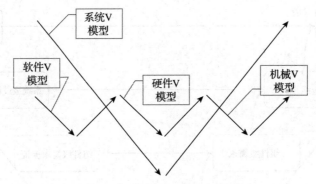

图 4-7　ECU 系统 V 模型示意图

2. V 模型的内核

那么，V 模型的内核到底在哪里？有 4 点值得关注，如图 4-8 所示。

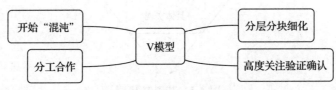

图 4-8　V 模型的 4 个特点

（1）分层分块细化

我们对于不太好搞懂的东西，要掰开了、揉碎了看。就像我们认识物质，一直从分子、原子、原子核、质子、夸克深挖下去才算是多少弄明白了点。

（2）高度关注验证确认

汽车及汽车软件的开发涉及大量的各层级的验证。从狭义上说，验证确认就是工程上的测试；从广义上说，所有的评审、走查、里程碑、审计、试驾都是验证确认的一部分。

（3）分工合作

第一条的分层分块细化是分工合作的前提，反过来，分工合作的模式也影响了系统的层次和架构，这是相互的。就像康威定律所指出的，产品必然是其组织沟通结构的缩影。

（4）开始"混沌"

现在的问题在于，划分为不同"层"和"块"的 V 模型并不是终极解决方案。

汽车行业开发生态与 V 模型相互成就，V 模型逐渐成为汽车行业的骨架。但随着软件的进入，域化、集中化的演变，系统到组件的层级关系越来越弱化，组件之间的学科界限越来越模糊。现实工作中，我们经常会矛盾于这是系统需求还是软件需求，纠结于这是软件测试、硬件测试还是集成测试。分层分块概念的"混沌"正在变得明显。

但是，无论如何，我们都走不出工程的本源——瀑布，也离不开 V 模型的内核思路，它依然是我们认识、理解汽车软件的基础。所以，本章后续的几节会切换到大瀑布逻辑的视角，来融合看待工程推进的各个板块，即需求、架构、集成、测试。而每一个板块还会继续按照 V 模型的内在逻辑，从整车到模块逐层铺陈。

4.3　汽车软件需求开发与管理

"问渠那得清如许？为有源头活水来。"需求一定是开发的源头，甚至是企业生存的源头，有需求，才有消费，有消费，才有盈利。需求的重要性不可不察。

4.3.1　一些有关需求的感触

作为开发的出发点和落脚点，需求引出了很多的思考，也牵绊了太多的感触。

1. 不太容易搞明白的需求

简单来说，需求就是你到底要什么，但想回答这个问题并不简单。

我在做系统工程师的那些年，经常被项目经理、软件工程师、算法工程师、硬件工程师、测试工程师、生产……还有领导问到这类问题："你到底想要什么？客户到底想要什么？"

多人发懵并不是偶见的场景，下游客户不知道自己想要什么，系统工程师、需求工程师或产品经理等类似角色也常常一样，不清楚想要什么，客户要，所以他们也要。可见，需求并不是很容易搞清楚的内容。这背后的原因很复杂，可能会来自以下几个方面：

- ❑ 描述语言模糊导致理解错误。
- ❑ 需求对于实现不完整。
- ❑ 需求本身就不可行或不可验。
- ❑ 同一需求在不同文档中描述不一致。
- ❑ 提需求的人本身没想清楚。
- ❑ 接需求的人没有或没能力听明白。
- ❑ 以为听明白了但传递时发现并没有。

举个简单的例子，客户想加一个故障码，这确实是一个需求，但如果只是这样传递显然就会出现上述情况。例如，系统工程师会问加关于什么故障事件的报码、故障码 ID 是什么、故障触发是否要激活警示灯、故障是否可清除；软件工程师会问达到什么样的限值触发、故障监测周期是多长时间、触发后如何在内存中记录。无论哪个环节没有弄明白或弄错了，需求的收集、分析、传递、理解就会出现问题。

当然，这里并非要求下游客户把需求的所有细节都讲明白，否则客户自己做就好了，要供应商做的意义就减弱了。这似乎是个悖论：怎么需求方反倒需要实现方来讲明白需求？但是，这确实是一直以来很多 OEM 与 Tier 1 的合作模式，OEM 很多时候只给出一个模糊的感觉，Tier 1 依靠自己的经验储备来告诉 OEM 它需要什么，并给出推荐方案。不过，时代在变化，OEM 也在逐渐深入底层。

2. 需求值得反复澄清

我还有一个感触是从管理角度谈的，需求非常值得反复沟通、反复确认、反复澄清。当你觉得对方的文档是模棱两可的或者说的话是有些支支吾吾的，就一定要搞清楚，要非常具体地反问，还要用自己的话来描述自己的理解，并写下来，确保万无一失。

在以往的经验中，我能够清清楚楚地感受到，墨菲定律在需求分析中体现得淋漓尽致，觉得可能错，大概率会错。有个统计数据是，需求问题会导致大约 40% 的软件 bug。可见，这种错误是具有普遍性的。

我有一个有趣的经历。之前在对一个改款项目进行报价评估时，销售人员说的是，这个项目与上一个项目基本一样，工程团队不必花太多时间分析，快速参考一下给出成本即可，他们的报价时间非常紧张。

听起来，这个需求很直白，很明确，而且销售人员提供了客户类似描述的邮件，再加上这个阶段也没有太多的细节可以参考，按理说，可以写清楚报价背景后直接报价了。

不过，出于工程师对虚词的敏感，"基本"这两个字虽然隐藏在一大堆其他信息里，却依然被我捕捉到了。我顺着这个"基本"追根究底下去，发现这里改了某个标定参数，按照以往的经验，这个参数确实够"基本"，但恰好有一个严重 bug 和这个标定值相关，这就涉及一系列的 bug 修复、回归验证、版本升级等工作，相关的成本与周期自然与上一个项目不是"基本"一样了。

3. 需求在性质上的维度

往大了说，需求无所不包，各干系人或者相关方期望的一切东西都能称为需求，有关注产品的，有关注营销的，有关注钱的，有关注时间的，有关注过程的，有关注交付的，有关注生产的……

为了能说明白，我们还是往小了说，从工程的视角看，我们的需求可以粗略分为非技术类和技术类，如图 4-9 所示。

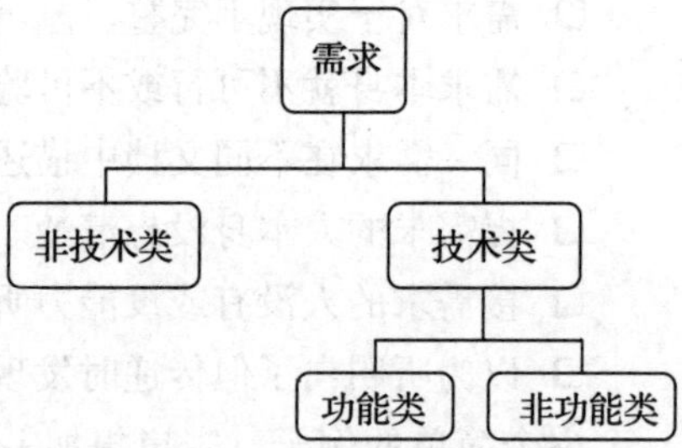

图 4-9 需求的简单分类

（1）非技术类

营销、钱、时间、过程、交付、生产就是典型的非技术类需求，这部分我们不做展开。这里提另一个非常关键的非技术类需求——体验感。我们都知道，用户购车的诉求已经发生了很大的变化，汽车基本素质已经被普遍实现，市场上多如牛毛的汽车让人挑得眼睛都花了，于是，最能吸引早就没有耐心的用户的，就是那种直给的"爽"点，这可能来自品牌信仰，可能源于情怀，也可能就是说不出来的感觉很好。姑且将这类显得有些细碎、玄虚的东西称为体验感。

为了更容易理解，我举一个自己印象比较深刻的例子。

去年夏天非常闷热，于是，我在网上买了一台某互联网性质公司的落地扇。待送货上门后，我拆开有些破损的快递公司外包装盒，突然眼前一亮，首先看到的是包装紧致、塑封完好的外箱，与快递外盒形成明显反差。以前习惯于暴力扯开，一脚踩扁后，扔到车库让老人卖旧纸箱子，现在倒有点舍不得破坏了。

这个落地扇是可拆卸式的，需要把各大零件组装起来。虽然作为理工男我还算喜欢组装，但还是得找说明指导。除了文字说明，说明书的封面还有一个可查看组装视频的二维码。

组装视频分多个，每个视频都是一个环节或者组装步骤的说明，画面上有重复播放和下一个的按钮，不需要反复地暂停或拖动进度条来回看。首先是解说和动效同步的零件清点，说到具体对象，会指引位置并放大显示，几大部分很容易看出来。随后是各个组装步骤，零件上清晰的方向标识与物理防错让我非常便捷地组装起来，很多环节甚至不需要看视频，凭直觉就可以。各种螺钉和小扳手都附带好了，显然是经过琢磨的，扳手形状与尺寸能很好地与对应操作空间适配……

落地扇很快就装好了，我取出电源包装盒，意料之中，封口胶带前端留了一点免粘的部分，不用费力地拿指甲抠。插上风扇，慵懒地躺在沙发上，不知道是不是风够凉，但那个炎热的午后，我的心情是有点清爽的。

几百元的小家电，并不具备多么艰深的技术壁垒，但却把用户体验做到了极致。我想，这也是我能在落地扇这里感受到的最大尊重了。

这种常常被汽车工程师忽略的细碎体验感，包含的不仅仅是常规意义的工程及工业设计，还有很多美学、心理学、社会学等各方面的维度。尤其在座舱、智驾这些领域，体验感以及由此而来的用户时间与注意力占用是非常关键的评价要素，值得我们关注，也值得我们扩充对需求内涵的理解。

（2）技术类

无论如何，很大一部分的非技术类需求只有落地在技术类需求之上，才能在产品上得到体现。技术类需求又分为两大类：功能类和非功能类。

1）功能类。功能类是基本的、直观的、上层的，定义了产品能做什么，比如前面讲的那个旋钮能控制车速。

2）非功能类。非功能类是相对抽象的、底层的，比如，那个旋钮的直径不能超过15mm，耐久性要达到 30 万次，速度信号错误的功能安全等级要达到 ASIL D，发送信号的周期是 10ms，能够诊断针脚短路报故障码，硬件限制而让传感器的加速度信号范围不能超过 ±100g 等。

实际上，需求无法区分得那么清楚。基本上越接近终端用户直接价值感知的需求越属于功能类需求，即用户场景或用户故事，越接近开发底层的需求越属于非功能类需求。功能类需求的满足是让客户一次满意的关键，非功能类需求的满足则是要让客户持续满意。

4.3.2 需求收集与整理

我们是站在一个类似于 ECU 这种软硬一体产品的视角上的，整车架构的子系统是我们要开发和交付的范围。所以，在开始之前，我们需要收集这个范围之外一切或粗或细的相关方需求，然后去伪存真，抽取出我们所需要的。

1. 外部需求收集

外部需求一般可能来自法律法规、行业标准、市场趋势、整车需求、上一级系统需求、内部需求及项目需求，如图 4-10 所示，我们一个个地来看。

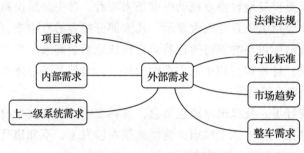

图 4-10　外部需求来源

（1）法律法规

这很容易理解，我们不能违法，法律法规就是强制性标准。不过，行业并非刚刚起步，像排放、安全等大量相关的成熟法律法规已经沉淀到了产品设计规范里，不用针对每一个车型都去做这么一件事。

在这里需要特别关注两个方面：

❑ 最近几年电动车、数据安全、网络安全、自动驾驶、OTA、EDR（Event Data Recorder，事件数据记录系统，即汽车"黑匣子"）等新事物的兴起必然会带动一些国家法规的出台，需要实时关注。

❑ 无论是整车还是零部件经常会出口海外，除了欧盟、北美有些比较知名的准入要求，其他地方也需要给予关注。

（2）行业标准

这里是指推荐性标准，就是你做也行，不做也没关系，至少没有谁会直接惩罚你。但是，隔行如隔山，很多时候隔的就是对行业标准的认识。接着前面一句话的描述，尽管不做没人惩罚你，但你可能会失去市场或者无法与别人兼容。

比如，大家都去做的 NCAP 评级就不是强制的，但市场认，你基本也会去做。再比如，UDS（Unified Diagnostic Service，统一诊断服务，即标准 ISO 14229）协议也不是法规，但大家都这么做，你没必要也基本没能力重新开发一套。

（3）市场趋势

把握市场方向十分重要，特别是在这几年的混战期，将市场趋势融合成需求显得尤为重要。但是，优秀的汽车产品经理太少了。

相对容易落地的方案是，收集对标企业的需求或者拆解对标企业的车型或产品，以明确自己的方向。其中，在开发平台化产品线时，考虑好这部分尤为重要，否则，后续一系列衍生项目都将面临失败。

（4）整车需求

无论是零部件厂商，还是主机厂内部自研部门，都要面对整车需求。

整车 3D 布置、风阻、盐雾、耐久、操纵稳定性、动力性、NVH、碰撞等要求离软件远了点，一般无法直接对应，我们直接跳过，能够影响到软件开发整车需求的可能会有 EEA、通信矩阵、诊断规范、刷写规范、ICD（Interface Control Document，接口控制文档）协议、功能安全需求、网络安全需求等各种通用性的标准，也就是所有电子软件模块需要共同遵循的标准。

（5）上一级系统需求

系统是一个可不断拆分的概念，一个 ECU 是一个系统，往上一层 ECU 协同传感器、执行器也会组成一个系统，比如车灯控制 ECU 和整个车灯系统的概念，或者安全气囊 ECU 和被动安全系统的概念。

控制器及其中的软件要满足其上一级系统的需求。这部分需求会更具体，也更贴近产品。比如，对于车灯系统而言，根据弯道路况和特定车速来自动调整车灯的照明方向，可能就是它对车灯 ECU 提出的一条需求。

（6）内部需求

这里的内部不是指 ECU 内部，而是指组织内部。一些较大的车企，出于成本、合规、历史经验、安全余量、鲁棒性等的考虑，会有一些内部的设计准则来限定产品的设计，比如，ECU 的工作电压一般在 6.5~16V，但内部设计准则可能是保证在 3~20V 都能正常工作。

此外，有时候会有一些特殊的测试需求或者生产需求，它们也会影响到产品开发。

（7）项目需求

其实，项目需求和前 6 个需求属于不同的逻辑层次，这里是针对特定项目的特定需求而言的，基本是被包含在前 6 个需求的范围之内的。我们日常的项目更多是基于某个前序项目的变更，是直接处理这一概念的需求，而不会全面地梳理完整的需求。这也是在这里把它单独拿出来的原因。

总之，收集好以上内容，大体就获取到了汽车软件产品所要面临的外部需求。

2. 外部需求整理

那么，这时的需求是什么样子呢？一般是一份份 Excel、Word、PPT、PDF 之类的文档，也有可能是不太规范的邮件。这就让我们至少面临两个问题：

❑ 大量和自身不相干的需求。比如，一份上百页的 ECU 规范文档里涉及自己产品的内容不足 10 页。

❑ 这些需求比较凌乱。在实际工作中，这些需求可能是在时间仓促的报价定点期间临时获取的，又或者是随着开发的要求不断要到的。这种情况下，版本老旧、内容错误、标准遗漏都是可能发生的。

所以，这时最好做一件事情，就是对这些文档进行梳理，梳理点可能会涉及如下方面。

❑ 文档是否完整？

❑ 哪个是最新的版本？

❑ 是否有重复的文档？

❑ 是否有一些容易引起误解的地方待澄清？

❑ 有没有与本项目不相关的信息？

❑ 能否整理出规范文档？

❑ 某些文档是不是在项目早期已经被明确拒绝了？

初步确认出可用的部分，而后形成一个汇总表，包含名称、版本、来源人、释放日期及存档位置等。这份汇总后的原始需求列表其实可以作为一个配置项来进行管理，也可以为下一阶段工作提供一个清爽、完整的输入。

4.3.3 需求分析与分解

在拿到这一揽子外部需求后，即便能够制作一个清晰的需求列表，颗粒度依然不足以直接用于开发。我们需要进一步分析，并在产品级系统的范围内分解，如图 4-11 所示。

图 4-11 需求分析与分解的思路

1. 基于特性分解、定义产品级系统需求

特性（feature）是业内习惯使用的一个词。通常，我们会用它作为牵引来分解、定义产品级系统需求，但其含义多少有些含糊，有必要先来辨析一下。

（1）特性与功能

特性是一个相对小但具备一定完整性的模块，可能只涉及软件，也可能同时涉及软件与硬件，一般可以被划归给一个责任人，即特性负责人（feature owner），由其负责需求管控和验证确认。

注意，这里的"特性"要和前面的功能类需求描述的"功能"（function）区分开，前面侧重的是描述性的功能逻辑和用户价值，这里侧重的是系统这个"黑箱"的逻辑组成，是分块实现功能类及非功能类需求的工具。

其实，对照英文 feature 和 function 之间的差异，我们会更容易理解它们的区别，如图 4-12 所示。

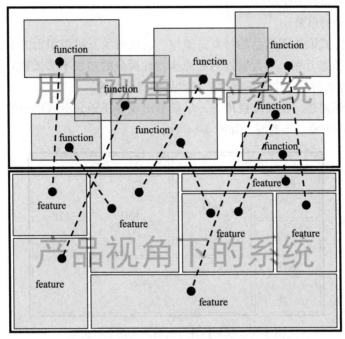

图 4-12　特性（feature）与功能（function）的关系

（2）特性的类别

我们所说的产品级系统需求，就是将外部需求转化为以各个特性实现为目标的所有的需求文档组合。特性可以理解为一个找到系统需求的工具，如图 4-13 所示。

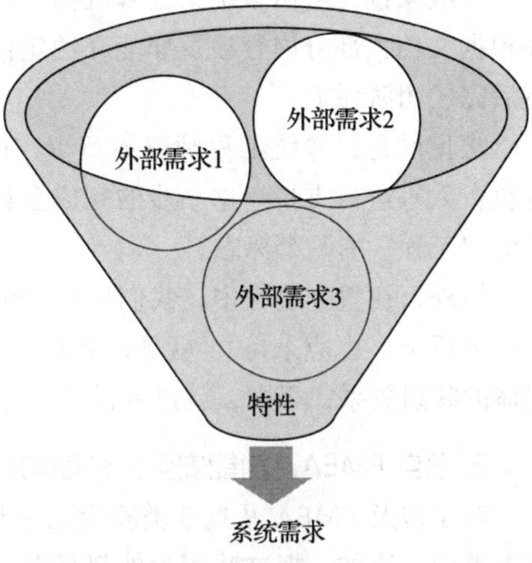

这里的系统需求已经进入工程层面了，类别上可以按底层、应用层和其他来区分。

1）底层，包括 COM（通信）、故障处理、电源供应、刷新、休眠启动等，相对底层，更接近硬件，变量不大。

2）应用层，或者那些导航、胎压监测、发动机进气控制、车灯调节、充电控制之类应用层的部分，个性化与项目属性较强，有很多变体，多数项目是衍生于应用层功能的变化、组合。

3）其他，可以将一些存储、加密、负载、

图 4-13　将外部需求通过特性转化为系统需求

耐久、响应时间的非功能需求作为特性拆分。此外，其他一些不容易区分的工程需求也姑且归为此类。比如，车机现在是汽车软件的热点，UI/UE这类传统汽车上不常见的需求也需要纳入管理，可以归为此类。

（3）特性拆分的思路

特性的拆分方式取决于产品的特点、架构、适用对象及组织职责的划分等多方面。实际项目中的方式千差万别，毕竟软件的混沌让特性拆分的初衷不那么容易实现。不像机械产品，按照 BOM 去拆分一个个零部件，基本是清清爽爽的。

总之，大的原则是，在系统视角下，尽量不出现责任划分不清楚的地带，且每一部分都有人负责，即不重叠、不遗漏，如图 4-14 所示。

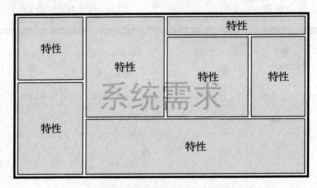

图 4-14　基于特性分解的系统需求示意图

（4）特性拆分的责任人

实际上，我们这里忽略了一个重大的现实问题，就是 4.3.2 节收集的那些散乱的需求显然不是按照特性清单（feature list）一个个排布的，谁去做这个分解呢？

一般来说，可由系统工程师或担当类似职能的项目经理等技术统筹角色进行初步拆分，并根据文档大部分内容涉及职能和约定俗成的惯例，划分到各个相对更专业的职能角色上，然后完成团队评审。

常见的是，系统工程师整体负责，由软件工程师、硬件工程师、测试工程师或特定特性负责人等进行支持。这一步的完成会让我们得到产品级的系统需求，这也算是从"管理"走向"工程"的一个标志。

另外，在整个过程中，我们要有一个至关重要的理念——系统"黑箱"（在其他层次的需求分析上，也应秉持），就是说我们不要去探究系统内部的结构，不要去思考特性与软硬实体的映射关系，否则，就进入设计的范畴了。

2. 源自 FMEA、功能安全、预期功能安全及信息安全的需求的分解

对于涉及 FMEA 及这 3 类安全的模块，需要从另外的路径分析、分解，并导入产品开发需求中。比如，把这些作为外部需求，先按照上一步的思路将其转化为产品级系统需求，再进入开发系统。不过，由于这一部分有一整块的知识体系，我们这里只留一个接口，详细内容会在 7.4～7.6 节展开。

3. 从系统需求进一步分解为软件（组件）需求

一个系统级的需求还需要被分解，我们分别从"为什么"和"怎么做"展开。

（1）为什么要分解

可以从两个层面来看。

1）系统需求的实现需要不同学科知识。汽车软件产品往往是机、电、软、硬多学科一体化的系统，而系统级的需求通常需要由不同领域共同实现。不分解，不拆分，则具备完全不同知识、经验的不同领域的工程师无法共同执行。比如，让一个软件工程师通过代码去处理发动机喷油量执行层面的精准问题，这显然是做不到的。

2）同一学科需要分工协作。即便是同一学科领域，该领域也将会是一个次级系统，无论是出于内部精细化管理还是供应链分工的原因，这个次级系统有时仍然有必要再进行分解，尤其是对于复杂系统的软件部分，可能需要进一步拆分为组件。毕竟，万丈高楼平地起，一个完整的软件是一个个代码单元集成而来的。

（2）怎么分解

对应两个原因，我们可以引出分解各领域需求的两个依次递进的方法，以软件为主要讨论对象。

1）分解为软件需求。在系统需求上识别与整体软件相关的部分，可以将这部分作为软件需求，即将整个软件作为"黑盒子"。而 4.4 节所讲的系统元素设计类似于系统需求，有时会被部分分解为软件需求。

2）分解为软件组件需求。对识别出的软件需求进一步按其内部组件的划分方式去分解，形成软件组件需求，即将软件组件作为"黑盒子"。4.4 节所讲的软件架构设计，也会被部分分解为软件组件需求。

总结一下，软件需求是系统需求或系统元素设计中涉及软件的需求。软件组件需求是对软件需求的进一步分解和基于软件架构的设计而生成的合集，如图 4-15 所示。其中，基于软件架构的设计而生成的意思是，软件组件需求要定义某一个组件必须做些什么事，以让相关组件能够达成预期目标，即组件的交互，也包含接口，这显然取决于软件架构。

4. 需求的文档化

尽管做文档工作总是让人诟病，但我们似乎找不到一种别的办法来代替。

一些数字化工具可以在一定程度上改变其形式并降低工作量，比如：将一部分需求以工具系统里的字段来表示，不再使用传统意义的 Office 文档；基于模型开发的模型也是一种需求的形式。

然而，无论哪种模式都是有一定的局限性的，对外沟通、对内沟通、信息传递、知识积累、使用成本等都有不同的需求，我们终归无法离开落于纸面上的文字。

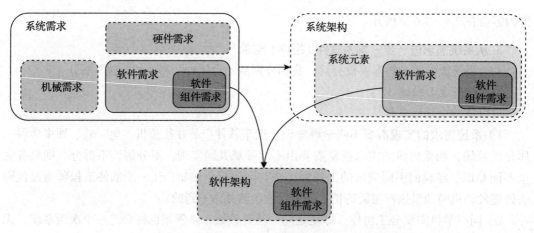

图 4-15　系统需求进一步分解为软件（组件）需求

在这里，我们暂不纠结其承载形式。快速关注一下，当需求被文档化时要考虑哪些因素。

（1）需求撰写的底层逻辑——条目化

饭要一口口地吃，事要一件件地办。需求撰写的底层方式其实就是条目化，所以，应将需求条目化为单一原子级的颗粒度（需求向不同性质的下一级分解不属此类），而不能通过"和""或"之类的词汇汇总多条需求，然后再一条条地分析和满足。

比如，传感器识别到异常信号后需要触发 DTC 并发出警示音，这时拆成"什么情况下触发 DTC"和"收到 DTC 发出警示音"会更清晰。

（2）需求的具体信息或属性

当我们真正开始敲击键盘写字了，需求该包含什么呢？一条需求所包含的 4 条基本信息如图 4-16 所示。

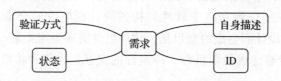

图 4-16　一条需求所包含的 4 条基本信息

1）需求自身描述。一条需求本身的文字性描述自然是最主体的信息，我们推荐一个基本语法结构作为参考，即"在什么前提条件（逻辑条件或事件发生或时间段）下，什么系统（或组件）必须（或应该或将会，英文中常分别用具备法律强制意义的 shall、可以有争论空间的 should 及一般性描述的 will 来对应）能够（或通过什么流程）实现什么目标以及其他细节"。这会反映出前提、主体、强制性、方式及目标这些基本信息，如图 4-17 所示。

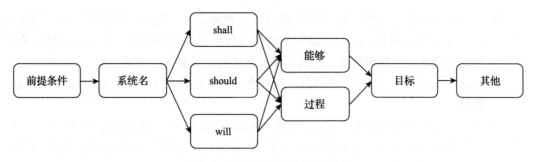

图 4-17　需求描述的典型形式

2）需求 ID。每一条内容最好编一个号，有一个对应的 ID，以便其在后续的传递。

3）需求状态。至少要有需求的状态描述，如"被拒绝""已批准""已执行""已验证"等，这样就很容易跟踪到需求的具体情况。

4）需求验证方式。需求验证方式也应该被识别出来，比如，需执行测试或者仅仅评审即可。这里不需要设计具体的用例或形式，但要明确其是可验证的。这其实也是 V 模型的关键点——早期就关注测试，这也成为其与瀑布模型的典型差异。

一个无法被验证的需求将没有存在的意义，比如通信性能良好（无法验证什么是良好），车机永远不能黑屏（无法永远测试），信号延时要经常少于 50ms（无法判定多频繁叫经常）。

以上 4 点算是基本要素。基于产品的特点或组织的需要，我们还可以增加很多其他信息，比如责任人、优先级、功能安全等级 ASIL、覆盖范围（需求是否已经被要参考的平台或基础项目执行）、是否涉及软件或算法或硬件（针对系统需求）、涉及哪个软件组件、遗留的开口项、软件释放版本等。

在整套需求文档完善之后，我们的需求分析工作算是初步告一段落。在最终结束前，文档化还有一项简单却容易被忽略的工作，就是版本管理，进一步的就是打基线完成配置管理，详见 3.7 节与 3.8 节的描述。

4.3.4　需求实现与测试

前面，我们站在 ECU 的视角讨论了外部需求、系统需求、软件需求和软件组件需求，可是，它们该如何在项目里落地呢？一般分两个部分：实现与测试。因为后面小节会详细介绍这两部分，所以这里只进行概述。

1. 需求实现

所有外部需求要先按照特性区分的方式，无遗漏地进入系统需求，而后外部需求就可以暂时搁置。

接着，系统需求会分两步走：

- ❑ 一步是分配给包含但不限于软件需求的各领域需求。比如，如果要求控制器识别的车速精度达到 0.1m/s，只将软件的信号分区做细是不够的，传感器硬件首先要能够支撑这样的物理精度。在这一步要保证每一条系统需求都要被分配（即追溯的概念）给至少一个领域，或软件，或硬件，或既软件又硬件，以确保系统需求没有遗漏。
- ❑ 另一步是基于系统需求完成系统架构及系统元素的设计，比如基于模型。这一步存在的理由主要在于，我们针对这个系统，需要一个宏观层面的规划、设计、调度，而非只是分配给底层子领域就能自动无缝配合实现。

再看软件需求，它也分两步走：

- ❑ 一步是分配给软件组件需求。
- ❑ 另一步是基于软件需求完成软件架构，基于软件组件需求完成软件组件的详细设计。

需求实现过程如图 4-18 所示。

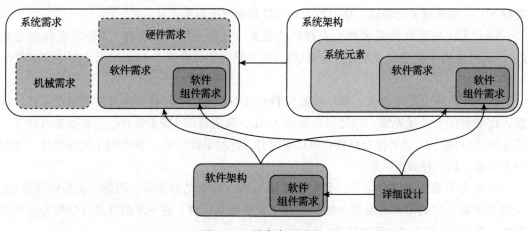

图 4-18　需求实现过程

2. 需求测试

在测试这里，我们一层层地往下讲。外部需求其实属于比较繁杂的一类，未必都能有清晰、具体的验证方式，比如，市场需求本就具有一定的主观性，不可能形成规范的验证形式。

工程意义相对明确的主要有整车需求和上一级系统需求，一般是通过整车层面的台架环境测试、整车环境测试、试车场测试、真实路试、产线验证以及整车认证、型式认可（上公告）之类的方式覆盖，未必会直接测试软件，但可能会暴露软件问题。这个层面的测试接近于 2.1.1 节提到的"确认"，即预期被满足。下面的其他测试则接近于"验证"，即规范被满足。

　　系统需求自然对应系统（需求）测试，注意这里只测试那些不单纯属于软件、硬件的系统需求，因为那些被识别出的纯软件需求将被软件（需求）测试覆盖。接下来，还剩一个软件组件需求。理论上，它可以对应到组件测试，但一般会直接通过单元测试验证详细设计来覆盖。需求测试过程如图 4-19 所示。

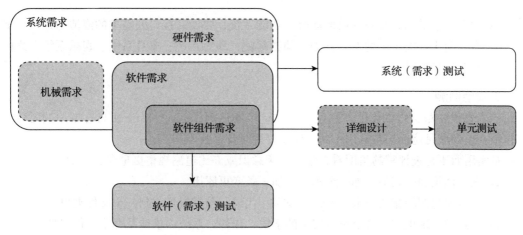

图 4-19　需求测试过程

4.3.5　一个具体项目的需求管理

　　本节让我们从理想走向现实。对于一个具体的、真实的项目，能够且有必要按照以上步骤全面、准确地做完做好的概率趋近于零。按照理论的标准做好需求管理，需要大量的、重复的、持续的文档工作。实际情况几乎必然会反反复复，会来来回回，会弄错，会扯皮，会没有追溯，会更新不及时，还会有各种各样的个性化操作。

　　但这不是在抱着负面的观点来看待这种现象，如果不分轻重缓急，每个项目都要精细化地维护需求文档，很有可能造成的结果就是进度延期、成本超出预算，乃至项目失败。就像考试里只完美地做了一道题，最终还是不及格。世间最难之事不在于知不知道完美是什么，而在于如何把握分寸。我们进一步做一些思考、探索。

1. 变更驱动下的多数项目

　　多数项目是衍生项目或变更项目，我们的关注点在变更的那一部分，所以，这时会通过变更请求来驱动后续一系列的工作。在大量的变更项目中，要做好 base（参考项目）选择，做好复用分析，做好分支管理，尽量精简需求，需求越简洁，越容易成功。

2. 要区分产品特点

　　需求做得详略的分寸，一部分取决于产品特点：

- ❑ 对于几乎无功能安全要求但关注体验和快速上市的娱乐系统，可以更敏捷、更灵活一些。经过一到两个项目的试探，确定是要更详细还是更简略，但最好对需求和测试两端松手的速度慢一点。

❑ 对于底盘、动力等高功能安全等级的模块，仍然需要进行比较严格的需求管控，但由于这类产品的成熟度已经相当高，可以将更多的精力放在集成历史经验的平台化的维护和处理上。对于分支释放项目，可较大程度地聚焦在变更点触发的这条线上。

❑ 对于一些域内跨模块或跨域融合的功能系统，要做好接口处需求的澄清与评审，要做好对手件需求的协调，比如，辅助驾驶、动力系统、车身系统、娱乐系统等之间交互信号的对齐。

3. 灵活追溯

需求管理中最头疼的可能就属建立各种链接的追溯了，而一个东西只有被用的时候才有价值。追溯就是这样，常常用不到，偶尔要用时却又找不到。

从实用而不是被评审的角度看，建立追溯意识或许比追溯规整更重要，例如：

❑ 在文档里加一句话，加一个标签，加一条变更履历。

❑ 把需要追溯的相关需求、架构、模型、代码、测试报告放到一个文件夹里。

❑ 在需求系统里加上某个可以定位的字段，比如，系统需求涉及哪个软件组件。

❑ 工具的自动操作痕迹留存也可以作为一种追溯。

❑ 让每一个特性负责人决定自己的追溯方式。

总之，追溯要有，但不一定都一样。这些灵活的探索或可在敏捷实践里去尝试。

4. 依赖专家

上面给了很多分析思路、方法，但那是学习理解的过程，真正的工程分析是在脑子里进行的。真正在处理一个复杂的新需求时，在工程师的脑子里，不是在对着需求分析原则和检查清单来做的，而是全方位调动自己的经验、教训、知识来做一个相对主观的判断。所以，一般来说，经过各个领域有经验的专家的评审，是对需求可靠的有力保证。

5. 多开会

在需求方面很主要的一项工作在于拉齐理解基准，就是你以为的既是你以为的，也是他以为的。定期的需求澄清多少会带有一定的强制性，其目的是让大家面对面地来交流和促进理解。这也是一种加强不爱沟通、只爱写邮件的工程师们交互的方式。

6. 数字化的必要性

信息化也好，数字化也罢，整体认可度还是比较低的。行业多年的野蛮生长，让人很少关注这些看上去不怎么直接交付价值的东西。当然，很多需求管理的数字化软件被国外巨头把控，高昂的购买费用和持续的许可证（license）成本也让很多中小企业难以承受。

抛开不够普及背后的原因，实际上，在包含需求管理在内的开发活动中，数字化带来的价值增值是指数级的，数字化是解决重复性、繁杂性需求工作的绝佳手段。但这需要工具开发者和使用者共同摸索，比如，DOORS一直被认为是很重的需求工具，让很多人望而生畏，但其内部有大量不为人知却非常好用的自动化脚本。

无论如何，工程和管理兼备的需求工程（也包含以需求为源头对后续实现与测试的拉动）是一门实践学科，更好的、更合适的方式都是在摸索中逐渐印证的。

4.3.6　State of the Art

在介绍需求的章节加这么一个主题或许会让人觉得诧异，确实，它和工程意义上的需求关系不大，但我们往更深一层理解，工程需求定义的边界是什么？主机厂自主地定需求时该定多高？供应商在主机厂需求之外是否还要考虑些什么？

State of the Art 这个在外企常用的概念会引出一个视角。想了很多种方式，但我还是选择将其翻译为"当前技术水平"。

稍微了解一下汽车的发展历史就会知道，早期的汽车是如何古老，时速十几公里，坐不了几个人，没有舒适的座椅，没有安全气囊，没有减震器，更别提什么智能化了，价格还贵。但没有人会否认这些先驱产品的伟大，当时的消费者也不会对它们抱太高的期望，因为那就是当时的"当前技术水平"。

这就类似于，在现在，大家不会过高期待一辆车的自动驾驶功能有多智能，不会对电动车的续航抱有过高的期望，但会对一辆车发生碰撞事故后可能造成巨大损失有心理预期。

这其实涉及两个要点——心理预期和高技术水平，二者代表了产品的不同层次。

1. 心理预期

心理预期指明了，汽车没有绝对的安全，没有绝对的完美，没有绝对的智能，是否"足够"安全、完美、智能取决于消费者的普遍期待。即所谓的"普遍接受的技术规则"，这些是业内专业人士知道并认为正确的规则，它的执行是符合行业或大众预期的，它们必须在使用中得到充分证明、广泛传播，并且必须经受住时间的考验。例如，遵守强制性法律要求或非强制性但经过验证的规则、程序或通行做法。

不过，对于汽车而言，即使我们将这些技术规则描述为普遍的，但对于大众而言，仍然有很高的门槛。近两年各种汽车失灵的事故屡见不鲜，孰是孰非，一时难以论定，如果有一定的制度保障，可以将涉事车辆内部的 EDR 或开发数据进行权威、公正的分析，那么我们通常至少可以知道以下两个问题的答案：

❑ 厂家的产品表现是否符合自身的工程需求？
❑ 厂家的技术方案是不是业内通行的规范做法？
历史上很多汽车召回事件就是在大规模发酵之后被引发的。

2. 高技术水平

高技术水平代表着更高的追求。我们不再满足于追求工程成熟方案，而是更先进的"科学状态"，这描述了最新研究成果认为有效的，但可能尚未在实践中使用的、可公开访问的发现，如论文、专利、报告等。

特别是对于新产品或创新解决方案，以及具有高复杂性的产品，这些可能更加必要。此外，对于具有高危害可能性的新产品，还是应该进行自己的研究，而不是简单符合现有技术状态。

我们可以为这两个要点匹配两个虚一点的词："与时俱进"和"引领潮流"。

这同时是 State of the Art 这个概念背后对应的价值。技术研究、产品开发至少需要"与时俱进"，这能让产品不至于被市场直接淘汰；最好是"引领潮流"，这将是卖点、增长点、引爆点。而落后于 State of the Art 就会没有竞争优势，甚至没有存在的意义。

识别清楚并定义好 State of the Art 很难，需要技术沉淀，需要创新能力，需要责任担当，但这也是我们将需求拔至商业高度后的核心诉求，且在智能车时代尤为突出。

4.4 统领全局的汽车电子电气架构

"架构"是一个有点唯美的词汇。它还没那么工程，不需要考虑非常细节的东西，也没那么生硬，需要一些想象力和有点宏大的指点江山的味道。

当然，唯美的东西并非唾手可得，所谓成竹在胸，是需要先将竹子在春夏秋冬里的阴晴雨雪中的变幻摸得一清二楚，这自然是极具挑战的。

在梳理了需求的内容后，我们看一下架构是如何让我们统领软件开发全局的。

4.4.1 整车 EEA 简述

做 ECU 开发时，我们一般会从整车层级拿到信号矩阵和 ICD，这两份文件相当于从 CAN 线和硬线上共同牵引着 ECU 来在整车上发挥作用。实际上，这"线"再串起其他的 ECU 及电气系统设备，并通过架构框图和附属的文档来描述，就构成了我们常说的整车电子电气架构 EEA。

1. 整车 EEA 的分类

通常，我们可以将架构分为功能架构与物理架构，有时也会称为逻辑系统架构与技术系统架构，但思路是接近的，如图 4-20 所示。

（1）功能架构

同前面讲系统需求时类似，功能架构也是面向整车层级的功能或特性来对 EEA 进行划分。我们在2.2.1 节所提到的经典五域（即动力域、底盘域、车身域、座舱域、自动驾驶域，如图 4-21 所示），就是一种基于功能属性的划分，而功能域还可以进一步

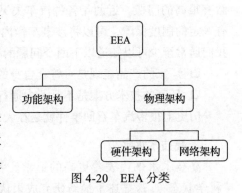

图 4-20 EEA 分类

划分出多个子系统功能，比如，动力域可包括电池监控、热管理、高压隔离、低压系统供

电、挡位控制等功能。在这一步子系统功能划分完成后，一般会输出整车功能或特性清单（整车环节的概念颗粒较粗，我们不对二者进行严格区分）、子系统系统框图、子系统规范以及子系统之间接口描述等。

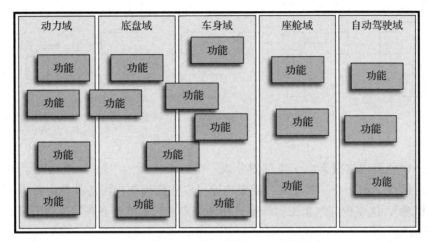

图 4-21　整车子系统功能在 EEA 五域的分配

（2）物理架构

顾名思义，物理的就是具体的、可见的。严格来讲，这部分包含很"物理"的"硬件架构"和不那么"物理"的"网络架构"。

1）硬件架构。硬件架构会定义 ECU 模块、电源、电气设备、线束在整车上的布局及其之间电气接口的要求，比如，输出 ICD 接口文档、ECU 零部件规范以及物理集成的一些要求等。供电系统硬件架构简易示意图如图 4-22 所示。

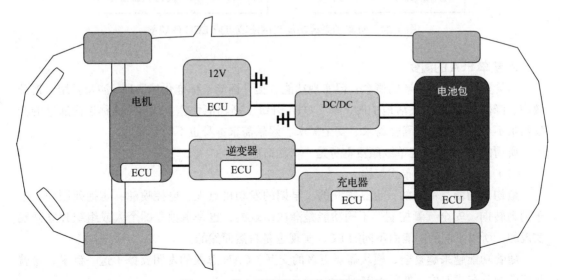

图 4-22　供电系统硬件架构简易示意图

2）网络架构。网络架构会定义网络拓扑形式、通信协议、通信速率等，比如，输出网络拓扑图（如图 4-23 所示）、信号列表、通信规范、诊断规范、DTC 列表等。

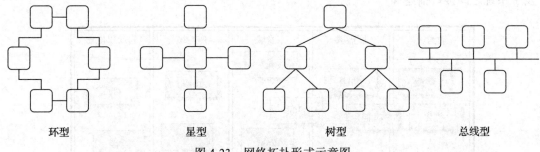

| 环型 | 星型 | 树型 | 总线型 |

图 4-23　网络拓扑形式示意图

注意，物理架构将整车电子电气划分成一个一个实际的"块"，而功能架构的功能分配并不是与这些"块"一一对应的，甚至功能可以在物理架构层各处自由游走（后文提到的解耦的概念），这多少与汽车工程师被长期训练出来的"整整齐齐"的思维模式相悖（如图 4-24 所示）。

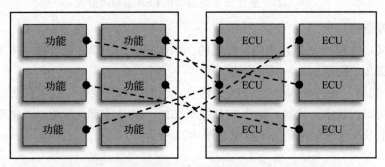

图 4-24　整车子系统功能与网络节点或 ECU 的映射

2. 整车 EEA 的演变

尽管业内提了很多新的概念，但实现功能、提升性能、标准化地实现（涉及复用、提升效率、降低成本等）、灵活地扩展（涉及 OTA 升级、新功能快速上线等）这种逐次递进的开发需求不会变，客户的驾驶需求、安全需求、娱乐需求本身也不会突变。

所谓的 EEA 突然变革或颠覆本身是一个伪命题。

（1）自然形成的分布式架构

最初，功能是简单的，也是独立的。早期的发动机点火、电控喷油、防抱死制动、电子助力转向、安全气囊控制等不同功能是渐次出现的，也是由独立的个人或组织独立开发实现的，所以不同的功能由不同的 ECU 实现也是自然而然的。

随着功能越来越复杂，模块需要更多的交互，CAN 总线的发明支撑了这一诉求，这就是所谓的分布式架构，如图 4-25 所示。

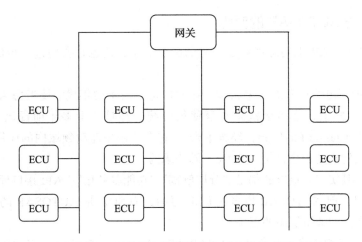

图 4-25　带独立网关的分布式架构示意图

（2）分布式架构的不合时宜

分布式架构在汽车行业几经打磨，逐渐成熟稳定，但也让技术与商业迭代陷入了固化模式。

互联网、5G、AI、电池等新技术的进一步成熟，给了人们在汽车行业更多的期待和信心。我们要更智能、更互联，要更多的功能，要老车也时刻有新体验。商业市场也要激发更多的商机。

但是，汽车行业原本铁板一块的固化模式是无法适应这种新需求的，存在多方面的阻碍。

- ❑ 无数次精细化找到的工程平衡点实在难以挪动，向左多一分，向右就得少一分。
- ❑ 改一个零件号都要全流程的工程活动来一遍。
- ❑ 线束的复杂性和重量增加了成本和装配的难度。
- ❑ 重复性的信号匹配、接口调整、硬件驱动适配也很难。
- ❑ 主机厂、供应商原本垄断的商业模式不愿意被打破。

但大家也都累了，即便是传统汽车行业，艰难地维持可能只有 5% 的利润率也是缺乏动力的。

（3）分布式架构的突破方向

面对这些困境，我们想去突破。

一个很美好的想象是，"硬件集中化标准化"和"软件原子化服务化"，也就是说，把分散在各个 Tier 1 的 ECU 集中在少量的几个联系更紧密的模块上，把软件功能拆分为更小的颗粒并能被自由调用、组合出各种复杂的功能场景，以解决协作低效、信号延时、算力冗余、线束繁杂、功能单一等问题。

于是，基于同样追求的 SOA 之类的概念就流行起来了。接着，我们前面提到的功能架构与物理架构的解耦及分布式、域控、中央计算架构逐级演进也在这样的理念基础上发展起来。

4.4.2　SOA 与 AUTOSAR 的对比

SOA 与 AUTOSAR 也是总被放在一起的两个概念，这也是我们进一步展开 ECU 级架构的基础。

我们总是听到传统汽车怎么怎么样，在软件定义汽车的年代，要考虑 AUTOSAR，要考虑 SOA。但实际上，这两个概念本身就很传统，都是二十多年前提出来的，尤其是 AUTOSAR CP（Classic Platform，经典平台），它在非娱乐座舱领域内的应用已极为广泛。AUTOSAR 分层解耦的理念也是与 SOA 一脉相承的。

总结下来，其实二者追求的都是"分层解耦""功能服务化""API 接口标准化"这些基本原则，只不过当前 AUTOSAR 更多在 ECU 层面，而 SOA 是 AUTOSAR 的进阶愿景，是面向整车层面和全产业链层面的服务。

其中，2017 年刚提出的初版 AUTOSAR AP（Adaptive Platform，自适应平台）就是应 SOA 理念火热后被推出的。

1. SOA

SOA 其实不是一个具体的技术，而是一个方法论，是一种架构策略层面的指导思想。

SOA 的中文是面向服务的架构，面向和架构都好理解，但"服务"一词就让身处汽车行业的我感觉有些陌生了，这并不是汽车行业习惯的术语。其实，SOA 在汽车行业的火热体现了行业的发展方向从以车厂功能为主导转为以客户体验、客户价值为主导，"服务"终归是要面向客户的。

客户要享受到的是一种服务体验，就像打车、外卖、快递都是一种服务，客户可以通过手机客户端这个标准接口去调用这些服务，并根据自己的需求自由组合，比如，预约几点打车到某个地方，然后收取外卖，并通过快递寄给某个朋友，整个过程完全不需要考虑客户端以下是怎么执行的。这就是一种对多服务重新组合的逻辑，目的是实现多样的个性化需求。

迁移到汽车上，服务并不神秘，就是封装到合适颗粒度的软件组件或模块，但如果想真正实现 SOA 的愿景，可能需要预埋很多量产时用不到的硬件资源和软件服务，待后期组合调用，如图 4-26 所示。这将导致智能车初期成本很高。

其实，SOA 的"服务"也好，敏捷的"价值"也罢，都是基于互联网的应用场景提出来的。这样的思路可以作为一种参考理念，但很难直接应用在汽车行业里。

2. AUTOSAR

（1）AUTOSAR 的发展

AUTOSAR 首先是一个组织，它是 2007 年由 9 个大的汽车 OEM 和 Tier 1 共同组成的联盟，随后又有数百名高级成员和其他会员加入，这个组织成立后，制定了一系列的 AUTOSAR 规范。

AUTOSAR 的前身可追溯到德国汽车工业协会于 1993 年提出的 OSEK（德文：Offence

Systeme und deren Schnittstellen fuer die Elektronik im Kraftfahrzeug，开放式系统及其接口）和法国汽车工业协会于 1988 年提出的 VDX（Vehicle Distributed eXecutive，汽车分布式执行），后面逐渐演变为众多厂商普遍认可的 OSEK/VDX 规范（简称 OSEK 规范），这也是早期的汽车电子操作系统。同时，它也规范了通信和网络管理，旨在提升标准化、增强可移植性。

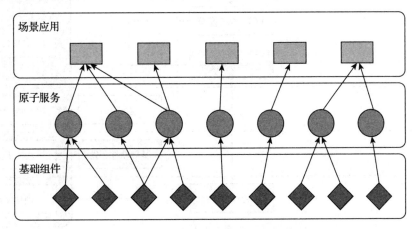

图 4-26　SOA 原理在汽车 EEA 应用示意

汽车电子越来越复杂后，大家觉得 OSEK 规范不够用了。AUTOSAR 联盟成立后，于 2005 年发布 1.0 规范，之后每隔一两年都会进行升级迭代，也获得了越来越多的共识。整体来看，直到现在，AUTOSAR CP/AP 仍然占据着汽车电子软件操作系统或架构的主流地位。

（2）AUTOSAR 的应用

那么，AUTOSAR 是如何具体落实在汽车电子软件开发中的呢？

1）ECU 简化开发流程。前面我们在需求部分讲过，整车需求需要拆分到子系统，子系统需求需要拆分到 ECU。从软件实现的层面看，其实就是抽取出一个个应用层 SWC（SoftWare Component，软件组件）后分配到对应 ECU 中，并通过通信矩阵建立通信关系，这也是架构设计的范畴。

单个的功能组件一般通过 MATLAB 建模或者手写的方式来实现，但上层功能实现后，还需要操作系统来处理任务调度、资源管理的一些基础工作，通信也需要通过中间件来进行，这里操作系统与中间件就相当于所谓的 AUTOSAR 软件，然后再进行一些 MCU、信号、RTE 等参数的配置，最后将所有编译后的硬件驱动、BSW、配置代码、ASW 等代码集成到一起，烧录到 ECU 中，就算完成了一个 ECU 的开发。AUTOSAR 简化开发流程如图 4-27 所示。

2）AUTOSAR 的架构分层。从软件架构角度来看，AUTOSAR 将运行在 MCU 之上的 ECU 软件分为 ASW（Application SoftWare，应用层软件）、RTE（RunTime Environment，运

行时环境）和 BSW（Basic SoftWare，底层软件），如图 4-28 所示。

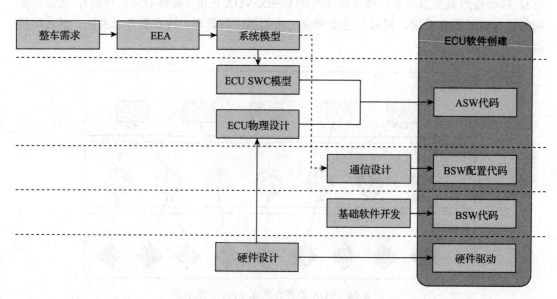

图 4-27　AUTOSAR 简化开发流程

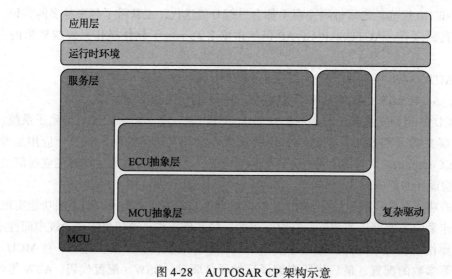

图 4-28　AUTOSAR CP 架构示意

ASW 将软件都划分为一个一个 SWC，RTE 提供基础的通信服务，以支持 SWC 之间和 SWC 与 BSW 的通信，通信既包含 ECU 内部服务的调用，也包含外部的总线通信。这就实现了 ASW 独立于单个 ECU 硬件和 BSW 的功能，也就是实现了软硬件的解耦。

BSW 会进一步地分为：MCU 抽象层、ECU 抽象层、服务层和复杂驱动。

其中，MCU 抽象层标准化了 AUTOSAR 到 MCU 的接口，处理内存、寄存器、时钟等的驱动。说底层一点，就是封装了 MCU 的指令集，这将剥离上层软件与 MCU 的耦合。

除了 MCU 抽象层外，ECU 抽象层还对硬件中非 MCU 的其他外围设备的驱动进行了封装，比如，EEPROM（Electrically Erasable Programmable Read Only Memory，带电可擦可编程只读存储器）、I/O 等，这样就将整个 ECU 硬件进行了隔离。

BSW 最上层是服务层，该层会提供一些 RTOS（RunTime Operating System，实时操作系统）、通信、诊断、唤醒、电源管理等标准服务封装，供应用层通过接口调用。

复杂驱动的部分会处理一些对实时性要求比较高的任务或其他 AUTOSAR 不支持的复杂功能。

可以看出，AUTOSAR 架构通过自下而上的逐层封装将服务标准化、接口标准化、功能模块化以实现软硬解耦和灵活扩展。

需要说明一点，这部分的描述是基于 CP 的，由于 AP 的基本思路与此类似且 AP 还未实现普遍应用，限于篇幅，就不对 AP 进行阐述了。

其实，这样的思路一直贯穿于计算机的整个发展历程，从晶体管到计算机，从机器码到高级编程语言，都是不断地进行封装，让我们不再需要去关注底层，而是留更多的精力用于组合创新。

4.4.3　系统工程与系统架构的内涵

如前面所讲，我们这里的系统依然是基于 ECU 层级讲起的。

我们讲架构时，总是将一张系统框图等同于架构，但重点在于这张图的背后。

系统架构与设计是基于满足（部分）系统需求的目标而提供的一整套技术解决方案。这套方案需要将架构元素设计分配到后续软硬件甚至结构件子领域，形成它们的一部分需求后，进而成为其开发的一部分基础。同时，考虑到当子领域模块成熟后要将其集成起来，这里会涉及软硬件接口的考量。

如果在此基础上，加上测试验证的部分，那就基本构成了系统工程的概念。

系统工程本身就是要解决复杂系统的问题，所以本主题的工作任务是繁杂的，所需要的背景知识也是跨学科的，是技术工作，也是管理工作。

1. 系统工程

先一层层捋概念。

（1）系统

第一层，系统。

"一组完整的元素、子系统或程序集来完成已定义的目标，这些元素包括产品（硬件、软件、固件）、过程、人、信息、技术、设施、服务和其他支持元素。"这是 INCOSE

（International Council on System Engineering，国际系统工程协会）对"系统"的定义，一个无所不包的东西，但有边界、有目标，并且内部各元素之间及系统与外部环境之间有交互关系，如图 4-29 所示。

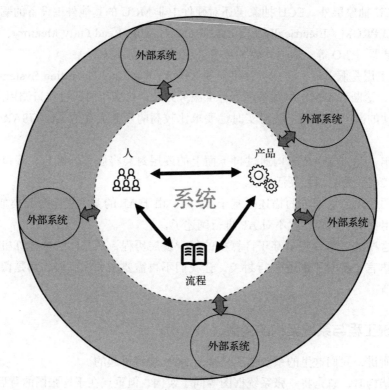

图 4-29　系统概念示意图

（2）系统工程

第二层，系统工程。INCOSE 对它的定义是：系统工程是一种实现系统成功的跨学科的方法和手段。

从狭义的角度来看，系统工程是指在开发早期定义并记录客户需求和所需功能，也即系统需求，然后进行系统设计、集成和验证。

但是，从广义的角度来看，它不但要考虑所有客户的技术需求，还要考虑业务需求，既看战略策略，也看计划时间，还看成本盈利。当然，在此过程还要将所有学科和专业团队整合为一个团队，形成一个从概念到生产再到运营的结构化开发过程。

可能讲得还是太空洞，讲个小故事。

大约八九年前，由于汽车市场开始下行，新项目报价成本压力比较大，当时的工程总监召集大家一起想办法缩减 BOM 成本，但是聊来聊去仍找不到好的办法，最后只能无奈地丢出一句话，你们能不能做得更好一点？这其实就是典型的传统挖掘价值的思路，在现有框架下，尽力去压出那一点点水分。后来，公司大刀阔斧地进行了全方位的改革，尝试了各种技术方案和供应链体系，力求从新的模式里获取更低的成本投入和更高的商业回报，且不说效果如何，但这种方式其实可以近似理解为系统工程在解决问题和价值增值的应用。

概念和定义要保证逻辑上没有瑕疵，所以话讲得总不够实在，而且对于汽车行业与软件开发本身都是有一套体系和方法论的，系统工程的理念早已渗入其中，所以，我们对概念的介绍先到这里，姑且有个认识，或多或少会有助于工程师对决策的通盘考虑。

对于一个汽车 ECU 而言，它所涉及的系统基本可以分为 4 个层次：整车功能系统架构、EEA、ECU 功能系统架构及 ECU 内部系统架构，如图 4-30 所示。

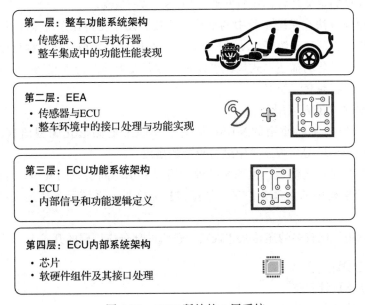

图 4-30　ECU 所处的 4 层系统

1）整车功能系统架构。这个架构比 EEA 更上一层，关注点在整车功能属性上。以自适应巡航 ACC 为例，整车系统视角下看到的是，ACC 系统对车速、车距等的感知，实现对车速、姿态的控制以及驾驶员信息反馈，ACC 是整车系统里的一个属性，这时将整车作为"黑盒子"。

2）EEA。EEA 会将电子电气部分抽离出来。从感知雷达、线束、ACC 控制单元、发动机与刹车的控制单元以及相互之间信号的传递关系识别 ACC 在其中的位置。

3）ECU 功能系统架构。走到这一步时，会将 ECU 作为一个起计算控制作用的"黑盒子"，同时也会弱化交互模块的存在，将它们抽象为输入信号、输出信号。比如，不关心感知雷达的技术实现形式，无论是激光雷达，还是毫米波雷达，甚至是普通的加速度传感器，我们只关心能否收到所需的信号，这基本是主机厂电子电器模块负责人的视角。

4）ECU 内部系统架构。也是我们本节中描述的系统架构概念。这时需要进入 ECU 黑盒的内部，去关注内部功能分配、硬件布置、软件组件划分、软硬件接口定义等内容。

2. 基于模型的系统工程

常规的架构书属于基于静态文档的系统架构，多有不便，我们先讲一下更便捷的基于模型的系统工程（Model Based Systems Engineering，MBSE）。

（1）MBSE 的含义

IREB（International Requirement Engineering Board，国际需求工程委员会）对模型的定义是，一个已存在的实体或将要创建的实体的抽象表示，比如，公式、CAD 数模、电路图、系统框图、油泥车身、3D 打印等都属于广义上的模型。

在了解了模型的定义之后，我们再来看 MBSE 这一概念。

MBSE 是建模方法在系统工程中的形式化应用，用于支持在系统全生命周期内开展需求、设计、分析、验证和确认等活动。换句话说，MBSE 是实现系统工程目标的一种方法。

相比文档，图形化的描述形式显然可以在一定程度上解决传统文档中歧义、低结构化、难理解等问题，更容易交流理解。

（2）汽车软件 MBSE 应用

汽车软件开发中实际使用的 MBSE 是基于 SysML 的图形化编程语言，在诸如 EA、MagicDraw、Rhapsody 等建模工具中进行模型的搭建。

它的主要产物是系统模型，但该系统模型可以展示不同层级的视角，理论上也可包含基于文档的系统架构中的大部分信息，如接口控制文件、系统元素描述文档、分析报告、验证标准等。

当然，实际用得比较多的还是在体现功能逻辑的部分应用层的开发上。

3. 系统架构设计

（1）系统架构设计步骤

系统架构设计主要涉及 4 个部分：

- ❑ 系统元素划分。
- ❑ 系统动态行为描述。
- ❑ 内部系统接口（软硬件接口）数据流描述。
- ❑ 每个接口的验证准则定义。

其中，系统元素划分设计主要用于软硬件耦合比较深的产品，因为有些系统元素会同时涉及软硬件，这时，需要将其再分配到下一级的软件与硬件上。对于涉及软件的部分，就会形成软件需求。这一步和系统需求的拆分类似。

（2）系统架构设计输出

系统架构设计的输出物大体是两类：

- ❑ 一类是各种类型的框图，比如，将系统视为"黑盒子"的高层级用例图、描述动作序列的活动图、描述系统元素及其之间交互的模块定义图等，这些多由模型工具建立。另外，部分代码可以直接基于模型生成。
- ❑ 另一类是各个系统元素的设计文档，具体可视系统复杂程度编制一份系统架构书或多份系统元素设计书。

（3）需求与设计的区分

前面，我们讲到了需求与（架构）设计这两大部分。为了更清晰地理解整个汽车软件工程的逻辑，有必要区分下二者的概念。

实际上，这二者并没有天然的绝对边界。笼统地理解，需求的下游就是设计，设计的上游就是需求。

系统架构属于设计，但站在软件视角，它无疑也是软件设计的需求。最下游的司机突发奇想算是比较标准的需求，最上游的代码 if 函数也算是比较标准的设计，中间过程实际是模糊的，而非真正物理意义上的"俄罗斯套娃"，之所以不断分层是因为这是认识复杂系统和分工的需要。

4.4.4　软件架构的准则与描述

按照前述思路，系统需求、系统架构及系统元素设计完成后，能够分解出软件需求。

同样的逻辑，软件架构是基于满足（部分）软件需求的目标而提供的一整套解决方案，同时，拆解为一个一个实现不同目标的软件组件，并定义组件之间的相互关系。

前面提到的 AUTOSAR 就是这样一套拆解的方法论，众多玩家可以在它的基础上幻化出各种不同的软件架构。

不同于系统中的硬件和机械件，软件的非标程度更高、变体更多、抽象性也更高，所以好的软件架构在促进开发之间沟通、提高组件重用率及提升软件系统透明度上都会起到更好、更必要的作用。

1. 好架构的一些准则

尽管做一个好的软件架构更多是基于架构师个人的经验，但业内多少还是提炼出了一些共性的指导准则。

从结果上，我们有很多"好词"来描述，如图 4-31 所示。

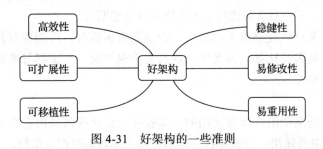

图 4-31　好架构的一些准则

- ❑ 稳健性。面对软件错误时，软件本身应该预定义错误处理机制，而非运行紊乱。
- ❑ 易修改性。软件会被频繁修改，所以要考虑如何让修改又快又省，定义清晰的接口、划分一个个组件就是出于这样的目的。

- ❑ 易重用性。主机厂有不同车型，供应商还有不同客户，大量的变体项目需要很好的重用性。
- ❑ 可移植性。为了支撑不同性能需求的场景，一般会为一类产品定义 2～3 个硬件变体，但最好能够做好硬件差异的封装，以让对应的适配软件保持一致或只有很少的更改。
- ❑ 可扩展性。我们推崇软件的一个重要原因就是软件能够进化、扩展功能。
- ❑ 高效性。包含芯片算力、内存资源、CPU 负载在内之类的概念，都是用来描述软件运行高效性的，这对于自动驾驶尤为关键。

难点在于如何实现这个"结果"。

2. 做好架构的一些准则

接下来我们看一下实现好架构的一些思路，如图 4-32 所示。

图 4-32 做好架构的一些准则

（1）分而治之，各个击破

这可以算是最基本的原则了。实际上，我们处理任何复杂事物时，都会考虑这种思路，将一个复杂问题持续分解成更小的部分，直到分解为可以轻松处理的颗粒度。对于软件架构而言，就是创建一个一个实现特定任务的软件组件。

分层是一种具体的手段，几乎所有的软件架构都会按照纵向抽象分层的思路进行，比如我们前面解释过的 AUTOSAR。

（2）简单朴素

"如无必要，勿增实体"，这是奥卡姆剃刀原理，迁移到软件架构设计里同样适用。架构要简单、要朴素，不要追求高技巧、不要展示自身聪明。

一套复杂的方案自然能够给人以惊叹，但前期有多惊叹，后期面对扩展、复用、理解等的时候就会有多痛苦。比如，方案要选择具有普遍性的、大家都习惯的，而且类似问题要选择同一套解决方案。

（3）数据私有

如果某些数据是某个组件单独使用的，那就尽量让这些数据由它产生、计算、存储且只能由它访问，不对外输出，以避免在不同组件间共享数据时产生依赖。

（4）MECE 原则

将软件的功能分成不同的组件，组件之间要尽可能没有重叠，组件划分方式要清晰、统一。不清晰、不统一的组件分类会徒增复杂团队的交流成本。

这里只是简要列举了 4 个准则，但依然很难贯彻，做好架构是一项复杂的系统性工作。

3. 软件架构的描述

越是复杂，越需要好的描述方式。尽管对架构的描述不存在一种统一的模式，但前面系统架构部分提到的基于 SysML 的图形化描述方式也很适用于汽车软件架构，如图 4-33 所示。

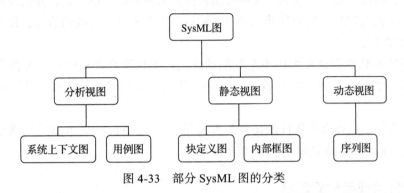

图 4-33　部分 SysML 图的分类

我们可以将软件架构模型的描述视图区分为 3 个维度：分析、静态和动态。

（1）分析视图

对软件模块建模的第一步是要对组件涉及的"上下文"和"用例"进行分析。

1）上下文分析。上下文分析就是识别与软件组件交互的所有相关元素，比如，外部客户等相关方、整车电源等环境件、外部软件子系统等。然后，将这些元素定义为参与者，最终输出 SCD（System Context Diagram，系统上下文图）。

2）用例分析。用例分析的目标是描述要建模的软件组件自身的行为，也就是与上下文交互的场景。它可以被描述为在逻辑上分组的动作序列，并且对某参与者有价值，比如，系统初始化时提供传感器漂移信息。用例分析输出的是 UCD（Use Case Diagram，用例图）。

（2）静态视图

静态视图是通过将软件系统拆分为一个一个组件和定义其之间的接口来描述软件代码的结构。

组件的拆分可以通过 BDD（Block Definition Diagram，块定义图）来描述，组件的端口与接口则通过 IBD（Internal Block Diagram，内部框图）定义。

（3）动态视图

静态视图只能够描述接口之间的静态连接，不能表示数据流在接口的流转次序，所以需要通过动态视图来描述软件系统的动态行为，一般基于 SD（Sequence Diagram，序列图）来定义。

除此之外，SysML 还提供了很多其他框图来用于不同产品在不同场景下的架构描述，这里不做赘述。

4.5 从软件到整车的集成方法

有了软件（组件）需求规格，有了描述软件组件在全局中所处位置的软件架构，理论上，我们就可以执行编码了。

但是，从更精细的软件工程的角度看，我们还可以增加一个额外的抽象层——软件组件详细设计。在这一层级可以进一步地将组件拆分为函数级别的单元，并明确每个函数或方法的行为功能及相互之间的依赖关系等。随后，再进入具体的编码执行，最终生成一个个 .c 与 .h 等文件。

由于具体的软件设计和编码不是我们的重点，而且已有大量的相关书籍可参考，且汽车软件代码也是常规意义的 C 或 Java 代码，因此我们暂且直接跳过，接下来进入集成环节。

首先，我们还是将汽车软件放在整车系统下来看。我们会分离出 3 个层级的集成：软件组件集成、软硬件集成以及 ECU 的整车集成。

4.5.1 软件集成与分支划分

简单来说，软件集成就是创建一个边界明确、质量可靠的完整软件包。再扩充一些的话，就是基于源代码管理工具和分支管理策略，针对不同的单元（如 .c 或 .h 文件）逐级进行集成，并对相关的辅助文档、集成测试、配置文件等配置项进行配置管理。

1. "分支"的概念

由于汽车软件的平台化需求很高，所以，我们一般会将分支分为"开发分支"和"交付分支"。

❑ 开发分支侧重于维护新特性的上线和通用性技术方案的导入。

❑ 交付分支关心的是基于特定项目要求（如标定参数、项目配置参数、bug 修复等）的释放。

将二者区分开也可以让"开发的技术完善性"和"交付的时间及时性"不至于直接冲突和互相干扰。

一般而言，软件集成的主要任务是识别、确认不同分支之间的公共组件，定义哪些组件应该从一条分支摘取到另一条分支上、哪些组件的变更需要单独释放以及哪个软件基线最终能够被用于哪个配置的交付上。

2. 具体的集成

集成的策略取决于项目或平台释放的目的，而这又源于项目的整体考量，所以，集成任务是需要项目经理类角色驱动的。软件集成简要流程如图 4-34 所示。

（1）集成输入

尽管邮件也是一种输入，但对于繁杂的集成任务来说，通常最好使用 ALM 工作流类的工具来支撑，例如 bug、变更、新特性需求都可以通过相关工作项来驱动集成，比如，输入需求基线、变更范围、版本规则、工件、上一版本软件基线、交付日期等。

图 4-34 软件集成简要流程

实际上，良好的集成更多来源于管理。

（2）编译、测试、打包

集成工程师在任务驱动下，去完成相应的源代码编译和相关错误清除，并完成必要的接口、资源消耗、冒烟等静动态集成测试。最后，根据预定规则，完成可执行文件、配置信息、测试报告、架构模型、设计文档、遗留问题、释放清单等的打包释放。此时，一个常规的集成任务就完成了。

（3）软件配置管理

不管是集成组件选择，还是文件打包，其实都可以归属为配置管理这个大的概念。第 3 章我们从项目层面解释了配置管理，这里从软件层面看，主要讲两部分。

1）软件版本号。软件的名字，也就是软件版本号，这是我们日常交流的主体对象，最基本的逻辑是一个版本号唯一对应一版代码。

理论上，我们也可以用 V1、V2、V3 去描述软件，但为了增加软件的辨识度、可见性，使交流更便利，我们会为软件版本号增加更多的信息，比如，项目名、车型名、客户名、硬件类别、芯片类别、架构类别、集成序列号、标定版本号、软件阶段（签名与否、适用工厂与否、ABCD 级别等）等。

2）细化的分支概念。我们再细化讨论下分支的概念。注意，这是一个逻辑概念，并不是真实存在的。通俗理解，分支就是把组件的变更放在这个软件包里，而不是另一个，也就是不同的组件版本组合。另外，前面说过可以把分支大体分为开发分支和交付分支。进一步地，二者都可以继续划分为更细化的分支概念，如图 4-35 所示。

图 4-35 更细化的软件分支类型

开发分支 开发分支可以细分为平台开发分支、特性开发分支与特定项目开发分支。

❑ 平台开发分支。平台开发分支是我们的平台化软件，是平台开发人员维护的、最具普适性的基础软件，是所有其他分支的源头，所有的变更、修改、提交应该严格审慎，如图 4-36 所示。

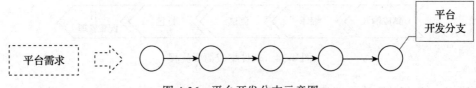

图 4-36　平台开发分支示意图

❑ 特性开发分支。特性开发分支一般是指，经过普遍分析后，认为有必要导入平台的特性开发或复杂 bug 修复，而且，这样的变更需要一定的周期和工作量。为了避免影响到平台软件的日常维护，这时就有必要单独将分支拉出来进行开发。在开发过程中，需要定期地将平台开发分支的变更进行同步，并在新特性释放后，合入平台开发分支，以保证平台开发分支的最新状态和完整性，如图 4-37 所示。

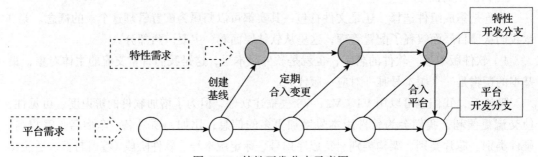

图 4-37　特性开发分支示意图

❑ 特定项目开发分支。对于特定项目开发分支来说，有些功能或特性的变更需求来源于特定项目，但需要动到平台开发分支，而由于其特殊性，又不需要永久合入平台开发分支的平台软件里，再加上二者团队的差异性，这时，就可以单独拉出来一个分支去完成这部分变更，但最终不会合入平台软件，而是合入交付分支里，如图 4-38 所示。

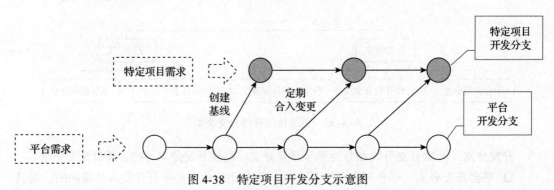

图 4-38　特定项目开发分支示意图

交付分支　交付分支的意义在于，既能基于平台化软件加速开发，又能保持一定的项目释放独特性与灵活性。它也可以继续分为项目主干分支、项目释放分支等。

❑ 项目主干分支。对于项目主干分支来说，道理与平台开发分支类似，对于特定的车型类别或客户群项目，它们往往有更相近的需求，可以维护一条项目交付层级的"平台"软件。这条分支由项目团队精心维护，同时做好与平台的同步更新，以保证其是一条构建和测试成功的"绿色"分支，如图 4-39 所示。

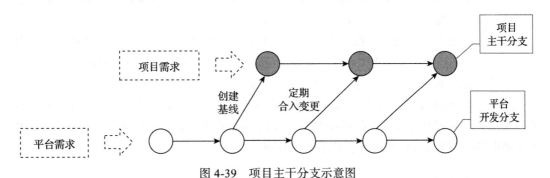

图 4-39　项目主干分支示意图

❑ 项目释放分支。而对于更多的项目变体，即项目释放分支，就能够以这条"绿色"的项目主干分支为交付基础，而高效地从中摘取软件基线，并完成自身的配置，比如，传感器、MCU、零件号等，如图 4-40 所示。

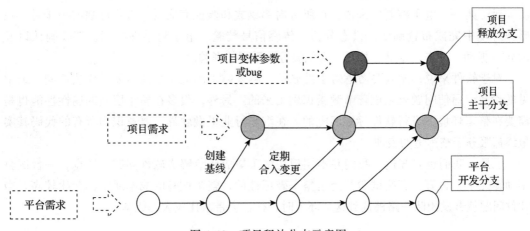

图 4-40　项目释放分支示意图

值得说明的是，以上仅给出了一种分支拆分的思路，基本逻辑是平台化和定制化的权衡。实际上，有些产品与项目甚至不需要分支，只在一条分支上开发下去即可，具体项目需根据软件的成熟度和复杂性以及变体的多寡等来综合考虑合适的分支策略。

4.5.2 软件向硬件集成

在完整软件交付出来之后，我们要做的就是将软件刷写到 ECU 硬件中（可能是通过 OBD 口或 USB 或直接连接芯片针脚刷写，也可能是通过远程 OTA 刷写），这其实就是我们要讲的系统（软硬件）集成。

理论上讲，集成都是通过接口来完成的，系统集成也就是通过软硬件接口来进行的，具体表现是物理的芯片引脚和逻辑的传输数据的软件接口。如果开发流完整的话，这些接口应该在系统架构的部分进行定义。

如果把系统集成再细分一些，我们再往上走，会有电路板与机械外壳、接插件、屏幕等的集成，只不过这种集成更多有着机械装配的意味，落在现实工作里就是打一批样件了。

当然，我们都知道一套完整的电控系统一般会包含传感器、ECU 和执行器，处于中间的 ECU 是前述两步集成的结果。但传感器和执行器往往由外部其他组织提供，如果从系统的视角考虑，我们通过线束支撑的接口来完成这一级别的集成也是必要的。至少，内部开发中经常需要利用这样的环境来验证 ECU 的功能。

4.5.3 产品向整车集成

整车集成基本属于 OEM 的工作范围，也是它们的核心竞争力所在。

这一步是从整车的角度来看的，比如，驱动系统、刹车系统、转向系统、被动安全系统、照明系统、辅助驾驶系统等。

对于某一个电子控制器来说，在所有内部集成和验证完成后，必不可缺的一步是，在整车环境中完成布置确认、模态分析、传感信号校验、电子对手件联调、产线确认以及 EMC、振动、冲击、水淋、盐雾、高低温等一系列的考验。

对于软件来说，尤其要考虑对手件联调，越来越多的电子功能需要多模块协同，最常见的诊断、通信问题就是该环节频繁识别出来的。另外，很多在整车层面的属性性能也是需要在整车环境下进行软件标定匹配的。在汽车行业里做软件，要意识到所有的代码其实最终都服务于整车里的表现。

但是，我们也要知道，我们并不期望在整车集成环节解决软件问题。毕竟，一台试验车动辄几十上百万，有些试验甚至是整车破坏性的，整车试验的成本通常都会比较高。当软件问题从开发团队一路逃逸到这个环节时，往往会带来比较大的成本。

4.6 汽车软件测试的整体框架

我们在讲 V 模型时就提到过，测试（即验证与确认）并非都是在最后完成，而是贯穿始终。比如，在需求分析、架构设计时，就开始考虑可测试性和用例编写；在后续的详细设计、软件集成时，都同步去做相关的单元测试、静态扫描、集成测试等；而在完整软件交付之后，会集中地完成软件、系统、整车层面的测试。

与前面的布局思路类似，为了建立一个整体的脉络，而且测试也属于相对独立的课题，这里集中梳理测试的部分。不过，在开始这条脉络之前，还是先澄清概念，以设定一个理解基线。

4.6.1　什么是软件测试

《软件测试的艺术》的作者梅耶认为："软件测试就是为了发现 bug 而运行程序的过程。"尽管不同的角色在不同的角度都有不同的定义，比如，有从需求入手的，有从质量着眼的，也有从一致性、风险和成本等展开的……各有各的道理，但从实务的角度看，本书选用了梅耶的定义，毕竟运行程序发现 bug 是我们日常可见的测试的最显著特点。

为了更贴近实际，我们大体按照业务的运行时间线，把这条脉络的一头一尾分别定义为"测试策略"和"测试汇总"，如图 4-41 所示。

图 4-41　软件测试简要脉络

4.6.2　测试策略的定义

在企业里，我们所做的所有工作从来不是独立的，也从来不是单一的技术问题或者管理问题，而是需要统筹考虑。

测试也一样，开始之前我们要有"策略"。这是一个 high-level 的概念，多少有一点模棱两可，本书给出软件测试策略的 3 个参考维度，分别是测试规则或指南、测试目标、测试原则，如图 4-42 所示。

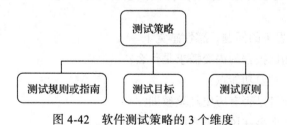

图 4-42　软件测试策略的 3 个维度

尽管实际工作中，我们基本无法清晰地拆分出隶属于不同维度的工作，而是相互混杂和渗透，但为了便于沟通和理解，暂且还是按此拆分。

1. 测试规则或指南

测试规则或指南，我们把它定义为统领性、强制性或推荐性的规则、要求或建议。它们一般由公司层面整体定义，并要求执行。通常会有如下内容。

❑ 什么节点前应该做测试分析？

❑ 应该用哪个报告模板？

❑ 什么测试条目是必测项？

❑ 测试用例的选择要考虑哪些？

❑ 测试的准入准出规则是什么？

❑ 是否必须先完成冒烟测试？

❑ 什么情况下必须做压力测试？

❑ 测试覆盖率怎么考虑？

❑ 测试通过率怎么定义？

❑ 如何区分不同层次测试的责任人？

❑ bug 的处理方式？

❑ 测试与需求的追溯性要求？

❑ 单元测试是否必须在其他测试前完成？

❑ 回归测试时测试用例如何选择？

❑ 自动化测试比例及开始时机怎么定义？

❑ 必须执行全量测试的标准是什么？

总之，测试规则或指南是一些基于公司策略和历史经验等制定的纲领性的文件。当然，多数不那么规范的公司不会定义很细，要求也不会很严格，姑且有这么个概念。

2. 测试目标

关于测试目标，比较宽泛的理解有查找问题、确认满足需求、避免 bug 逃逸、保证客户满意、提升质量、降低成本、推进持续改善等。

这些内容虽然不难理解，但太泛泛而谈了。在具体的某个客户、某个平台、某个项目、某次迭代、某次交付的组合里，会有多方面因素要考虑。这是一个复杂且需要背景信息的问题，无法简单说明。

举几个可能需要思考的问题，感性感觉下。

❑ 这个客户对测试报告的提交需求是什么？

❑ 这次上了哪些主要功能点？

❑ 该平台或该项目是否有历史经验教训？

❑ 已经识别到什么潜在风险需要测试探测吗？

❑ 内部有什么质量目标？

❑ 本次交付变更点是什么？

❑ 自动化测试台架是否可用？

❑ 这次是工程车间装车，还是台架或者产线？

❑ 什么功能是本次交付最关注的？

❑ 是否上路，上什么路？

综合各种信息，项目经理或测试经理可以来统筹判断及调整本次测试的目标，据此再进行后续的计划、执行等工作。

3. 测试原则

考试有答题技巧，工作有方法论，打仗有兵法。测试原则差不多等同于这类。在所有和测试相关的工作中，是否有一些参考性的原则呢？

（1）要尽可能早地测试

这是质量成本的原则，发现问题越晚，成本越高，影响越大，单元、集成类测试就属于这种。

（2）不可能进行穷举式测试

进行完全的测试是不可能的，完全没有任何 bug 的软件也是不存在的。要根据风险评估，进行测试用例设计，定义最佳的测试量。

（3）关注 bug 群集效应

我们都听说过二八法则，该原则在此也是适用的，少量的模块经常包含大部分 bug。统计数据也表明，一段程序已发现的 bug 越多，则该段程序发生更多 bug 的可能性也很大。

（4）杀虫剂悖论

如果同一个测试人员重复执行相同的测试，他将无法发现新的测试 bug。这既有测试用例更新不及时的原因，也有测试人员的思维定式和思维懈怠的原因。所以，测试用例要经常更新，测试人员也可以适时轮换。

（5）测试只能证明存在 bug，而无法证明不存在 bug

因为测试实际上是一个样本实验，不可能涵盖所有情况。

（6）没有 bug 不代表软件一定能够使用

比如，测试用例本身未覆盖需求，这其实说明了测试本身的局限性，也说明了我们要进行全方位软件开发及测试管理的必要性。

（7）测试最好由非软件开发人员担任

这是从心理学角度来看的，毕竟让一个人否定自己的工作是令人沮丧的，而且如果开发人员对某个功能有错误认识，再去测试可能依旧无法识别。

（8）首先进行高失败概率测试

为了尽可能早地合理退出，要首先执行具有较高失败概率的测试。比如，最好依次进行冒烟测试（核心功能预测试）、bug 重新测试、新功能测试、修改或优化的特性测试、未改变的特性测试（回归测试）。

实际工作中，策略更多是项目经理或测试经理的整体谋篇布局，以上 3 个维度只是落于纸面上的一个参考。

4.6.3　测试计划与管理

有个通盘的策略性考量后，就可以进行管理层面的工作了。接下来看测试计划与管理。

当组织结构庞大及软硬件功能复杂时，测试也同样会变得很复杂和容易混乱。这时，就非常需要由专门的人按照特有的流程进行组织和管理。管理的范畴很大，为了避免描述混杂在一起，我们这里只谈小管理，不涉及具体工程层面的内容。

我们可以将测试管理的目标定义为，根据确定的测试范围，交付与测试相关的工作包（例如，测试规范、测试执行、评审和报告等），同时，还要满足项目进度计划中定义的里程碑节点。

简单来说，就是先要明确谁在什么时间做完什么，然后在出现异常时进行调整。当然，这个交付目标的达成需要获得很多资源支持。软件测试计划与管理的 3 个关注点如图 4-43 所示。

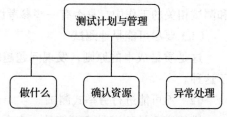

图 4-43　软件测试计划与管理的 3 个关注点

1. 做什么

首先，要明确做什么，根据我们的策略定义测试范围，进行比较粗略的分类，可能会涉及单元测试、集成测试、系统测试，以及撰写辅助性文档、报告与完成评审等工作。这些内容之间可能会有依赖关系和前后次序。同时，也要识别出责任人，根据实际项目经验看，没有明确到具体的人的任务 99% 会延期。

2. 确认资源

接下来，要确认资源，这里包括人员、设备及样品，再细分一些，还要看人员是否充足与人员能力是否足够、设备及样品是否充足和可用。比如，可能考虑到软件测试工程师、系统测试工程师、具备特殊测试能力的专家，以及台架、ECU、线束、CAN 工具、诊断仪、示波器等。当这些有问题时，就需要管理人员进行调配。

对于执行人而言，会提出工作包的完成时间。这也是测试人员和管理人员容易产生分歧的地方，测试人员希望尽可能慢，管理人员希望尽可能快，具体就看实际工作中，如何平衡了。

成本管控比较好的公司，还会考虑成本，一般包含人员工时和材料成本，特别是涉及第三方公司或其他独立结算团队时。

对于项目经理而言，他们最关心的是完成的截止时间及监控，也就是催催催。根据整个项目的进度和前面的梳理，可以得到详细的计划。至于所需的详细程度，则取决于产品的复杂性和所涉及的测试人员的数量等。

3. 异常处理

然而，出问题和延期几乎是必然的，基本没有哪一个项目能够完全避免，解决这些问题也是管理人员最主要的任务。或拿出自己的余量，或减少测试，或调整优先级，或谈判，或带风险并行，或升级管理层支持。

整个管理过程会有不同的工具支持、流程部署、模式风格，各有各的做法，暂不详述。这里举一个做得比较严谨的案例。

简单思路是，在测试之初，定义一张完整的测试全量计划表，里面包含系统、软件、硬件、结构等所有的测试条目，以及每个条目测试与否、不测试的分析理由、通过与否、对应 bug 和报告链接等。由项目经理或测试经理作为总负责人，组织相关人员进行测试范围识别、测试计划排定、测试进度跟踪、测试报告提交完善等。每次迭代都对应这样一份统一的测试汇总表，通过这种方式可以系统地将测试管理起来。

4.6.4　测试执行的分类

上面的阐述都属于规划管理性质，下面开始进入具体操作层面。

测试的分类方法有很多种。

- ❑ 按照测试时序，可以把整体的测试过程分为需求分析、测试计划、测试设计、测试环境搭建、测试执行、测试报告这几大部分。
- ❑ 按照测试类型，可以分为功能测试、性能测试、负载测试、压力测试、冒烟测试、安全性测试、兼容性测试等。
- ❑ 按照是否执行程序，可以分为静态测试和动态测试。
- ❑ 按照对软件内部信息的了解程度，可以分为黑盒测试、白盒测试、灰盒测试。
- ❑ 按照测试层次，可以分为单元测试、软件集成测试、软件（需求）测试、系统集成测试、系统测试、验收测试这几大部分。

从另外一个工程应用的思路，我们还能将测试层次做一个整合，单元测试、集成测试都属于"设计"层，软件（需求）测试和系统测试属于"功能"层，而验收测试属于"方案"或"问题解决"层。

五花八门，不一而足。

粗略来看，从测试层次的角度，基本也能够覆盖到其他分类的内容。为了理解起来比较清晰，而且业内讲得非常多的 V 模型或 ASPICE 以及本章主干布局也是按照层次来划分的，所以我们选择从测试层次逐一铺展开，如图 4-44 所示。

1. 单元测试

单元测试是软件验证的最低级别，是对软件的最小可测单元进行验证的工作。

但如何定义单元一直是争论的焦点，通常我们会说一个单元就是一个函数，可有的函数代码段很短，这样做会显得很浪费，所以也经常会将单元异化为具有独立功能的组件。

搁置争议，我们只看汽车行业。按照惯例或标准，广义上，可以把软件集成测试以下的所有测试都看作单元测试。于是，我们可以将单元测试细分为代码评审、静态分析、单元（代码功能）测试和单元（代码覆盖率）测试。前两种属于静态测试，后两种属于动态测试。

（1）代码评审

根据形式或正式程度上的差异，代码评审会有很多名目，比如：

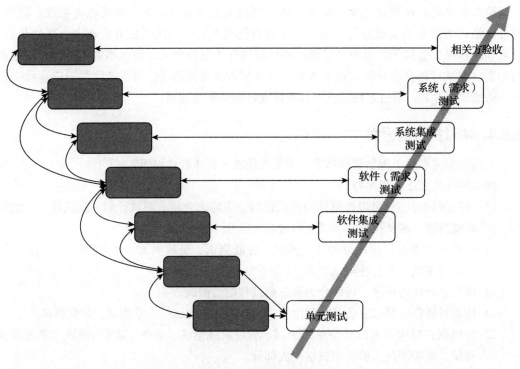

图 4-44　软件测试的层次

❑ 走查（Walk Through）
❑ 同行评审（Peer Review）
❑ 代码评审（Code Review）
❑ 结对编程（Pair Programming）
❑ 代码审查（Code Inspection）

简单来说，代码评审就是一个人或一组人对可阅读的源代码（有时也需要结合需求或软件文档）进行检查。

可能会识别出如下一些问题：
❑ 无注释的代码
❑ 不可达的条件路径
❑ 太复杂的循环嵌套
❑ 无返回值的分支
❑ 未初始化的变量
❑ 空指针的引用
❑ 不规范的命名规则

理论上，让他人去检查一遍手写代码的合理性与正确性，有一定的意义，甚至在某些案例中，代码评审的作用会胜过后期测试。比如，开发调用了名称相似的变量，这种错误可能会到很后期才会被探测到。

实际上，代码评审也同其他评审类似，都是无奈为之而又常常流于形式的手段。

解决这类问题的方法不外乎 3 个：

- ❑ 用更负责且有经验的人
- ❑ 提升形式的强制性
- ❑ 积累充足的检查清单

其中，在静态分析工具投入使用后，人的经验就成为代码评审存在的最大意义。

总之，代码评审不算典型的测试，但作为编码后的第一道屏障，仍然有必要存在。

（2）静态分析

相较于人工代码评审的低效，静态分析是依赖于诸如 Parasoft、Polyspace、Coverity 等工具的自动化分析。因为不需要执行软件，所以静态分析也不需要二进制代码或可执行程序。

静态分析工具通常主要支持以下两种分析类型。

1）语法分析：主要检查是否符合编程语言的语法规则，如 MISRA C。

2）代码路径分析：主要包括控制流分析（如语句条件分支、循环迭代次数）、数据流分析（如变量值的传递）、代码复杂性（如圈复杂度、路径长度）、依赖关系（如函数之间的调用、模块之间的依赖）等。

当对部分或全部代码进行静态扫描后，会得到基于内置规则集的判定结果，一般会包含分等级的规则违反情况。如 MISRA C:2012 分为强制（Mandatory）、必要（Required）和建议（Advisory）。

通常，强制表示必须修改，必要项表示需要进行评审。但当涉及第三方标准库时，就无法按照这个规则执行了，具体还要看产品类型（是否涉及信息安全）和公司要求。

此外，由于编译器基本都具备类似的代码检查功能，因此静态分析工具也可以理解为编译器的扩展。

因此，我们也会把编译器警告或错误作为要处理的条目。

（3）单元（代码功能）测试

这部分测试的源头是软件详细设计，测试重点从代码写得漂不漂亮转移到代码写得有没有用，即是不是符合设计。

（4）单元（代码覆盖率）测试

单元（代码功能）测试完成后，够了吗？不够。

我们没测出 bug，不代表软件没 bug，而是没测够。

没测够的典型表现是测试用例对代码的覆盖程度不足，这就是本测试要处理的问题。

主要的代码覆盖率测试包括以下 4 个类型，严格程度从上到下依次增强。

1）语句覆盖（Statement Coverage）：这是最基本的代码覆盖率测试类型，它确保每个代码语句至少执行一次，以保证没有死代码，属于入门级别的测试。

2）分支覆盖（Branch Coverage）：分支覆盖确保每个分支语句（通常是 if 语句）都被覆盖到，即每个分支的真和假两种情况都被测试到，有助于揭示一些逻辑错误，如 if a and b then...，用例为 a 真 +b 真（分支为真）、a 真 +b 假（分支为假，与其他条件组合等价）。

3）条件覆盖（Condition Coverage）：条件覆盖要求每个分支语句的每个条件都被覆盖，即每个条件的真和假两种情况都被测试到，它比分支覆盖更为严格，因为它会关注条件的组合覆盖，如 if a and b then...，用例为 a 真 +b 真、a 真 +b 假、a 假 +b 真、a 假 +b 假。

4）修改条件 / 判定覆盖（Modified Condition/Decision Coverage，MC/DC）：这一级别的覆盖要求同时满足条件覆盖和判定覆盖，以确保条件和判定之间的组合覆盖，是一种更加严格的代码覆盖率测试。

不同的项目和产品可能需要不同类型的代码覆盖率测试。

通常，基础的覆盖率（如语句覆盖和分支覆盖）是必要的起点，而在需要更高可靠性和安全性的项目中，可能会选择更严格的 MC/DC，比如，涉及 ASIL D 的模块。

在这个阶段之后，软件组件就可以被集成了。

2. 软件及系统集成测试

（1）软件集成测试

软件集成测试的目的是，为集成的软件组件与软件架构的一致性提供证据，包括组件之间的接口。

测试的内容可能包括，通过接口的数据是否丢失、组件组合后能否达到预期父功能以及一个组件是否会对其他组件造成影响等。

此外，非功能的测试会涉及 CPU 负载率、内存占有率等资源消耗的内容。

测试思路一般有两类可供选择，增量式和非增量式，主要差别在于是一次性集成完毕后一次性测试，还是边集成边测试。前者容易造成大量 bug 报出而难以定位原因的问题，而且修改过程也会不断引入新问题，造成混乱。

（2）系统集成测试

系统集成测试是沿着 HW/SW 的接口进行的。通过物理引脚（物理层）和逻辑协议（逻辑层）连接的 HW/SW 接口将构成系统内部接口。

因此，系统集成的先决条件是已经集成的软件和硬件。从技术上讲，系统集成只需根据 BOM 在硬件上刷新软件即可，这和软件集成过程中功能集成是逐步进行的有些不同。

尽管理论上，软件集成测试是侧重于软件模块之间的接口的，系统集成测试是着眼于软硬件之间的接口的，但是系统不会单独悬浮于软件和硬件之上，硬件需要软件驱动，软件也需要运行在硬件上，所以系统集成测试的用例往往来源于软件或硬件各自的测试，有时也会来源于系统测试。

此外，需要注意的是，系统可以分几个层级，比如，ECU 能作为一级系统，ECU 加传感部件能作为二级系统，ECU 加传感部件再加执行部件能作为三级系统，三级系统集成于整车环境里还能被定义为四级系统。宏观来讲，系统集成测试需要考虑到所有的系统及对应接口，只不过越往上走，就越不是单一的软件范畴了。

3. 软件及系统（需求）测试

（1）软件（需求）测试

软件（需求）测试，顾名思义，就是为在芯片上运行的集成软件符合软件需求提供证据，证明软件功能满足需求。软件测试的负载常常不够真实，它更关注代码逻辑的正确性，通常更接近白盒测试。

（2）系统（需求）测试

系统（需求）测试，习惯被简称为系统测试，是测试集成的系统，以提供符合系统需求的证据，并确保系统已准备好交付。一般都是黑盒测试，不需要了解内部实现细节，只需关注输入与输出。

它与软件（需求）测试的差别主要是，系统（需求）测试要在集成软件、标定、硬件、外设设备、数据乃至人员的系统下进行。这也是最常见的 ECU 最终交付前的测试。在测试内容上，主要是针对需求、风险、特定用例或其他高层级系统行为的描述进行的功能测试与非功能测试（如性能、负载、压力、可靠性、鲁棒性、恢复性、安全性、兼容性等各类测试）。

当然，实际项目里很难将软件与系统的概念区分得那么清楚，比如，系统需求里和软件相关的部分可以归属于软件需求，那么，针对这条需求的测试到底算什么测试呢？

现实工作中更多是项目的责任划分问题，有时也会出现测试用例重复的问题，这就需要根据具体情况来看。

4. 验收测试

验收测试，实际上已经脱离了严格意义的工程开发的范畴。但是，现在行业内越来越多地思考用户导向和用户思维，所以验收测试的意义非同小可。2023 年年底发布的 ASPICE 4.0 也是顺应了这样的趋势，增加了有着相似概念的确认（Validation）过程组。

当然，我们更倾向于把验收测试定义为非专业的客户评判，比如，汽车行业领导试驾或员工测评就属于比较典型的验收测试，它是更高层级的、更贴近实际使用的一种确认，他们可能不懂软件，甚至不懂汽车，只是从自己的需要上来给出判断。

还有个例子，新房交房时或者毛坯房装修后，业主要去验房，就是典型的验收测试。他们显然不那么懂装修、懂材料、懂建筑资质、懂行业标准，但他们会从使用上、美观上、感觉上去评判。

以往的汽车行业基本不太会关注终端消费者的切身体验，也没那么多可选产品，造什么买什么。但现在及往后的时间，越来越多的终端消费者会介入验收测试中，以新势力为领头的各大车企会不遗余力地关注到他们的"验收"。

4.6.5 测试报告的编写

测试报告及相应文档定义的主要的焦点在于，测试基础（需求或设计）和所有测试级别上相应的测试用例及结果之间的追溯性。

理论上（或者说做得比较好的），这些测试相关文档都要通过配置管理来管理起来。基于经验，有以下关键点可能要注意。

- ❑ 测试执行后，测试结果和评估结果需要被输入不同格式的报告中。其中的评估最好不要忽略，以避免不适当的测试用例或测试环境引起的"假阳性"。
- ❑ 测试失败的用例要建立相应的 bug 记录，以确保可追溯性。
- ❑ 如果一个 bug 在专家评审后可以被接受，那么它也应该在测试文档中被清楚地注释。

4.6.6 整体测试状态汇总

这一部分就到了我们这条"脉络"的结尾，实际上很多项目并没有这部分，各类报告都是散落各处的、千奇百怪的、由各人负责的。

为了"客户"满意，这个工作包最好是有。

一份整体测试状态的汇总可以比较清晰地让内外部都知道当前的或历史的软件质量状态。当然，做起来会有些障碍，特别是系统复杂、分工细的领域，及时且准确地维护一张不断更新的大表（见表 4-1）是需要一番心力的。

表 4-1 简要测试汇总表示意

测试用例	测试计划	责任人	测试状态	软件 ID	硬件 ID	测试报告	评审记录	相关 bug
系统（需求）测试			计划中					
系统集成测试			已通过					
软件（需求）测试			未通过					
软件集成测试			不适用					
硬件测试			复用					
EMC 测试			……					
环境测试			……					

最后尝试总结一下这条"脉络"。汽车软件测试是一项以寻找 bug 为主要目标，基于各种组织策略、测试原则和业务限制，而进行多层次验证并提供证据的管理和工程实践工作。

4.7 复杂的汽车软件追溯

在一众以 ASPICE 为首的汽车软件工程管理体系中，追溯的实现几乎是最令人头疼的难题。我们都比较熟悉静态产品的追溯，普遍使用的条形码、二维码都记录了其很多独特的信息，基本是够用了。然而，对于看不见、摸不着的软件，为了搞清楚它，我们需要做的不单单是记录软件产品的静态信息，还需要更全面和更动态的追溯。

具体来看，前面我们对软件工程开发不断地进行拆解、分层，以求在细碎颗粒度下增强其透明度，同时，要保证整个拆解过程的一致性、正确性、全面性，避免矛盾、遗漏、错误的存在，以及让细碎的点联系在一起去实现整体的客户价值。这样做的背后就是靠全面、动态的追溯来支撑的。而且，从整个 V 模型结构来看，它的建立也是靠追溯的链条来连接的。

贴合工程实践看其内涵，追溯就是不同的交付物或信息之间的关系，这种关系分别从"建立"和"使用"两个方向上落地。

- 一个是构建清晰的主次、前后、上下工程逻辑关系，比如，从需求、设计、编码、验证到确认的依次递进的开发过程交付物。
- 一个是追溯建立后的使用，追溯建立是需要有意义、有价值的，而意义与价值不能仅体现在形式上的完美或者应付审核，我们要考虑在什么情境下需要其体现出实际功效来。

4.7.1　追溯的 4 个概念

正式展开之前，先整体讲追溯的 4 个概念作为前置条件。

1. 双向追溯性

追溯的前提是打散，面对打散到满地的"珠子"，我们要通过很多条线将其串起来，就像网状的卷珠帘。实际上，我们在 3.8 节讲配置管理时，也用过网状这个比方，这二者背后是相通的。

我们结合这个卷珠帘，形象地看双向追溯的两种角度：

- 第一，每两颗珠子之间是双向的，即两颗珠子之间有一条双向箭头线。
- 第二，每一颗珠子前后是双向的，即穿过中间珠子的线分别连接前后两个珠子。

这样一来，所有的珠子都应连在线上，无论哪颗珠子没有连上线，都会掉落，而这颗掉落的珠子要么是遗漏了、要么就是多余的。还有一点，由于分层拆分会导致下一层有更多的珠子，所以很多珠子前后可能引出不止一条线。

有了这个粗浅的形象感觉后，我们从严谨的工程角度看珠子的组成。从终端客户需求开始，依次有整车属性需求、整车系统需求、子系统需求、ECU 系统需求、ECU 系统架构、软件需求、软件代码实现、静态代码分析、单元测试、软件集成测试、系统集成测试、系统（需求）测试、子系统验证、整车测试、整车验收，最后到终端客户体验（共 17 大类），这个端到端过程里每一个名词都代表了一大类珠子，每大类珠子又是由一大堆小珠子组成的，如图 4-45 所示。

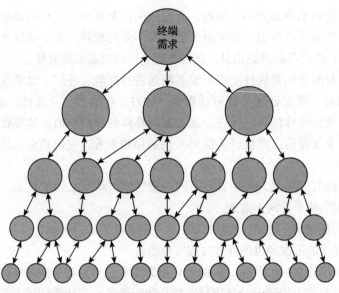

图 4-45　一条终端需求下的复杂追溯示意图

2. 追溯的方式

我们打比方时，将追溯看成是珠子穿线，但工程中的追溯显然是抽象的和逻辑的。一般追溯有 5 种实践方式，如图 4-46 所示。

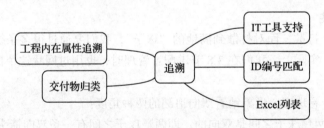

图 4-46　追溯的 5 种实践方式

（1）IT 工具支持

比如，使用 DOORS、JIRA 之类的软件可以建立不同交付物不同条目下的链接关系，这在大型企业用得比较多，数字化拓展也比较便利，但购买成本、维护成本都比较高。

（2）ID 编号匹配

这种非常普遍的方式往往也会用在其他的追溯方式里。另外，直接通过 ID 编号描述也可以实现不那么复杂的追溯。

（3）Excel 列表

这是中小企业最喜欢的方式，用一张大表加上几张嵌套的小表来记录整体的信息，自由便捷，但也会带来线下操作的普遍弊端。

（4）交付物归类

粗放式的追溯可以通过不同阶段不同类型交付物归类的方式进行，比如，使用文件夹或者 IT 工具里的工作项，相当于只穿大珠子，这适合于相对简单的、不那么需要精细管理的产品，这也往往是一种面对时间和成本压力下的妥协。

（5）工程内在属性追溯

这其实属于放弃了常规意义的追溯。开发人员做一些日常的文档管理、变更履历管理、分支管理、版本管理之类的工作，如果后期分析时需要查看追溯关系，就可以从这些蛛丝马迹里寻找，成本自然会更高些，但因为多数的追溯链条后期用不着，所以这种方式会用在一些特定产品特定过程的敏捷实践中。

整体来看，从第 1 种到第 5 种，追溯在形式上的完美性逐渐变差，但考虑到追溯持续维护的高额成本和商业发展阶段的优先诉求，我们需要在实践中摸索平衡点。

3. 追溯正确性的保证

我们从过程和工具上可以去实现每一颗珠子不掉落，这会在一定程度上强制穿珠子的开发人员去更细致地检查，但多数情况下，这对于真正的软件产品质量意义不大，只是做到了第一步，而穿得对不对、好不好、有没有多余的或遗漏的就不是追溯本身能保证的了。

不过，第二步也没什么特别的好办法，除了个人经验能力和责任心之外，我们只能通过评审尽可能地保证其正确性，但这依赖的依然是人。其实，这再次反映了软件开发的特点——强烈依赖于人的智力。

4. 拆分与追溯的必要性

我们尽量在本书进行极致拆分，就像前文提到的，将整体的交付物划分为 17 大类，这些大类还需要进一步拆分为条目与单元。拆分的单元珠子都要被追溯连起来，这是对工程逻辑详细阐释的必要性。

但在实际开发工作中，我们往往不需要做这么细致，极端情况下，我们甚至直接依据一份系统功能文档就开始了编码，中间的系统架构、软件需求、软件架构、详细设计都被忽略了，即便不这么极端，能够按部就班地进行逐级拆分、追溯、文档化并持续更新也是极难的，甚至是不可能的。

比如，系统需求和软件需求是否有必要拆分以及能否拆得清楚，软件详细设计和软件组件需求是不是在冗余地重复讲一件事情，直接定义到软件组件的外部客户需求是否还需要从系统、软件逐级编写，这些困惑与矛盾都让这种拆分与追溯无法完美铺陈。

所以，我们还是回到有限资源限制下的项目如何平衡的话题，严谨的追溯有它的好处，但必然会侵占其他好处的空间。

当然，万事皆需平衡，如果用这个去套用一切，那就是一切要靠人忖度，整个项目与开发就像浮萍一样没有根了，落点往往是靠人的本能。平衡是需要一定的倾向性的，究竟是倾向质量、倾向时间，还是倾向成本，这就取决于整个组织的战略定位和文化属性了。

4.7.2 软件工程逻辑下的追溯

接下来讲追溯的第一个层级——工程逻辑下的追溯（站在 ECU 层级下），也是对前面几小节的串联总结，如图 4-47 所示。

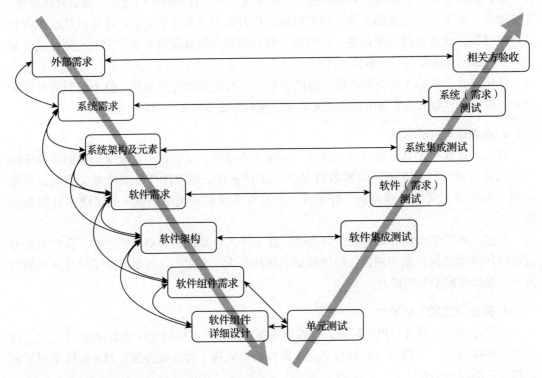

图 4-47 ECU 软件工程完整追溯关系

1. 需求视角

（1）从外部需求到系统需求

在 ECU 外部需求进来后，我们会首先收集、分析并形成完整的系统需求，这时将整个 ECU 视为一个"黑盒子"。

（2）从系统需求到软件需求

接下来，继续对系统需求进行拆解与分析。剥离掉硬件、机械的部分，可以识别到与整体软件相关的部分，这部分内容就会形成软件需求，它将 ECU 中的整个软件视为"黑盒子"。

这里略作停顿，软件需求还有一个来源是基于系统需求的系统架构及系统元素设计，拆解、识别思路与系统需求类似。至此，系统需求都无遗漏地转移到了软件需求、硬件需求及机械需求的子领域需求上。

（3）从软件需求到软件组件需求

我们只看软件这条线，软件需求定义的是整个软件"黑盒子"，我们还需要进入其内部。

同样的，软件需求也将分两条线向下落实，即软件架构和软件组件需求，前者定义各个组件在整体软件中的调度、排布，后者则针对具体的一个个组件来描述其需求。这里其实是将软件组件作为"黑盒子"。

类似系统层的思路，软件组件需求的另一个来源也是基于软件需求生成的软件架构。至此，整体软件需求就无遗漏地转移到软件组件需求上了。

2. 设计与实现

需求之下，对应的是设计，设计又会分架构设计和组件详细设计，前者解决的是框架、结构与接口定义的问题，后者解决的是结构中元素、组件、单元设计的问题。

（1）系统设计

先讲系统，系统架构及系统元素设计都会基于部分系统需求来定义，二者的区别是一些系统元素的输入也会来自系统架构的定义，视产品的情况，架构会有模型和文档的不同体现方式。总之，系统架构及系统元素的设计会形成整体的系统设计。

（2）软件设计

接下来到软件设计，软件设计也分软件架构设计和软件组件详细设计，但由于软件比系统更具可拆分性且处于更下层，因此它的设计与系统层会有些差别。软件架构会基于整体软件需求和整体系统设计来定义，而详细设计会基于软件架构和软件组件需求来定义。

走到这里，软件架构和详细设计已经将全部上层内容无遗漏地继承了下来。理论上，下一步就可以进入代码编写了，架构中的接口定义和每个组件的设计都将致力于编码。

3. 验证与确认

需求、设计与实现的路径都走完后，就到了我们的守门员——测试（即验证与确认）这里，也就是 V 模型的右侧部分。

实际上，测试就是在确认实现（即代码、集成后的软件、集成后的 ECU）对作为测试标准的需求与设计（即测试用例的书写来源）的满足程度。理论上，以上每一层的需求与设计都应该被测试（用例）覆盖，这才算是完整的追溯。

首先来回顾一下前面讲了多少需求与设计，V 模型左半部分自上而下依次有系统需求、系统架构、系统元素、软件需求、软件架构、软件组件需求、软件组件详细设计以及最终的代码。

因为模型右半部分整体是自下而上的，所以我们自下而上地去看。

（1）软件组件详细设计与软件组件需求

一般通过单元测试来覆盖。代码本身会通过静态代码自动化扫描来确认，确认的是代码本身编写的规范性，比如，基于 MISRA 标准，这里的 MISRA 实际上也相当于一种需求。

（2）软件架构和系统架构

一般通过集成测试来覆盖，尤其是接口，有时性能测试、基本功能测试、冒烟测试也会归到此类。

（3）软件需求

这是比较典型的软件（需求）测试要处理的内容。

（4）系统需求与系统元素设计

由于系统层相对粗颗粒，所以一般不会区分那么细致，多为系统层级的黑盒测试。

当然，跳出 ECU 再往上看，整车测试、试驾、消费者反馈都属于广义的测试，逻辑是类似的，但工程意味会越来越淡，追溯的必要性及难度也都不大。

4.7.3　追溯对 bug 的实用性

至此，我们已经知道做好追溯很难，既然这么难，为什么要追溯呢？它有什么用，做得不好有什么问题吗？是的，做得不好会带来一些问题，这里的问题主要是指产品 bug。再深一层看，这里带来的问题还会体现在 3 个维度：bug 数量大、bug 发现晚和 bug 解决难。

我们前面也讲过人本能地对问题更敏感，从追溯做不好会带来问题的视角解读更容易理解追溯的实用价值，这也是为什么我们要在这里讲 bug。

1. bug 与追溯的简单关系

bug 是测试和标准（测试基础，即需求与设计）相比较出现了偏差。从前面的描述可知，测试和标准都不是单一的，都是有多条支线的上下游的，它们之间又有着密切的逻辑关系。

那追溯是在做什么呢？追溯其实就是将这些内生的逻辑关系显性化，所谓顺藤摸瓜，追溯就是遍地的藤条。追溯本身不新建关系、不提供方案，也不解决问题，它不具备太多的智力创造属性，但它的贡献在于提供"信息的透明度"。

当进入工程应用时，我们面临的主要困难已经不再是高精尖的技术突破，更多是在于信息传递的完备和细节的打磨，因为我们面对的是标准。

当然，追溯能够完美落成也需要一定的标准程度。而如果一切都是高不确定性的，就像当前智能汽车软件持续迭代的新方案，各种工程活动之间的关系不明，追溯关系也就难以捋清楚。总体来说，追溯与标准化（或成熟度）是同频发展的、也是相互促进的。

2. bug 数量大和 bug 发现晚

这二者属于正向开发的问题。

bug 数量大且 bug 发现晚是最差的表现。如果 bug 逃逸到整车、工厂甚至售后自然是非常严重的问题，到那时再去修复，损失和成本都会数量级翻倍。而 bug 数量少且 bug 发现早是最好的表现。如果 bug 都能在前期开发阶段被识别出来，可能程序员改几行代码就可以解决问题。其余的情况则属于这两极的中间。

再回过头来想，如果按照我们前面讲的工程逻辑一步一步推进下来，而且推进过程没错的话，似乎不应该有大量 bug 出现，也不应该测不出来。

怎么回事呢？直观来看，bug 数量多是开发人员写的代码导致的，bug 发现晚是测试人员没测出来。再去看背后的原因，可能是用户场景的复杂性导致需求的不适用性，可能是需求书写时的遗漏或需求理解偏差，也可能是架构设计不佳、模型参数设置不对，还可能是代码逻辑错误、用例写得不合理，最后也能归结到人员能力不够等。总之，整个链条的每个环节都可能出错。

虽然很多问题不是追溯能解决的，但追溯在解决前后一样不一样（一致性）和信息有没有遗漏（覆盖率）的问题上颇有益处。这个动作本身也是在做一个强制检查。

比如，在建立需求与设计的严格追溯过程中，可能会发现某条需求遗漏或者理解错误，从而避免了一个要发生的 bug，这就会让整体 bug 数量少一些。或者在建立软件测试用例和软件需求之间的追溯时，发现漏写了一条用例，这会让已经有的 bug 在软件测试阶段被发现，而不是漏到后期，从而让 bug 发现得早一点。

3. bug 解决难

bug 解决难是在前面堵不住、bug 已经产生或者已经逃逸到后期时要面对的困难。此时，我们会考虑 bug 的影响是什么、已经在哪些项目或车使用、涉及后续哪些项目或车型、根本原因是什么、如何去修复、集成到哪条分支上等。而上面每一个问题的回答都需要用到追溯。

❑ 要知道 bug 的影响，就是要看 bug 对应什么功能，功能属于哪个模块，模块是如何设计的，设计来源于什么需求，需求背后定义的背景又是什么，甚至要直接追溯到最上层的芯片。

❑ 要知道项目或车型的表现情况，得先知道软件分支是怎么做的，编译集成的基线是什么，项目或车型的功能配置差异，软件迭代的阶段等。这都是需要从一个版本号追进去的。

❑ 要知道根本原因和修复方案，第一步，要记录全面的 bug 的描述、测试的环境、使用的软件、日志的记录、测试的用例等内容，这是下一步的基础；第二步，除非有经验参考，否则就得沿着工程路径一级一级地追溯回去找原因，或许是测试用例写错了，或许是需求已经更新但还没传递过来，或许是集成错了不同的版本，或许是硬件环境的问题，无论什么，都得靠相关信息的追溯去查、去看。

如若哪个追溯链条断了，没法顺藤摸瓜，就只能大海捞针，尤其是对于智驾和座舱这类涉众广、组件复杂、代码以亿计的复杂系统。这样看来，追溯确有一定的实用价值。接着前面一句话讲，若要摸的是瓜，这藤的意义就很大，若要捞的是针，或许就任它海浪滔天，掉就掉了吧。

4.8　本章小结

　　本章基于软硬一体的 ECU 产品视角，从产品开发的角度，梳理了汽车软件开发及产品系统集成的主体脉络，具体从需求、架构、集成、测试以及整体的追溯关系上展开叙述。但要注意的是，软件开发更多是一种实践，书中叙述仅提供一种参考视角。

　　同时，考虑到汽车软硬件及整车系统的紧密性，阐述时尽可能从整车的角度逐级铺陈到软件层级。不过，由于篇幅和定位，本章并未在具体的软件设计、编码上着墨太多。

　　另外，值得说明的是，尽管现在的汽车软件在不断演化，不同的域都有不同的架构、不同的操作系统、不同的语言，也衍生出不同的开发思路，但无论是智能驾驶，还是智能座舱，或者底盘、车身电子，它们的软件工程逻辑是相通的，所以，梳理过程中，尽量地贴近通用性的知识内容，而并没有针对产品的特殊性来拓展，以期望搭起一个具备一定普适性的汽车软件开发的工程框架。

第 5 章 *Chapter 5*

软件开发所面临的行业体系

先说个我自己的经历，刚进入职场时，是在一家汽车零部件工厂，看着川流不息的工人、热气腾腾的电泳车间、震耳欲聋的冲床、叮当作响的物流小车、码得整整齐齐的仓库、忽明忽暗的自动化流水线、密密麻麻的图纸……眼冒金星，一头雾水。于是，反复地问自己，这些东西到底是怎么来的呢？有没有什么道理可言呢？又有没有什么共性的原理呢？

直到自己偶然间翻到一本讲运营管理的书，如获至宝，为什么呢？因为我发现我能在书中找到工厂里这些东西的影子。之后的几年时间，始终将其奉为圭臬，将所见所闻所感都往里套。可是，慢慢地发现，很多东西越来越勉强、越来越难解释……我可能是陷入了"拿着锤子找钉子"的思维困局里。

确实，随着接触面更广，自己当初视为珍宝的理念、知识只是特定领域的特定描述，并不具备那么宽广的普适性。实际上，就算是牛顿三大定律，也是理想条件下对现实的抽象，有局限性，而非绝对真理。

这就引出本章的重点——"体系"。汽车软件开发领域也会涉及这类"讲运营管理的书"，我们可以把它称为"最佳实践""良好实践""体系""标准""模型"等。同样的，它们也有着一定适用性和局限性，需要我们辩证地看待。

为了避免接受多传手信息，本章会基于权威的标准文件进行分析解读。为了贴合工作场景，内容会更通俗化、实操化，而不会过度追求学术性的语言精准。

需要说明的是，5.1 节与 5.2 节与汽车软件本身的关系较远，但考虑到软件是汽车大体系内的一部分，而且本书的受众可能来自传统汽车行业，也可能来自纯软件领域，所以书中保留了这些内容，读者可以根据自己的知识背景有针对性地阅读。

5.1 制造业体系基础——ISO 9000

老子曰，"道生一，一生二，二生三，三生万物。"在汽车软件开发领域，是否有一个相对的"道"来作为开发体系的基础呢？

现在，想象一个场景，一排破旧的厂房，上面用红色大字写着"通过 ISO 9001 认证"。对的，这里就引出我们的 ISO 9000 标准族（9001 是这个标准族里的标准之一，它规定了质量管理体系的要求，是整个标准族里唯一可以认证的标准，所以一般称为 9001 认证），这是全世界最知名的质量管理体系，没有之一。

道可道，非常道。我们把这个追求适用于任何组织的标准作为"道"似乎不为过。但是，由于它实在是太老了，也太过宽泛了，因此本节从 ISO 9000 的基本概念展开，重点关注其核心的原理与原则。

5.1.1 ISO 9000 有什么用

我们多是实用主义者，总是不由得想问有什么用，ISO 9000 有什么用呢？大体可以将其用途总结为 4 类：

- ❑ 帮助组织持续成功，这是它最实在和最期望的价值。
- ❑ 证明组织提供的产品和服务能够符合要求，重点在于给人以信心。
- ❑ 统一认识，便于沟通。
- ❑ 最后是务虚层面的，比如，用于 ISO 认证、其他标准参考引用或培训咨询。

5.1.2 5 个基本概念

从 ISO 9000 的目的与意义来看，它自然不只适用于制造业，也适用于汽车软件行业。但是，ISO 9000 要想保持富足的生命力，需要竭力应对汽车变革的时代，也要找到使用原则时的平衡。这其实就是我们的中庸之道，也是普适性道理。首先，我们从几个基本概念来整体理解其含义。

1. 质量

质量主要包含 3 层意思：

- ❑ 一是质量的内核在于文化。
- ❑ 二是核心在满足客户要求。
- ❑ 三是不仅要关注预期的功能性能，还要关注客户的感知。

2. 质量管理体系

质量管理体系是个非常宽泛的描述，大概意思是实现组织与组织里人的目标、辅助领导决策、给出一套某些结果的处理预案。其实，这部分可基本等同于公司的组织体系。

3. 组织环境

就像一个人一样，自己作为个体，有性格、经历、知识、观念等组成的"内部环境"，但你必然处于一个固定的环境里，比如，国家、城市、公司、法规、风俗等组成的"外部环境"，个人的座右铭（企业口号）、目标（企业使命）、梦想（企业愿景）都要依赖于内外两个环境。

4. 相关方

相关方的提出主要是想强调，不要只关注客户、只关注赚钱。就像工作在外，不要将全部心思放在工作上，也要多陪陪家人孩子，个人的持续发展和成功需要得到这些关键相关方的支持。

5. 支持

那么，支持到底如何体现呢？大体可以体现在如下方面：

1）老板。高层管理者一定要支持，这是最关键的。无论是自下而上，还是自上而下，质量线都需要能够通达最高管理层，这是质量体系落实的前提。

2）人员。以人为本，要让员工理解清楚目标，这背后的关键在于取得人心。

3）能力。要人岗匹配，要物尽其才，要人尽其用，要培养人才。

4）意识。外企喜欢用 mindset（思维模式），很多时候，这是一个可意会不易言传的概念。举个例子，有员工聪明异常，但毫无等级观念，那么多数老板会认为他的 mindset 有点问题。另外，如果处于螺丝钉环节的员工能够了解整个项目的背景和战略定位，知道自己在做什么，虽不尽然，但或有一定的激励作用。

5）沟通。有效的沟通很重要，但有效的沟通不容易达成，这时预设一个沟通计划和具体方式，或许会有帮助，如面对面开会。

5.1.3　质量管理 7 个原则

这 7 个原则略显古老，但非常经典，算是常看常新，如图 5-1 所示。

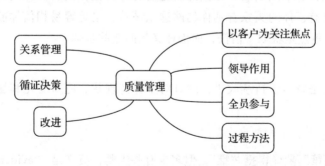

图 5-1　质量管理 7 个原则

1. 以客户为关注焦点

质量管理的主要关注点是，满足客户要求并且努力超越客户期望。而客户满意，会让自己赢得利益和口碑，所谓名利双收。

这里其实有一个很经典的模型：赢得客户信任，以建立持续的互动，在互动过程中基于需求创造价值，进而让组织持续成功。所谓的用户黏性或私域流量，都是通过持续互动来获得更多商业机会。但是，信任很重要，是这个轮回的起点。

通常需要定位客户群，跟进客户当前及未来的需求，将组织目标和客户需求联系起来，持续维系客户关系。

2. 领导作用

领导的作用不用多讲，但各级领导要定好统一的方向，大家的劲儿要往一处使，不能各自为政。这样才能步调一致、兵强将勇，并达成目标。

3. 全员参与

很显然，众人拾柴火焰高。而火旺、人暖、其乐融融是所有人的期待。

首先，要做到人岗匹配，并能给到足够的授权以鼓励参与。当然，有效激励并不容易，我们期望能看到领导推心置腹和下属谈心、员工敞开心怀发表意见，但这取决于很多因素。

4. 过程方法

过程决定结果，或者有较大可能决定结果，这是现代质量管理的基本逻辑，也是 ISO 9000 的行文基础。具体来看，过程 = 输入 + 活动 + 输出。然后，通过将一个过程的输出作为另一个过程的输入来逐渐构建整个网络体系。

简单来说，过程就是将日常做的事提炼一下，串起来，排好前后顺序，定好要求，就有助于多次做成类似的事儿。

所谓小事连成串，串结成网，而后相互关联，相互制衡，举一纲则全目张，驱动一环则环环相扣。而且，有了网之后，寻找漏洞也更有针对性，而后修补网洞，逐渐完善，效率也越来越高。还有，你的买家看到你的网这么精致，也更容易相信你能捕到大鱼，即使你现在还没捕到。重点是获取了信任，而信任又是商业的基础。

5. 改进

成功的组织总是致力于持续改进，改进对于保持现状、应对变化和赢得未来来说都很有必要。

6. 循证决策

这个"循证决策"翻译得挺"雅"，但多少有些生僻，英文是" evidence-based decision making"，也就是说，基于事实、证据和数据进行复杂的决策，相对而言可能会客观一点、更好一点。这里用了"相对"和"可能"，其实也是想说它并不常常奏效，首先数据不一定准确及时。

7. 关系管理

在汽车行业这种相关方极为复杂的领域，我们不能当独行侠。我们要通过共享目标、信息和资源，实现共赢，最终让供应链稳定供应优质产品与服务。通常的思路是，按照亲疏远近和利益相关性进行各种协同、权衡与交换。另外，适当的升级与奖励也有助于提升积极性。

至此，我们把 ISO 9000 标准快速过了一遍，但它实在太过"高屋建瓴"，如果要真正达到"道"的水准，需要去悟。不过，不可否认，这里面的原则与框架仍然是行业体系的源头，尤其是对于汽车这种离不开制造的行业，适用性更为突出，可能不值得反复研读，但仍然值得一读。

5.2　汽车行业体系基础——IATF 16949

当别人说起这串数字时，如果你不知所云，那就基本可以断定你不懂汽车行业。没错，IATF 16949 已经是名正言顺的汽车行业体系的"定海神针"。但是，需要知道的是，IATF 16949 并非一套独立的质量体系标准，而是对 ISO 9001 的补充，是汽车行业应用 ISO 9001 而生成的特殊要求，所以应该结合 ISO 9001 来使用。

本节我们会基于《IATF 16949：2016》解读汽车行业的基础体系，也会把必要的或该标准引用的 ISO 9001 的内容一并代入。此外，由于其涉及了大量的生产相关及标准特有的解释性内容，与本书的定位略有偏离，因此在不影响整体逻辑的前提下，会对这些内容进行大量简化。

5.2.1　总体概述

在开头，我们先讲一些总体的概述性内容。

1. 执行该体系的收益

收益依然是工程的直接牵引，基本包括以下方面：

❑ 稳定供应。

❑ 客户满意。

❑ 应对风险与把握机会。

❑ 证明自己。

这 4 点虽然很具普适性，但也能够体现汽车行业比较突出的需求，比如，"稳定供应"是保证整车协同和高质量的必要条件，"证明自己"是 Tier 1 赢得 OEM 订单的前提。

其中，该体系的基本方法是基于 PDCA 和风险思维的过程方法及持续改进，这里也可以让我们联系到汽车行业的谨慎与按部就班。

2. 过程方法

ISO 9000 中提出了过程方法的理论基础，而汽车行业的特点倒是很有助于过程方法的落地。

汽车行业的技术与需求足够成熟后，就能够在一定程度上预期结果，而行业的大批量交付与安全需求又反过来需要预期结果的稳定性，这是执行过程方法的大背景。

但是，行业的大规模协作必然导致大量活动的相互关联与相互依赖，输入与输出相互交织，这就让我们非常有必要增加很多的监控点。所以，在汽车行业里，基于风险大小而设定的不同频次和深度的测量、检查、审批、评审、签字等都是为了去监控过程的有效性的。

3. PDCA

PDCA 循环，即策划 - 实施 - 检查 - 处置循环，也叫戴明环。这实际上是一切管理的基本规律，我们日常的工作、生活也都在有意无意地践行这个环。可是要做到"想好""做好""复盘好""做得更好"并非易事。

4. 基于风险的思维

在第 3 章，我们讲到风险管理实操中多少有些流于形式。但是，恰是由于其难以具象化、标准化或者说形式化，对风险的应对或对机会的把握才是极其考验个人及组织的能力的，所以，小标题里加了"思维"这个尾缀，倒也合适。

5. 范围

简言之，IATF 16949 适用于汽车行业从零部件到整车、从机械到软件、从设计到售后的全产业链。

6. 术语和定义

对术语的认知常常是区分内外行的一个简便方法，当然，也是入行的简便方法。我们整理一些稍微典型的术语。

（1）产品质量先期策划（APQP）

实际上，行业内各个企业已经形成了大同小异的内部开发流程，APQP 在工作中起到的作用并不突出。简单来说，APQP 定义了从规划、产品设计和开发、过程（侧重于生产过程）设计和开发、产品和过程确认、试生产、生产的各个环节的要求，是一个结构化的全过程统筹策划过程。

这里有必要引出另外一个话题，就是包含 APQP 在内的 16949 五大工具，具体分别是：

❑ APQP（Advanced Product Quality Planning，产品质量先期策划）

❑ PPAP（Production Part Approval Process，生产件批准程序）

❑ SPC（Statistical Process Control，统计过程控制）

❑ MSA（Measurement System Analysis，测量系统分析）

❑ FMEA（Failure Mode & Effect Analysis，失效模式及影响分析）

其中，针对前 4 个工具，可以参考 AIAG 编制的 4 本手册了解更多详细内容，FMEA 最新一版是由 AIAG 和 VDA 融合了各自版本后联合开发的，也算是走向统一。实际上，VDA 及其他一些组织在这 5 大领域也都编写了一些参考书籍，只不过前述的版本更加流行，读者可以自行参考查阅。

（2）其他典型术语

- 售后市场零件，即非原厂产线下来的零件，质量自然不能保证。
- 挑战件，即标准件。
- 装配的设计，要考虑设计出来，还得能装得上。
- 制造的设计，要考虑设计出来，要能造得出来。
- 具有设计责任的组织，即设计主导方，这在跨国外企体现突出。
- 防错，比如，钥匙反着插不进去就是一种防错手段。
- 实验室范围，即一套描述能做什么实验、怎么做、用什么做的文件。
- 产品安全，就是不能对顾客造成人身财产危害。
- 生产停工，工厂最怕停线。
- 反应计划，说明了异常后该怎么做。
- 服务件，即按 OEM 要求制造的零部件。
- 现场，通常指增值制造场所，一般指车间。
- 特殊特性，即关键的产品或制造参数，但软件一般没这个概念。

7. 组织的环境

这里描述了非常高层级、非常宽泛的一些概念。我们在组织内进行各类工作，要考虑到从大到小的各种因素的影响和各种人员的需求，尤其要考虑客户的需求，要严谨搭建质量体系，并尝试用合理方式去保证产品与过程的符合性。同时，还需要完成一定程度的文控工作。

5.2.2　整体策划

IATF 16949 非常重视策划、计划类的工作，所谓凡事预则立，不预则废。下面从 3 个维度展开介绍整体策划。

1. 风险和机遇的应对措施

整体策划通常面向的是一些重要的风险关注点，包括召回、审核、退货、投诉、报废及返工等。风险管理主要是通过执行一些措施去预防风险的发生，这些措施要落到纸面上且要被评审。同时，还可以参考历史经验库。

不过，既然是风险，就有可能发生，我们应提前准备好应对预案，即应急计划，尤其是针对一些高级别风险，不仅要准备好相关的处理举措，还应有是否及如何通知客户或相关角色的内容。有机会的话，还应该对应急计划进行日常演习，以确保其有效。

2. 质量目标及其实施的策划

质量目标或任何目标都不应该脱离以下的框架，由谁在什么时候用什么资源以什么方式完成到什么程度，其实这和我们常说的5W2H（What、Why、Who、Where、When、How、How much）道理一样。这里需要特别强调的一点是，组织应基于评审结果在每年至少建立一次相关指标。

3. 变更的策划

前面我们也提到过，汽车行业的变更需要充分考虑，包括潜在后果、完整性、是否有资源、权责分配等。

5.2.3 相关支持

策划与计划的执行需要得到一定的支持，这里的支持和ISO 9000的支持的侧重点略有不同，如图5-2所示。

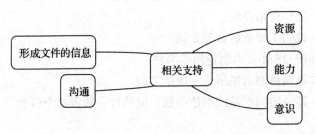

图 5-2 IATF 16949 相关支持内容

1. 资源

正所谓，巧妇难为无米之炊。做饭需要的资源之一就是原材料（如米），但对于公司而言，资源具有更广泛的含义，包括人、钱、知识、设备、运输、信息通信以及一些不那么具象的环境因素，比如，融洽的员工关系、合理的工作强度、舒适的工作环境等。

此外，为了保证产品是符合要求的，监视与测量也是一种重要的资源。但是，首先应保证测量系统本身是值得信任的，如果尺子本身就有问题，测量出来的结果自然没办法让人信服。让人信服的一个有效办法是"测量可追溯性"，即测量设备应能溯源到权威标准，且及时完成校准与检定，并有翔实的记录可查。但由于测量设备是一个单一的东西，无法支撑起系统性的监视与测量，因此我们更多是在各类内外部实验室完成相关的工作。而相应地，实验室也需要获得必要的资质，以证明其权威性。

2. 能力

巧妇难为无米之炊，而笨妇也难为有米之炊，巧与笨就涉及了能力。组织应通过培训等方式，尽量保证影响产品与过程符合性的人员能够胜任相应工作。另外，标准还特意提到了审核员的能力，这部分可以参考3.4节，不再扩展。

3. 意识

意识有时候甚至比能力更重要，特别是在汽车行业这种对统筹协调要求比较高的领域，但它又是在公司的文化、管理、激励等熏陶之下，依靠个人经验与悟性，潜移默化而形成的。

员工能认识到其行为对产品质量、客户满意度等方面的影响算是一种意识，但还是有很多其他只可意会不可言传的意识。更多的意识往往是很难显性化或抽象出来进行普遍的描述的。

4. 沟通

推进事情的第一手段就是沟通，而沟通什么、何时沟通、与谁沟通、如何沟通以及由谁沟通都无时无刻不在考验着我们。

5. 形成文件的信息

这里总体是讲文档控制的，大量的文控是汽车行业非常烦琐但重要的内容，文控也是数字化转型的核心对象之一。这里不展开，一些实用的指南可回顾 3.7 节。

5.2.4　体系运行

考虑好了各种环境因素，有了领导的支持，前期质量体系与目标的整体策划也都做好了，还有了相应的其他支持，接下来就到了整个 IATF 16949 体系的运行环节如图 5-3 所示。

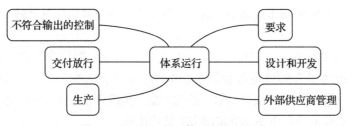

图 5-3　IATF 16949 体系的运行环节

当然，体系运行、产品实现中仍然还需要更具体的、更有针对性的策划，这仍然是"凡事预则立"的思维。在这个过程中，需要考虑到产品要求、技术规范、制造可行性、物流要求及产品交付或接收的准则。此外，要注意相关业务或技术的保密。

1. 要求

我们反复强调了要满足客户要求，这是技术性工作，但需要交流沟通来促成，有时候沟通甚至更重要。通常，可以按照客户许可进行口头、邮件、数据、特定模板文档等方式的沟通，而沟通的内容可包括产品、合同、订单、其他反馈甚至投诉等。

对于处于核心地位的产品要求，客户需求不是要求的唯一来源，要关注到政府、安全与环境等相关的法律法规，也要考虑组织内部认为有必要的一些其他要求。当然，说了就得算数，声明的、承诺的要求都要实现。

如何实现呢？可以通过多方论证、评审、试生产、对标研究、反复确认等各种方法来确保要求没有遗漏、要求被理解得很清楚、要求是可行的、要求被正确地执行等。

2. 设计和开发

这里强调两点：
- ❑ 第一仍然是基于过程的方法，以保证产品持续、稳定提供。
- ❑ 第二是设计和开发的重心要放在错误预防而非探测上，但这并不容易，就像我们在 3.5 节讲到的，大家本能地紧盯 bug。

设计和开发的基本流程如图 5-4 所示。

策划　　　输入　　　控制　　　输出　　　更改

图 5-4　设计和开发的基本流程

（1）策划

第一步依然是策划、规划、计划。我们反复提到汽车行业相关方交织的复杂性，所以做设计决策要多方论证，要考量横纵向的层层关系。

不过，归根结底，核心设计人员的技能水平才更具备决定性作用。另外，IATF 16949标准特别提到了嵌入式软件，强调要建立质量保证过程，以保证软件开发是有规矩的。这也是 IATF 16949 在 2016 版本最新提出的，反映出汽车行业开始向软件转型。

（2）输入

关于设计和开发的输入，我们的第一反应是客户需求，但这个维度的需求往往很高层级，是从"不那么专业"的使用者的角度来看的。这对于靠细节打磨的工程化而言，自然不够用，至少要考虑到边界与接口需求、替代方案、风险评估、非功能需求（可靠性、耐久性等）以及特别重要的特定市场或特定国家的法律法规。

另外，汽车行业是一个积淀深厚且仍在不断积淀的行业，这就让我们能够并需要去关注组织在设计项目、竞品分析、供应商反馈、内部输入及其他环节沉淀下来的数据资产库。要站在巨人的肩膀上，而非总是要颠覆。

（3）控制

设计评审、开发测试、样件评审、整车验证、客户试驾，这都是常见的控制手段。还有一个所谓"监视"的概念也可以划分到控制环节里，即开发的数据与指标被汇总后向管理层汇报，如 bug 的状态。

汽车行业里还有另一个重要的、系统的控制工具，就是前面提到的五大工具之一的PPAP。在整个产品即将完成设计走向生产的中间点必须完成 PPAP 的客户审批，常见标志是 PPAP 文件之一的 PSW（Part Submission Warranty，零件提交保证书）的签署。

（4）输出

输出环节往往是项目组最开心的时候，要把手里的成果或包袱交接给后续的生产或其他工程支持角色，对接人需要确认诸如 FMEA、CC/SC（Critical Character / Significant Character，关键特性 / 重要特性）、3D 数模、2D 图纸、BOM、设计评审报告、DV/PV 报告、软件测试表、未解决 bug 清单及策略、需求基线、包装及标签等要求。

对于硬件或结构件而言，图纸、数模、BOM 基本就能将设计输出定义得八九不离十了。而对于电子软件，则要视产品来定，没有明确标准，毕竟软件的开发与生产是合在一起的。

此外，要注意设计与开发不仅仅包含产品，还包含制造过程，在项目开发人员紧锣密鼓地画图或敲代码时，工厂的工艺、质量、物流、生产等各个角色也需要开启相关的准备工作，而不是在设计完成才开始干活。对于汽车零部件或整车，面向制造的开发理念是非常重要的。

（5）更改

这里的核心是在讲，要谨慎对待变更，要考虑全面。更多扩展内容可参考 3.6 节，这里不再展开。

3. 外部供应商管理

在组织内部，我们可以按照自己的要求来进行管控，但到了外部供应商这里，就很可能力不从心、鞭长莫及了，这就需要更小心地选择。

从理论上或标准上来看，我们可以在质量管理体系、软件开发能力、汽车业务量、财务稳定性、不间断供应的能力等方面来评估，有时也会在重要零部件或原材料上指定自己信任的供应商。

但因为风险仍然不可控，所以一直以来，汽车行业的核心供应链体系是非常稳固的，这些供应商往往是有着几十年与百万量级以上量产供应经验的，也是深入贯彻 IATF 16949 及相关标准的"忠实粉丝"，新入局者很难进入。

即使是已经入圈的、稳固的供应商合作伙伴，也是需要"控制"的，这是因为汽车行业的整个供应链都需要"稳定地向客户交付合格的产品的能力"。我自己做得好还不够，要整个链条上的每一个环节都不能掉链子。控制方式上，有以下几个方向可以尝试。

❑ 做好 ISO 9001 和 IATF 16949 认证。这已经是基本操作了。

❑ 要求交付汽车软件的供应商为自身的开发实施软件质量保证工作。

❑ 适时进行第二方审核，即客户审供应商。

❑ 将法律法规要求及关键需求清楚地传递至整个供应链。

❑ 日常监控产品符合性、停线干扰、售后投诉等绩效并予以应对。

4. 生产

这部分完全是生产相关的内容，内核是想尽一切办法"标准化"，尽管软件开发涉及太多的人为因素和频繁变更，无法也不可能做到极致标准化，但我们可以先参照一下。

以下是梳理出的与生产相关的几个关键文件或活动。

❑ 控制计划，反映制造过程要求的文件，包含作业准备、取样要求、首末件确认方法、CC/SC 监控方式、遇不合格品的反应计划等。

❑ 作业指导书，即指导工人如何一步一步操作，要清晰易懂。

❑ 停工后的验证，确保产线停下并重启之后的产品符合性。

❑ 全面生产维护，包含设备、工装、量具及监控指标与维护计划等一整套系统。

❑ 生产排期，即如何保证及时、经济地完成客户订单。

❑ 标识和可追溯性，详见 3.8 节。

5. 交付放行、不符合输出的控制

软件一旦释放出来，在生产里就类似于单纯的复制粘贴，没有任何变差，所以对于软件来说，更主要的在于开发或试生产阶段对软件与产线的适配性检查上。

对于生产的机械件部分，我们不做展开。

5.2.5 绩效评价

我们要关注、评价体系运行的好坏，这就是本节所讲的绩效评价。

1. 监视、测量、分析和评价

在 3.11 节，我们提到过数据驱动开发，其内核和这里的绩效评价是类似的，都是通过数学化的、统计性的方式来评价、控制或改善过程。

这里的分析和评价内容倒是有一定的普遍性，比如，产品的符合性、顾客的满意程度、体系的有效性、计划是否执行等。

2. 内部审核

内部审核对象主要包括产品、制造过程、质量管理体系及特别提出的软件开发能力。到目前为止，软件开发能力的审核主要是依托于下一节要讲的 ASPICE。

3. 管理评审

按照标准的要求，最高管理者应该每年至少参与一次评审，这倒是同时说出了管理层支持的重要性和支持获得的不容易性。

大家都会绞尽脑汁地思考汇报什么，又能得到什么，这对应到标准里就是输入与输出。总结一下，输入可以有不良质量成本、过程有效性及效率衡量、产品符合性、资源的充分性、改进的机会、顾客满意度等，输出可能是改进的机会、体系所需的变更、资源需求等。

5.2.6 持续改进

这是标准的最后一节，也是几乎一切体系的终极目标，既然没有最好，只有更好，那么就必然需要改进。

汽车行业的体系应该算是极其成熟了，改进也都走到了极致，乃至一枚螺丝钉怎么做、怎么装都被研究过不知多少遍。但是，汽车面对软件却是陌生的、排异的、笨拙的，改进空间还很大，扩展部分详见 5.8 节。

听起来，这个标准和软件开发的距离依然有些远，但是，不可否认的是，我们绝不能也不可能以纯软件的思维看待汽车软件，而要以整车、以生产的思维来看，这一整套工程化体系正在并仍然继续以强大的框架力量，影响或约束着其中的软件开发模式。

很多纯软件出身的人会对汽车软件开发模式有很多诟病，或说死板，或说笨拙，但拉远镜头，从整个行业大背景来看，就能理解其中的很多做法了。

5.3　汽车软件过程基础——ASPICE

在汽车电子软件圈里，ASPICE 已经无人不知、无人不晓了，虽然没有 IATF 16949 那样广泛的认可度，但也基本是考虑汽车软件过程的不二选择了。

所以，本节会全面解析 2023 年更新的 ASPICE 4.0，同时也会穿插对比大家更熟悉的 ASPICE 3.1。当然，我们不是摘抄标准，而是对实践经验的理论化，也力求用一些类比的方法实现通俗易懂。

另外，由于 ASPICE 是一个非常全面、系统的软件开发框架，所以前面讲的内容或多或少都会在此有些重复，但撰写出发点是不同的，本节是基于完整的结构进行解读，其他部分更多是基于具体的点，可以结合来看。

5.3.1　整体介绍

ASPICE 面对的对象是嵌入式车载系统开发的过程能力，注意这里是"系统"，而非纯"软件"。

ASPICE 提供了两个模型：

❑ 过程参考模型（Process Reference Model，PRM），类似于范文，给出了基本的成文要求。

❑ 过程评估模型（Process Assessment Model，PAM），类似于作文竞赛的阅卷准则，告诉你得分点在哪里，怎么打分，怎么综合评级。

为了让例子的逻辑更贴近 ASPICE，多说一句，PAM 相当于一份阅卷准则，得分点分为主题立意、中心思想、内容结构、语言运用、字迹字体等。但你需要写多份作文，比如，诗歌、散文、议论文、记叙文等不同的文体，因为过程（范文）不是只有一个。

总结一下，一份阅卷准则 + 多份不同文体的范文 =ASPICE，你基于自己的能力和风格，写出多份作文，阅卷老师（ASPICE 评估师）来对你的每篇作文进行打分，综合之后，会给出你每篇作文是几类文的评级，随后也可以提出提升写作能力的建议。

5.3.2 过程能力确定

图 5-5 可以用来阐释使用过程评估模型确定过程能力的逻辑，我们还是将其比作作文阅卷。

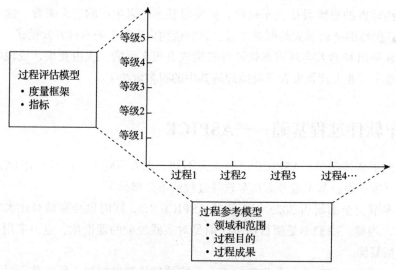

图 5-5 ASPICE 两个模型的关系

横轴是 PRM（过程参考模型）中的各个过程，也就是不同文体的范文，即各过程类别，如诗歌、散文、议论文、记叙文。

纵轴是能力等级，即利用 PAM（过程评估模型）及对应的度量框架对你的每篇作文进行评级后的结果。

比如，根据某考生某篇作文的情况，可能会针对不同的得分点依次打 3 分、4 分、3 分、2 分、2 分，多篇作文按类似思路评定后，最后判断这名考生的作文水平依次是诗歌三类文、散文二类文、记叙文一类文、议论文一类文，如果所有作文都能达到二类文，我们就会说这名考生达到了本次作文竞赛二类文的等级。

就像，该供应商的 ××× OEM 的 ××× 项目进行了 ASPICE 评估，VDA Scope 的 23 个（3.1 为 16 个）过程域都获得了二级认证。总听到有人说，××× 公司获得了 ASPICE L2 认证，其实这是不严谨的，相当于说这个考生是二类文。当然，这个类比只是说出了该模型最表层的样子，细节上会有很多差异，我们接着往下看。

1. 过程参考模型

如图 5-6 所示，这就是 ASPICE 过程参考模型的"范文"。比如，ACQ 是诗歌，MAN、SUP 是散文，SYS、SWE、HWE、MLE、VLE 是议论文（HWE、MLE、VAL 为 ASPICE 4.0 新增内容），其他的是记叙文。

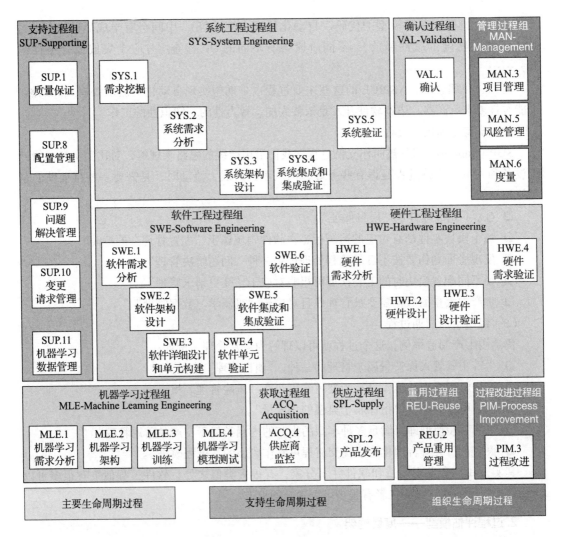

图 5-6　ASPICE 过程参考模型

（1）主要生命周期过程

如图 5-6 所示，ACQ、SYS、SWE、SPL、HWE、MLE、VAL 部分就是主要生命周期过程。

在继续下面内容之前，我们先思考下 ASPICE 的某种内在追求及运行脉络在哪里？我一直觉得软件的交付和工厂的运营有很多类似之处。因此，这里我们用比较直观的汽车组装流水线的例子展开介绍。

为了完成一台整车的交付（对应于软件最终 SOP 释放），我们会有冲压、焊装、涂装、总装这四大工艺流程，它们或有前后次序，或在并行推进，有的工位要人工操作（对应于工程师人工分析需求、手工编码、手工测试等），有的设备自动化程度高（对应于数字化工具链、基于模型的代码、自动化的脚本测试等），中间会有半成品的交付（对应于不同成熟度的软件释放），不同阶段会有不同的 QC 检查（对应于集成或合格性测试）……

所以，在理念上，ASPICE 的这些主要过程也是期望实现自动化的流水线模式。当然，可能柔性要求更高些，毕竟软件开发是依赖人的、智力性的、知识性的工作。

（2）支持生命周期过程

SUP（Support）部分被叫作支持过程。我们沿用产线的思路来理解，对比实实在在的产线设备和人员，支持过程显得有些务虚，但汽车在产线上流动时，是需要一些打辅助的东西的，例如：

❑ QA 不允许堆料是"质量保证"。

❑ 每个模块零件都有对应的追溯标签在软件领域属于"配置管理"的范畴。

❑ 发现漆面划伤要按不良品流程处理也是一种"问题解决管理"。

❑ 换不同配置模块时的工装换型可粗略对应于"变更请求管理"。

❑ 生产中大量的数据需要被管理姑且对应于"机器学习数据管理"。

（3）组织生命周期过程

仍然用生产制造举例，这个过程就可以理解为运营管理，例如：

❑ 生产主管管人保产量属于管理的一种，"项目管理"也是。

❑ 维修经理发现冲压模具有断裂风险可归在"风险管理"里。

❑ 随处可见的不良率指标属于典型的"度量"。

❑ 局部工装换型即可满足多种车型的生产的内涵类似于"产品重用管理"。

❑ 很多工厂会有合理化建议提交流程可看作典型的"过程改进"。

其实，我们会发现制造和软件并不分家，有很多类似之处，软件工程似乎有很多可以向制造业学习的地方或者二者有很多可以融合的地方。

2. 过程评估模型——度量框架

这部分就是前面所说的作文竞赛的阅卷准则，具体内容如下。

（1）过程能力等级和过程属性（Process Attribute，PA）

这里给出了两个概念：过程能力等级就是这名考生的各篇作文属于几类文；过程属性就是得分点，适应于所有文体。

在 ASPICE 中，我们把过程能力分为 6 个等级，也就是对应 6 个作文等级，包含 9 个过程属性，对应 9 个得分点，如表 5-1 所示。

（2）过程属性评定

搞清楚得分点，接着就要考虑得分点到底怎么打，得分点的评分方式就是 ASPICE 里的"评定尺度"，如表 5-2 所示。

表 5-1　过程能力级别和过程属性定义

属性编号	过程属性
等级 0 级：不完整的过程。过程未实施或未能实现其过程目的	
等级 1 级：已执行的过程。已执行的过程实现其过程目的	
PA 1.1	过程实施过程属性
等级 2 级：已管理的过程。以管理的方式（计划，监控和调整）来实施前述的已执行的过程，并且适当地建立、控制和维护该过程工作产品	
PA 2.1	实施管理过程属性
PA 2.2	工作产品管理过程属性
等级 3 级：已建立的过程。先述的已管理的过程，由能实现其过程成果的已定义的过程来实施	
PA 3.1	过程定义过程属性
PA 3.2	过程部署过程属性
等级 4 级：可预测的过程。先述的已建立的过程，在定义的限值内可预测地运作以达成其过程成果。识别量化管理需要，收集和分析度量数据，以识别波动的可查明原因。采取纠正措施来解决波动的可查明原因	
PA 4.1	定量分析过程属性
PA 4.2	定量控制过程属性
等级 5 级：创新的过程。先述的可预测的过程得到不断地改进，以适应组织的变化	
PA 5.1	过程创新过程属性
PA 5.2	过程创新实施过程属性

表 5-2　过程属性评定尺度

达成标记	达成情况	描述	百分比值
N	没有达成	在被评估的过程中，有很少或没有证据表明定义的过程属性得到了达成	>0 且≤15% 达成
P−	部分达成 −	在被评估的过程中，有一些证据表明对定义的过程属性进行了执行，并得到一些达成。过程属性的达成在某些方面可能是不可预测的	>15% 且≤32.5% 达成
P+	部分达成 +		>32.5% 且≤50% 达成
L−	主要达成 −	在被评估的过程中，有证据表明对定义的过程属性有系统地执行，并得到显著达成。有一些与过程属性相关的弱点存在于被评估的过程中	>50% 且≤67.5% 达成
L+	主要达成 +		>67.5% 且≤85% 达成
F	完全达成	在被评估的过程中，有证据表明对定义的过程属性有完整和系统地执行，并得到充分达成。没有过程属性相关的显著的弱点存在于被评估的过程中	>85% 且≤100% 达成

　　从描述可以看出来，这个评估尺度的把握更多是一种经验、直觉、感觉，而非量化的。尽管标准也给出了如何评定的方法建议，但实在是佶屈聱牙，十分费解。

我觉得可以这样去理解，实际的项目开发很难清晰地区分出不同流程的界限，比如，测试和 bug、需求和设计、项目管理和质量保证等都会糅合在一起。简言之，过程属性评定就是要综合考虑过程的定义、过程达成的结果、各个过程之间的关系。

（3）过程能力等级模型

过程能力等级模型如表 5-3 所示。

表 5-3 过程能力等级模型

级别	过程属性	评定
等级 1 级	PA 1.1：过程实施	主要或完全达成
等级 2 级	PA 1.1：过程实施 PA 2.1：实施管理 PA 2.2：工作产品管理	完全达成 主要或完全达成 主要或完全达成
等级 3 级	PA 1.1：过程实施 PA 2.1：实施管理 PA 2.2：工作产品管理 PA 3.1：过程定义 PA 3.2：过程部署	完全达成 完全达成 完全达成 主要或完全达成 主要或完全达成
等级 4 级	PA 1.1：过程实施 PA 2.1：实施管理 PA 2.2：工作产品管理 PA 3.1：过程定义 PA 3.2：过程部署 PA 4.1：定量分析 PA 4.2：定量控制	完全达成 完全达成 完全达成 完全达成 完全达成 主要或完全达成 主要或完全达成
等级 5 级	PA 1.1：过程实施 PA 2.1：实施管理 PA 2.2：工作产品管理 PA 3.1：过程定义 PA 3.2：过程部署 PA 4.1：定量分析 PA 4.2：定量控制 PA 5.1：过程创新 PA 5.2：过程创新实施	完全达成 完全达成 完全达成 完全达成 完全达成 完全达成 完全达成 主要或完全达成 主要或完全达成

具体的细节会在后面章节展开。

3. 过程评估模型——指标

为了更精细地获得每一个 PA 的达成程度，过程评估模型进一步定义了两种与 PA 有关的指标。

（1）实践（Practice）

实践面向活动，支持实现过程目的或特定过程属性，可以进一步分为以下两类。

❑ 基本实践（Basic Practice，BP）：它们提供了过程结果实现程度的指示，基本实践与一个或多个过程结果相关，因此总是特定于过程而不是通用的。换句话说，就是各个过程中一步步的活动，或者说要具体做什么，这也是 ASPICE 认为最基本的、最必要的部分，所以只适用于能力等级 1。

❑ 通用实践（Generic Practice，GP）：它们提供了过程属性实现程度的指示，通用实践与一个或多个过程属性成就相关，因此可应用于任何过程。GP 能应用于能力等级 1～5。

（2）信息项（Information Item，II）

信息项面向结果，信息项及其特征指示了过程结果和过程属性的达成情况，是评估的信息源。

在 ASPICE 3.1 中，该环节使用的是工作产品（Work Product，WP），信息项算是对工作产品的扩充替代。

如何理解呢？这个更抽象的信息项比更具体的工作产品更加侧重于"价值"与"业务"，而不停留于基于某个模板的东西有没有或者文档本身，这是一种语言上的微妙差异。

另外，ASPICE 4.0 不再使用 ASPICE 3.1 中更形式化的通用资源（Generic Resource，GR）这个指标。这都体现了 ASPICE 4.0 想更致力于务实、更拥抱敏捷。从后面很多环节的变化也都会看到这一倾向。

为了便于整体理解，ASPICE 模型的运行逻辑可参见图 5-7。

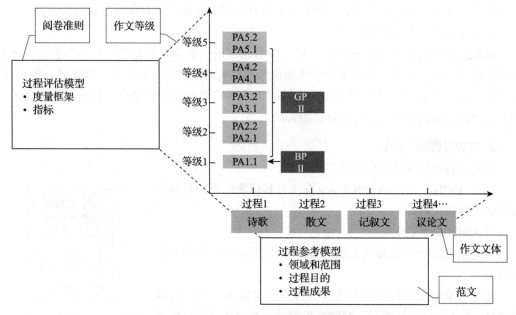

图 5-7　ASPICE 模型的运行逻辑

5.3.3　过程参考模型（1 级）

前两小节讲了 ASPICE 的基本运行逻辑。本节讲过程参考模型的具体过程及对应的实施指标，涉及 3 个过程类别、11 个过程组及 32 个过程。但限于篇幅，我们只进行整体的阐释，不对指标进行拆分。

1. 获取过程组（ACQ）

这里将 ACQ 翻译为获取，但业内习惯叫法是询价或报价，基本都是发生在新项目早期的 OEM 对 Tier 1 或者 Tier 1 对 Tier 2 之间，也就是客户与供应商。

一般来说，客户采购会通过供应商的销售人员将询价的各类大需求送达，并限定报价时间。这时的需求包常被称为 RFQ 或 SOR（Statement Of Requirement，需求说明书）。

销售人员转手将相关文件分发给工程、工厂、物流等角色去分析。各个责任人与客户、内部采购人员、供应商对应接口确认方案、风险等后，再协同对应部门的成本一起汇总给销售人员，销售人员综合这些内容之后，向客户报价。

这是一个简单的理论路径，实际上，项目组很少在报价阶段介入，参与者多是销售或项目经理等少数人，流程也不会非常规范。该部分相关内容可以参考 3.1.2 节。获取过程组涉及的过程如图 5-8 所示。

相比 ASPICE 3.1，ASPICE 4.0 在获取过程组删除了合同协定、技术要求、法律和行政要求、项目需求、提案要求、供应商资质鉴定这 6 个偏形式化或者可融合在其他环节的过程组，而只保留了供应商监控。

图 5-8　ASPICE 获取过程组

（1）ACQ.4 供应商监控

监控这个词放在汽车行业的语境里是不够精准的。其实这里是指，日常项目中，客户对供应商的管控。比如，根据客户行业地位和前期的约定，进行开会盯、评审看、电话催、微信问、邮件投诉等各类常规操作，也就是说，客户要想办法让供应商按时保质地完成他的各种要求，包括但不限于合同协议涵盖的内容。

2. 供应过程组（SPL）

供应过程组涉及的过程如图 5-9 所示。

相比 ASPICE 3.1，ASPICE 4.0 在该过程组删除了相对偏商务的供应商投标过程。

（1）SPL.2 产品发布

换句话说，产品发布就是供应商将样件或软件交付给客户的过程。

此过程会涉及软件版本号定义、样件标签定义、供应商内部批准、Release Note 编制、测试报告提交、客户认可等一系列管理过程。目标是将客户需求的软硬件正确、及时地交给客户。

图 5-9　ASPICE 供应过程组

3. 系统工程过程组（SYS）

系统工程和软件工程组的整体思路是，从需求、设计、验证 3 个角度逐级拆分，并完成追溯。从客户的一句话到一段代码，颗粒度会越来越小，做得也越来越精细。由于系统和软件工程部分在第 4 章已经有相关描述，这里会一带而过。

就像做十字绣，从想要"家和万事兴"的一句话，到一张布画出很细碎的格子，再到明确每个格子谁来用什么线与什么针法。格子越细，越容易标准化，越容易分工，出错的概率越低，难度越低，越容易重复成功。系统工程过程组涉及的过程如图 5-10 所示。

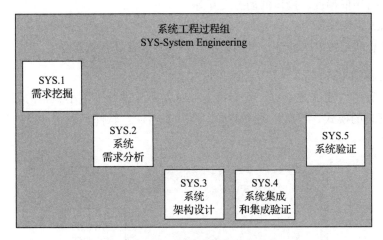

图 5-10　ASPICE 系统工程过程组

相比 ASPICE 3.1，ASPICE 4.0 在系统工程过程组未增删过程，但在验证测试部分调整了表述，将测试（test 或 qualification test）改称为验证（verification），即强化了验证的概念，而验证概念的强化同时会引出后面确认（validation）过程组的提出。

这个变化和新增的硬件及确认过程组一样，都彰显出 ASPICE 更面向汽车软件的姿态——关注真实环境和终端用户。

（1）SYS.1 需求挖掘

需求是我们开展项目的目标，所谓目标导向，就是需求导向。这里所讲的需求并不局限于客户需求，而是指所有相关方的需求。总之，所有有关系的人的需求都要被考虑到，只是有些不那么重要的人的需求往往被忽略和平衡掉。

需求挖掘的几个核心点是要沟通、要理解、要达成一致，而后要持续跟踪，并确保变更要被管理、是否实现要定义清楚等。

（2）SYS.2 系统需求分析

在识别出各相关方想要什么之后，要去分析，看它们对不对、能不能做、能不能验、值不值得做，还要对上一阶段相对杂乱的需求进行整理，将需求结构化和优先级排序，要确保把相关方的需求很好地梳理出来，并形成清晰、层次分明且不遗漏的技术语言。

（3）SYS.3 系统架构设计

清楚了需求，然后就是设计。这一步是架构的设计，比如，要形成架构框图、接口定义、时序图等，还要进行与需求的追溯。相当于你要装修房子，店家给你弄了个效果图。

（4）SYS.4 系统集成与集成验证

从技术上来讲，系统集成就是根据 BOM 在硬件上刷新软件，并搭建好相关的整车或网络环境等。

集成验证的目标是确认架构对不对，可能会关注到系统组件之间的正确信号流、信号流的时效性、时序依赖性、接口的动态交互等。

（5）SYS.5 系统验证

系统验证也叫系统需求验证，目的是看看系统需求有没有做到位。

4. 软件工程组（SWE）

在软件工程组，要注意一点，我们第 4 章对该环节进行了更小颗粒的划分，以提供一个更精细化管理的模式，与这里略有差异，但并非错误。软件工程组涉及的过程如图 5-11 所示。

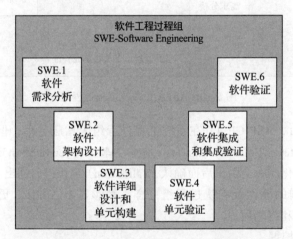

图 5-11 ASPICE 软件工程过程组

同系统工程过程组一样，相比 ASPICE 3.1，ASPICE 4.0 在软件工程过程组未增删过程，但在验证测试部分调整了表述，将测试改称为验证，即强化了验证的概念。

（1）SWE.1 软件需求分析

软件需求与系统需求类似，就是将上一层级的系统需求与系统架构再细分为更贴合编码的软件需求语言。

（2）SWE.2 软件架构设计

架构设计，也就是针对最后一层的需求——软件需求，进行的方案和架构设计。

（3）SWE.3 软件详细设计和单元构建

根据架构划分的模块，软件开发人员就可以进行详细的编码设计，进而形成一个个的可执行文件。

（4）SWE.4 软件单元验证

软件单元设计完后，依然需要验证，只不过这里更多是针对设计本身的合理性进行的，比如，静态分析、依照编码规范的检查等。

（5）SWE.5 软件集成和集成验证

软件集成是将一个个可执行的单元文件集成为完整的集成软件，而后进行集成验证，以确认其是否符合软件架构设计要求。

（6）SWE.6 软件验证

同系统验证类似，是针对软件需求进行的验证。

5. 确认过程组（VAL）

确认过程组涉及过程如图 5-12 所示。

图 5-12　ASPICE 确认过程组

此为 ASPICE 4.0 新增内容，且恰逢其时。以前的嵌入式软件开发聚焦在满足从主机厂传递下来的需求，但我们现在需要关注真实实车环境中终端用户的使用情况，而这些用户的需求常常是主观的、难以用语言阐明的。

实际上，这份工作本身并不新鲜，ASPICE 4.0 将其提出来的意义更多是引导大家将开发思维从"工程逻辑"转向"用户满意"。

6. 机器学习过程组（MLE）

机器学习过程组涉及过程如图 5-13 所示。

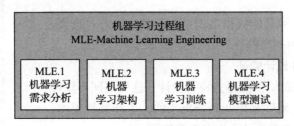

图 5-13　ASPICE 机器学习过程组

此为 ASPICE 4.0 新增内容，主要是增加了一个智驾算法训练与 ASPICE 的接口，提出了要关注机器学习需求、数据集、训练环境、架构定义、模型训练及模型验证等，思路与 ASPICE 其他过程组接近。

不过，由于现在的算法公司大都不是基于 ASPICE 发展来的，这里暂不扩展。

7. 硬件过程组（HWE）

硬件过程组涉及过程如图 5-14 所示。

此为 ASPICE 4.0 新增内容，再次强化了汽车车载软件是 ASPICE 的主要客户。

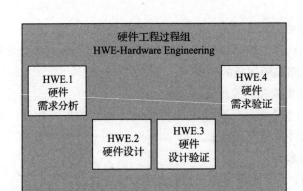

图 5-14　ASPICE 硬件过程组

（1）HWE.1 硬件需求分析

实际上，硬件需求是与软件需求同层级或同阶段来识别的，即二者都要从系统需求与系统架构来拆分，也都要考虑软硬件接口的要求。

（2）HWE.2 硬件设计

基于硬件需求进行硬件设计是顺理成章的，但硬件设计还需要考虑到一些生产与可靠性的要求，这又是完全不同于系统工程与软件工程的另一个方向的学科。

另外，硬件设计不像软件设计，并未对架构和详细设计进行拆分，这既与复杂度相关，也与可见度相关，还与硬件元器件分散供应有关。

这个环节要关注到具体的供电、接地、EMC、芯片选型、BOM 等电子电气件的一些内容。

（3）HWE.3 硬件设计验证

硬件设计验证的逻辑依然是去符合设计，这里不同于软件的一个特殊点在于，硬件是生产制造出来的，生产是物理的，也就是有变差的，所以需要关注生产工艺管控。

（4）HWE.4 硬件需求验证

硬件需求验证回归到功能级或需求级，面向产品或系统，这与系统需求验证及软件需求验证思路一致。

8. 支持过程组（SUP）

支持过程组涉及的过程如图 5-15 所示。

相比 ASPICE 3.1，ASPICE 4.0 在支持过程组中删除了验证、联合评审、文档化这 3 个过程，并配合机器学习过程组增加了 1 个机器学习数据管理过程。

图 5-15　ASPICE 支持过程组

（1）SUP.1 质量保证

特别是在国内环境下，这个角色其实一直处于比较尴尬的境地。

理论上，质量保证是作为独立第三方去保证工作产品（不单单是软件产品，还包括其他各类要交付的文档等）和流程符合规定及计划，但达到这个目标的前提是，有脱离于具体场景的标准（即不是具体问题具体分析）和执行标准的文化，显然这很难实现。

ASPICE 似乎也意识到了，所以有这么两句话，"建立了将不符合项升级到适当管理层的权限"和"管理层确保已升级的不符合项得到解决"，但目前环境下的管理层多数并无这样的认识。

"实事求是""具体问题具体分析""成王败寇"是中国的经典智慧，但执行起来就是给质量保证工作当头棒喝。如果以结果论英雄，凡事可讨论，那么质量保证将很难有发挥空间。不过，到什么山唱什么歌，在什么环境按照什么样的方式做事，质量保证依然可以拓展到不同的领域。

（2）SUP.8 配置管理

关于配置管理，3.8 节已有充分的讨论，这里不再赘述。

（3）SUP.9 问题解决管理

这里的问题包括软件 bug 或其他项目相关问题，总体要求是要有特定 ID、来源、发生阶段、严重或紧急等级、发生场景、发生版本、原因分析、解决方案、责任人等。

由于软件 bug 数量动辄几百上千个，所以 bug 的管理流程是相对规范的，而且 bug 基本代表了软件产品的状态，相应地，受到的关注度也比较高。

（4）SUP.10 变更请求管理

变更是一个老生常谈的话题，它本身不具备特殊性，实际上会驱动一次简化的或完整的开发过程。其中的关键点在于，变更要经过预先可行性分析和 CCB 上是否执行的批准。

（5）SUP.11 机器学习数据管理

智能驾驶的算法模型训练需要使用大量的数据，自然会衍生出数据的管理，包括数据管理系统、数据质量、数据收集、数据处理等多个领域。

9. 管理过程组（MAN）

管理过程组涉及的过程如图 5-16 所示。

（1）MAN.3 项目管理

ASPICE 并没有将项目管理讲出什么花样来，权威的论述还是要看项目管理宝典 PMBOK。这里其实想分享一些对项目管理另外的看法，如果要挑选出前三点，一个好的项目经理最需要具备的素质是：积极的沟通、强大的抗压能力和全面的业务逻辑思维。其余的则要靠经验积累了。

图 5-16　ASPICE 管理过程组

（2）MAN.5 风险管理

说起风险管理，除了比较流行的 FMEA、FTA 等工具，常规的项目经理维护的风险管理表格，确实有一些流于形式。

实际的项目推动，基本是靠开口项、靠 bug 管理、靠变更管理。唯独风险，着实难以独立落地，并不是不存在，而是都融合到了其余环节，比如，识别出什么风险后，会首先定义相关的调整任务，而不是去做风险管理。

当然，风险管理并不是没有价值，重点在于如何挖掘。此外，有时候需要汇报项目状态时，或者做一个什么决策选择时，也会用到这个概念。

（3）MAN.6 度量

度量离不开数据，数据离不开真实、及时和完整。这也是比较难做到的，但聊胜于无，越是关键的判断和决策，越会关注数据的有效性。

10. 过程改进过程组（PIM）

过程改进过程组涉及的过程如图 5-17 所示。

（1）PIM.3 过程改进

过程改进很有价值，但需要制度来调动大家的积极性，最直接的方法是通过一些激励方式来鼓励大家动起来。

图 5-17 ASPICE 过程改进过程组

11. 重用过程组（REU）

重用过程组涉及的过程如图 5-18 所示。

相比较 APICE 3.1，APICE 4.0 在 REU 过程组未增删过程，但调整了表述，将程序（program）改为产品（product），即更聚焦在产品的重用上。

（1）REU.2 重用产品管理

这个概念和平台化、共享化很接近，核心在于如何最大化利用现有资源。

对于汽车行业软件开发，重用程序管理相当于裁剪。针对不同复杂度的项目，对部分活动进行裁剪，也就是进行复用或

图 5-18 ASPICE 重用过程组

重用，比如，A 项目的某些测试结果可被 B 项目拿来重用等。

接下来我们再来看看 ASPICE 认为的高水平以及满分作文应该是什么样的。

5.3.4 过程能力等级（2~5级）

这节我们会根据文章的得分点（过程属性）逐层递进到满分作文（等级5），看看 ASPICE 认为的最高水平是什么样的。

1. 过程能力等级 0 级：不完整的过程

等级 0 级是指，过程未实施或未能实现其过程目的。这个等级只有很少或没有系统化

实现过程目的的证据。

也就是说，5.3.3 节提到的那些基本实践都未完整做到，没能达成最基础的项目工作目标（ASPICE 认为的）。当然，要是严格按照 ASPICE 的思路，实际上，很多公司在不做准备的前提下直接迎审，就是 0 级。

2. 过程能力等级 1 级：已执行的过程

等级 1 级是指，已执行的过程实现其过程目的，如表 5-4 所示。

表 5-4　过程能力等级 1 级评定

级别	过程属性	评定
等级 1 级	PA 1.1：过程实施	主要或完全达成

（1）PA 1.1 过程实施过程属性

过程实施过程属性是衡量过程目的实现程度的一种度量。

前面我们也提到过，这其实是对基本成文（基础实践 BP）的一个整体描述。换句话说，就是目的导向。不管白猫黑猫，抓到耗子的就是好猫。

这其实是蛮有意思的。一般理解里，以目的为导向，以成败论英雄，似乎没什么问题，有时候甚至还被认为是至上哲理。但是 ASPICE 不这么认为，它认为这只是最低要求。

3. 过程能力等级 2 级：已管理的过程

等级 2 级是指，以管理的方式（计划、监控和调整）来实施前述的已执行的过程，并且适当地建立、控制和维护该过程工作产品。

以下过程属性与先前已定义的过程属性一起来证明本级别的达成，如表 5-5 所示。

表 5-5　过程能力等级 2 级评定

级别	过程属性	评定
等级 1 级	PA 1.1：过程实施	主要或完全达成
等级 2 级	PA 1.1：过程实施 PA 2.1：实施管理 PA 2.2：工作产品管理	完全达成 主要或完全达成 主要或完全达成

目标达成了，我们要看是怎么达成的，是"瞎猫碰到死耗子"，还是有"预谋"（以管理的方式）地抓到的？

（1）PA 2.1 实施管理过程属性

实施管理过程属性是对过程实施进行管理的程度的度量。

这是第一个得分点，该怎么理解呢？我们抛开那些冗长的描述，最关键的是要提前做好统筹规划，搞清楚对方要什么、排好什么时间做、定好谁来做、需要什么资源（如设备、样件等）、定期或不定期的会议或工具跟踪、跟踪到异常及时调整计划……

实际上，这是管理一个项目或一件事的基本要求，做得不好的，就是做到哪算哪，碰到问题时，临时救火。

（2）PA 2.2 工作产品管理过程属性

工作产品管理过程属性是对过程生成的工作产品进行适当管理的程度的度量。

同样是管理，上一个侧重于整体的"做"的规划管理，这个侧重于"做出来的东西"。前者更倾向于项目经理视角，到点拿到东西；后者更倾向于职能经理视角，要确保做出来的东西被良好管理和正确交付。

工作产品是一种比较抽象的描述，我们举个具体的例子，比如，客户要求交付测试报告，我们要按照客户的要求，用特定模板结构，选择专属用例，做好版本命名，在变更履历里做好记录，完成评审修改，并通过专门的工具进行发布和存档等。

更便于理解的方式是 3 个词：基于需求、文档化（含配置管理）、评审。这个级别重点在管理、受控，而不是随机成功。

4. 过程能力等级 3 级：已建立的过程

等级 3 级是指，先述的已管理的过程，由能实现其过程成果的已定义的过程来实施。

以下过程属性结合先前已定义的过程属性，证明达成该等级，如表 5-6 所示。

表 5-6　过程能力等级 3 级评定

级别	过程属性	评定
等级 1 级	PA 1.1：过程实施	主要或完全达成
等级 2 级	PA 1.1：过程实施 PA 2.1：实施管理 PA 2.2：工作产品管理	完全达成 主要或完全达成 主要或完全达成
等级 3 级	PA 1.1：过程实施 PA 2.1：实施管理 PA 2.2：工作产品管理 PA 3.1：过程定义 PA 3.2：过程部署	完全达成 完全达成 完全达成 主要或完全达成 主要或完全达成

2 级"猫"是有"预谋"地抓耗子，3 级"猫"是基于"猫群"里已经定义好的流程去抓耗子，而不只是脑子里的"预谋"。成功不再依赖于单个"猫"的英雄主义（使用不同方法的项目级），而是来源于"猫群"（使用同样方法的组织级）。

（1）PA 3.1 过程定义过程属性

过程定义过程属性是维护标准过程以支持已定义过程的部署的程度的度量。

简言之，就是有详细的流程定义。比如，业内经常用 Stages 来配置整套的过程体系。

一般会定义活动的前后次序、不同过程之间的交互、负责人、所需的工具等，整体组成可能包括画出来的流程框图、每个活动的具体描述与相关角色定义、输入与输出的工作产品，以及对应的指南或培训材料等。

还有很关键或者很理想的一点是，需要有量化指标来评价标准过程的有效性和适用性。

（2）PA 3.2 过程部署过程属性

过程部署过程属性是，对标准过程作为已定义过程进行部署而实现其过程成果的程度的度量。

在确定了 PA3.1 的书面定义之后，就是具体项目的落实了，也就是这里所讲的部署。

首先，我们在开展一个项目之前会进行裁剪，毕竟不是所有的项目都需要完整执行完全部流程，裁剪就是定义本项目所要遵守的流程规范。

接下来，要安排相关的人员，如能力不足，还需要组织培训，并且准备相关的资源（如线束、台架等）或工作环境（如工具系统里开出一个项目区域）等。

随后，还要不断收集与分析相关数据，评估过程是不是确实有用（不是运作得符不符合标准过程），如有问题，要进行流程改善。

这一步的逻辑很清晰，就是按流程落实，但这一步往往会回退到结果导向的模式。

5. 过程能力等级 4 级：可预测的过程

等级 4 级是指，先述的已建立的过程，在定义的限值内可预测地运作以达成其过程成果。识别量化管理需要，收集和分析度量数据，以识别波动的可查明原因。采取纠正措施来解决波动的可查明原因。以下过程属性结合先前已定义的过程属性，证明达成该等级，如表 5-7 所示。

表 5-7　过程能力等级 4 级评定

级别	过程属性	评定
等级 1 级	PA 1.1：过程实施	主要或完全达成
等级 2 级	PA 1.1：过程实施 PA 2.1：实施管理 PA 2.2：工作产品管理	完全达成 主要或完全达成 主要或完全达成
等级 3 级	PA 1.1：过程实施 PA 2.1：实施管理 PA 2.2：工作产品管理 PA 3.1：过程定义 PA 3.2：过程部署	完全达成 完全达成 完全达成 主要或完全达成 主要或完全达成
等级 4 级	PA 1.1：过程实施 PA 2.1：实施管理 PA 2.2：工作产品管理 PA 3.1：过程定义 PA 3.2：过程部署 PA 4.1：定量分析 PA 4.2：定量控制	完全达成 完全达成 完全达成 完全达成 完全达成 主要或完全达成 主要或完全达成

这句话是指什么呢？ 3 级"猫"可以达到按流程抓到耗子，4 级"猫"则有了更高的智慧，调用历史耗子作息规律和行进轨迹的数据库进行数理分析，能预测出几点到哪儿抓几只耗子。

在业内，达到这个级别的十分罕见。

（1）PA 4.1 定量分析过程属性

定量分析过程的属性是，定义信息需要、识别过程要素之间的关系以及收集数据的程度的度量。

归根结底，ASPICE 制定者想在这个级别，达到基于量化因果链条的管理。企业的终"果"是商业目标，所以第一个 GP 就是识别商业目标。

除商业目标之外，也要考虑各利益相关方的需要。此外，还要关注到不同过程要素之间的关系。

基于这些目标，定义定量的目标和支持这些目标实现的细化度量项。随后，进行数据收集和度量项的分析，并将过程、项目、产品的结果提供给相关的人。

（2）PA 4.2 定量控制过程属性

定量控制过程属性是对客观数据被用于管理可预测的过程绩效的程度的度量。

"定量分析过程属性"相当于只给出结果和限值，"定量控制过程属性"是用结果管理项目。比如，通过定量分析得出迭代速率和 bug 逃逸率，但仅看这俩个数字并不知道它们意味着什么，需要进一步利用一定数理统计方法或工具及业务理解来处理结果，建立过程绩效分布，确认波动原因，并进行纠正。

如果这样不是很好理解，搜索一下机械产品的控制图（判断过程是否处于稳定而使用的带控制线的图），就很容易理解了。

写到这里，你会发现什么呢？定量需要一个基础，那就是低变差、高标准。这又和那个提了几十年的"软件工厂"的理念类似。尽管现实项目里几乎见不到这样的实践，但我们还是要思考一个问题，4 级能实现吗？

基于机械产品大批量生产的成功经验，我想是能实现的。但是，有必要实现吗？或者这样的实现有价值吗？暂且留一个开放问题，一起思考下。

6. 过程能力级别 5 级：创新的过程

等级 5 级是指，先述的可预测的过程得到不断地改进，以响应与组织目标一致的变化，如表 5-8 所示。

表 5-8 过程能力等 5 级评定

级别	过程属性	评定
等级 1 级	PA 1.1：过程实施	主要或完全达成
等级 2 级	PA 1.1：过程实施 PA 2.1：实施管理 PA 2.2：工作产品管理	完全达成 主要或完全达成 主要或完全达成
等级 3 级	PA 1.1：过程实施 PA 2.1：实施管理 PA 2.2：工作产品管理 PA 3.1：过程定义 PA 3.2：过程部署	完全达成 完全达成 完全达成 主要或完全达成 主要或完全达成

（续）

级别	过程属性	评定
等级 4 级	PA 1.1：过程实施 PA 2.1：实施管理 PA 2.2：工作产品管理 PA 3.1：过程定义 PA 3.2：过程部署 PA 4.1：定量分析 PA 4.2：定量控制	完全达成 完全达成 完全达成 完全达成 完全达成 主要或完全达成 主要或完全达成
等级 5 级	PA 1.1：过程实施 PA 2.1：实施管理 PA 2.2：工作产品管理 PA 3.1：过程定义 PA 3.2：过程部署 PA 4.1：定量分析 PA 4.2：定量控制 PA 5.1：过程创新 PA 5.2：过程创新实施	完全达成 完全达成 完全达成 完全达成 完全达成 完全达成 完全达成 主要或完全达成 主要或完全达成

继续用猫抓耗子的例子，4 级猫会数学，5 级猫就更神了，但也很不容易，这只猫发现耗子千变万化，甚至受"市场"影响，它需要一系列新的方法。

（1）PA 5.1 过程创新属性

过程创新过程的属性是，从对过程的定义和部署的创新方法的调查中识别过程变化的程度的度量。

这里比较简单，一句话总结：基于新的商业愿景，在领导坚定拥护创新的前提下，分析现有数据、新技术和新概念，识别创新机会。

（2）PA 5.2 过程创新实施过程属性

过程创新实施过程属性是对过程的定义、管理和绩效的变化达成相关过程创新目标的程度的度量。

简单来说，它其实是基于 PA5.1 的流程进行变更管理，比如，进行影响分析、执行、评估变更有效性。

5.3.5　ASPICE 4.0 的宏观变化

ASPICE 3.1 发布于 2017 年 11 月 1 日，ASPICE 4.0 发布于 2023 年 11 月 29 日，这之间的 7 年恰好是中国智能汽车飞速发展的黄金时期，ASPICE 也在这股浪潮中经历了起起落落。

对于 ASPICE 3.1，大家都十分熟悉，也夹杂了很多复杂的情感。所以，非常有必要宏观地思考下 ASPICE 3.1 到 ASPICE 4.0 的变化，总结如下。

1）语言描述更精练、更具概括性，且强调裁剪，即给具体如何做留出更大空间。

2）更侧重于当下汽车软件的开发模式（关注真实环境和终端用户），比如，增加硬件工程、强化验证与确认的概念、扩充了智驾部分（机器学习），但仍然未关注座舱类或云端类软件。

3）更务实、更敏捷。整体删减或弱化了相对更追求规程化的内容，比如，删除文档化与联合评审过程、删除指标通用资源、减少基本实践数量，以及删除策略、计划、评审、文档、规范、用例、报告等表述。

总体来说，ASPICE 4.0 在一定程度上解决了一直为人诟病的教条与繁重的问题，但整体处于稳步推进的状态，没有太激进，基本和当前汽车软件开发模式的发展阶段保持吻合。

5.3.6　ASPICE 不同等级的内涵

最后，我们总结下应该怎么看待 ASPICE 的不同等级。

ASPICE 算是软件工程和项目管理的良好实践总结，特有的精华都在标准第 4 章的过程参考模型里，它是一个系统且细化的软件工程化模型。而所谓的评级，是针对成熟度，而非优秀度的，也就是说成熟不等于优秀，即并非级别越高越好。

一定程度上，1 到 5 级基本映射了行业或业务的发展轨迹和需要，不同发展阶段会对应不同的级别，如图 5-19 所示。

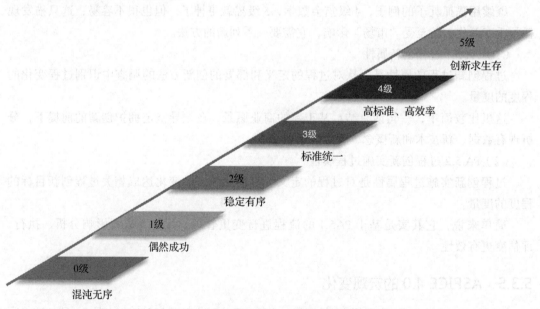

图 5-19　ASPICE 等级与行业成熟度的同步演变

也就是：
- □ 初生混乱无序的 0 级。
- □ 需要敏捷探索与目标导向，并能偶然成功落地的 1 级。
- □ 积累了一定的成功经验，从而可被管理，并逐渐进入稳定有序的 2 级。
- □ 技术日臻成熟，市场出现垄断，标准明确且统一的 3 级。

- ❑ 进入存量市场，需要高标准、高效率，甚至打价格战的 4 级。
- ❑ 盛而入衰，不创新不求变就得死的 5 级。

5.4　汽车软件标准之间的逻辑链

以上 3 套标准算是提纲挈领的体系标准，对于汽车软件领域，具备自上而下的统领性。但这些显然是远远不够的，我们还需要大量其他相关标准，比如，经常与 ASPICE 放在一起的 CMMI，第 4 章提到的 26262、21434、21448 都是 ISO 正式释放的标准，AUTOSAR 也有着大量的标准支撑，国内同样在相关领域的标准化上在持续发力。此外，很多纯软件领域的标准也在不断地被汽车行业借鉴。

那么，它们之间有没有什么关系，又是如何相互影响的呢？

本节针对与汽车软件开发关系比较密切的标准进行总结串联，争取厘清其内在的关系与逻辑链，作为理解更普遍、更细分领域的一个入口。

5.4.1　ISO 9000/9001

谈标准，无法不谈 ISO，且无法不作为第一个去谈。

1. ISO

ISO（International Organization for Standardization，国际标准化组织）是标准化领域中的一个国际性非政府组织，是全球最大最权威的国际标准化组织，负责当今世界上绝大多数领域的标准化活动。一句话，ISO 就是"标准"里的"最"。

2. ISO 9000 与 ISO 9001

ISO 中的 ISO 9000，又是"ISO"里的"最"。ISO 9000 其实可以有两个理解，既是一组标准的统称，即 ISO 9000 族，也是"质量管理体系：基础和术语"这个特定的子标准。根据 ISO 9000-1 的定义，ISO 9000 族是由 ISO/TC176 制定的所有国际标准。TC176 是指 ISO 中第 176 个技术委员会：质量管理和质量保证技术委员会。

当然，大家提到 ISO 9000 时，还是普遍将其理解为标准族。ISO 9000 族是 ISO 标准中最畅销、最普遍的标准，也是最知名的质量管理标准。打开 ISO 主页（https://www.iso.org/standards.html），进入 Standards 里的 Popular Standards，可以看到 ISO 9000 族排在第一位，所谓"最"，也算是实至名归。

另外，ISO 9001 是 ISO 9000 标准族里的"质量管理体系：要求"，我们常说的 ISO 9001 认证就是基于该标准进行的。

ISO 9000 或 ISO 9001 几乎适用于所有工程行业，但其具备如此大的普适性，必然会缺失一些针对性，所以会有针对不同领域的特定性标准。

3. ISO 9001 与软件

同样的，ISO 9001 也可以应用在软件行业，但考虑到软件行业的特殊性，ISO 专门开发了一个实施指南，也就是 ISO 9000-3，用于 ISO 9001 应用的辅助配合，但并不作为认证准则。

或许是太过大而全，ISO 9000 支撑的软件标准，在软件工程领域，并未被普遍适用。

5.4.2 IATF 16949

汽车行业里的人几乎都知道 IATF 16949，这是 ISO 标准下的特定汽车行业标准。那么，背景大概是什么样子的呢？

IATF（International Automotive Task Force，国际汽车工作组）是世界上主要的汽车制造商（BMW、GM、Ford、VW 等）及协会（ISO/TC176、ANFIA、CCFA、FIEV、VDA 等）于 1996 年成立的一个专门机构。

IATF 对 3 个欧洲规范 VDA 6.1（德国）、AVSQ（意大利）、EAQF（法国）和 1 个北美规范 QS-9000（北美）进行了协调，还考虑了日本汽车工业协会 JAMA 的标准，而后在和 ISO 9001 标准结合的基础上，制定出了 ISO/TS 16949 这个适用于汽车行业的规范。自此，该标准逐渐成为使用最广泛的汽车行业国际标准，旨在协调全球汽车供应链中不同的评估和认证体系。

2016 年，《IATF 16949：2016》由 IATF 发布，并取代和替换最新的 ISO/TS 16949，重新定义了对汽车行业供应链中组织的质量管理体系要求。值得注意的是，IATF 16949 并不是一个单独的体系，它强依赖和相关于 ISO 9001，只是对汽车行业的特点更有针对性。

确实，IATF 16949 的演变非常复杂。不过，对于我们而言，只需看懂下面这句总结即可，国际汽车工作组 IATF（由众多汽车业内权威机构组成的组织）制定了 16949（基于 ISO 9001，并整合了众多汽车业质量标准体系）。所谓，群雄争霸，总算一统。

看到这里，你或许会有疑问，我们有大的质量体系标准 IATF 16949，也有针对软件的 ISO 9000-3，业内如何融合和操作？

实际上，早期的 IATF 16949 并没有与软件相关的要求，2016 年才首次增加嵌入式软件内容，并在附录 B 中提到用于软件过程评估的 CMMI 和 ASPICE。

也就是说，由于传统汽车领域的软件部分着实不多，体系并未特别关注，软件也没有吸引汽车人的视线。如今，随着软件全面进入汽车领域，倒逼 IATF 16949 开始关注软件，但 ISO 9000 系列似乎并不够用，所以引入了针对软件的 CMMI/ASPICE。

接下来，我们就切入 CMMI 和 ASPICE 的部分。

5.4.3 CMMI 和 ASPICE

总的来说，CMM、CMMI、ISO 15504、SPICE 和 ASPICE 是一脉相承的，但在发展过程中，逐渐整合或分列，各有侧重。

1. CMM

CMM 是对软件组织在定义、实施、度量、控制和改善其软件过程的各个发展阶段的描述。

（1）CMM 核心

CMM 的核心是把软件开发视为一个过程，并根据这一原则对软件开发和维护进行过程监控和研究，评价软件供应商能力，并帮助其改善软件质量，侧重于软件开发过程的管理及工程能力的提高与评估。

（2）CMM 的 5 个等级

CMM 分为 5 个等级：1 级为初始级，2 级为可重复级，3 级为已定义级，4 级为已管理级，5 级为优化级。它是 CMU SEI（Software Engineering Institute at Carnegie Mellon University，卡内基梅隆大学软件工程研究所）于 1987 年研制成功的，是国际上最流行的软件过程成熟度认证标准。

（3）CMM 兴起的原因

CMM 为何会兴起？

20 世纪 70 年代，美国国防部专门研究了软件项目总是做不好的原因，发现多数软件项目问题是因为管理不善而导致的，而非技术实力不够，进而得出管理是影响软件项目的主要因素，这是因为软件属于抽象型的知识型产品，它的复杂程度和特殊性与机械产品完全不可同日而语。

（4）PSP 和 TSP

当然，CMM 告诉人们做什么，却没有告诉人们怎么做，所以 CMM 能否成功与人的关系密不可分。于是，PSP（Personal Software Process，个体软件过程）和 TSP（Team Software Process，团队软件过程）应运而生。

2. CMMI

无论如何，CMM 取得了不错的成功，人们开始将其扩展到其他领域，比如，系统工程、集成化产品、供应商管理、人力资源管理等，但从不同的视角开发出的模型，自然会有不兼容、冲突甚至矛盾的地方。

（1）CMMI 的创立

当企业规模比较大，多模型的执行会带来额外的负担。再加上工程环境越来越动态、人员越来越多、范围越来越广及多学科多领域交织越来越复杂，人们意识到，有必要将多种 CMM 模型整合起来，以便更系统、更高效地推进工作，CMMI（CMM Integration）开始被创立出来。

（2）CMMI 与 CMM 的区别

顾名思义，CMMI 和 CMM 的主要区别在于 CMM 主要是指 SW-CMM，而 CMMI 覆盖了多个领域，如 SW-CMM（软件工程）、SE-CMM（系统工程）、IPPD-CMM（集成的产品和过程开发）和 SS-CMM（供应商采购）。

此外，表示方法上，CMMI 既有和 CMM 一样的 5 级阶段式表现方法，也有按照过程管理、项目管理、工程及支持 4 个过程域表示的连续式模式。

3. ASPICE

谈到标准，总是少不了 ISO 的身影。于是，ISO 也定义了软件过程。

（1）ISO/IEC 15504

ISO/IEC（ISO 和 IEC 联合组建的技术委员会）也注意到，软件过程改进、评估标准和模型的多样性（不仅有 CMM 系列，还有 TickIT、IEEE 软件工程标准等）给软件行业带来的困境，着手制定 ISO/IEC 15504（即 SPICE）。历经 10 多年的时间，ISO/IEC 于 2003 开始发布了第一部 15504 标准。

（2）VDA QMC 下的 ASPICE

考虑到汽车行业更好的针对性等，在 2005 年，Automotive SPICE 从 ISO 体系中独立出来，并由 VDA QMC（Verband der Automobilindustrie - Quality Management Center，德国汽车工业联合会质量管理中心）运营发展，也就是如今热火朝天的 ASPICE。

（3）ASPICE 与 CMMI

与 CMMI 相比，ASPICE 整体更贴近于汽车电子软件的生命周期和开发模式，尤其在工程过程组，ASPICE 非常典型地具备系统到软件的逐层分级概念，而 CMMI 则没有这么细致的拆分。二者的关系有一点像 IATF 16949 和 ISO 9001 的关系。

另外，ASPICE 也融合了 ISO/IEC 330×× 系列标准里的内容，并以 ISO/IEC/IEEE 12207 或 ISO/IEC/IEEE 15288 等系统和软件工程系列标准作为补充。

5.4.4 OEM 标准

当我们真正做项目时，面对的其实并不是以上各类比较宽泛的标准。这些标准或内化、或转化、或只是翻译，但都会成为各大 OEM 自己的企业标准。这些标准，也主要由几家大的 OEM 标准为源头，在各家国内主机厂和新势力主机厂传递。毕竟多年来，整个汽车行业的客户都是它们。

这也是为什么同样在汽车行业做项目，不同的 OEM 的不同产品，有着差异明显的工作方式，比如，里程碑节点要求、交付物类型、技术方案、测试形式、文档模板等都会以各大 OEM 为代表形成界限分明的几条线。

不过，很显然，不像汽车机械件，当我们打开模块进入软件内部，或面对芯片、AI、算法等新型领域时，OEM 也是相对生疏的，主角更多是汽车电子 Tier 1、芯片公司、算法公司、互联网公司、软件公司、通信公司、手机公司等新业态或汽车行业"门外汉"。

5.5 软件工程的持续改进

在本书中，我们讲了很多现有的行业特点、体系标准、项目惯例、技术方案及变化趋势。但整个行业正处于群雄争霸、百家争鸣的阶段，很多东西都在被质疑、被批评、被否定、被重新创造。于是，下面这些就经常在耳边响起，公司内部谈的"改进"、咨询顾问谈的"转型"、技术媒体谈的"变革"、大众媒体谈的"颠覆"，越往后越让人振奋。

华丽的形容词容易让人迷失，我们姑且将其归结为"变化"，并在本节看一下变化背后的落地。

5.5.1　从颠覆回到改进

不可否认，近些年来，资本、技术、传媒在汽车行业的集中聚集，极大地推动了行业的发展，以特斯拉为代表的智能电动车尤为突出。然而，在行业内去看每个概念背后的细分内容，基本都会发现其是逐渐演变的，不存在突然颠覆这种现象。比如，软件定义汽车里讲的分层、解耦、接口标准化、SOA 架构、云计算等可能是二三十年前就出现的或者是互联网、软件领域早已成熟的概念。

就像媒体会说某人一夜成名，但具体是哪一夜呢？没人说得清楚。实际上，这个成名更多是之前多年的积累在某些契机下被媒体推到大众视野。而且，并不只是传媒偶尔造势造热点就够了，持续的品牌和名声，需要多年的丰厚积累和持续的迭代进步来支撑。

对于汽车行业，道理相近，尽管对于不浸淫在行业内的人来说，可能某个爆款车型的量产或者某项技术的商业化被视为颠覆标志，但从日常运营来看，摸着石头过河的渐进"改进"才是常态，而一夜"颠覆"，仅仅是在将来某个时间点，语言上的总结式回顾和文学性描述。

5.5.2　软件工程的改进对象

单纯讲改进的话，改进什么呢？政策、体系、过程、工具、技术、能力、观念、文化等，似乎一切皆可改进。

1. 组织过程资产

我们先借用一个大一点的词——组织过程资产，PMBOK 第六版里有一些相关的描述，可以参考下。

组织过程资产是执行组织所特有并使用的计划、过程、政策、程序和知识库，会影响对具体项目的管理。

组织过程资产可分成以下两大类：

（1）过程、政策和程序

第一类资产的更新通常不是项目工作的一部分，而是由项目管理办公室（PMO）或项目以外的其他职能部门完成的。更新工作仅须遵循与过程、政策和程序更新相关的组织政策。有些组织鼓励团队裁剪项目的模板、生命周期和核对单。在这种情况下，项目管理团队应根据项目需求裁剪这些资产。

（2）组织知识库

第二类资产是在整个项目期间结合项目信息而更新的。例如，整个项目期间会持续更新与财务绩效、经验教训、绩效指标和问题以及 bug 相关的信息。

2. 工具与流程

从软件工程的角度，第二类资产更多是在于积累，不便于从改进的角度谈。所以，我们的重点改进对象在于第一类资产。

再具象一点，改进对象一般包括工具、方法论、方法、模板、过程、规则等，如图 5-20 所示。

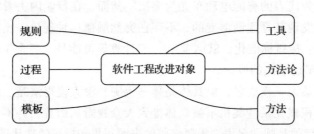

图 5-20　常见的软件工程改进对象

如果还想再贴合实际一些，那么我们可以把对象局限在工具（如 Polarion ALM、DOORS、RTC、PLM、Eclipse、JIRA、Pure Variant、SAP 等）和流程（含责任分配矩阵、过程、检查单、指南、模板等）上，其实，大约 95% 的改进需求都集中在这几块。

5.5.3　软件工程的改进来源

改进算是一种创造性工作，改进不是凭空而来的，我们大体总结下在工作中的改进来源，如图 5-21 所示。

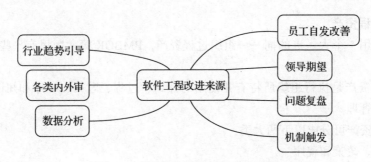

图 5-21　常见的软件工程改进来源

1. 员工自发改善

听得见炮火的人其实最知道痛点，他们通过在弹坑满地的前线长时间的摸爬滚打后，逐渐知道炮弹经常落在哪里，要怎么避开、怎么进攻。

但这需要内部有一定的激励机制，只有得到足够重视，他们才愿意讲出来，只有受到驱动，他们才愿意去做。

另外，尽管一线员工可以提供最新鲜、最真实的信息，但由于站位点差异，这些想法往往偏细分领域、代表特定视角与利益以及更贴近实操执行。

2. 领导期望

领导的信息更宏观、更全面，着眼点也多在于方向性、策略性的把控，以及跨组织、跨部门、跨产品、跨项目、跨职能的统筹。

当然，领导职级越高也越拥有更大的资源调配能力，想要做点什么，肯定是更容易改、更容易落实的。

改进，尤其是具备较大范围影响和成效的改进，一定得自上而下。

3. 问题复盘

尽管"痛"不是什么好词，但对于组织方向而言，真正让人下定决心的改进，往往是因为问题出现后带来的痛苦所驱动的。

比如，按照既定方式开发并交付上市一款新产品后，大量严重问题逃逸到售后，市场反馈非常差，给所有相关方带来一定的刺痛。这就会反过来让大家反思之前这种方式的问题，既然这种方式经过实践检验后出现了问题，下一代产品的开发或许就可以考虑进行改进。

4. 机制触发

机制触发的前提是，有这样的机制且有很好的机制能够保障这种机制的落实。这很难，极少有公司能够做到，姑且作为一种期望和目标吧。

比如，我们在 3.5 节讲的 bug 解决流程和 7.7 节讲的 8D 流程，如果它们都能够很好地嵌入到项目运作中，bug 或 8D 最终关闭的长期方案很可能就会落实到过程、政策和程序的改进上。

5. 数据分析

正如我们在 3.11 节所讲，随着软件的持续进入，研发数据正在变得越来越多，同时也变得越来越重要，我们不但可以用数据做判断、做预测、做决策，还可以进一步地指导体系性的改进，比如，我们通过持续监控和改善的度量指标去度量项目，并给出一定的改进方向。

6. 各类内外审

虽然审计的价值经常被质疑，但审计几乎是唯一的集中检查组织、项目的手段。一个有一定项目释放权力且资质优秀的审计员，是可以识别出有价值的问题点的。

现在的问题和质疑原因很大部分都在于审计员权力和能力的欠缺，要么二者缺一，要么二者都没有。

7. 行业趋势引导

从行业趋势的角度看，趋势是政府机构、科研院所、各大企业、标准组织、各类媒体、金融资本等多方力量较量的结果。趋势很显然是改进的巨大驱动力。

不过，问题点在于，在众多趋势中，选择、决策是需要眼光与智慧的，而当趋势明确时，再去决策就已经晚了。类似地，ASPICE 与 Agile、文档化与数字化、传统汽车电子的 Know-How 和互联网的用户思维……很多东西在当下的信息里都是矛盾的，让人判断时左右为难。

这些改进来源属于不同维度，但也会互相交叠。总之，无论如何，我们获得了一些改进思路或具体想法，下一步就是怎么评估、怎么落实了。

5.5.4 软件工程的改进步骤

逻辑上，过程改进并没有任何难理解的地方，不外乎提出、分析、执行。不过，我们可以看一下其中的改进步骤，如图 5-22 所示。

图 5-22 软件工程改进步骤

1. 提出改进建议

看来源，有包括但不限于以上小节的内容。从提出者来说，任何人都可以提出。

提出改进建议时还应明确，当前是什么状况或者遇到了什么问题、建议的改进或者方案是什么以及一旦这个建议被执行后组织能获得什么收益这 3 块基础信息，以便后续的负责人进行评估。

2. 初步评估

一般是指体系或流程负责团队在收到改进建议时，在相对短的时间内给出第一轮反馈，即接受、拒绝、待定等。

初步评估不需要涉及太多的落实细节，可先从整体层面把关，比如，真正的组织收益、找到解决方案的困难程度或所需成本、多少角色会受到影响、在运行项目受到的影响的程度、是否会涉及跨领域（部门、产品、流程域等）的接口、需要什么程度的培训、工具是否需要相应更新等。

这有一点像工程变更的 CCB 阶段。

3. 具体分析

如果评估后，认为值得去做，就需进一步考虑落实的细节。

针对当前的弱点、改进的方案和预期收益（如量化的成本缩减）进行更细致的分析、描述，更具体地会落实到流程图、责任分配矩阵、模板、使用指南、检查清单、工具适配、培训材料等细化变更上。

4. 落实

对于比较小的改进，可以在小范围内进行沟通对齐后，推进落实。

但如果涉及的相关方比较多、方案较复杂、风险不确定等，则可能需要先选定某个项目进行试运行，以进行风险识别、方案确认与优化等。这与汽车零部件及整车 SOP 之前都必须要完成的试生产是一个道理。

一切就绪后，就可以开展下一步的释放、组织宣贯和培训等工作。

5.5.5 改进的 3 个段位

有了理念、来源、手段，这里总结一些具体落地点。毕竟，改进本身就是在进行一些细碎的修补和尝试，是渐进的、改良的。

我们前面讲到改进对象一般包括工具、方法论、方法、模板、过程、规则等，它们整体也是逐渐迭代成熟的。

基于改进对象成熟度的发展阶段，我们大约可以将改进分为 3 个段位：改错误、改合理和改更好，如图 5-23 所示。

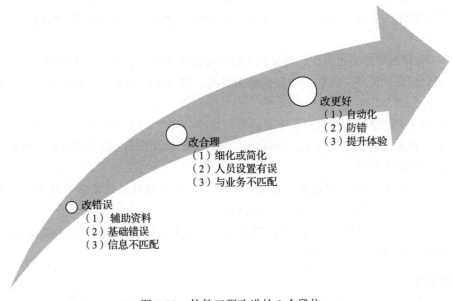

图 5-23　软件工程改进的 3 个段位

1. 改错误

这个阶段往往处于体系框架搭建完成初期，需要做大量的改错、修补工作。我们将这时的不足定义为"错误"，也就是明显的、不太高级的、没有争议的偏差。

（1）辅助资料

新流程刚释放或新工具刚部署后，大多数使用者并不知道这是什么。这时，如果缺少基本的介绍资料、使用指南、责任分配矩阵、解释说明、上线计划、断点时间、基础模板等，想必受众部门都会有意见。

（2）基础错误

建立和改进都是人做的，人难免会犯错；系统工具是软件支撑，软件有 bug 也是常态。

错别字、命名不规范、内容缺失、内容多余、常识性矛盾或者工具上的卡死、显示不全、缺少字段、点击无效、无法导出/导入/下载、格式不匹配等，这类错误很细碎、很烦琐，基本要靠细心来解决。

（3）同源但不同区域信息不匹配

通常，我们会用一个原始文档记录某些标准的定义，这个文档里的信息会被不同的文档所引用，在不同职能域传递，也会被布置到系统工具中。

那么，在引用、传递、布置的过程中，会不会出现错误呢？实际上，各个环节的错误在复杂的体系中会非常普遍。比如 4.7 节讲的追溯，其实就是在解决这类问题。

2. 改合理

第一步完成后，我们会得到一个初始规划和标准的东西，但你在落地的过程中会发现很多地方考虑得不全面、理解得不准确或太过简略、烦琐等。这时面临的就是"合理性"的问题。

我们不能很笃定地指出错误，而是需要进一步思考和争论，举一些案例供参考。

- 细化或简化流程。比如，增加或减少审批、增加或减少文档、权限上提或下放、过程拆分或合并。
- 对某一主题描述的枚举值不全或多余。如产品分类、测试类型、bug 级别。
- 人员权责设置不当。比如，经评估，当前业务下，需求工程师更适合进行客户的对接，而非架构师。
- 工具中的必填项过度设置。比如，经评估，需求编号是必填项，但验证准则非必填，以减少强制检查带来的工作量增加。
- 与实际业务不适配。比如，CCB 决策者被定义为没有足够时间应对问题的技术高管，逻辑上没问题，但不合理。

3. 改更好

至此，错误订正了、整体也合理了，使用者可能不会提出强有力的质疑了，但没有最好，只有更好。

数字化就属于这样一种存在，例如：

- 标准工作的自动化。比如，自动填入信息、自动迁移责任人、自动命名、自动提醒、自动纠错等。

❏ 防错。比如，格式错误时无法保存或推进。

❏ 提升工具用户体验。比如，不用反复切换、有超链接、容易检索、容易筛选、响应快、显示完整、信息集中、不易误操作、颜色区分度高等。

本节粗略地列举了一些改进点，不可能全面，但多少有一些直观感受，真正的改进其实就是琐碎的、枯燥的，很少有那些变革的热血沸腾。

5.6　本章小结

本章侧重于体系框架的梳理。按照对汽车软件工程体系的逐渐聚焦性，依次对 ISO 9000、IATF 16949、ASPICE 进行了解读，尽可能使用比喻或示例来介绍比较晦涩的标准条文，以让读者能够对普适性体系标准在汽车软件领域的落实情况有所感受。

但是，相关的标准远不止于此，所以 5.4 节对部分标准进行了一定的串联，可以作为进一步了解其支撑或外围标准的入口。当然，标准体系十分庞杂，无论是出于篇幅限制，还是能力限制，本书都无法尽述，只力求能在为理解上层概念起到一定的辅助作用，具体执行上仍需要深入细分领域内部。

最后，我们从"改进"的角度谈了一些思路和方法，因为标准不能一成不变，需要持续优化、适配，这也是几乎所有标准落地时内生的诉求。

软件组织角色的构建与转型

在众多工程活动中，开发是最不标准化、最具不确定性的，而相比较其他开发，软件开发尤甚，这与软件的模糊性和低可见度有关。

如果继续深入，我们会发现，软件本身的存在形式就是抽象的、逻辑的。我们可以说它是程序、是文档、是高级编程语言、是 01 机器码，但这些东西都不存在于现实世界，真正存在的是底层的晶体管。也就是说，软件的生成与存在更多是依赖于人的大脑。

但是，人心似海，变幻莫测。人是软件开发中最复杂和最具不确定性的部分，也让软件开发依然保有极大的复杂性。

本章将选择其中相对确定的或阶段性、局限性相对确定的东西来展开。

本章会从组织角色、人才现状以及职业转型的角度来阐释，至于如何管理人的不确定性，就非本书所能涉及的了。整体来说，挂一漏万，不成体系，且作参考。

6.1　汽车软件开发角色大起底

你是什么职责、你是什么 title（抬头）、你负责哪个职能、你属于什么部门……这些问题都反映了通过将人"角色化"来进一步标准化、精细化和高效化企业运作的思路，如果把人当作一个标准零件，每一份岗位说明书都是这个角色的需求文档和装配指南，期望有互换性且能即插即用。接下来，我们且看如何划分。

6.1.1　人人无法回避的"角色"

"角色"，我们并不陌生，但不知道有多少人细想过。

作为一个人，我们不是单一的、抽象的人，除了姓名和身份证号，我们不可避免地会被贴上"标签"，可能是爸爸、妈妈、儿子、女儿、兄弟、姐妹、学生、老师、亲戚、朋友、敌人、北京人、上海人、中国人、外国人、男人、女人、工人、农民、演员、歌手……

总之，在不同的视角或领域下你会有不同的角色，背后会反映出你的义务、权利等，社会心理学家莱威在《社会结构》一书中将角色定义为"由特定社会结构来分化的社会地位"。

迁移一下定义，公司组织里的角色就是"由特点组织结构来分化的组织地位"。

组织内背负各种角色的人或群体成为一个个功能块，承担着责任，背负着期待，贡献着智慧，推动着事情的进行。企业架构都是由各种各样的"角色"组成的，流程都是由各种各样的"角色"推进的，项目都是由各种各样的"角色"完成的，可以说"角色"是组织内最具活力的部分。

因此，不管是大企业还是小企业，都无法跳脱开"角色"来思考工作。大企业会拆分到更细更专，会有更多的角色，一个人担任的角色也会更少；小企业相对粗放，没有区分出那么多角色定义，或者多种角色一肩挑。

职场人成熟的标志之一是，知道自己当下的"角色"和想要的"角色"，能够从"个人角色"走向"群体角色"。

6.1.2　支撑组织的 3 条角色线

下面，我们聊一聊在一个比较完整的、成熟的汽车电子软件组织里有什么样的典型角色，或许可对相关从业者提供一些对标价值。这里同样是站在供应软硬件模块的供应商开发部门或 OEM 里的软件自研部门的视角展开分析。

图 6-1　汽车电子软件组织 3 条角色线

在汽车行业的运作模式里，角色一般会挂在这样 3 条线上：组织线、项目线和流程线，如图 6-1 所示。

1. 组织线

组织线是指整体的、服务于整个组织的，这条线上的角色是服务于所有项目的。

典型的汽车企业一般都是分销售、采购、财务、人事、工程、生产、质量等不同职能线，然后，每条线是自上而下的层级关系。这组成了整个企业或组织的骨架与血肉。

2. 项目线

骨架要活动、血液要流转，组织要活起来，就需要一个个项目单元来运作和串联，这就用到了项目线。

项目线多是执行层员工从组织线里被拉到各个项目组里进行项目交付工作，日常工作基本都是在这条线上完成的。

由于汽车行业主体是按照项目来组织推动的，即所谓的矩阵型组织架构，所以，项目角色也多按照职能来划分。我们每个人都是挂在组织线中人事职能架构里的特定位置上，有直线汇报的顶头上司，而在进入项目组工作时，也有虚线汇报的项目经理。

3. 流程线

前两条的角色更多地类似于一种静态的、可视的架构模式里的角色，而流程线角色是指业务流动到不同点位时对应的人员，是指特定组织流程在不同环节涉及的责任人。

流程线是人为定义的、理论的、抽象的，是对组织和项目运作的抽象化和标准化，所以其角色多由具体的项目角色或组织角色来执行，但可能会根据需要冠以新的名称。

下面几个小节会梳理一些与软件开发相关性比较大的角色示例。但要重点强调的是，以下梳理的角色的名称并不一定存在于每个组织中，在具体的企业里，这些角色或映射于开发活动过程，或对应于产品的拆分，或匹配于组织的特定划分，或出于个人化考虑，会有不同的命名习惯，具体职责范围划分方式也千奇百怪。所以，我们重点放在理解其角色定义的共性逻辑上——组织、项目、流程、系统拆分后的元素与人的映射。

6.1.3　组织角色的分类

组织是企业的骨架，先从组织开始展开。相关角色如图 6-2 所示。

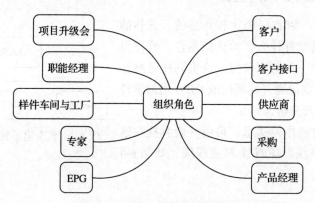

图 6-2　汽车电子软件组织角色

1. 客户

第一个是客户，客户会有两类：外部客户和内部客户。

由于只有外部客户才能直接影响公司新订单、新项目，所以我们说起客户，更多地会想到外部客户，就像 OEM 对于 Tier 1。

而内部客户是公司组织内部要交付的下游，名义上的客户，实际上的合作者，就像 OEM 内部的整车验证团队对于自研团队，或者其他任何需要例行接收交付物的对象基本都可以算作客户。

2. 客户接口

现实中，"客户"这个抽象的概念可以理解为公司、实体、组织、群体或各个人，而不是具体的某一个人。因此，我们需要一个客户接口。在供应商侧，客户接口人一般由销售、项目经理或系统工程师来兼任。OEM 内部的整车与软件开发并没有实际的商务关系，也就不会涉及销售了。

设定这个角色的主要目的是找到一个"唯一负责人"和"单一信息源"。

3. 供应商

有了客户，自然就需要有供应商，即按照客户需求供应零件、服务或软件之类的组织或人员。

4. 采购

这里只谈外部的商务关系。站在客户的角度，供应商和客户之间的商务桥梁一般是采购，PR、PO、RFQ 都是研发人员与采购交互的一些内容。而反过来，站在供应商的角度，这个商务桥梁就是销售，销售就是要和采购官方对接的。

5. 产品经理

还有一个角色，和销售一样，会关注市场，我们称之为产品经理。他们会基于内外部环境、市场趋势、技术能力、组织策略等规划产品方向，所谓的技术路线图多出自这个角色。

当然，多数汽车软件企业还没走到关注产品经理的程度，很多企业并没有这个角色，即便有，这个角色的定位和互联网的产品经理也还是不同，很难撑起架构终端客户与内部方向之间桥梁的期许。

不过，这几年互联网的持续进入及所谓客户导向理念的兴起倒是促使大家对这个角色产生了更多的关注。

6. EPG

成熟组织内都会有 EPG（Engineering Process Group，过程改进小组）这样的角色，这也是来源于 CMMI 模型的定义。它主要用于定义、维护、优化各类流程体系，我们所聊的角色定义也多由这个角色来完成。另外，5.5 节讲的改进也常由这个组织作为枢纽。

7. 专家

对于常规工作，按照流程按部就班地完成即可，中人之才足够了，但工作总会有难点、有挑战，没挑战也需要创造挑战，这时就需要专家出马了。

当然，专家未必都是大才，一般是在某个职能领域比较资深、经验比较丰富的，可以解决项目中遇到的难题的人。根据产品特点不同，可能会有不同的专家类型，比如，架构、OTA、软件模块、算法、标定、功能安全、EMC 等专家，也可能会有流程专家。

8. 样件车间和工厂

我们所做工作的基本目的就是交付。电子电器件都要交付模块，需按照订单或其他要求完成对客户的交付，开发也会需要一些工程件。

这部分会涉及样件车间、工程车间或工厂，在车间和工厂里当然还会有更多的角色，如计划、制造、测试等，他们不属于研发核心角色，不在讨论范围，就不细说了。

9. 职能经理

再聊聊我们的职能经理，经理也是一种组织角色，主要负责行政上的管理和决策，负责为项目团队输送项目角色。总体来说，职能经理的职责是"管钱"和"管人"。

10. 项目升级会

一个个多无行政管理之权的项目经理带着一个个项目在做，但如果项目中出现难以解决的问题，比如，资源冲突了，产线停线了，实验重大失效了……怎么办呢？

这时，单一职能的角色往往不能解决问题，这就需要一个会议，一个有各种领导参与的会议，我们姑且称这个角色为"项目升级会"或"项目拉动会"，项目经理会在会议中提出问题并争取时间延后、人力补充、设备排期、预算增加等支持，一般到这个层面多数可以解决问题了，如果不能，就上到更高级别的会议。

6.1.4 项目角色的分类

项目结构基本和产品系统结构相对应，也基本和第 4 章的开发活动相对应，所以项目角色也会落在硬件类、项目经理、软件类、标定类、机械类、功能安全和信息安全类，以及系统类等这几大块。其中，前面几部分共同组成系统。汽车电子软件项目角色如图 6-3 所示。

1. 硬件类角色

既然说硬件才是底层基础，我们先讲硬件。

硬件类角色中最基本的是硬件开发人员，他们整体负责一个项目的硬件技术部分，包括开始的需求和最终的交付。

结合硬件的特点，它包含各种功能，由各种电子元器件组成。所以硬件开发又分为硬件功能开发（如 COM、Power、Watchdog 等）和硬件元器件开发（如 MCU、ASIC、电容、传感器、PCBA 等）。

有了开发，就要有测试，也就是硬件测试人员，他们会完成诸如黑盒测试、EMC、鲁棒性、性能、I/O 等测试。

2. 项目经理

另外，硬件的释放本身也可以看作一个项目，所以理论上也存在硬件项目经理这个角色，以统筹协调。

同理，软件项目经理、机械项目经理也是如此，在系统层面一般会称作"产品负责人""技术项目经理""项目技术经理""产品工程师""设计释放"等。他们会对整个产品的技术部分负责。

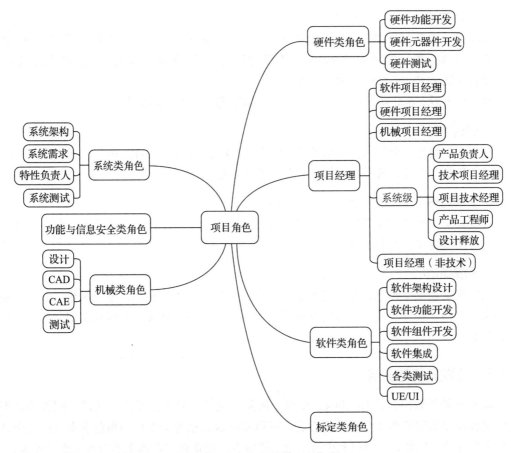

图 6-3　汽车电子软件项目角色

再往上走，就是整个项目的项目经理，他们可能会关注到更多的东西，相较于技术类项目经理侧重于技术，纯项目经理在商务、法务、财务、生产、物流等层面涉足更广。

3. 软件类角色

我们再回到软件层面，软件相对硬件更复杂多样一些。

仅从软件开发活动角度细分的话就有软件架构设计、软件功能开发、软件组件开发、软件集成等。

如果从软件架构划分来看，还会分别有负责底层、应用层、中间件的角色，或者以一个一个组件名称或功能作为前缀的角色。另外，具体领域还会有一些特定的角色，比如，座舱里涉及车机的人机交互，就会有 UI/UE。自动驾驶涉及规划控制、环境感知、图像处理，也就会有对应的工程师。

对应开发，自然会有测试，相应的有软件单元测试、软件集成测试、软件测试（功能 / 需求）等，但一般只有软件测试会有专门的测试角色承担。

4. 标定类角色

标定是一项精打细磨的活儿，人机交互的车机、车内喇叭、灯光系统、图像识别、电机控制、气囊点爆、悬架调校等都需要不断地标定、实车匹配，才能实现性能上的最优，这也是拉开细节 Know-How 的重点部分。

从角色上看，标定类角色一般称为标定工程师或者性能工程师等。

5. 机械类角色

机械部分是另一个领域，包括设计、CAD（3D/2D 制图）、CAE（仿真）、测试等，也有全链路的角色。不过，这不是我们的重点，暂且不表。

6. 功能与信息安全类角色

功能安全工程师和信息安全工程师虽然比较火，但角色上还没有拆分那么细，一般由零星几个人负责或者被系统的工程师兼任。

7. 系统类角色

最后就是系统类角色，系统的概念在业内也比较成熟了，比如，系统架构工程师、系统需求工程师、特性负责人、系统测试工程师等。整体角色繁多，但逻辑类似，就不再扩展介绍了。

6.1.5 流程角色的分类

流程的种类繁多，比如，bug、变更、风险、交付、质保、需求、测试、配置等，但这些流程都无法脱离组织和项目而存在，所以实际流程里每个点位的角色更多是由前两种角色来担任的，比如，评审过程中有一个"评审者"的角色，但基本不会有叫作"评审者"的组织或项目岗位。

流程角色具体由组织或项目里的哪个角色担任和不同公司对流程角色的定义及业务差异有关，数量种类繁杂，姑且举几个例子。

比如，bug 提出者多为测试工程师，但下游非典型测试意义的验收方也会提；变更提出者可以为任何角色，但多数是客户；风险提出者往往是项目经理；需求管理的负责人一般为系统工程师、系统架构师、特性负责人或软件架构师；配置管理员可由项目经理、系统工程师、集成工程师来兼任等。

最后还是要强调下，角色和人员不等同。你只有一个人，但可能一个人就是一个团队，相当于你一个人兼任了多个角色，而不代表这些角色不存在。因为，拆分为更细的角色是一种精细化运作的思维。

6.2 不同角色的能力发展要求

角色有"高低"之分。

我们想表达的是，担任同一角色的不同的人有着这个角色定义下的不同能力等级，而不涉及人与人之间的自身诉求、知识背景、个性特点等的差异。

尺有所短，寸有所长，人之短长也各有千秋，所以，把人换成了角色，把高低加上了双引号。

回到我们的主题——角色能力等级。

定义流程体系和人员角色的目标在于标准化运作，对于人来说，就是通过标准的角色来实现人的互换性，但即便是一个螺丝钉都会有公差，人的不确定性和变异性就更大了。出于这部分及其他原因，我们可以尝试将角色的能力等级进行明确化。

6.2.1　两条路径看角色能力等级

职业路径一般会被划分为"管理"和"技术"两条。我们这里划分的方式与之类似，但不尽然，特别是所谓"管理"路径，这里不去谈更行政的管理，而是基于角色的。对于"技术"路径，我们谈的更多的是常规意义上的角色技术水平或业务能力，即"功能"。

1. 管理路径

我们粗略按照个人的职场发展来描述这条管理路径，如图 6-4 所示。

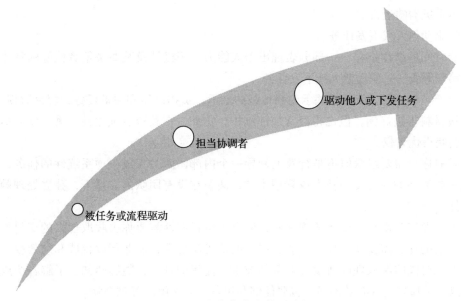

图 6-4　角色能力之管理路径

（1）被任务或流程驱动

初入职场的人，多数是对工作、业务没有什么概念的，不知道该做什么、怎么做、为什么做。这时，你的带教老师或领导会先给你一些细碎的但任务清晰、目标明确的工作来做，比如，汇总一些信息、编制一些表格之类，再慢慢地做一些明确的、标准的工作。

这就引出第一个等级——被任务或流程驱动。

这个阶段的你，在老员工的指导下或者按照标准的流程指南，可以做一些例行的、常规的工作。一般来说，这类工作的挑战性不大，难度更多是工作量的重复叠加。通常，了解了基本的组织架构、框架性的流程规范、常见的术语和一些工具的常规操作等就可以应付了，例如操作自动化测试台架或者下一个订单等。

（2）担当协调者

当工作三四年后，你会步入第二个等级——担当协调者。

随着对所负责小板块的熟悉，你的工作边界会逐渐拓宽、对接接口会增多、特殊性及临时性工作会偶现，小范围内交付结果的模式不再适用，需要走到业务接口去与人沟通、确认、协调，甚至还需要了解对方的业务模式，以便获取一些主动性。

这时，你基本可以独立工作了，有了一定的技术和管理意识，理解每一个任务和流程背后的基本逻辑，也明白了公司内部的一些不成文的"潜规则"，但由于职责、经验、信息的限制，你独立做决策的概率还比较小。比如，独立负责一个变更级别不大的项目的开发、测试、项目管理等。

实际上，大量的角色会处于这个阶段。年纪不大，精力充沛，虽然经验没那么丰富，但从定位上看足够用了。从体系设计的角度看，这是比较合适的互换性标准件，能够很好地支撑体系机器的运行。

（3）驱动他人或下发任务

随着时间的继续推移，一部分表现出个人能力、积极性及某些决策者偏好的特质的人会进入第三等级——驱动他人或下发任务。

对应于一台机器，就像那些承受高负载的轴承，负担高压和关键任务，容易磨损失效，所以这块材料得是好钢，但也得经常加油维护，比如，在薪资、独立性、曝光度、信息差等方面会获得优先权。

这时的你，需要组织但不是行政上领导一个内部团队去完成一项系统性的任务，或者去解决一些复杂的、突发的技术或管理难题，甚至在没有团队的支撑下，独立处理棘手的突发事件。

你虽然没有获得官方授予的管理权，但由于位置属性需要你去收取他人的交付物，所以这个阶段的你更需要获得他人在业务层面的认可与尊重，而非行政权威和绩效权。在能力经验上，要能够深入理解所负责业务的技术、流程的细节，能够感知、了解各个成员的个性特点与价值导向并有效沟通，也要能够利用各种方法解决疑难杂症。

类似地，就像一个大项目里的测试负责人需要协调项目中所有的测试工程师，或者一个复杂产品的系统架构需要统筹具体元素与组件的输出来完成架构定义。

回看这3个等级，算是一个角色在管理维度的发展路径，但卡在这里又是一大瓶颈。你需要长期坚持、长期输出，在某些契机下，走上真正的管理岗位，即具备绩效权的基层经理。当然，后续的中层、高层的晋升暂不在我们的讨论范围中。

2.技术路径

首先要明确的是，在真正步入管理岗之前，所谓"管理"或"技术"在做的事情及做事方法不会有本质差异，都需要业务水平过关。只有在发展后期，两类人才会表现出更突出的个性偏好和能力倾向。

这里着重提供两种看级别的角度，即：

❑ 管理路径更宏观、更务虚、更侧重于资源调配的管理理念。

❑ 技术路径更具体、更务实、更倾向产生资源的技术沉淀。

而更具体来看，一个角色也并非只有一个"技术能力点"，或者说用一个"技术能力点"描述不够丰富。比如，对于软件开发角色，可以说他的软件开发技术如何如何，但没有针对性。更细节地，要看他的需求分析、软件架构、软件设计、软件编码、软件项目管理甚至商业意识等各个细分"技术能力点"如何。

毕竟，无论哪个角色，都是需要在一定范围内处理接口的，都是有输入输出的，都是要协同配合的。就像齿轮传动一样，你们各有分工，你之长补他之短，他之长补你之短，某些地方你可以短但不能无。

技术路径的"技术能力点"如图 6-5 所示。

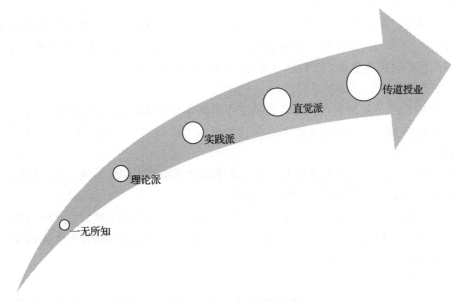

图 6-5　角色能力之技术路径

（1）一无所知

一无所知比较容易理解，当然，这是个理论极端。具象点，如果我们没听过、不理解、不清楚某个"技能点"（或主题、领域）的主要专有名词，以及和负责这项工作的人无法交流超过 10 句话，可以算是成功达成该等级。

（2）理论派

理论非常有价值，理论高手也依然是高手，但对侧重于应用价值的企业来说，能否解决问题和实现具体的目标才是主要评价标准，所以我们仅仅将理论派排在了"一无所知"之上。

现实中的理论派一般是通过看书、查资料、听培训、观察他人等方式达成的。或者，所谓非本行专业人员将部分知识、经验进行的跨行业迁移，多少也算是理论派，纯理论派往往很难去独立处理具体的业务，需要行业人引路。

比如，理论上，测试人员知道我们应该测试前移、避免 bug 逃逸，但实际上，我们的人员配备如何、产品成熟度如何、成本范围如何、SOP 节点如何、公司策略如何等现实性的具体问题会直接影响这条政治正确的理论的落实方式，甚至直接决定其不必落实。

（3）实践派

与理论派相对的，就是实践派。尽管我们把实践派放在了理论派之上，但不代表实践派全面超越理论派，很多情况算是并行，最多略微超理论派半个身位。

实践派是指在某个具体的产品线、某个具体的项目上有实际的经历与经验，以后面对类似的任务，他可以马上上手工作，而不需要他人的指点与伴随，但并不意味着他的理论体系比较健全，也了解这样做背后的道理。

不过，对于初级执行岗位来说，可能有执行力的、趁手的实践派比较容易获得青睐。

另外，实践派与理论派有一个显著的区别在于对细节的把握，这些细节相当于血肉，对初期的成长阶段极为重要。实践能力需要靠足够的项目堆出来。

（4）直觉派

项目的特点之一是独特性，项目开发工作中基本要面临新的、困难的、突发的事件，尤其是复杂的大项目，所以历史的实践和从历史的实践总结出的理论有可能不那么适用，甚至失效。

这时，该怎么办？这就需要靠大量理论基础和实践经验磨炼出来的直觉，在乱麻里轻松理出头绪，在找不到北的困局中快速找到方向。

一个资深的软件工程师面对很异常的、涉及面很广的软件 bug 时，能够调动以往各种经验和多个背景的理论知识来分析、研判、定位，这其中也需要他或纯天生或辅以后天经验的、对细节串联把控的天赋。

（5）传道授业

理论派大约属于看得懂，实践派要求做得到，传道授业则需要讲得出、讲得清、讲得全。

此时的你，可以指导别人去解决复杂问题、找到具体方案，也能够提炼出有效的方法论来，自己使用或教给别人，还能够将直觉转化为方法、流程、标准，以便这种效用能够被稳定化和杠杆化，从个体成功走向团队成功。

既然我们是针对"技能点"来讲，也就是说，如果一个初入职场的应届生在 Excel 数据处理方面非常熟练，那么，在这个"技能点"上，他也能够达到"传道授业"的级别。不过，如果从真正的职业发展角度看，只有能在特定领域内的大部分"技能点"都达到这个水平，以构建起较高且持久的门槛，才能够支撑你去走所谓的技术路径。

另外，我们注意到，在具体"技能点"深钻的专家路径有点像从学生走向老师的路径，所以这里更多是想体现相对硬的知识性、能力性，而不太涉及诸如谈笑风生、推杯换盏、左右逢源的"软素质"。人之所长、所喜各有不同，而至于如何规划，那是后话。

下面两节我们拓展讲一下具体的技能点，以便有更直观的感受，但限于篇幅且普适性不高，就汇总在系统和软件两大方面笼统来讲，不再区分角色。

6.2.2 系统类角色技能点定义

系统角色要关注的主要是两个方面：

❑ 一是整体，即将软硬一体的模块作为整体对待，需要通盘考量。

❑ 二是接口，即需处理这个模块内部与外部交互的事务。

相应地，我们可以粗略总结出以下更相关的技能点，如图 6-6 所示。

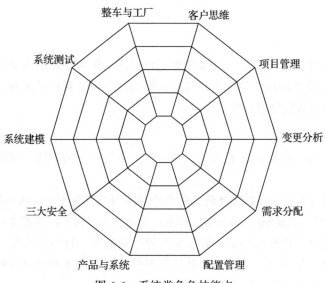

图 6-6 系统类角色技能点

1. 客户思维

技术人员容易陷入技术细节本身，而且越底层的技术，这种现象越明显。换句话说，缺乏客户思维。

但是，对于系统类角色而言，需要构建这样的意识，技术是要工程化的、要应用的、要销售的，而这一切的前提是有客户买单。

2. 项目管理

尽管我们这里谈的更多的是工程类角色，但项目管理是一种普适性的技能。即便系统类角色不需要像专职的项目经理那样去直接负责、把控、推进整个项目，但他们也需要有项目思维和基本的项目管理认知。

由于涉及的技术面更广和需要协调各子领域及外部的客户与供应商技术对齐，实际上，系统类角色本身也经常担负起技术项目管理的职责。

3. 变更分析

变更是常态，接受变更的第一工程人员往往来自系统。第一道关口的把握需要该角色有相对广泛的知识面和足够的经验，要能结合项目目标把握清楚处理变更的策略，宏观分析其影响范围和可行性，以及进一步分配到各领域进行细节的分析。

在正式进入 CCB 流程前，系统类角色是需要承担工程评估的主要职责的。

4. 需求分配

对于需求，系统类角色是第一位接收者、梳理者、解读者和发布者。他们未必需要进入具体的实现层面，但如何合时、合理地将这个源头分配、分流出去，需要相当的工程认知和沟通能力。

5. 配置管理

简单来看，配置管理其实是一种整理和汇总工作。作为掌握最全面工程信息的系统类角色，这个职责自然会落到他的身上，当有人问到这个模块系统的工程信息时，该角色至少需要清楚地知道应该到哪里或找谁获取。

6. 产品与系统

系统类角色算是非典型的技术人员，不需要关注太底层的东西，起码对比程序员而言是这样。

通常，他们的技术能力或知识优势要落在产品本身及其处于上一级系统时的知识上。

举个例子，EPS（Electric Power Steering，电动助力转向）控制器本身会有自己的产品级知识，比如，其路径是什么样的、有多少配置可以选型、接收什么输入信号及输出什么控制信号、工作电压是多少、主控芯片是什么型号乃至各功能如何对应软件组件等。这些知识是理解、分配内部开发任务前所必要了解的内容。

而如果将其放在整个电动助力转向系统中来看，则需要掌握的知识又会有一定差异，例如负责接收信号的传感器有哪几类、这些传感器又各自位于什么产品、转向助力的大小方向如何定义、助力特性是基于什么场景进行的标定等。理解这类知识将很好地助力你的对外工作。

7. 三大安全

功能安全、信息安全、预期功能安全是目前汽车软件突破的一大限制，但这同样也是一个系统性的问题，需要软件、硬件、算法、流程等多方位的协同才能解决。对此，系统类角色自然不遑多让。

8. 系统建模

基于模型去搭建架构是系统角色的另一项硬技能，建模语言的应用、系统架构的理解、架构图规则的掌握及工具软件的操作等都是完成这部分工作所必备的技能。

9. 系统测试

这里是针对系统测试角色来讲的。系统测试是产品交付给外部客户的最后一道防线，如何理解好系统需求、如何写好测试用例、如何找出上游开发逃逸的 bug、如何站在下游客户视角避免 bug 逃逸都是要掌握的内容。

10. 整车与工厂

模块最终要在整车中装配、联调、标定、通信以实现功能，模块最终也要在工厂组装、诊断、下线以实现量产。

作为模块释放的工程责任人，需要对其最终的归宿有所了解，要知道整车 EEA，要清楚产线诊断内容。当出了问题，要有理有据地判断出不属于产品问题。或者，定位到产品问题后，也能站在整车与工厂的角度去进行下一步技术决策。

如果要说原则的话，系统类角色的技能要依托于特定系统知识，并力求在广度上有优势，至少达到可以和各领域人员顺畅交流和理解框架逻辑的程度，就像可以调用接口的应用层软件一样。

6.2.3　软件类角色技能点定义

相较于系统，软件层面的角色能力更底层一点，也更硬核一点。

另外，对于软硬一体的模块系统，由于存在上游系统和项目管理角色，因此软件角色多为任务驱动型，是完成可用软件的最终执行者，对管理策略性把握的要求不高，会更集中于脱离产品与项目的技术本身，如图 6-7 所示。

1. 项目管理

这部分主要集中在软件项目经理的身上，他要承担起保证软件按时、按质释放的责任。

当然，相比典型的项目经理，软件项目经理会更多地侧重于内部开发，更偏技术一些，可能对商务、成本、整体进度、人员等的关注不需要太多。

2. 需求解读

无论是正向的开发需求，还是变更需求，软件类角色都需要对其进行进一步的解读，要考虑更细节的影响、边界和实现方式等。

3. 软件架构与组件

系统架构与组件（或元素）的描述性意味更浓，它会谈需求、谈原则、谈策略，也更像一种可视化、概述性的展示方式。

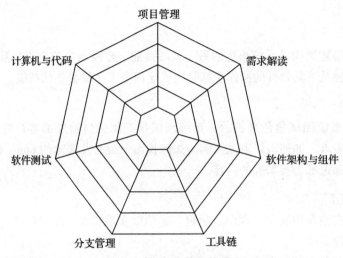

图 6-7　软件类角色技能点

软件架构及具体组件的设计会更偏技术一些，重点关注的是怎么真正做到、一行行代码怎么生成，诸如 AUTOSAR CP/AP、Android、QNX、Linux 这些架构背后都有一整套知识和应用体系。

而在具体的组件详细设计中，如何将车辆行为描述为数学函数、如何将函数映射到模块、如何配置一些常量变量参数，以及是否需要在模型代码后进行手工代码等，也都需要更细节繁杂的考量。

4. 工具链

需求、架构、设计、编译、集成、测试及工作流管理等都需要大量工具的参与，没有这些工具的支撑，开发基本无法完成。相应的角色自然要熟练掌握相应的工具，乃至对于相当一部分软件类角色来说，会使用工具是其入门门槛。

5. 分支管理

软件不同于模块零件的管理。零件基本是一只手就能数出来的配置，变更也很慢，即便复杂一点，一张配置表和对应写有变更履历的 BOM 也能清晰搞定。软件则不同，在开发中不停地迭代，再结合不同的车型或项目在不同阶段释放，整个分支会变得很复杂。对应责任人需要依赖必要的文档来对分支进行持续梳理。

6. 软件测试

软件测试其实会分很多类，静态扫描、单元测试、集成测试、软件（需求）测试等在不同阶段会关注不同要求。这都需要我们在对需求、架构、设计、标准的理解上，结合各类工具，写好脚本，编好用例，最终完成测试，并跟进 bug 的处理。其中，有一个重要指标是，如何让 bug 早期暴露。

7. 计算机与代码

这些基础性知识属于整个汽车软件应用大厦的根基，理解硬件电路、操作系统、C/Java 语言、算法、网络通信等将有助于该角色对相关工作的理解和决策。当然，计算机知识体系非常庞大，个人显然不能全面掌握，但多多益善。

同样的，要总结软件类角色技能原则，则要更侧重于深度和底层，寻找技术共性，对于更个性化的项目、产品的认知要求要相对低一点。就像底层软件、操作系统一样，我按你的要求提供接口与输出，而你不必太关注我的复杂实现。

6.3　智能汽车对"六边形"人才的期待

精细化运作，在提升效率的同时，也会扼杀创造力。无论是个人还是组织，我们都期望每个人都能像雷达图展示的"六边形"战士一样，是通才、全才。现在，尤其如此。

6.3.1　从文艺复兴看汽车变革

相信达·芬奇这个名字大家都耳熟能详了，我最初知道达·芬奇是在小学课文《画鸡蛋》上，后来又知道了《蒙娜丽莎》，无疑，达·芬奇是伟大的画家。但当翻看其个人履历时，更是感到瞠目结舌，除了绘画，他在建筑、雕刻、数学、物理、生物、天文、地质等方面都有很高的成就。可谓真正的上知天文下晓地理、琴棋书画样样精通。作为文艺复兴时期的典范，达·芬奇集中展现了思想自由、创新涌现、学科融合、全才辈出的时代特点。

回到人员角色，它的定义其实反映的是企业专业化分工原则。这是技术发展的目标和成熟领域的惯例，也是身处成熟汽车行业的我们所熟知的。

而当下，汽车行业正处于风起云涌的行业变革中心，各人自扫门前雪的模式陷入出捉襟见肘的困境，所以像文艺复兴时期一样，行业也在期待跨学科的全才。毕竟，变革的原因是旧的东西里进来了新的东西，需要融合、转化与创新。

很明显，懂汽车、懂软件、懂开发、懂制造、懂系统、懂硬件、懂算法、懂项目、懂产品的全面型人才不是唾手可得的。基于现实考虑，我们先讨论最典型的"汽车"与"软件"这两个领域。

6.3.2　既懂汽车，又懂软件

总的来说，懂汽车的人不缺，懂软件的人也不缺，缺的是既懂汽车又懂软件的人。

1. 人才的短缺

前几年，汽车电子软件开发处于非常封闭的阶段，国外 OEM 在需求和验证层面介入略多一点，但整体的开发基本被几大 Tier 1 垄断，其余企业参与甚少。大家习惯把 ECU 称为

"黑盒子"。

另外，外资 Tier 1 多会限制对国内团队的技术分享，本土企业更多集中在客户项目的释放与匹配上，这让本就狭窄的人才储备空间更是雪上加霜。

而且，传统汽车电子软件技术和软件定义汽车概念下的软件技术又是不同的体系，传统汽车软件人员还需要跨界去扩充 SOME/IP、SOA、Android、QNX、以太网等非传统 EEA 下的技术内容。

软件定义汽车热起来后，大量的 ICT（Information and Communication Technology，信息与通信技术）和互联网行业的软件人员与软件技术涌了进来，可是软件开发能力很强的他们并不知道嵌入式硬件和造车是什么玩法，也就是人员虽然众多，但懂汽车的却少之又少。

2. 解决人才短缺的考虑

接下来，探索下如何解决人才短缺的问题，如图 6-8 所示。

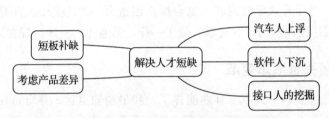

图 6-8　解决人才短缺的思路

（1）汽车人上浮

拥有汽车背景的人才可以侧重于往整车级上浮、往产业链下游走，对汽车行业工作模式的了解有助于他们拥有宏观的视角和顺利的沟通。而处理软件时，可以对接软件项目经理或软件架构这样的接口性人物，比如，可以负责项目管理、系统工程、需求管理、功能定义等。

（2）软件人下沉

从 IT 领域出来的纯软件角色要往产品下层沉、往产业链上游走。同样的，面对与汽车研发制造相关的内容也仍由接口人把关，他们只需要沉浸于如何理解软件或组件需求并将其很好地实现。

（3）接口人的挖掘

目前，最缺失的人才在于接口人，尤其是架构类角色，需要他们对汽车和软件都有比较深刻的理解，才能把握、调度好方向，才能给出准确的需求，才能评价出软件实现是否适当。这类角色可以尝试从传统汽车电子的软硬件人员和 ICT 领域内涉及硬件的人员中挖掘，整体来说他们的技能相对平衡。

（4）考虑产品差异

此外，从产品特点或技术路径的差异上看，汽车背景的人在车身控制、底盘控制、动力控制等与汽车本身贴合更紧密的控制器方面有着更明显的优势，IT 背景的人在座舱这类使用 Android、QNX 系统或一些 AI 识别类算法以及云端软件体系方面显得更游刃有余。这种差异也可用于人才分流的依据。

（5）短板补缺

人尽其才只是暂时的权宜之计。无论是更多的用车场景识别和整车功能实现，还是底层软硬件架构的技术突破，都是需要补齐这些短板的。

纯机械背景的汽车从业者，要先往整车 EEA、通信诊断、软件开发流程方向走，传统汽车电子软件从业人员要往 AI、SOA、AP、以太网方向倾斜，IT 软件人才要尽力理解硬件、安全、造车以及车企特有的工作模式和沟通思路，系统要下沉到软件，软件要上浮到系统，软硬件要互相贯通……

在打碎与糅合的过程中，我们需要持续走出原有的标准化分工边界。

6.4　个体角色职业转型的考虑

行业的沸腾与资本的喧嚣虽然可能有不少泡沫，但不可否认，这代表了一定阶段的未来，各大巨头持续地对汽车软件的躬身入局也体现了这一点。

对于个人而言，从"硬"到"软"、从"传统的软"到"新兴的软"的职业转型话题自然而然会浮到自己的面前。实际上，近十年的汽车行业从业者，一直在随着行业的波动和风口的斗转星移来不断地考虑转型的话题。

转型似乎是永恒的，因为行业总是在波动、风口也总是在迁转，我们的年龄、处境与追求同样在改变，没有一眼望到头的幸福工作。

这里我结合自身的经验和观察，聊一聊这个永恒的话题。

6.4.1　先从个体处境出发

人与人的差异是全方位的，不是说我们一起毕业、一起工作就代表脚踩在相同的起点，眼里有相同的风景。我在进入职场多年后，逐渐有了更深刻的体会。

另外，从周围人的经历可以发现，相近的转型初衷带来的却是千奇百怪的转型结果，殊途不同归。这让我看到，尽管站在黯然消沉的此岸的我们很难克制对色彩斑斓的彼岸的歆羡，但不甘心和偶现的激情远不足消弭那看似波澜不惊下的巨大差异鸿沟。

这也是为什么我先从自身出发考虑这个话题。自知者明，理解了自己和自己的处境，或许能够对转型有更清晰的认知。

1. 性格决定命运

性格能改变吗？我的体会是，能，但本质的东西很难、很缓慢。我曾经写了 14 年日记，从初中记录到硕士毕业后工作，发现多年前就想改变的某些性格特质，多年后仍然存在，只是渐渐接受了这种性格。

　　我们不必把自己放到宇宙的维度，也不用放到历史的维度，只是跳脱出自己这个躯壳，回顾自己从出生到现在的一切，会不会感觉到一丝冥冥之中的宿命？

　　从时间的线性维度看，我们之前及以后走的路都会是一条唯一的线，即便会曲折、会跌宕。而那线头要从我们出生说起，一声啼哭，拥有唯一生物学属性的我们降生了。周围的一切都是固定的，包括父母的经历、思想以及周边的环境。

　　继续按下播放键，时间以超越海啸却又沉默的力量在一分一秒地流失，我们也在一点一点地往前迈步、绘出一条弯弯曲曲的线，如图 6-9 所示。或许你的父母很有学识，给你提供了很好的教育环境，再或许你长大了，有了自己的思考、判断与规划，但时间自顾自地不停地走，你必须迈出一步、一步又一步，而无关你所有的思考、判断与规划，直到我们的终章……

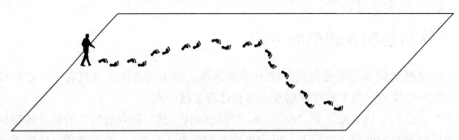

图 6-9　人的"轨迹"

　　这样来看，我们对转型的焦虑似乎能够缓解一点。毕竟，在宏观的维度下，我们的人生路径是固定的。洪水滔天也好，雨过天晴也罢，生命始终在流逝，让你寝食难安的转型怨念只是微乎其微的因子，你的转型归途已经注定。

　　这是性格决定命运的一种理解，也是尽力缓解焦虑的一碗鸡汤。

2. 个人与家庭

　　我们当然无法一直抽离出来俯瞰自己，我们需要"元神归位"，去相对平和地自己思考。

　　如果可以，我当然愿意砍柴、钓鱼、喂马，无聊之后，仗剑走天涯，披荆斩棘。如果不可以，我们就要对个人与家庭追求做一个优先级排序，规避风险、身体健康、陪伴家人、个人兴趣、金钱财富、价值成就、职场地位……任何选择必然会付出一定的代价，也必然会获得相应的回报，选择其实就是权衡。

　　还是回归到那句老话，你想要什么？

　　坚守专业可能会给你带来安稳、成就、地位，但也可能带来不那么满意的薪资、日渐缩减的业务以及随之而来的职业危机。

　　那么，坚定转型就一定会好吗？

　　这几年，我见过月薪几千的机械工程师，一两年一跳槽，精准踩点，完成智能驾驶转型，并获取近百万年薪，成功完成职场跃阶的；见过跳到新势力企业不到一年就倒闭，灰溜溜回到原公司，却又没了原有空间的；也见过始终在原有传统领域精耕细作，成为细分领域一方诸侯的……

无所谓对错，具体在于我们个人与家庭能承受什么、享受什么。太费劲，人会变形。

6.4.2　两个维度寻找切入点

回归正题，真正要转型时，有没有什么方法论？

既然是转型，显然是要进入另一个新领域，形象点说就是，一个不太匹配的"螺丝"，要在新的机器上找到一个尺寸接近的孔。这时就需要我们所说的切入点，切入点越多，自然越容易转入。转型切入点有两个大的维度，如图 6-10 所示。

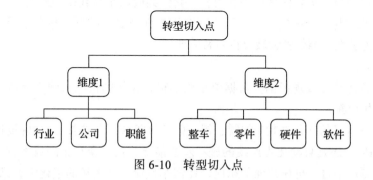

图 6-10　转型切入点

1. 行业、公司、职能

（1）行业

男怕入错行。行业发展的加持会让职业发展事半功倍，但汽车行业特别大，软件行业也特别大，二者合并在一起又会有很多细分的行业。

因为细分行业的壁垒限制，我们初期很容易陷入传统 OEM 跳槽新势力 OEM、传统 Tier 1 跳槽新兴 Tier 1 的思维惯性。我想说的是，热潮会带动全面产业链的兴盛，已经走到了转型，跨到更远处看也是一种选择。就像 18 世纪淘金热下 Levis 的牛仔裤，衣服和淘金看似八竿子打不着，却也能另辟蹊径。

仅从当下汽车行业的趋势来看，在所谓低碳化、信息化与智能化的大方向下，大体会催生出新能源、智能网联和智能制造这三大具体领域。

1）新能源

按照逐渐演进的过程，最初期是针对现有车辆的优化，比如，轻量化、小型化、降低各类阻力、优化燃油系统等，目的是低碳、节能。逻辑上没问题，不过，要注意结合多方面综合考量。比如，轻量化，这在传统汽车设计里已持续坚持多年，已经很难有什么大的突破，继续优化的价值很小。

跳过传统的机械、燃油发动机，进入纯电动、混动及燃料电池领域，尤其是纯电，这是新势力异军突起、突破壁垒的最大契机。像动力电池、驱动电机、热管理、充电以及燃料电池、车内储氢等乃至再往上游的原材料、设备的一些领域，这部分与传统汽车领域里的机械、材料、化学等学科以及发动机、变速箱等有一定的相关性，是一个可以思考的切入点。

2）智能网联

这一块也是热点，以智能驾驶和智能座舱两大车辆场景为抓手拉动了大量的上下游产业，提供了无限的想象空间。

从细分领域看，大约有环境感知（如雷达、摄像头）、高精地图、通信（如 5G）、智能终端及 HMI（如车内各类交互屏）、智能驱动、线控底盘、车车及车路协同、电子电气架构、信息安全、道路基础设施以及配套标准法规等方向。

这一部分也是与汽车软件最相关的内容，它们共同以车为载体，形成了复杂的新生态，吸纳了大量的软件与智能硬件人才，传统汽车里在涉及底盘控制、整车集成、整车电子电气的从业者也能够在智能驾驶领域寻得一席之地。

3）智能制造

在软件付费还没形成规模前，占据单车成本很大比例的机械与硬件制造会直接影响定价，而影响市场份额。

无论是材料本身的优化迭代（如镁、铝、碳纤维等应用与连接），结构设计与制造的突破（如一体压铸），还是自动化生产线的进一步智能化，在一众车企的成本较量中，都成为继续关注的热点。不过，机械层面的东西，在汽车行业一百多年的进化中，已经足够成熟，可发挥的空间并不大。

产线智能化也已经提了很多年，进一步的机器人化、数据化也是业内持续的尝试。但从本书受众读者角度看，向制造领域切入的必要性及机会都不大。

（2）公司

抽象的行业都依托于一个个大大小小的各类具体公司，诸如外企、国企、民营企业、合资企业等。

行业起起落落是看整体的数据，你的起起落落是看具体的公司表现。不管多热门的行业，都有大批量的公司在倒闭，能否借着行业的东风扶摇直上，关键要看能否选择一个靠谱的、调性相合的公司。

通常，我们可能会面临风险与收益、工作与生活、薪资与成长这些突出的决策矛盾点，比如，从成熟大企业进入初创小企业（包含大企业里的独立新业务）时，要考虑如何面对高强度的工作节奏和可能倒闭的风险；从外资到民营或国企时，要考虑如何适应分工协作到含混不清或做事到做人的文化倾向的转变；或者如何看待从互联网企业走到成熟传统企业的薪资打折。

实际上，对于各类型公司的特点及与之对应的工作模式，我们多少也都有心理预期。在尽力获取到待定企业的内部信息后，我们的决策依然来自于自身的价值倾向。

不过，从转型成功率来看，通常外企进民企、大厂进小厂、成熟进初创更容易些，这也是我们用公司背书去换取职业方向、薪资或职位等回报的方式。

（3）职能

当今，个人的另一个重要标签就是"职能"，即职责与功能。在前述的行业与公司战略考量后，一切的转型战术都会落到这部分，这时需要回答这两个问题："会什么"和"做什么"。

我们不考虑把自己归零后投入市场，所以在职能层面要思考自己"会什么"和"做什么"的重复空间，也是所谓的可迁移能力，虽然这里提的是职能。

比如，你是开发、测试或项目管理等特定职能，但转型时，不妨先抛开这个限定，重点关注类似 6.2 节里提到的技能点，你可能会思考以下问题：你有没有客户沟通经验及具体是哪个 OEM、有没有项目管理或协调经验及是否涉及跨国交流、会不会 C 或 Java、是否理解智能驾驶或座舱的系统知识、掌握了哪些仿真测试工具……

身边有朋友从传统结构件仿真转入智能驾驶仿真测试的，有从底盘开发转为智能驾驶项目管理的，有从纺织机械转为电池包结构开发的，有从柴油机标定转为新能源热管理的，有从工具链转到数字化转型的，有从手机 App 开发转为智能座舱测试的，有从车评人转为车企用户体验的……

千奇百怪的转型，究其背后都会发现一些技能点的匹配。在行业发展初期，大量人才短缺，很难找到足够的、相同职能背景的人才，甚至有些职能岗位是新增的。这时，这样的机会也并不鲜见。

至此，职能层面的转型思路就应该讲明白了。

突然想起另一个相关话题，很多人，包括我自己也有过这样的念头，既然可迁移能力会让我们有更多的选择机会，也就给我们带来一定的职业安全感，那是不是可以着重提升至少是整个行业内通用的一些技能，而对于那些属于特定公司的技能，则不必花精力掌握，比如，某公司自开发的一套工具的使用方法。

道理似乎没错，但我们忽略了一个问题，可迁移能力往往是其他人同样具备的，你迁移到别人那里，别人也自然可以迁移到你这里，所谓的职业安全似乎也成为一种可替代性。从公司的角度看，你的职业安全是企业的不安全，你与企业不进行深度绑定，如何让企业安心给予你更多的权力与资源？这可以是我们追风口时的一个参考角度。

2. 整车、零件、硬件、软件

（1）产品供应链下的接口

站在汽车的视角，我们可以从产品角度对上述的复杂行业、公司、职能进行分类，就是整车、零件、硬件、软件。这也是汽车产品供应链的组成。

❑ 所有汽车业务最终都依托于整车，服务于整车。

❑ 无论何时何地，整车都需要一个一个零部件来组装。

❑ 零部件的实体就是物理硬件与机械结构。

❑ 抽象的软件总是进入硬件后才能体现价值。

❑ 软件的底层本就是硬件，比如，最关键的芯片。

这是一条自上而下不断分解打散、自下而上不断组合封装以及同级之间互为依赖的路径。这条路径里有着大量的接口，接口前序输入，接口后序输出，并通过接口输入给下一序列，输出与输入会跨越层层接口。而我们几乎所有的工种都需要处理接口的事务。

（2）跨接口的职业切入

最常见的跳槽或转岗是，整车到整车、零件到零件、软硬件到软硬件的平移转型，比如，传统主机厂到新势力主机厂、传统汽车电子零件到智能驾驶零件、嵌入式软件到座舱软件之类。

还有一种是跨接口切入，用接口处沟通、协作的经验来实现跨行，即跨接口两端的行。比如，主机厂管自动驾驶零件模块的设计发布工程师有机会转为自动驾驶 Tier 1 的系统工程师，而 Tier 1 的系统工程师则更容易转为 Tier 1 的功能安全工程师，前者在客户需求、系统方案上有着重叠的知识经验，后者在零件级系统知识和内部组织过程有着相近的认知。

我的一个朋友，在 9 年时间内，利用跳槽或内部转岗，先后从 EPS 机械工程师转入 EPS 技术项目经理、EPS 系统工程师、EPS 系统架构、底盘域控制器架构、智能驾驶功能安全工程师，实现了薪资的大幅上涨和职业议价能力的延续，现在他又在计划转入 AI 安全领域，这算是一个典型的跨接口转型，每次转型学习及跳槽都从接口处切入，而如果他想切入到算法开发上，接口点就会相对少些，难度也会相应大一些。

我们在叙述时，进行了行业、公司、职能与整车、零件、硬件、软件的拆分，但在转型决策时，这些要素都是融合在一起的。只要愿意花精力谋划，在众多切入点中完成转型并不算困难，而且也不乏一些强人进行从零开始的强转。这里的主要困难点在于机会成本和转型风险。

6.5　从软件开发转向项目经理

项目经理的技术门槛相对没那么高，这也是很多人考虑的一个转型方向，包括我，但是，只有真正经历过才能深刻其中的感受。

我之前做过几年纯粹的开发工程师，后来阴差阳错地转到了项目经理岗位。果然，位置决定视角和心态。

我认为，越无定法的工作，难度越大，也越能体现人与人之间的底层能力差异。但是同样的，越无定法的工作，门槛越低，越容易让能力不足的人滥竽充数。管理就是这种性质的工作。尽管市面上有各种各样的管理类书籍、理论可以参考、学习，但因为面对的是人，实难把握规律。尽管如此，我还是想分享一下自己的一点转型经历与感受。

6.5.1　脱离执行与秉持逻辑

Speak with data，是一位我喜欢的老领导提到的，这让我在做工程师时，逐渐形成了以数据为导向的思维逻辑。

从狭义的角度看，技术主要是指量化的自然科学。搞技术要精确、要严谨，要言之有源、言之有理，越接近技术底层，这种要求越明显。

除此之外，工程师也有一些共性特点。他们常年在深度工程技术的浸淫下，会有一种专注的单线思维与死磕精神、完美主义以及技术自尊心。工程师多数不喜欢夸大其词或缩小问题，在缺少足够信息的情况下，可能会略显"单纯"。他们往往关注的是如何完成任务，而不是从宏观层面看待这项任务。

当作为一个团队的领头人或一个项目的负责人时，你需要转变角色，不再做具体的、细节的工作。但这并不意味着你可以完全脱离技术层面，相反，你需要和工程师沟通，依赖他们的专业知识和技能，合理分配任务，并作出明智的决策。这就要求你具备准确的技术逻辑和工程师思维。

另外，作为项目负责人，你需要从执行中脱离出来，将精力放在整体规划和资源调度上。很多项目经理，尤其是具有开发背景的项目经理，可能会因为担心任务无法按时完成而选择亲自执行。但是，这样做并不利于团队的整体发展。项目经理的关键任务是有效调度和提高资源的效能，如果单靠个人就可以完成，那么就没必要组建团队了。

在一些组织和机构中，如我之前经历过的一家精益工厂和技术中心，甚至会制定专门的制度来限制管理类角色直接执行任务。比如，该工厂要求产线班长上线操作的时间不得超过当班的 30%，且越少越好；在技术中心里，禁止项目经理在电脑上安装特定的工程类软件，以避免他们直接参与交付工作。这些制度都是为了确保项目经理能够更好地发挥其整体规划和资源调度的作用。

6.5.2　心态要好

要学会应对冲突。管理是什么？管理是通过管理人来为组织增值的，而这往往与人性相悖。

人有惰性，需要管理来约束；人群混乱，需要管理来协调；人会出错，需要管理来纠正；人有情绪，也需要管理来处理。还有，最常见也是必不可少的管理手段之一是催。这一切都必然会引起别人的厌恶，被人质问，甚至引发争吵，这是无法避免的。

初从工程师角色转为管理岗位，的确会非常不适应。虽然我的技术不算特别出众，但也是小有所成，只需要管理好自己的一亩三分地，安心做自己的本职工作就可以，现在怎么还需要承担这种烦琐的工作呢？怎么办呢？没有捷径可走，只能慢慢适应。

管理者存在的另一层意义就是担责和抗压，对于没有绩效权的项目经理，这一点尤为突出。

管理就是在资源有限的条件下实现目标。由于资源有限，管理过程中难免会侵犯到他人的资源领域，这种侵犯会引发反弹，而反弹就会带来冲突。因此，我们要认清楚解决冲突本就是工作一部分，习惯冲突，学会应对冲突。

6.5.3 管理要学框架

虽然项目经理不需要过于关注技术细节，但不代表没什么可学的。单纯依靠直觉来管理并不是一种好的方法，而沟通、表达、组织、协调等这类通用能力的学习也并不容易，因为这些能力很难像技术一样通过学习获得，它们的不确定性太高，各人有各人的方式。

那么，我们可以学习什么呢？纵然管理需要各种软性技巧，但"框架"性知识和信息的学习是基石，任何脱离了特定领域的软性能力都是无本之木。虽然管理不再需要执行具体细节，但必须对行业标准、企业战略、公司流程、部门定位、项目策略、岗位职责有全面的了解。

随着时间和经验的累积，我们可以在这框架上增添更多细节和更深入的知识。但框架是本，要稳，它是管理大局观的基础，是管理决策的基础，也是专业的体现。能理解各领域的框架，也是有效管理该领域的必要条件。

6.6 本章小结

本章主要在讲"人"。先从一个典型的软件组织角色定义说起，依次从组织、项目、流程3条角色线梳理了相关内容，以便读者快速理解对应组织的人员组成及与自身的映射。

接着，从管理和技术两方面讲了不同角色的能力发展路径，以及在汽车变革时代里呼唤全才的情境下，如何解决人才窘迫的问题。

转型是个永恒的话题，如今更成为热点，所以，本章最后分别为职业转型的个人考量与切入点选择上提供了一些思索，并以个人的转型经历分享作为收尾，以期引导大家进一步思考。

第 7 章 *Chapter 7*

软件开发相关的汽车方法论

开始写作本章时，突然觉得标题涵盖的范围太大了。

大概是初中政治课本里有这么一句，方法论是指人们认识世界、改造世界的一般方法，而 "认识世界" "改造世界" 与 "一般方法" 都不是我能够驾驭的。

所以，我先是想将其中的 "方法论" 更换为 "体系"，但体系又蕴含着比较宏大的结构性、全面性及一定的强制性，就像第 5 章的内容，这与本章要讲的内容不符，本章的内容还未达到这样的成熟度或普遍性。

又想着，要不将其缩小到 "工具"，但汽车软件开发里的 "工具" 有另一层更具体的含义，即会与第 8 章冲突。

无奈之下，也是取巧，选了自己很喜欢的词——方法论。

在工作中，我们经常需要从具体实践场景提炼出抽象的经验，而后应用到实践中去印证，循环往复，不断完善，不断抽象，形成理论、理念，同时落入某一领域形成方法论，进一步利用方法论完成某一特定场景的实践诉求。如果理论、理念算是形而上的道与法，方法论则像是形而下的术与器。

当然，方法论或许看上去没有那么有魅力，但聊胜于无，不需要套路的个人英雄和全能专家毕竟少。而且对于公司运作而言，实在不敢也不能将核心业务持久地托付给个人，我们需要你会，别人也能会，或者在你没有思路时能提供辅助，方法论就起到这样一个作用。

基于此，我们选取几个汽车在向软件转型时会关注到的典型主题，以行业标准或共识性文件作为基础，概要地阐释一下。

7.1 项目管理字典——PMBOK

我们依然以项目思维作为统领，而后逐层展开。

说到项目管理，大家转型时经常会想到要么考个 PMP（国际项目管理师），而 PMP 的背后理论支撑是项目管理知识体系（Project Management Body of Knowledge，PMBOK）。虽然 PMP 证书的含金量总是被人诟病，但这并不能否认 PMBOK 本身拥有丰富的营养，这也是我自己这几年反复查阅的"字典"。注意这里用了查阅这个词，对的，PMBOK 读起来实际上十分枯燥，案例极少，更像一本规整的、完善的字典。再补充一点，PMBOK 目前有第 6 版和第 7 版，分别代表了项目管理的器与术，前者侧重于规定（工具），后者侧重于原则。

一套体系是有自己完整的逻辑架构的，这套架构又需要一些干货去串联，本节会针对这两版各自的核心干货——工具与原则来展开。

7.1.1 项目管理的 131 个工具

为了便于理解，本节会尽量让这些工具具象一点、通俗一点、可实操性强一点，不追求精准，追求简单直接。

PMBOK 里提到了 7 类共 131 种工具，如表 7-1 所示。

表 7-1 项目管理的 131 个工具

1. 数据收集技术：用于从各种渠道收集数据与信息（9 种）				
标杆对照	头脑风暴	核查表	核对单	焦点小组
和别的产品、流程、实践比比，取长补短	一起想创意	简单的计数表	用于提醒的清单	有主持人的小组交流
访谈	市场调查	问卷调查	统计抽样	
一问一答	多渠道了解市场	书面问题，向受访者快速收集信息	从总体中抽取样本检查	

2. 数据分析技术：用于组织、评估和评价数据与信息（27 种）				
备选方案分析	其他风险参数评估	假设条件和制约因素分析	质量成本	成本效益分析
多选一	除了概率和影响，看看风险的其他特征	项目是在假设和制约下的，可以对这个"脚镣"进行分析	预防、评价和失败带来的成本	多选一时的财务优劣势分析
决策树分析	文件分析	挣值分析	影响图	迭代燃尽图
多选一时，将"多"进行树状分支，看其沿各自路径走下去的结果	看各种文件	较复杂，本书不赘述，使用场景少	项目要素之间的依赖关系	剩余工作和时间的关系图

（续）

自制或外购分析	绩效审查	过程分析	建议书评估	回归分析
自己做还是采购	对着标准看资金、时间、质量的表现	通过分析改进过程	评估供应商方案	比如，建立变量之间的函数关系
储备分析	风险数据质量评估	风险概率和影响评估	根本原因分析	敏感性分析
预留成本余量	看风险管控中的数据可不可靠	看风险发生的可能性和后果	找到引起异常的根本原因	量化每个因素对结果的影响系数
模拟	相关方分析	SWOT 分析	技术绩效分析	趋势分析
用一个模型去模拟	分析项目中人的利益关系	优势、劣势、机会和威胁分析	基于指标看技术水平怎么样	根据过去看未来
偏差分析	假设情景分析			
对比目标看实际	如果……会怎么样?			

3. 数据表现技术：用于传递数据和信息的图形方式或其他方法（15 种）

亲和图	因果图	控制图	流程图	层级图
将相关联的信息放在一起，分类展示	鱼骨图，鱼头为果，鱼骨为因	有上下控制界限	输入、处理和输出	使用两个以上的参数对风险分类，如气泡图
直方图	逻辑数据模型	矩阵图	责任分配矩阵	思维导图
展示数字数据的条形图	较复杂，本书不赘述，使用场景少	关注行列交叉点的信息与关系	RASIC	基于单概念的分层结构化
概率和影响矩阵	散点图	相关方参与度评估矩阵	相关方映射分析 / 表现	面向文本的格式
风险的概率和影响的映射，以定义优先级	表示横纵轴要素之间的关系	相关人员的参与程度，不知道、抵制、中立、支持、领导	相关人员的分类，权力、利益、影响、优先级等	就是文本，相对于图表，描述更详细

4. 决策技术：用于从不同备选方案中选择行动方案（2 种）

多标准决策分析	投票
先对选择标准加权，然后计算备选项的分数	少数服从多数

5. 沟通技巧：用于在相关方之间传递信息（2 种）

反馈	演示
有问要有答	如 PPT 汇报

6. 人际关系与团队技能：用于有效地领导团队成员和其他相关方并与之互动（17 种）

积极倾听	沟通风格评估	冲突管理	文化意识	制定决策
互动、总结对话内容	识别出对方偏好的沟通方法	不解决、自己退让、各退一步、让对方退让、合作解决	文化差异意识	思考后的拍板
情商	引导	影响力	领导力	会议管理
管理个人与他人情绪的能力	引导到想要的方向	没权力时影响他人达成某种目标的能力	领导、激励团队做好工作	开好会，如提前邀请、控制会议节奏等

（续）

激励	谈判	人际交往	名义小组技术	观察/交谈
为某人采取行动提供了理由	就项目需求达成共识	互动交流信息，建立联系	头脑风暴中进行投票排序	站在旁边看，偶尔问一下
政治意识	**团队建设**			
对项目内外权力关系的认知	促进团队之间的交流			

7. 未分组的工具与技术（59种）

广告	敏捷发布规划	类比估算	审计	投标人会议
与用户大众沟通	带有迭代数和迭代后交付功能的时间轴	使用以往项目的参数值或属性来估算	确定项目活动是否遵循相应要求	定点前客户和供应商开会
自下而上估算	**变更控制工具**	**索赔管理**	**集中办公**	**沟通方法**
自上而下逐层汇总WBS（工作分解结构）的时间或成本	识别、记录、批准或否决变更的工具	按照合同条款对索赔进行管理	把团队成员安排在同一地点工作	互动（电话）、推式（邮件）、拉式（网页）
沟通模型	**沟通需求分析**	**沟通技术**	**系统交互图**	**应急应对策略**
发送、接受、反馈，以及包含人性在内的复杂性	分析各方想了解什么	即时聊天工具、邮箱、网盘等	定好系统范围并识别内外部关系	特定事件发生才采取的措施
成本汇总	**关键路径法**	**分解**	**确定和整合依赖关系**	**面向X的设计**
按照WBS逐层汇总	最短工期的工作路径	WBS	必需的或原则性的，内部或外部的	design for X，如考虑制造性
专家判断	**融资**	**资金限制平衡**	**基本规则**	**历史信息审核**
基于专业知识做出的合理判断	为项目获取资金	涉及财务，本书不赘述	提前定义好团队行事规则，如准时开会	看看以前怎么做的
个人和团队评估	**信息管理**	**检查**	**知识管理**	**提前量和滞后量**
了解人	各类IT系统	看是否符合书面标准	管理显性和隐性知识，旨在重复使用现有知识并生成新知识	后序活动可以提前多久开始做和需要推迟多久开始做
会议	**组织理论**	**参数估算**	**预分派**	**紧前关系绘图法**
识别目标、标准、成果等概述性信息	个人、团队和组织部门的行为方式	基于已有数据和某种算法进行估算	提前确认好某人或某物将用于项目	4种依赖关系，完成到开始、完成到完成、开始到开始、开始到完成

（续）

问题解决	产品分析	项目管理信息系统	项目报告	提示清单
描述问题、找根因、生成可能的解决方案，选择最佳方案，执行解决、验证	分析产品的方方面面	用于项目管理的 IT 系统	收集和发布项目信息	如风险提示清单
原型法	质量改进方法	奖励与表彰	不确定性表现方式	资源优化
提前展示一个粗略的样子	如 PDCA 和六西格玛	满足被奖励者的某个重要需求	用概率	往往是人或设备不够用了，进行重新安排
风险分类	滚动式规划	进度压缩	进度网络分析	供方选择分析
分类以集中精力	近期计划细，远期计划粗	赶工（做快点）和快速跟进（并行）	绘制多个活动路径的计划并分析	根据成本、技术、资质、质量等选择供应商
机会应对策略	整体项目风险应对策略	威胁应对策略	测试与检查的规划	测试 / 产品评估
上报、开拓、分享、提高、接受	规避、开拓、转移或分享、提高或减轻、接受	上报、规避、转移、减轻、接受	定义测试与检查策略	进行有组织、结构化的调查以找到错误
三点式估算	完工尚需绩效指数	培训	虚拟团队	
取乐观估算、悲观估算和最可能估算的平均值或加权平均值	较复杂，本书不赘述，使用场景少	提高团队能力的活动	线上	

　　虽然这些内容显得有些强行"工具化"，但作为一本字典的意义还是有的，大家可基于自身需求参考查阅。

7.1.2　项目管理的 12 个原则

　　上一小节介绍的字典显然让我们感觉到了枯燥乏味，一本字典是无法让我们学会写出唯美的诗词的。陆游说："初学诗词，常工藻绘，汝果欲学诗，工夫在诗外。"真正要掌握项目管理的精髓一定不在于把 PMBOK 倒背如流，而在于在项目中历练的融会贯通与自我顿悟。

　　既然讲方法论，我们可以在字典的基础上进一步识别那些原则指引。PMBOK 第 7 版就提供了这样的可能性，也就是本小节将要介绍的 12 个原则，如图 7-1 所示。实际上，PMBOK 的发展映射了传统汽车到软件定义汽车的发展，背后的理念变迁暗含项目管理思路的转变。

1. 成为管家

　　第一个原则是讲如何做一个管理者和领导者。项目经理不再是主人的角色，要自己承担责任。如题名所示，项目经理应成为这个团队幕后的管家，即所谓的去中心化。

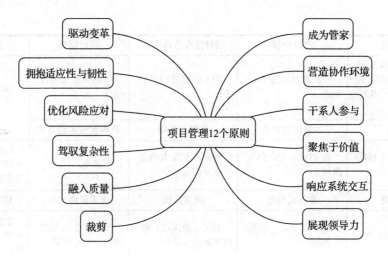

图 7-1　项目管理的 12 个原则

这个原则的几个关键词是：勤勉、尊重和关心。

（1）勤勉

项目开发的持续精益往往是在细碎的事情上，及时维护项目计划，完善汇总产品信息，勤于监控项目各环节，仔细权衡决策路线优劣势，积极主动进行各方沟通，不断思索如何提升效率……这些事情都是很细小的，做好它们需要的不是聪明，而是勤勉。这确实让项目经理看上去很像一个尽责的老管家。

（2）尊重

我们把尊重总结为尊重规则、尊重职责、尊重人。秉持这些原则也可以为我们带来信任透明的环境、一以贯之的预期、专业化与职业化的形象，这显然对于项目高效运作有益。至于如何去把握这个分寸，就需要看所处企业的文化了。

（3）关心

关心是从情感上讲的，情感上的愉悦和情绪上的松弛非常有助于激发创造力，这多少反映了项目管理理念向释放个人潜力的方向演进的趋势。整体来说，这部分是关于情商的，项目管理的成败半数要取决于情商高低。

2. 营造协作环境

这部分也是老生常谈了，我们简单讲一点。营造协作的团队环境可以从软性与硬性两方面着手，二者是互相影响的。

（1）软性方面

文化、共识、气氛都可以用来形容这一方面，一旦涉及软性因素，就会很容易讲得天花乱坠，但做到一分都很困难。我们不必对这个亘古至今的话题进行扩展，因为识人、选人、用人等方面蕴含的智慧和技巧无穷无尽的。

（2）硬性方面

我们要从硬性方面着手。对于大团队、跨组织、跨文化的复杂软件开发团队，硬性的组织设计、流程定制与工具链匹配以及与产品架构的恰当映射都将起到更显著的效果，这也是在汽车向软件转型的过程中大有可为的地方。

3. 干系人参与

我们做项目有两个诉求：一曰"项目成功交付"，也就是顺利量产；二曰"客户满意"，以便后续还有单子。对于汽车行业，以前多关注前者，现在要更关注后者。

无论哪一个诉求，都需要搞定人，也就是所说的干系人。尽管汽车工业已经进入现代化，但每走一步依然要人拍板。而要让人拍板通过而非拒绝，争取他们尽早参与、频繁参与项目并及时给出反馈是一种有益的方式。

当然，我们的最终目的不是得到他们的同意，而是实现开头提到的两个诉求。干系人要坐下来一起谈、协调一致。

在这里，想到后面介绍敏捷时引出的每日站会，这种强制的形式其实就是建立了干系人参与的机制，从实际经验来看，效果很不错。

4. 聚焦于价值

商业追求实用主义，换个描述就是价值。对于汽车这种行业，再直白一点就是财务贡献，这是我们所有人勤勤恳恳、兢兢业业工作的必要性。不过，站在工程开发的角度，这个价值距离我们有些远，不同立场下的人所理解的价值内涵也不一样。

再聚焦到软件开发上，我们一般会把需求编写、软件编码、软件集成、测试及 bug 修复直至交付出满足预期功能的软件认为是价值所在，而把写报告、汇报、应付评审的事情当作无价值的浪费，各有各的理由，这里不会论断。

实际上，这种尺度源自行业与技术发展成熟度。在一片荒地上，遍地都可开花，赶紧占地、种花、摘果才是最主要的，而当山花烂漫时，就需要园丁去修剪、规整了，直接价值慢慢变得不明显，增值空间越来越小，重心就开始往非直接价值上转移了。

当然，从理想的角度看，我们想去更多的山头种花，以实现更多的价值增量。聚焦于价值的逻辑本身是没有问题的。

5. 响应系统交互

有很精练的词来总结这个原则，就是"统筹兼顾"和"随机应变"。不过，总结的任务完成了，方法论的任务还没有。

这个任务很难，所以我们尽力梳理一些可把握的内容。

系统的思维很难表述，初期我们可以先构建一个意识，即我们的工作都是这个大的系统的一部分，我们一定会受别人的影响，也一定会作用于别人，不管看起来多细碎的东西都很有可能与其他方存在依赖关系。这在汽车加软件这种领域非常突出。另外，再细想一下，整个汽车的供应链其实就是一个非常分明的、层层嵌套的大小系统。

可怕的是，这个系统是会变的，比较有代表性的就是难以控制的变更，越大越晚的变更带来的影响越深，波及面越广，给我们的启示是不要太自信、自说自话、自己决定。

至于其他方面，首先，还是要有商业意识，这是复杂系统的难得的指引。其次，时刻提醒自己不要拿着锤子找钉子，而要敢于适时放下锤子，这在各领域向汽车融合的态势下很有必要，隔行如隔山，知识体系和思维习惯差异巨大。最后，提一个建模的思路，敏捷里叫刺探，通俗地说就是试一试，想不清楚时，先小步快跑做做看。

6. 展现领导力

领导力是个有些玄虚的东西，是有些类似于直觉的综合性素质，但也有多样的风格，没有定数，把它作为原则来遵循，有些本末倒置。领导力不是想展现就能展现的，它需要全方位的个性特点、言谈举止、能力水平的综合表现，以对团队成员施加影响进而实现预期目标。

一般来说，领导力总会由一些突出的特质来支撑，或是人格的魅力，或是专业的素养，或是坚韧的态度。简单来说，在复杂多变的项目环境里，不同领导力的项目管理者会对团队绩效带来不同的影响，但对个人来说，提高领导力算是一种努力的方向，很难有可以拿来即用的方法论。

7. 裁剪

3.2 节已经讲过裁剪了，这里从更大的项目管理的维度稍微讲一下。简单总结一下，裁剪就是具体问题具体分析和恰到好处，因为项目是独特的，环境是多变的，技术是复杂的，人更是难以预测的，所以我们更需要适应变化，接受复杂性。

裁剪在汽车行业里并不新鲜，但这个阶段的裁剪仍然比较静态。一般是在新项目初期，结合有限的信息对项目进行分级和定性，而后完成标准的裁剪。

既然是面对转型且抢夺窗口期的转型，必然是用更少的时间打入更新的领域，少了很多可参考的成功实践，所以动态的、持续的、更有力度的裁剪显得更有必要。这就对管理者和团队提出了更高的要求，从流程、模板、文档、技术等多个方面入手。不过，这个过程需要与团队、高层干系人保持密切沟通和步调一致。

这依然是非常难的，但没有办法，管理就是这种科学、实践与艺术的融合。

8. 融入质量

2.8 节描述了质量的理想发展路径，随着行业和技术的发展，质量的身影终归要越来越淡化。

回归到软件开发，本原则给我们带来两个思考维度：过程和可交付物。

（1）过程

过程方法并不新颖，它是 ISO 9001 里的七大原则之一，我们相信过程决定结果。汽车行业有着极为复杂的、相互交织的过程，所以我们加了里程碑、评审、审计各种监控点去确认过程的有效性。

在软件开发中，追溯、评审也是最普遍的质量融入过程的方法，而且关注点更突出地集中在过程中间，因为软件开发中涉及更多的人，人的不可预知性更高。然而，软件频繁迭代过程中的持续监控很容易被人忽视，因为它使人不能致力于明显的价值增值，也很难得到管理层的支持。于是，关注测试验证这最后一道流程就处于人人都觉得太晚了而又没人想更早的尴尬境地。

（2）可交付物

我们有很多可交付物，不过最关心的还是可刷写软件。前面讲的软件测试自然不能算是质量融入可交付物，只能说是看一看质量有没有融入，结果的展现并不能让质量提升。

抛开过程管理的繁杂，我们都期望做出来的东西能一次通过，测试更多是验证并持续加强我们的信心，而不是找 bug。

可如何将质量直接融入软件呢？现在可见的方式还是主要依赖于工具，比如，需求管理工具的自动化可以减少需求遗漏、缺失或者直接提供模型交互文件，基于模型生成的代码天生符合必要的编码规范，而持续集成让问题快速暴露也快速修复……

再往产业链里扩展，从操作系统、软件架构、算法模型、应用软件、标定参数到工具链，最好都能够内化我们的 Know-How 和对质量的要求。当然，这目前还是我们的期望和努力的目标。

9. 驾驭复杂性

这部分内容可以参考 3.13 节。这里只提一点，从心态上接受复杂性的存在，非常规之事，需用非常规手段，其他不再展开。

10. 优化风险应对

3.9 节对风险管理做了描述。因为多重因素的不稳定，而后耦合起来形成巨大的复杂性，这就让转型路上风险频现、事故频发，项目团队很容易落入救火的紧急境地。

我们期待心态上、环境上都能准备好以开始真正为了防火做准备，尽量避免风险转化为事故，也就是我们所讲的优化风险应对。

11. 拥抱适应性与韧性

环境难以改变时，就要改变自己。复杂性无法梳理清晰，就让自己边做边调整，提高适应能力；风险无法规避，就提升自己的抗击打能力，能够从事故中快速恢复，增强韧性。

前几年担任某家 Tier 1 项目经理的时候，我深刻感受到了适应性与韧性在应对形势变化中的必要性。

十几年来，该公司的产品特性和客户需求一直在稳步地同步迭代。其间，该公司占据着市场的大部分份额，因而拥有相当大的话语权。那时，需求通常在早期就冻结了，各项活动的完成周期固定，交付产物也十分明确，一切都在我们的掌控之中。

然而，可能就是某一个傍晚，客户打来紧急电话，要求对已经执行的需求进行变更。我们平静地听着客户的紧急诉求，控制变更是当时的主旋律。

大约从这个电话开始，这样的事情变得越来越普遍，客户升级的需求越来越多，我们管理层的妥协也越来越突出。

慢慢地，或许也是很快地，变化和压力越来越多地从我传导到开发人员、测试人员以及内部的一些团队成员。大家都无法按照以前的既定承诺与规则开展工作，传统在与变化的较量中不断后退，一切都被迫做出改变。比如，原本串行的任务开始并行，原本翔实的文档要求开始降低，原本层层的审批可在短期内流转，Office 开始工具化，测试开始自动化，与客户的沟通频率竟然成为工作指标。

当然，对一个组织而言，适应性和韧性都是很美好的特质，而想得到美好的东西并不容易。我们需要在实践中寻找诸如快速反馈、持续学习、不断改进、增强透明、关注价值这些人人都懂的道理的落地方式。

12. 驱动变革

3.12 节和 5.5 节分别提到了转型与改进，关于驱动变革我也持有类似的观点，我始终认为变革远非一科一室、一人一己之事。

即便是企业高层管理者，也可能只是在初期有一些决策上的推动力，真正的变革是需要全方位的势能的。一个或几个项目经理显然并不具备这样的能力、信息和勇气，对于盘根错节的汽车工业更是如此。

于本书的读者——普通从业者而言，可能更需要关注的是渐进的改良、持续的学习，然后静静地等风来。

7.2 汽车行业如何践行软件敏捷

我一直在汽车领域工作，敏捷不算汽车行业的原生产物。几年前，我很少听到敏捷这个词，它基本是在近几年传统汽车行业开始衰落的大背景下，伴随着软件从互联网等行业传进来的。

就像第 2 章提到过的，敏捷已经成为当今汽车行业的一种文化、一种风尚、一种潮流，甚至成为某些企业的救命稻草。但是，在一向"规矩"的汽车行业里，敏捷似乎总有些水土不服或者说不清道不明的不伦不类，敏捷到底是什么？到底怎么了？我们在本节一起探讨。

7.2.1 敏捷必要性的两种理解

1. 朴素的理解

我们先抛开那些理论，设想这样一个场景：我们正在家里围坐着，一边吃饭，一边看电视，突然，天旋地转，地震了，或许几十秒之内房子就会塌掉，这时我们最需要敏捷，具体怎么办？

出于本能，我们是不会放下碗、刷好锅、关好电视、打开门、锁好门后走出去的，而是第一时间带上家人夺路而逃，保命要紧，先保命，再看后续生活怎么过。

既然时间紧，任务重，且瞬息万变，我们只能抛开那些完美的流程框架，接受变化，兵来将挡，水来土掩，而且只能先做最要紧、价值最高的事情。

总结来说就是，时间短，变化多，资源有限，我们要赶紧灵活地去做那些优先级更高的事。这就是敏捷最朴素的必要性。

2. 专业的理解

当然，对于汽车行业的项目开发人员而言，我们面对的不是房倒屋塌，需要考虑的也不仅仅是速度。

我们面对的是应用场景、技术方案、产品品类、项目数量、零件号数量、代码行数、需求条目、人员数量、法规要求等的增加所带来的工作量翻倍。

我们面临的是客户总是变来变去、软件总是延迟发版、bug 总是逃逸到工厂、沟通渠道太复杂、软件开发能见度太低、无法预估的技术依赖、客户的抱怨以及随之而来的士气低落……

汽车行业原有的里程碑、质量门对于软件风险控制开始显得有些捉襟见肘，再加上这几年新势力企业进来后的混战等各种意外因素，共同打破了汽车行业的结构，也让汽车行业的从业者不知所措，大家都在思考有什么办法来解决这些问题。敏捷自然而然地被推到了前台，这种在短时间内探讨可行性、交付价值并快速反馈调整的思路让人热血沸腾。

抛开当下面临的焦灼状况不谈，长远来看，随着智能化技术的持续突破，确定性的、标准化的工作会不断被工具取代而实现自动化，每一个职场人需要在高度不确定的环境里去从事高度不确定的工作，这多少让人感到焦虑，敏捷的做事理念或能力也是一个驱动。不过，这是后话了。

总之，敏捷被寄予厚望，用于解决当下汽车向软件转型或走向软件定义汽车时面临的种种问题，至于它能否不负众望则见仁见智，也需拭目以待。

7.2.2　敏捷内涵的多维度解读

敏捷的内涵很难讲得非常清楚，所以我们从多个维度逐层看。

1. 4 个价值观和 12 条原则

提到敏捷，就无法避开那个听起来还有一点浪漫的美国雪鸟城，在 2001 年 2 月，17 个软件人员在这里制定了《敏捷宣言》。时至今日，尽管敏捷实践的形式秉承了浪漫基因而千变万化，但敏捷宣言里的 4 个价值观和 12 条原则依然是讨论敏捷思想的源头。

其中，4 个价值观分别是：

❑ 个体及互动高于流程和工具。做项目的是人，解决问题的也是人，而非流程和工具。

❏ 可用的产品高于完整的文档。商业价值基本高于一切。

❏ 客户合作高于合同谈判。客户是上帝，特别是想赚钱时。

❏ 应对变更高于遵循计划。变更将是常态，既然无法改变"变更"的常态，何不欣然接受？

价值观的描述直观、简洁且明了，初看大呼精彩，但没有抓手。

所以，再进一步，还有 12 条原则，这里暂不摘抄原文，而是提炼里面的关键词来快速感受一下敏捷的着眼点：

❏ 小步快跑，频繁交付可用产品。

❏ 激励并相信团队。

❏ 面对面交流。

❏ 开发步调稳定而非一味地快。

❏ 尽量减少不必要的工作。

❏ 团队对技术精益求精。

❏ 三省吾身，变得更好。

这样确实更具体一些了，但依然充满了浪漫主义色彩，不好把握。

2. 进一步认识敏捷概念

随着我们持续深入接触敏捷，在 Scrum 这个最知名的敏捷框架首先浮出水面后，逐渐出现了以下名词：

❏ Lean（精益）

❏ SAFe（Scaled Agile Framework，大规模敏捷框架）

❏ DSDM（Dynamic System Development Method，动态系统开发方法）

❏ 水晶方法

❏ SoS（Scrum of Scrum）

❏ LeSS（Large Scale Scrum，大规模敏捷开发）

❏ XP（Extreme Programming，极限编程）

❏ 看板

❏ FDD（Feature Driven Development，功能驱动开发）

❏ Scrumban

❏ AUP（Agile Unified Process，敏捷统一过程）

❏ DA（Disciplined Agile，规范敏捷）

❏ Flow

❏ Cynefin 框架

❏ CCPM（Critical Chain Project Management，关键链项目管理）

❏ 企业 Scrum

❏ 结对编程

❑ Mob 编程

❑ ASD（Agile Software Development，敏捷软件开发）

为什么要列这么一长串没什么逻辑的名词呢？有两个原因：一是尽可能为大家提供一个相对全面的参考；二是说明敏捷的一个重要内涵，当一个概念包含近 20 个实践方法时，我们可以很容易地知道这个概念的宽泛性，即敏捷是一个包含各种方法、框架、手段、工具、模型、技术、思想、体系的实践学科，也是一种近乎哲学的观念。

总之，一切符合敏捷价值观和原则的言谈、行为、举止都可以挂到敏捷上来。甚至，如果我们要更灵活地理解敏捷的思维模式，都不需要关注那 4 个价值观和 12 条原则，因为它实在是太没边界感了。

据说，当时《敏捷宣言》的几位制定者在选词时还在 Lean 和 Adaptive 上犹豫过，由于前者被丰田占用，后者与其中某位制定者预先提出的 Adaptive Software Development 重复，因此最终选用了 Agile。由此可见，Agile 并不具备强力的、独特的内涵。

3. 狙击手与特种兵

尽管从理论上，我们有诸如预测、迭代、增量等开发模型，但对于一个具体的行业，基本不存在某种书面上的极端。而且，瀑布与敏捷已基本成为共识的、具备两种显著意义的开发类型。比如，我们会说传统汽车行业是瀑布型，要向敏捷转型，但不会说我们要向迭代、增量转型。所以，接下来，我们按照类比的方式，主要从瀑布与敏捷的差异的角度来对敏捷做一些阐释。

（1）瀑布之狙击手

传统的瀑布型有点像狙击手，做好伪装、等待敌人就位、观测风速、定位光源、调整瞄准镜、调匀呼吸、扣动扳机，而后一击致命，或者被一击致命。就像汽车开发中很多机械产品只能先画好 A 面、做好 3D/2D、开好模具、打出样件、做完实验才能知道是否可行，但那时已经花费了巨大成本，返工的成本也是巨大的。

当然，优秀的狙击手具备一定的灵活性，在环境有些许波动或者敌人跑动时还能击中敌人，或者可以缩短各环节的准备时间，但依然无法在狂风大作且敌人躲在暗堡里的情形下做什么。另外，要成为狙击手非常难，需要频繁的训练和大量的积累。

（2）敏捷之特种兵

敏捷更像一个特种兵。敌方情况不明，虚虚实实，实实虚虚，到处还有冷枪暗箭，他们要在一个相对明确的战术目标指引下（如斩首，即所谓的价值驱动），轻装上阵，伺机而动，而且要精通刀枪剑戟，熟悉天文地理，就像敏捷里的全栈工程师一样，队友阵亡，自己得及时补位。

在进行诸如车机 Android 或 Linux 应用的开发时，可以考虑采用频繁地迭代、带着 bug 交付、快速获取客户或验证方的确认反馈，而后进行 UI/UE 或卡顿等性能的完善的方式，或者采用不同的应用分批次交付的方式。前者属于"迭代"的概念，后者属于"增量"的概念，融合这两种思路的敏捷能使很多问题在早期暴露，也能尽早获取客户的真实需求，而且这样还可以通过可见性让客户有信心、更满意。

4. 敏捷对组织的要求

几乎可以肯定，没有组织自上而下的推行，成规模的敏捷转型的成功率是零。当然，并非每个不愿意进行敏捷转型的组织高层都是没有远见的，是否进行敏捷转型需要结合不同的组织的不同成熟阶段、不同的组织背景、不同的利益牵绊及所处的不同行业综合考量。所以说，敏捷也是要挑人、挑组织的。

传统汽车行业的模式是比较典型的瀑布型，我们先尝试总结一下它的核心玩家的特点，供大家对照参考。

- ❏ 着力维护现有市场地位。
- ❏ "一将功成万骨枯"的领导没有求变意愿。
- ❏ 明哲保身、划清责任的文化。
- ❏ 与终端客户交互较少。
- ❏ 团队规模很大。
- ❏ 逐层向下做出决策，即高度职能型。
- ❏ 向内关注领导。
- ❏ 部门壁垒与信息孤岛突出。
- ❏ 地理位置分散，如大型跨国企业。
- ❏ 依赖外部供应商。
- ❏ 人才分工细。
- ❏ 排斥变更。
- ❏ 产品安全等级较高，需谨慎地按部就班。
- ❏ 项目结束一次性交付。

对比敏捷价值观及原则来看，这些特点促使汽车行业成为典型的敏捷不友好型行业。也就是说，对于汽车企业的整体组织来说，尤其是主机厂，敏捷的土壤暂时没那么厚实，以敏捷作为框架似乎也是不大可行的，或者说找不到突破口。

5. 敏捷对人的要求

基于汽车行业的特点，如果组织暂时靠不住，那只能靠人了。那么，人能否靠得住呢？

汽车行业里有超长的供应链和庞杂的组织架构，有各类角色，但从现行的玩法整体看下来，核心玩家的核心干系人包括：客户、供应商、领导和项目组。

（1）客户和供应商

客户和供应商是外部的输入。客观来讲，它们对敏捷的影响力或控制力大小更多在于公司或部门的地位高低，而非执行敏捷转型的人。所以，我们把敏捷里的"人"的范围再缩减到领导和项目组。

（2）领导

这里的领导主要是指局部领域执行层的中基层领导，而非高层领导。

在当前形势下，敏捷往往用于试点项目中，高层领导可能有这样的想法，但并不知道这个方向是否正确，显然也无法乾纲独断地决定变革汽车行业百年积累下来的经验模式，去大动干戈，而且考虑到汽车行业的特点，他也做不到乾纲独断。

中基层领导其实正是"敏捷"的起点助力人物，他们不需要多懂敏捷理论、多懂各种敏捷工具，而是需要懂这层理念，认可敏捷的必要性，理解推行敏捷的困难，做好敏捷很难短期奏效甚至会失败的心理准备等。

（3）项目组

项目组比较好理解，就是指具体做事的人，包括项目经理、开发人员、测试人员、质量人员等，但这群人人微言轻，如何让他们敏捷起来，更值得探讨，他们似乎是主题"人"里最实际的"人"了。

从常理推断，在不确定的环境下做复杂的事，大体需要人员具备活力，且要分开看，"活跃"的"活"和"能力"的"力"。然而，问题也是显然的。所谓的既要专才又要通才，十分难得，这"能力"的"力"并非唾手可得。

那么，在优质人才只能慢慢培养、妥善安置、可遇不可求的情况下，要想落实敏捷，可能只能求"活跃"的"活"，如自组织、积极、主动等。

但我依然觉得，"活"这个字更妙，因为这是企业和管理者相对可控的。每个人要"活"起来，要多讲话，不要总打字，要多跑动，不要总听说，要及时开会，不要总发邮件，要面对面，不要"网恋"，要紧盯实务，不要总写文档……总之，节奏要快起来，人要活起来。

至于如何让人"活"起来，又是另外一个困难的课题了。

7.2.3　敏捷的一些良好实践

求之于组织，求之于个人，都困难重重。我们再尝试向外求，求一些现有经验或良好实践。尽管外界关于敏捷是否有效的争议一直没断过，但这并不意味着敏捷只能以纯务虚的形式存在，至少以敏捷之名，业内已经形成了一些相对具体的实践形式，或可让我们有所感悟，如图 7-2 所示。

1. 每日站会

这是一种效果立竿见影的敏捷形式，尽管有些敏捷理论对这一形式有很多要求，比如，规定不超过 15 分钟的时间盒、避免成为状态汇报会、要程序化地回答问题（完成了什么、计划完成什么、障碍是什么）、站会不负责解决具体问题等。

实际上，在保持这个会议例行召开的前提下，细节方面没必要也无法做到那么死板，可基于团队的情况、项目的阶段甚至会议室能否预定到之类的小问题灵活调整，这是通过团队一起摸索出来的经验。

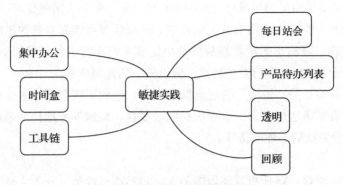

图 7-2　敏捷的一些良好实践

我之前负责的一个项目就逐渐磨合成每天早上 9:00～9:30 与中国团队开面对面会议，9:30～10:00 与印度团队开线上例会。对于中国团队，侧重于确认进度和沟通关键点；而对于印度团队，则根据对方的冲刺计划来盯交付物。在整个过程中，若发现任何团队层面无法解决的困难，立即着手上升更高层面进行处理，实际效果是比较明显的。

2. 产品待办列表

由于敏捷发迹于互联网，天然与用户需求接近，因此说起敏捷就习惯去提用户故事。但汽车行业不同，这个概念不明显，很难描述为故事，更多的是落实到个人的任务。不过，我们可以更进一步地描述清楚任务的背景，比如逐层推上去的原始需求是什么，任务现存的依赖关系如何，要拿哪版需求基线，要做什么文档，要基于哪个分支集成等。制定形式上，可以使用 Jira 之类的工具，重点是要确定优先级。

3. 透明

汽车行业的各级项目经理都喜欢留余量（buffer），把余量藏好的前提是信息不透明。

最简单的例子是客户要求 10 日交，项目经理和团队说 5 日交，而且还要隐藏各种能够让你判断的信息和通道。这在逻辑上没有问题，但是不符合敏捷的理念。我们要知道工程师也会留余量，工程师本来 3 天能做完，现在说 5 天，具体难点在哪里也不告诉你，这就形成了恶性循环。

所以，敏捷呼吁透明，时间与利益共享，风险与压力也要共担。对于透明的达成，除了依赖个人意识、组织文化之外，还可以利用可视化工具，不管是大的纸质看板，还是数字化的手段，重点是透明。

4. 回顾

这个比较好理解，敏捷是一门适应性的实践学科，需要不断根据现实反馈进行调整，例行的回顾会议就是一个很好的手段。这里要注意的是，同每日站会一样，回顾会一定要预先安排并要有一定的规范性。

5. 工具链

前面反复提到过，工具在痕迹留存、信息调用、自动化、文档轻量化、流程内嵌化等方面都有很大价值。用好工具是做好敏捷必不可缺的环节。

6. 时间盒

时间盒这个名字很形象，这段时间不能缩短，也不能延长，它既是保护你不被打扰的一个空间，也是督促你不要拖延的一个警示，所谓最后期限是第一生产力。

从心理学的角度来看，这确实有助于成员维持一个相对稳定、高效的交付能力。此外，这种人为的约束也能降低复杂性和提高确定性，否则将更容易陷入复杂的环境泥淖里无法脱身。

7. 集中办公

把项目经理、需求分析工程师、系统工程师、软件工程师、硬件工程师、测试工程师等都拉到一个屋子里集中办公，也是一个十分有效的手段，特别是当遇到救火类事件时，大家可以快速互通有无、快速决策。还有很重要的一点是，近距离的长期相处，在情感紧密性和竞争直观感上都会更突出，活力更容易被激发出来。

本节没有系统介绍常见的 Scrum、SoS、SAFe、LeSS 等知名框架，更多是结合汽车行业的特点来重点阐述与之相关的内容。

总的来说，汽车行业或许仍然适合以瀑布为主、敏捷为辅的方式。毕竟，汽车物理实体无法轻易地迭代。

敏捷是一种指导思想，可以时刻让我们作为持续改进的参考，比如，新增的、可以与硬件解耦的车机软件或者将来 SOA 下的开源开发可以实行典型的敏捷。

7.3 风险分析之 FMEA

提到诞生近百年的 FMEA，我不由得生出一种很复杂的情感。初入行时，我啃着大部头 FMEA 手册，研究 FMEA 到底是什么，心想这可是汽车行业的"尚方宝剑"，醉心于其复杂的结构与定义，也满怀期待地想借此发挥一下才干。期待之余，不留神被其中文发音"飞马"误导，长时间将 FMEA 写成 FEMA，也多了些尴尬。

直到如今，入行日久，FMEA 依然是我心中的"白月光"，偶尔将其精心打扮之后，束之高阁。在我经历的几十个项目中，能感受到 FMEA 的切实价值的确实是少数，很多时候是将它当作一个知识库来查阅和事后维护的。这里再一起探讨下 FMEA（我们只讲 DFMEA，即设计 FMEA）。

7.3.1 生活对 FMEA 的启发

FMEA，即失效模式与影响分析，更完整的说法是潜在失效模式与影响分析。大约是说，对产品可能的失效及后果进行预先分析，避免出现亡羊再补牢的情形。这种风险分析及管理的思路和益处是显而易见的。

不过，我是在有了孩子后才更深刻地体会到了 FMEA 的精髓。某天，我牵着不到两岁的儿子过红绿灯时，脑子里快速地闪现了多种风险，比如，儿子会不会突然撒手跑出去，有没有快速转弯的汽车，前面骑电瓶车的小哥会不会闯红灯……在确定汽车和电瓶车离得都比较远后，我觉得小孩乱跑的可能性更大，遂下意识地握紧了孩子的手。在这不到一分钟之内，我本能地在脑子里做了一遍 FMEA，并采取了行动，而且我十分肯定这个 FMEA 很有必要。

对于我们这一批致力于应用的中国汽车人而言，面对的产品都是一个个已经长大了的孩子，极少是从零开始的项目，而且设计开发人员把这个孩子当成是自己的并不多，这也是为什么多数人不太能感受到 FMEA 的价值。毕竟，这个别人家的孩子已经长大了，他已经积累了相当多的回避风险的经验，不用你紧张地替他观察路况。

所以，通常你接触的项目变更等级越高且责任人越上心，FMEA 的价值体现得越明显，尽管这种价值仍然经常体现在作为知识库来查阅的维度上。

7.3.2　FMEA 的新七步法

用于汽车行业的最新 FMEA 手册是 AIAG 和 VDA 于 2019 年联合发布的第 5 版，算是取代了原来分离的 AIAG 第 4 版和 VDA 第 4 卷。本节将以 FMEA 第 5 版为蓝本，并结合实际运作情况来展开。FMEA 的新七步法如图 7-3 所示。

图 7-3　FMEA 的新七步法

1. 规划准备

首先要明确一点，FMEA 的初衷是跨组织、跨学科、跨职能的系统性工作，不是仅仅一个人做一份表格，所以开始之前要知道比较全面的信息。

❏ 为什么要做？
❏ 是不是确实要做？
❏ 应该由谁来做？
❏ 我们对设计说了算吗？
❏ 针对整个系统还是某个组件做？
❏ 各接口的责任人是谁？
❏ 可以参考哪个基础 FMEA？
❏ 变更点是什么？

❑ 客户需要查看吗？

❑ 客户有特殊要求吗？

❑ 内部释放需要评审吗？

诸如此类的问题，都需要先得到回答。总之，先尽量收集足够多的背景信息，这并不直接关乎 FMEA，但却是展开 FMEA 工作的基础。

这里我们再多提一点 FMEA 适用性的问题。

在以下的逐层展开过程中，我们容易发现 FMEA 的关注点在系统功能上，而且在贯穿产品组成与生命周期或供应链的长线条协作分析上更具优势，比如，站在 ECU 系统、上一级子系统、整车的产品维度，并串联生产、运输、装配、下线、使用的生命周期。

另外，FMEA 是单点失效分析，需要提炼出清晰的失效链，即 FC（Failure Cause，失效原因）、FM（Failure Mode，失效模式）和 FE（Failure Effect，失效影响）。这些场景对于偏底层的软件或者现在非嵌入式的云端与后台软件的适用性不强。整体来看，更适合站在汽车软件开发 V 模型上半部分的系统需求及验证确认阶段来进行 FMEA，并根据需要纳入必要的纯软件部分，算是点到为止，而不深入软件实现。

2. 结构分析

无论是软件、硬件，还是机械，自下而上的封装和自上而下的拆解是产品设计中的基本逻辑，这是分工的必要性，也是理解复杂事物的方法。

这很自然会让我们联想到本书反复讲的系统、子系统、组件这些元素（有关系统的概念可参见 4.4.3 节），而把这些元素梳理明白、展示清楚就是本步骤的目标，但要注意的是，这里的元素除了产品层面的物，还有产品在整个生命周期中接触的人，如生产、运输、使用等环节的人。

梳理与展示的方式就是画图，如框图、结构树（如图 7-4 所示）等，而这些图要表现的信息不外乎系统各元素（内部的与外部的）及其之间的接口关系（物理的与逻辑的）。

（1）内外部系统元素信息

在元素层面，要做好规范的、统一的命名以便于沟通（这在涉及复杂软件时尤为重要），并根据需要进行详略得当的拆解（比如，可以拆解到需要分析的针脚，也可以忽略不变更的大的电源模块），也要做好位置排布以便与相关元素进行关联。

（2）物理与逻辑的接口关系

对于接口关系，大体可以分为 5 类：

❑ 物理连接，如螺接、焊接、卡接。

❑ 材料交换，如压缩空气、液压油、冷却液。

❑ 能量传递，如热传递、摩擦、齿轮。

❑ 信息交互，如硬线 I/O、CAN 信号、电信号、函数调用。

❑ 人机交互，如车机 HMI、开关、警示灯。

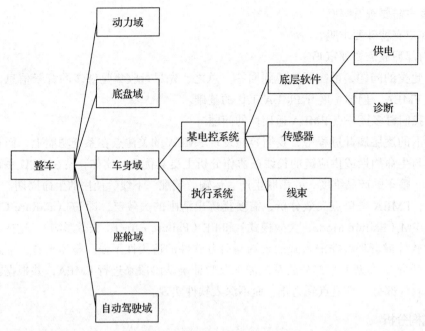

图 7-4　整车到软件的简要结构树

　　注意，这里的结构分析要拆分出的是有明确边界的实体，或物理的零件，或基于架构的软件组件，而非边界模糊的功能或特性。它们是在以结构分析为基础的功能分析处关注的。

3. 功能分析

　　顾名思义，功能分析的目的是将需求所要求的功能恰当地分配到系统元素。细心的读者可能会疑惑，这好像与架构设计有些像。确实，尽管 FMEA 和架构设计的侧重点不一样，但很多工作有重叠，而且不单是架构，需求管理、功能安全、信息安全都有可能在做类似的事情。这就有必要横向拉通，避免冗余。

　　再回到 FMEA 上，除了概念性的描述，我们在此步骤还能输出什么？在第 2 步的结构分析中，我们输出了一些图（框图、结构树），在该图的基础上增加相应的功能及参数描述就可以形成一个初步的功能分析结构树，如图 7-5 所示。

　　除此之外，P 图（Parameter Diagram）也是常用的工具，用来描述某个元素在单一功能上下文（即输入、预期及非预期输出、功能及非功能需求、可控制因素、不可控的噪声因素等）的行为。

4. 失效分析

　　前面是 FMEA 前菜，从这里开始进入正席。就像 FMEA 本身的含义，第 4 步的目标是识别出功能的失效模式、影响及原因，三者形成的理论失效链模型如图 7-6 所示。

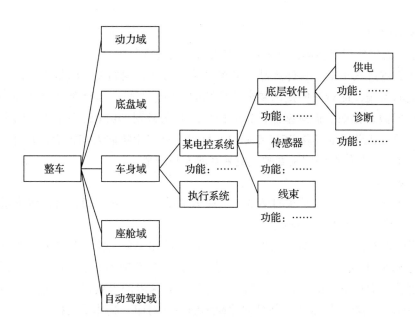

图 7-5　功能分析结构树

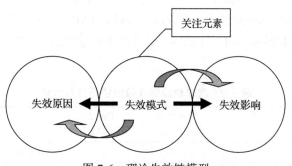

图 7-6　理论失效链模型

（1）失效模式

失效模式自然取决于需求，但我们可以根据失效表现总结出一些常见的类别。

❑ 完全坏了，如雨刮器无任何动作、方向盘和车轮转向相反。

❑ 慢慢坏了，如车外温度传感器偏差越来越大。

❑ 时好时坏，如蓝牙有时连得上有时连不上。

❑ 不太好，如空调制冷效果不好、车机开机太慢、转向助力太弱、有电磁干扰噪声。

为了便于理解，我们使用了好坏强弱这类描述性词汇，但对于工程师而言，这种语言要尽量回避，要精确，要专业技术化，最好能量化，比如，对于车机开机慢，到底是多少秒？另外，失效模式也不一定是非专业客户能够感知的，如动力电池温度过高这类组件级的失效。

（2）失效影响

失效了会怎样？很严重吗？这就需要对失效影响进行分析。

前面我们讲过汽车电子软件产品的多级系统。通常，我们关注的是本系统失效模式对上一级更大的系统，即对我们提出要求的系统的影响。当然，也经常会级联到终端客户或法律法规等层面，比如，最典型的，Tier 1 的 ECU 失效对 OEM 的整车集成的影响。举个更具体的例子，如果安全气囊 ECU 点爆时间延迟，这将影响假人伤害值，并进一步影响整车碰撞安全评分，最终影响的是驾驶员或乘客的人身安全。

（3）失效原因

再进一步地问失效原因是很自然的，与失效影响相反，我们通常可以将本系统失效模式的原因定位到下一级更小的系统。

我们仍然以安全气囊 ECU 点爆时间延迟为例。站在安全气囊 ECU Tier 1 的立场，点爆时间延迟是 ECU 的失效模式。往上一级，是看延迟对整车被动安全系统的失效影响，即增加假人伤害值。而往下一级子系统，则是找点爆时间延迟的失效模式的失效原因，可能是算法标定问题。（当然，原因并非都是如此简单的一一对应，具体寻找根本原因的方法可见7.7.2 节。）

但是，如果站在整车被动安全系统的角度，则假人伤害值偏高成为失效模式，下一级的安全气囊 ECU 点爆时间延迟成为失效原因。这就是 FMEA 所讲的失效链，也就是将失效模式放在中间，向上看影响，向下找原因。这在汽车行业构成了供应链上的失效协同分析，如表 7-2 所示。

表 7-2　汽车供应链失效链协同分析示意

分析层次	OEM DFMEA	Tier 1 DFMEA	Tier 2 DFMEA	失效示例
整车	FE			整车：碰撞评分低
整车子系统	FM	FE		被动安全系统：假人伤害值高
ECU 系统	FC	FM	FE	安全气囊 ECU：点爆时间延迟
ECU 子系统		FC	FM	点火回路：点爆电流输出延迟
组件			FC	算法：阈值线偏高

5. 风险分析

这一步回归到 FMEA 的本源——风险分析，这里和 3.9 节的风险管理不同，尽管FMEA 仍然是一种定性或半定量（有一定的主观性）的方法，但 FMEA 更注重技术性。

FMEA 的技术性一则体现在面向的对象是产品，二则体现在它有一套特定的评分方式，也就是最能代表 FMEA 特质的 SOD 打分方式，并进一步基于分数高低决定风险控制行动的优先级。其中：

❑ S（Severity）是严重度，即后果越严重分值越高，分值范围为 1～10。

❑ O（Occurrence）是发生度，即发生概率越高分值越高，分值范围为 1～10。

❑ D（Detection）是不可探测度，即越难探测出来分值越高，分值范围为 1～10。

我们一个个地看，但因为不同企业的评价细则不同，我们不做具体标准展开，只梳理其逻辑。

（1）严重度

前面我们刚讲过失效影响，对失效影响进行评价就是严重度的作用。严重度的评价是独立的，不受发生概率和探测难易程度的影响。比如，汽车电池自燃爆炸，不管概率多低，一旦发生，严重度就极高。

对于 1～10 分的具体评级标准，FMEA 还是侧重于汽车本身的功能属性，通常按照安全、法规、主要功能、次要功能及感知体验的次序依次降低。

（2）发生度

针对发生度，我们从设计预防措施和评级这两方面来看。

1）设计预防措施。某个失效模式发生概率的高低，取决于我们针对其失效原因预先做了什么。这预先做的事情就是设计预防措施，以尽量避免失效原因的出现。

这就又引出一个比较有意思的问题，怎么能想到这些措施呢？通常就是参考。参考方式会有行标规范、设计指南、仿真结果、理论计算、项目经验等，参考的前提是历史上发生过，即参考历史，也是以史为鉴了。

2）评级。预防措施作为设计输入被执行后，就可以回到发生度的评级上了，发生度其实就是对预防措施有效性的评价。既然设计预防措施需要参考历史，那么我们很容易做一个迁移，发生度的高低要看历史够不够厚重、够不够我们参考以及历史在当代的适用性如何。

因此，发生度从 1 到 10 的定义方式，大体是按照功能点与参考对象相比够不够新而定的，变更越大，设计越新，发生度也就越高。

❑ 好的情况（低概率）。好的情况是，基本沿用已经量产多年的产品，该产品已经被证明足够可靠，失效原因及失效模式出现的概率当然也是很低的，这时的发生度可能会被定义为 1 或 2。

❑ 糟糕的情况（高概率）。糟糕的情况是，没有产品经验，没有行业标准，没有最佳实践，即便采取了一些可能有关的理论分析，但这基本上无法预测现场表现，这时的发生度会被定义为 9 或 10。

或许歪打正着，将来并没有发生这个失效模式，可是在当下这个没有探测过的节点，没有证据的它只能被定义为 9 或 10。

这会引出发生度的另一个特点，随着验证探测工作的深入，高级别的发生度是可能被降低的。这也是 FMEA 需要动态维护的一个例证。

（3）不可探测度

在 FMEA 视角里，类似 4.6 节讲的各类交付前测试，就属于探测失效原因和失效模式是否存在的措施。不可探测度是对探测措施有效性的评价，而且是最有效的探测措施。但由于这有点像薛定谔的猫，探测措施没有完成就不知道探测有没有效果，所以这里的不可探测度更多是一种预测。

预测的方法，也就是评分准则，一般是看测试方法的成熟度。

- ❑ 如果还没写或写不出来测试用例，自然没什么探测能力，评分就是 9 或 10。
- ❑ 如果有还算可靠的测试方式，而且规划了返工时间（一旦探测到失效），分数或许就能降到 4 或 5。
- ❑ 而如果能够证明测试方法总是可以探测到失效，比如，针脚断路总是可以通过诊断功能探测出来，分数大约就降到了 1 或 2。

（4）行动优先级

前面都是务虚的层面，优先级（AP）是考虑是否要务实的指标。也就是说，针对这些风险，我们要选择那些优先级高的指标展开下一步缓解行动。

从 RPN 到 AP。

老汽车人都知道，以前大家用 RPN（Risk Priority Number，风险优先序数，计算方法是 S、O、D 三者相乘）大于多少作为行动准则。但 RPN 会带来一种情况，相同的数字却对应完全不同的失效原因，对于风险优先级的划分显然并不够精细。比如，某个刹车失灵的严重度是 10，但发生度和不可探测度都是 4，另一个车窗噪声的严重度是 5，但发生度和不可探测度分别是 4 和 8，它们的 RPN 是一样的，可一般来说，我们会认为对前者需要投入更多的精力。

这背后涉及的其实就是权重问题，基于 FMEA 失效预防的初衷，我们应该最关注严重度，其次是发生度，再次是不可探测度，这也是 FMEA 第 5 版引入 AP 的因素之一。

当然，很遗憾的是，被大家诟病的"FMEA 太主观"依然不能被 AP 彻底解决，只不过以前简单粗暴的通过相乘得到 RPN 的方式换成了现在划分权重的 AP 查表法。FMEA 第 5 版提供了一种定义表（如表 7-3 所示，其中 H 表示高，M 表示中，L 表示低），但并没有坚固的数理逻辑来支撑，实际应用中需要基于产品特点与公司情况进行自我适配。

表 7-3　DFMEA AP 表（高严重度部分节选）

影响	S	对失效原因发生的预测	O	探测能力	D	AP	备注
对产品的影响非常大	9~10	非常高	8~10	非常低~低	7~10	H	
				中	5~6	H	
				高	2~4	H	
				非常高	1	H	
		高	6~7	非常低~低	7~10	H	
				中	5~6	H	
				高	2~4	H	
				非常高	1	H	

（续）

影响	S	对失效原因发生的预测	O	探测能力	D	AP	备注
对产品的影响非常大	9～10	中	4～5	非常低～低	7～10	H	
				中	5～6	H	
				高	2～4	H	
				非常高	1	M	
		低	2～3	非常低～低	7～10	H	
				中	5～6	M	
				高	2～4	L	
				非常高	1	L	
		非常低	1	非常低～非常高	1～10	L	

6. 进行优化

接着 AP 的结果，我们需要在第 6 步开始具体执行一些优化工作，以降低高 AP。降低的思路与 AP 的定义一脉相承，也是按照 S、O、D 的顺序来降低。

举一个粗糙的例子。比如电池自燃的失效模式，电池自燃后人员安全受威胁是严重度很高的失效影响，但通过碰撞过程中的断电、警告、解锁车门或者增加自动灭火装置等措施，可以让严重度适当下降。

同时，也可以进行设计变更，优化电池充电系统，限制充电电压和电流，以降低电池过充这个失效原因的发生度。

再者，在设计验证期间，如果重新定义电池过充压力测试，也可能提前探测到过充问题，进而降低不可探测度。

当所有行动都完成后，SOD 会有一个新的数值，AP 也会对应一个新的优先级。

7. 形成文档

FMEA 采用的依然是重文档的思路，或设计决策，或设计记录，或知识存储，或下游输入，或信息共享，文档自有其用途。

一般来说，至少需要用到如表 7-4 所示的内容（来源于 AIAG&VDA FMEA 手册），可以用 Excel 绘制，也会用到一些 FMEA 的工具，如 IQ-RM。

然而，这样一份动态更新和逻辑很难理清楚的文档，维护的工作量是巨大的。所以，在实际做项目时，大家经常会对此嗤之以鼻，虽不合理，但不能说不合情。要应用到实际项目中，真正在项目中体现价值，FMEA 依然有一段路要走。

7.4 软件进入汽车的门槛——功能安全

谈到汽车行业的门槛，优先跳出来的是让传统主机厂尤其是合资厂自豪的三大件。很显然，新能源汽车进来之后，用三电或混动绕过了传统三大件，让那门槛孤零零地立在寒风中，好不凄惨。

表 7-4　DFMEA 表格示例

规划准备（第 1 步）		
公司名称：	主题：	页码：/
工程地点：	DFMEA 开始时间：	DFMEA ID 编号：
客户名称：	DFMEA 修改日期：	设计责任方：
车型年/平台：	跨职能团队：	保密等级：

设计失效模式及影响分析（DFMEA）

结构分析（第 2 步）		
1. 较高级别	2. 关注要素	3. 较低级别

功能分析（第 3 步）		
1. 较高级别	2. 关注要素	3. 较低级别

失效分析（第 4 步）		
1. 较高级别的 FE	2. 关注要素的 FM	3. 较低级别的 FC

风险分析（第 5 步）和进行优化（第 6 步）												
S	预防措施	O	探测措施	D	AP	筛选器代码	负责人	目标完成日期	状态	采取措施	完成日期	备注
	DFMEA 当前的控制措施											
	DFMEA 优化											

历史/变更授权
问题

动力系统被冲击后，互联网或 ICT 携软件也前后脚大举进入，汽车电子电气系统还在咬牙坚守着汽车业最后的倔强，汽车软件能保证安全吗？

这倔强的底气来源就是略显古老的"功能安全"，也常称为 FuSa（Functional Safety），一些诸如刹车、转向、气囊等高功能安全级别的产品还在作为旧时代的"骑士"捍卫着往日的荣光。

或许，随着 EEA 的持续演变，这些产品也会被继续异化或空心化，甚至被取代。但是，在可以想象的、不远的未来，功能安全应该仍然是汽车电子软件人要处理的重要课题。只不过大概在那时候，它将不再是汽车业固守的门槛，而是新业态的共识与通识。

如今，业内的框架依托大体是派生于 IEC 61508 并诞生于 2011 年的 ISO 26262（2018 年发布了第二版）。历经十几年的传播、应用与发展，当大家提起功能安全时，概念上也默认约等于 26262。

7.4.1　功能安全大概是什么

早些年，我到 4S 店买车，新手司机没什么经验，只是凭感觉提出了一些要求，其中一条是"要有电子手刹"，销售员当即纠正我，不要买电子手刹的，电子的东西不安全，还是机械手刹可靠。后来买了带机械手刹的车后，踩油门不放手刹，磨出烧橡胶的味道是后话了。

这位销售员讲得其实就属于功能安全的范畴，只是她可能并没有意识到，她的这句话不仅促使我更坚定地买了带机械手刹的车，也成为多年后我写功能安全的引言。下面我们从几个视角来回答本节标题的问题。

1. 如何理解功能安全里的安全
这里有 3 点要注意。

（1）安全即风险够低

第一，世上没有绝对的安全。所谓安全与否，是指风险高低，只要风险够低就是安全，如图 7-7 所示。

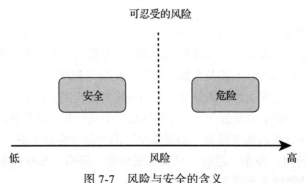

图 7-7　风险与安全的含义

进一步问，高与低的界线在哪里呢？在"老百姓"心里。不过，对"老百姓"更精准的表达应该是 State of the Art（详见 4.3.6 节），即当前技术水平。

也就是说，功能安全的目标是将风险降低到大众可接受的水平。这也是目前自动驾驶要考虑的课题。

（2）本质安全

第二，虽然世上没有绝对安全，但有本质安全，本质安全是消除内在的风险。举个例子。小的时候，在离我家不远的地方有一条运煤的铁轨，横穿离家的小路，行人车辆经常与火车擦肩而过，我们小孩子经常在附近玩耍，自是十分危险。后来不知是谁在铁轨之间加装了方便快速通过的木板以及简易栏杆，火车快到时，还会亮起红色警示灯。但这还不够，在出了一次惨烈的事故后，人们在铁轨下深挖了一个小的隧道，路口附近的铁轨也都被围栏围了起来，尽管下雨总是聚水，但再没听说发生过什么事故。

这个小事例说了两个安全，铁轨下挖隧道就属于从根本上规避风险的本质安全，而加装木板、栏杆及警示灯等安全机制属于无法实现本质安全的功能安全的范畴，如图 7-8 所示。

（3）以人为本

第三，功能安全以人为本，关注的是人身安全，包括驾驶员、乘客、行人及其他车辆内的人员，并不关注财产安全。

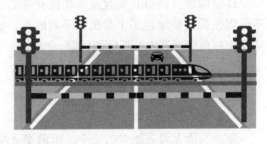

a）本质安全   b）功能安全

图 7-8 本质安全与功能安全

2. 功能安全的对象

ISO 26262 标准里明确指出，功能安全适用的对象是汽车里的电子电气系统，具体来看就是包含软件与硬件的系统，不涉及机械、液压、化学等领域。

但要注意的是，功能安全面对的是整个控制系统的安全回路，是面向整车的，而不是某个单一功能零部件，一般至少要包含一个传感器和一个执行器。最典型的就是 ECU 系统。

而且，只有那些分析后确实涉及"功能安全"的产品才会启动进一步的功能安全开发，比如，涉及制动、转向、停车、巡航、气囊及安全带、照明、车身控制、悬架控制、电机控制、电池管理等功能的系统或 ECU。

对于所谓的智能座舱之类的娱乐系统，则完全不涉及或者只有少量组件（如仪表）涉及低等级的功能安全。

3. 功能安全解决什么问题

功能安全虽然带有功能二字，但不能解决功能不足、性能不好的问题（属于 7.5 节提到的 SOTIF），也就是不改变系统的标称特性，而是正向指导我们如何通过降低系统失效风险达到安全目标，并最终减少对人的伤害。

针对前面提到的电子手刹，功能安全是要实现"避免非预期刹车失灵"的安全目标，关注的是整个电子手刹回路某一环节发生失效时的诊断、监控及处理行为，不是增加卡钳设计夹紧力改变功能与性能。

再进一步，功能安全要处理的失效来源于哪里呢？两方面。

- ❑ 第一，人总是有局限的，所以人在产品及项目开发过程中，会为软件或硬件带来"系统性失效"，比如，标定时设置错了参数值或方向，理论上，这些失效是有确定根因的，只能通过过程执行或设计变更来消除。
- ❑ 第二，物总是不完美的，硬件会出现符合概率分布的"随机硬件失效"，如电磁干扰、冲击振动、高温老化等，而这类失效是无法避免、不可预测的，是由半导体的材料与工艺本身的属性导致的。

4. 功能安全如何处理这些失效

失效很重要，但不是最重要的。我们要关注失效给人身安全带来的风险。风险也很重要，但依然不是最重要的，因为没有 100% 的零风险与安全。所以我们要识别出不可接受的风险，然后通过一些安全机制（过程与技术）将其降低到可接受的程度。不那么精准的说法就是足够的"功能安全"。

这里其实引出了功能安全方法论的核心目的：通过增加安全机制将不可接受的风险降低到可接受的程度。ISO 26262 标准的内容具体涉及早期的概念与目标定义、产品开发（系统、软件、硬件）、导入生产、运营管理、售后直至报废的整个安全生命周期，如图 7-9 所示。生产运营的内容实际上多数能被 IATF 16949 所涵盖，我们不在本书展开。除去导入生产后的内容，关于概念与目标定义和产品开发，我们在第 4 章其实已经较为完整地叙述了，这里也不再展开。功能安全在产品开发的大范畴之内，仍然跳脱不出这个框架，比如，我们后面要讲的功能安全产品开发也是基于 V 模型的架构拓展而来的。

实际上，ISO 26262 整个体系设计的目的就是将功能安全活动集成到汽车电子软件公司中特定的开发框架内。明白了这一点，也就明白了功能安全在体系中的位置。

7.4.2　功能安全概念阶段

要理解"概念阶段"的含义，首先得理解"概念"与"工程"的差异。

画个原型图、做个 demo、手工焊一个电路板、写一段简单的代码……这都属于概念的属性。通俗地说，就是了解个大概，以便后续工程落地工作的展开。而工程是严谨的、细微的、可靠的、大批量的……

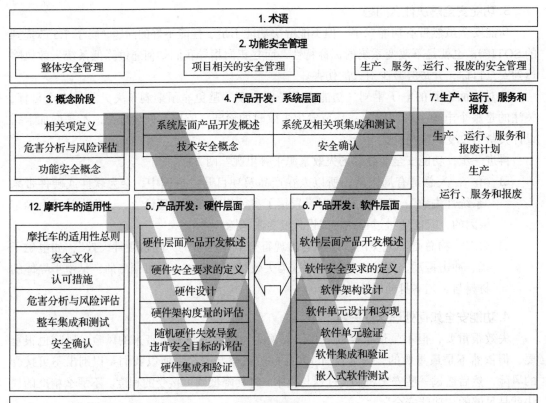

1. 术语		

2. 功能安全管理		
整体安全管理	项目相关的安全管理	生产、服务、运行、报废的安全管理

3. 概念阶段
- 相关项定义
- 危害分析与风险评估
- 功能安全概念

4. 产品开发：系统层面

系统层面产品开发概述	系统及相关项集成和测试
技术安全概念	安全确认

7. 生产、运行、服务和报废
- 生产、运行、服务和报废计划
- 生产
- 运行、服务和报废

12. 摩托车的适用性
- 摩托车的适用性总则
- 安全文化
- 认可措施
- 危害分析与风险评估
- 整车集成和测试
- 安全确认

5. 产品开发：硬件层面
- 硬件层面产品开发概述
- 硬件安全要求的定义
- 硬件设计
- 硬件架构度量的评估
- 随机硬件失效导致违背安全目标的评估
- 硬件集成和验证

6. 产品开发：软件层面
- 软件层面产品开发概述
- 软件安全要求的定义
- 软件架构设计
- 软件单元设计和实现
- 软件单元验证
- 软件集成和验证
- 嵌入式软件测试

8. 支持过程		
分布式开发的接口	验证	硬件元素的评估
安全要求的定义和管理	文档管理	在用证明
配置管理	使用软件工具的置信度	与ISO 26262适用范围之外的应用的接口
变更管理	软件组件的鉴定	与未按照ISO 26262标准开发的安全相关系统的集成

9. 面向汽车安全完整性等级和面向安全的分析	
关于ASIL裁剪的要求分解	关联失效分析
元素共存的准则	安全分析

10. 指南

11. 半导体应用指南

图 7-9　ISO 26262 概览

功能安全概念阶段大体也是这样的意思，不过，有一些自己具体的特点。

1. 相关项定义（Item Definition）

简单理解，就是定义功能安全要研究的对象的要求。

通常是来源于整车层级中较大的系统（即 Item），比如，产品功能及内外部接口、整车的电气环境、通信与诊断、功能在同一域内不同 ECU 上的分配、对手件 ECU 对本 ECU 的交互要求、执行器的能力参数、历史的相关失效模式及危害等。只要潜在有用，内容不限。

实际项目中，相关项定义一般会体现在外部需求文档上。比如，对于 Tier 1 来说，一切识别为功能安全相关或不知道相不相关的 OEM 需求都可以理解为相关项定义的内容。这些内容将是后面几步的信息源。

2. 危害分析与风险评估（Hazard Analysis and Risk Assessment，HARA）

第一次接触功能安全时，是一位客户问我，你们这个产品好不好、是 ASIL 的哪个等级……当时，我隐隐约约觉得这个问法有点问题，但又说不清楚，只能说，产品很好，是 ASIL D。在本步骤的最后我们将重新回答这个问题。

（1）概念辨析

这里有必要先梳理下功能安全中有特定含义的几个基本概念：伤害（harm）、风险（risk）、危害（hazard）、危害事件（hazard event）、汽车安全完整性等级（ASIL）、安全目标（safety goal）及 HARA。此外，部分概念也适用于 7.5 节与 7.6 节。具体如表 7-5 所示。

表 7-5　功能安全相关概念

概念	详细说明
伤害	实际发生的对人的身体的损伤，是肉体上的，精神损失不算。这是我们功能安全的根本起源
风险	伤害的严重程度与发生可能性的综合。既然无法实现 0 伤害，就得谈"剂量"
危害	功能失效带来的潜在伤害来源，是潜在的始作俑者。这是从伤害与风险这类非工程类语言走向产品与技术语言的桥梁
危害事件	处于某种用车场景下的危害。有没有伤害，是要看场景的，人不在车上，即便油箱爆炸，也没有伤害
汽车安全完整性等级	对初始风险等级的量化。进一步地，更技术、更产品地讲，是对危害事件的初始风险等级的描述，也指为避免不可接受的风险所执行的安全机制的整体描述
安全目标	避免特定的危害事件，是面向整车的高层级的功能安全需求
HARA	识别 ASIL 与安全目标的方法。其中，安全目标是需求，ASIL 则定义了实现需求需要做到什么程度。ASIL 越高，危害事件越危险，满足安全目标要付出的成本和努力越大

逐层介绍到这里，我们大约能明白 HARA 在做些什么事，接下来看如何做。

（2）危害事件识别

我们前面讲过，需求分析阶段通常会输出一份特性清单。首先，基于特性清单，利用 FMEA 或 HAZOP（Hazard and Operation Analysis，危险与可操作性分析）之类的工具识别出危害清单，比如，功能失效（刹车失灵）、功能过大或过小或方向相反（转向助力异常）、功能非预期激活（气囊非预期打开）等。

而场景，可以参考自建场景库或者 SAE J2980 中的分类参考（侧重于车辆运动控制的 HARA 分析标准），比如，高速路、道路湿滑、车辆转弯、车辆加速、堵车等。

总之，危险与场景需要结合起来才有意义。

在这里，还有一些其他的点值得关注。

❑ 要面向整车分析。功能安全是用车场景下的事情。

❑ 假定其他功能正常。HARA 是在简化的、线性的世界里进行的，有局限性。

❑ 不要提前考虑产品将要执行的安全机制，要按部就班地分析。

❑ 需要考虑合理的误操作，也就是不能通过驾驶手册将责任都推给驾驶员等。

（3）危害事件的 ASIL 定义

提到 ASIL 的定义，很容易让人联想到 FMEA 的 SOD 值。因为 ASIL 等级也是通过 3 个字母进行定义的，即 SEC，分别对应于 Severity（严重度）、Exposure（暴露度）、Controllability（可控度）。但实际上，SEC 与 SOD 除了 S 有点相似，都是针对后果的，后二者则是完全不同的东西。

❑ 严重度（S）：基于生物学、解剖学的知识体系对人造成的伤害的严重程度评价，主要是参考国际通用标准 AIS（Abbreviated Injury Scale，简明损伤定级）来界定，分为 S1~S3 这 3 个等级。

❑ 暴露度（E）：用车场景出现的概率，一般有在场景的持续时间占比和场景发生的概率两种评价方式。比如，看在高速公路的持续时间和倒车的概率，都属于暴露度比较高的场景，但不要考虑这款车的销量或者装备这个产品的车辆占比，具体分为 E1~E4 这 4 个等级。

❑ 可控度（C）：危害事件成为既定事实时，司机或相关人员能够多大程度控制不被或减轻伤害，可以通过历史经验或实验模拟的方式来估计。比如，汽车在行驶途中刹车失灵，如果想要避开行人，其实是比较困难的，即可控度比较低。当然，老司机和新手司机对车辆的控制能力完全不同，这里的评级也是基于一定的假设，比如，司机不是酒驾或疲劳驾驶，也会遵守交通法规等。具体分为 C1~C3 这 3 个等级。

说来道去，由于危害事件的复杂性，我们的评级只能依据经验、统计、仿真等方式来估计，大家常会有争议。不同公司、不同人定义的级别也不一样。如果觉得有些环节实在不能确定，按照功能安全的原则，应该更保守地往高了评，更详细的内容请参见 ISO 26262-3 或 SAE J2980 以及公司内部定义。

当 SEC 的等级都得到之后，我们可以通过查表（如表 7-6 所示）或简单相加的方式得到 ASIL 等级。当小于 7 时对应 QM（Quality Management，质量管理），即不需要考虑功能安全，一般 QM 就够了，即所谓的"可接受的风险"。当等于 7、8、9、10 时，分别对应 A、B、C、D，等级依次提高，即所谓的"不可接受的风险"。

表 7-6 ASIL 定义

		C1	C2	C3
S1	E1	QM	QM	QM
	E2	QM	QM	QM
	E3	QM	QM	A
	E4	QM	A	B
S2	E1	QM	QM	QM
	E2	QM	QM	A
	E3	QM	A	B
	E4	A	B	C
S3	E1	QM	QM	A
	E2	QM	A	B
	E3	A	B	C
	E4	B	C	D

（4）定义安全目标

前面的内容梳理清楚后，安全目标就比较简单了，为危害事件加一个否定词就形成了初步的安全目标。然后，再做一些组合、调整。比如，危害事件为正常驾驶中安全气囊非预期点爆，等级为 ASIL D，安全目标就是避免正常驾驶中安全气囊非预期点爆。

现在，我们可以重新看开头的那个问题，产品是 ASIL 的哪个等级？严格来讲，这其实是个错误的问题，应该说，这个产品有几个安全目标，各安全目标对应的危害事件的 ASIL 等级是什么，其中最高的是 ASIL D，并且我们对应地执行及验证了 ASIL D 所要求的安全机制。不过，日常交流中，大家都会根据上下文混用，不会问得这么精确，我们理解背后的道理即可。

3. FSC（Functional Safety Concept，功能安全概念）定义

FSC 主要包含两大部分，即 FSR（Functional Safety Requirement，功能安全需求）与 FSR 在初始安全架构上的分配，这算是一个粗略的功能安全草案。

（1）FSR

很显然，FSR 需要基于安全目标的细化来得出，通常每个安全目标至少要衍生出一项功能安全需求，相关内容可能有：

❑ 从设计或流程上预防失效。

❑ 增加即便失效也不要紧的鲁棒性，如硬件冗余设计，类似为羊圈增设第二道墙。

❑ 故障诊断及警示灯提醒。

❑ 进入功能降级之类的安全状态，比如，亮起乌龟灯的"跛行"模式等。

这些需求都是为了避免或减轻伤害，具体定义上还会有故障容错时间间隔、紧急运行

时间间隔等详细的参数。

在这个过程中多会使用到 FMEA、HAZOP、FTA 这些安全分析工具。实际上，这些工具是贯穿于整个功能安全的开发中的。

（2）初始安全架构

至于初始安全架构，由于后续还会有专门的系统架构与软件架构，这部分主要作为参考分析手段，不大会严格规范输出物，比如，用 PPT 来进行粗略描述。

另外，理论上，由于概念阶段是面向整车展开的，因此 FSC 一般由 OEM 负责，并以需求的形式传递给 Tier 1 或内部自研团队这些子系统开发组织。不过，有的 OEM 缺少能力或者需要开发无明确 OEM 指向的平台化产品时，相关概念工作也会下沉到子系统开发组织。

至此，前期概念准备阶段告一段落。接下来，我们需要逐步将功能安全并入我们的工程开发体系。

7.4.3 功能安全产品开发之系统、硬件及软件

无论如何，FSC 或 FSR 的本质都是产品的外部需求，伴随着 ASIL 在子系统或组件上的分解（只适用于系统性失效），它们可以通过 4.3.3 节提到的接口进入我们的开发体系，本节仅进行框架性描述。同第 4 章的描述或 ASPICE 的框架，产品的开发过程也涉及系统、硬件及软件的环节。

1. 系统层

这里有一个 TSC（Technical Safety Concept，技术安全概念）的概念。类似地，TSC 也包含 TSR（Technical Safety Requirement，技术安全需求）和它在系统架构上的分配，可以将其近似于 4.3.3 节的产品级系统需求和 4.4.3 节的系统架构及元素设计。

差别点在于，TSC 是专门侧重于包含安全机制在内的安全需求，随后的设计检查、集成测试、整车确认同样是 V 模型右侧的思路。对于这一部分，基于不同 ASIL 等级，功能安全有一些整体的原则性与过程性的推荐要求（26262 不是强制性要求），比如，架构要模块化、分层化或者 ASIL D 强烈推荐做资源占用测试、故障注入测试等。

其中，安全机制是实现功能安全的核心技术手段，我们多讲几句。功能安全不外乎"事前不让失效"和"失效后不让人受伤害"，安全机制描述的是后半部分的问题，一旦系统发生随机硬件或系统性失效，相应的安全机制可以进行诊断探测、危险警示以便驾驶员能够控制，或者通过故障安全（fail-safe，即通过功能禁用或降级等减轻伤害）与故障可操作（fail-operational，即基于冗余设计保持一定的功能可用）而让车辆进入安全状态。

2. 硬件层

除去 V 模型中常规的硬件需求拆分及追溯，如 HSC，由于硬件随机失效的存在，硬件会有一些概率统计度量的内容，这也构成了除 HARA 之外的另一个功能安全的专属特色，而且是功能安全最硬核的技术性要求。

（1）故障分类

提到硬件随机失效，我们先看一下功能安全中对导致失效（failure）的故障（fault）是如何分类的，具体如表 7-7 所示。这部分几乎包含功能安全最重要的术语。

表 7-7　硬件故障相关概念

故障名称	详细说明	示例
单点故障（Single-Point Fault）	发生时可直接导致违反安全目标的故障，同时整个组件没有任何安全机制能够覆盖	完全没做诊断
残余故障（Residual Fault）	发生时可直接导致违反安全目标的故障，但这个组件的其他硬件故障是能被安全机制所覆盖的	只诊断了过压，没诊断欠压，欠压属于残余故障
多点故障（Multiple Fault）	如果某故障和其他独立故障都发生时才会导致违反安全目标，这个故障就是多点故障	过压诊断机制本身出了故障，原本可检测的过压故障发生时会导致违反安全目标，所以如果可检测故障的诊断机制没有被进一步诊断，它们二者发生时也属于多点故障（双点故障）
潜伏故障（Latent Fault）	没有被安全机制检测到或没有被驾驶员感知到的故障	当过压故障没发生时，过压诊断的故障就属于潜伏故障，这时它本身不会直接导致伤害，相当于潜伏在这里，一直等到过压的发生
可探测的故障（Detected Fault）	发生时能够被安全机制所覆盖的故障，原则上它是安全的，不会直接导致伤害	上面讲的过压诊断，过压属于可探测的故障
可感知的故障（Perceived Fault）	通过车辆异常表现可以被驾驶员感知到的故障（可能有也可能没有安全机制）	发动机突然有异响，驾驶员可以及时停车
安全故障（Safe Fault）	故障的发生不会显著增加违反安全目标概率。其中，单点、残余及双点故障不构成安全故障。但是，由于概率较低，双点以上的故障也属于安全故障	过压诊断本身还有一层诊断机制，即过压、过压诊断、过压诊断的诊断这三者同时发生故障时才会违反安全目标

堆概念不是我们的目的，我们再进行一轮分类梳理。基于功能安全需求，可以把故障分为 3 类。

- ❑ 红色故障：单点与残余故障及双点故障中的潜伏故障。
- ❑ 黄色故障：双点故障中的可探测与可感知的故障。
- ❑ 绿色故障：安全故障。

实际上，从故障角度看，功能安全的核心目标是通过安全机制将红色故障尽可能转变为黄色故障，"尽可能"的目标指向"可接受的风险"，标准来源于不同 ASIL 等级的要求。

（2）硬件量化指标

前面讲过，随机硬件失效符合概率分布。相应地，在功能安全中，提供了两个量化指标作为硬件需求的一部分，仅适用于 ASIL B、ASIL C 与 ASIL D。

- ❑ 硬件架构指标。硬件架构指标侧重于该产品硬件架构设计得好不好，即在随机硬件失效的探测和控制上表现得好坏，主要是看对故障的 DC（Diagnostic Coverage，诊断覆盖率）值。其中，硬件架构又具体分为 SPFM（Single-Point Fault Metric，单点故障度量）与 LFM（Latent-Fault Metric，潜伏故障度量），设计时均需满足，并使用 FMEDA（Failure Mode Effects and Diagnostic Analysis，失效模式、影响及其诊断分析）计算。

❑ 硬件随机失效率。硬件随机失效率看的是电子元器件的可靠性，即硬件本身的故障率高低。其中，硬件随机失效率通常采用 PMHF（Probabilistic Metric for random Hardware Failures，随机硬件失效概率度量的评估）表征，并使用 FTA 计算。

由于篇幅所限，我们不做计算上的展开。在实际操作中，基于不同的 ASIL 等级，我们会提出对这几个量化指标的要求，这是证明产品功能安全水平的坚实数据，尤其是以相对值表现的硬件架构指标（由于计算数据源存在差异，以绝对值表现的 PMHF 的参考意义相对局限）。ISO 26262 中硬件量化指标推荐值如表 7-8 所示。

表 7-8　硬件量化指标推荐值

	ASIL B	ASIL C	ASIL D
单点故障度量	≥90%	≥97%	≥99%
潜伏故障度量	≥60%	≥80%	≥90%
随机硬件失效目标值	$<10^{-7}\,h^{-1}$	$<10^{-7}\,h^{-1}$	$<10^{-8}\,h^{-1}$

3. 软件层

同样的思路，功能安全的软件部分依然是 V 模型下的拆分与验证。走到这里，我们可以再问一个问题，功能安全是通过什么集成在我们的研发体系中的？答案就是"需求管理"。如果各个层级的需求被清晰定义，那么功能安全的方向也就明确了。

另外，因为纯软件失效基本都是源于人的局限性，隶属于系统性失效，所以在软件的开发中，除了硬件诊断需求通过软件来实现外，通过规范过程来降低人为错误会比硬件更有必要性。通常所谓的软件符合功能安全，更多在于开发准则的符合性和过程能力的成熟度（可参考 ASPICE），比如，ASIL D 需要定义 MC/DC 要求或者 ASIL D 相关的软件组件要与 QM 相关的软件组件隔离。

此外，我们在软件开发中，不可避免地会使用到各种工具。从功能安全的思维看工具，需要质疑其本身的可靠性，毕竟，工具也是人写的软件。例如，MDB 生成的代码一定符合预期吗？不一定。这就引入另一个指标，即用 TCL（Tool Confidence Level，工具置信度）来评价工具自身的能力。

7.4.4　整体功能安全管理

管理是一个很宽泛的话题，包罗万象，功能安全管理也一样，可以从文化建设讲到整车报废。但在这里，我们不讲那么大，而是通过一个变更项目的执行来找到那条独属于功能安全工程环节的"线条"，以便执行者能厘清大概的脉络。

1.功能安全管理主线

（1）安全影响分析（Safety Impact Analysis，SIA）

一个新项目来了，通常会由项目经理或者系统工程师确认变更范围，判断这个项目的等级，并进行裁剪与项目计划及下一步的统筹推进。

对于涉及功能安全的项目而言，思路一致。对等地，我们一般会设置功能安全经理，尤其是大型的企业，通过 SIA 这样的工具或活动识别设计、整车环境等需要变更的内容，并进一步确认对安全目标、FSC 的影响。这也将支持下一步的裁剪与计划。理论上，项目运行过程中，收到外部客户变更或者 bug 驱动的变更时，都需要重新做一遍 SIA。

（2）安全计划（Safety Plan）

顾名思义，这一步将识别出功能安全所有相关责任人、活动与工作产物裁剪、时间安排等，并且为了将功能安全集成到开发体系中，一般也会设定与项目报价、不同阶段软件释放、不同成熟度样件交付、生产许可等关键里程碑的依赖关系。

由于功能安全会涉及整车层级的 OEM 与 ECU 层级的 Tier 1，通常二者会通过签订DIA（Development Interface Agreement，开发接口协议）的方式来定义相关方之间的责任划分，这也将体现在安全计划中。当然，对于 OEM 内部自研部门，就没有必要设定 DIA 了。

（3）安全档案（Safety Case）

安全档案是安全计划的执行结果，更重要的，它是满足功能安全要求的证据，体现形式是一系列文档的集合。

以上简单的 3 步就是功能安全管理活动的核心主线，基本上所有的功能安全工作都能被这 3 份文档承载。

2.功能安全认可措施

另外，软件工程中，认可正确性的最主要的方式就是评审与测试（即 Verification 与Validation）。功能安全可算是把这个"讨厌"做到了极致，除了常规工程意义的测试以外，还特别加了另外 3 个维度。

（1）认可评审（Confirmation Review）

面向工作产物，是基于具体规格要求去看其是否满足，类似于测试中的评审。

（2）功能安全审核（Functional Safety Audit）

面向流程，审核有没有按流程要求去做这件事情，只有 ASIL B（含）以上需要做。

（3）功能安全评估（Functional Safety Assessment）

面向相关项，确认其是否实现了功能安全目标，类似于测试中的测试，只有 ASIL B（含）以上需要做。

对于这 3 个维度的认可措施，为了保证客观公正，功能安全还划分了 4 种类型

（I0~I3），以定义不同等级的组织独立性要求（Independent Level）。面对不同 ASIL 等级下的不同对象，采用不同等级的认可措施，比如，HARA 均需要 I3 等级认可，而安全计划只有 ASIL D 才需要 I3。独立性认可措施等级划分如表 7-9 所示。

表 7-9　功能安全独立性认可措施等级划分

等级	中文名称	详细说明
I0	应该执行认可措施	立场一致的朋友帮忙就行（同行评审），多数是来源于一个小组的成员，有争论空间，可做可不做
I1	需要执行认可措施	仍然属于同行评审，虽有强制性，但因为朋友帮忙，常流于形式
I2	需要执行认可措施	需要关系没那么好的同事来做，即这个同事不与创建者向同一个上司汇报，可能是同一职能但不同小组的同事，操作空间弱了一些
I3	认可措施需要关系更远的人来做	可能是跨职能的团队，甚至是外部第三方机构，这会让二者的立场可能完全不同，这种认可相对最有意义，比如，负责交付的项目管理团队和负责审核的质量团队

到这里，我们把功能安全的主体框架串了一下，但功能安全本身非常庞杂，仅 ISO 26262 标准就近 900 页，这还不包括很多客户要求、内部要求、行业要求（如 AUOTOSAR）等，本书只能点到为止。

最后，以一个回顾总结收尾。

功能安全的本质是，通过过程活动（含流程步骤与设计准则）减少软硬件的系统性失效和通过软硬件的安全机制技术手段（多为各类诊断策略）减少随机硬件失效，并最终使危害事件对人员的伤害降低到大众可接受的水平。

7.5　自动驾驶的安全——预期功能安全

刚讲完功能安全，这里讲预期功能安全（SOTIF，Safety Of The Intended Functionality）。从名字看，这里只是加了一个前缀——预期，我们难免会认为它们之间应该有着千丝万缕的联系，如果不去辨析一下，心里总是空落落的。

7.5.1　由功能安全引出

我们不妨沿着功能安全的思路往下看，先看一下功能安全的含义，它面对的是电子电气系统，通常基于经验与理想假设去处理该系统的失效，它不解决系统本身的功能与性能不足的问题，而是将重点放在将对人的伤害降到足够低的水平。

1. 难度更高的自动驾驶安全

不过，如今，汽车的智能化程度越来越高，尤其是还处于未来时的高阶自动驾驶（L3及以上），让人们在无限的遐想中遭遇着空洞的未知。千奇百怪的路况与形形色色人员的参与让运行场景复杂且陌生，机器算法模型训练着数以万计的参数，人类的理解与认识还着实不足，经验不够，也就难以建立确定性的模型、函数。

再加上，人天然对于不可掌控的预期有着深深的恐惧（有分析预测，自动驾驶事故率要达到比人工驾驶更高的航空业级别，才会被大众普遍接受），非技术性的伦理问题也会加入，这整体让实现自动驾驶安全的难度非常高。

2. 功能安全方法论的失灵

这种"高"在我们的工程开发中体现在，即便我们比功能安全更进一步——绝不失效（当然是不可能的，功能安全是退而求其次），依然是不够的。因为，面对随机、复杂的场景或者人员的合理误用组成的触发条件，由于技术发展水平所限，本身设计规范的不成熟或者产品性能的局限会让汽车体现出预期的功能不足，并进而给人员带来不可接受的伤害。

对比功能安全，有人会将预期功能不足归为系统性失效的一种，这可以是一种理解角度。在实际开发中，这个区分界限确实也很模糊，尤其是自动驾驶的 State of the Art 一直在进步。

不过，在功能安全诞生与发展的时代，也即人工驾驶的时代，隐含的前提是，我们基本知道怎么做是对的，只要这么做了，去避免或控制失效，确实比较安全，关注点在于错了（失效）怎么办。预期功能安全则是整体性地不知道怎么做或没能力做得到，本质是"技术发展水平"和"人们认识"不足，而市场又迫不及待。

3. 预期功能安全的含义

写到这里，预期功能安全的定义已经呼之欲出，即没有因为预期功能的不足导致的危害而产生不合理的风险。

这里的预期功能不足略有些费解，我也是花了一些精力才揣摩明白的。预期功能是整车层级定义的、心里想要的功能，一般体现在整车功能规范定义上。不充足主要源自两方面：

❑ 整车功能规范或下一级子系统实现规范考虑不周全。

❑ 子系统零部件本身性能局限。

换句话讲，不充足还可以总结为：

❑ 心里想要的功能本身就不充足，即不知道想要什么。

❑ 心里想要的功能虽充足但达成不足，即知道想要什么但达不到。

切换到预期功能安全目的的角度说，预期功能安全要解决因为设计规范考虑不周全（比如，开发人员未考虑特殊路标的场景）或性能局限（比如，开发人员考虑了特殊路标，但摄像头性能有限，识别不出来）在遇到一定的触发条件（比如，大雾或驾驶员走神）时导致的对人的不可接受的伤害。

4. 互为补充的 FuSa 与 SOTIF

总体来说，预期功能安全是功能安全的补充与延伸，二者需要融合理解，功能安全像是一份已知的规范，预期功能安全则像是寻找并定义规范的方法论或者对于你不懂就暂时不要乱来的约束。但无论如何，它们都通过各种活动致力于证明"风险足够低"这个终极目标。

其实，从预期功能安全标准 ISO 21448 也能看得出来，整个标准共提到 ISO 26262 40多次，不断与功能安全进行对比并对其引用。另外，ISO 21448 的编制工作也是由 ISO 下设的功能安全工作组于 2016 年启动的，随后，历时 6 年，最终于 2022 年 6 月正式发布。

7.5.2 SOTIF 基本逻辑

在通过与 FuSa 对比而对 SOTIF 有一个概念性的认识后，我们来更具体地理解一下它的运行逻辑。

1. SOTIF 伤害路径模型

图 7-10 是对 SOTIF 伤害路径的识别。为了更清晰地理解，这里先介绍几个关键概念。

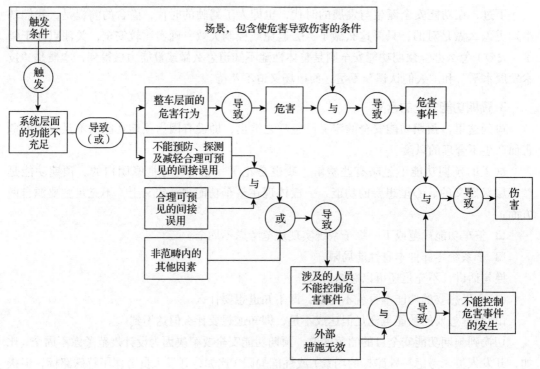

图 7-10 SOTIF 伤害路径

❑ 场景

场景这个概念在功能安全里也有，是指车辆生命周期中可能发生的场景，侧重于车本身。这个范畴在自动驾驶中就远远不够了，自动驾驶面临的场景包罗万象，也极其复杂。

为了解释这种复杂性，SOTIF 提出了场景快照的概念，相当于在某一时刻对所处环境进行一个 360 度球形拍照，从这张照片里可以看到阳光耀眼、道路狭窄，也可以看到车水马龙、司机发呆以及这车辆本身的状态，可这还不够，肉眼看不到的温度与电磁波也藏在这张神奇照片的背后。但是，这依然不够，现实世界不会是静止的，随时间的变化，拍照的内容也会不停地变化。粗略地类比，场景就是一部充满细节的 4K 纪录片，它是复杂且未知的、大而全且细的整体性概念。

❑ 误用

如果你以厂商不期望的方式使用，就是误用，但这不包括故意搞破坏。另外，按照误用与危害行为之间的因果关系，再细分为"直接误用"和"间接误用"。

直接误用可能会触发系统带来危害行为（形式上有点类似于 FuSa 中的失效，可进一步导致危害），比如，在低速道路开启高速巡航。

间接误用是危害行为发生之后、使可控度降低或严重度增加的使用方式，比如，车辆自动驾驶中，司机趴在方向盘上，这既会让可控度降低，也会让严重度增加。

❑ 触发条件

首先触发条件是场景中的一部分，但它有一定的特殊性，它会触发系统的一系列反应，预期功能不足的弱点会被它请到台前来，并进一步"促成危害行为"或"无法防止、探测及减轻合理可预见的间接误用"。比如，天气阴暗触发摄像头将前车识别为路标，天气阴暗就是触发条件。

其中，合理可预见的直接误用也被视为触发条件的一种，需要被统一考虑。

2. 场景驱动的 SOTIF 原理

如前所述，同 FuSa 类似，伤害的最终发生是需要特定场景的，对于功能与场景强依赖的 SOTIF，更是如此。在 SOTIF 中，我们将导致危害行为的场景定义为"危害场景"，而基于"危害场景"的区域划分与追求构成了 SOTIF 活动的核心原理。

预期功能安全定义了一个抽象概念，即将危害场景划分为了 4 个区域，如图 7-7 所示，分别是：

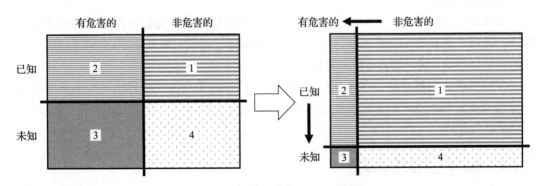

图 7-11　场景驱动的 SOTIF 原理

❑ 已知非危害的场景 1（known，not hazardous scenarios）
❑ 已知有危害的场景 2（known，hazardous scenarios）
❑ 未知有危害的场景 3（unknown，hazardous scenarios）
❑ 未知非危害的场景 4（unknown，not hazardous scenarios）

SOTIF 的核心原理就是压缩场景 2 和场景 3 的空间。其实，从 SOTIF 的出发点来看，更侧重于场景 3 的探索与缩减，场景 2 是探索的起点，如果场景 2 非常"已知"，它更该在 FuSa 中得到解决。总的来说，这是一个设计与测试的过程，也是一个认识的过程。

对于已知有危害的场景，因为已知，我们可以通过功能修改或产品升级等来降低其概率。而对于未知有危害的场景，就比较困难了，因为未知，无法从源头修改，只能通过大量的测试来给大家信心，这也是为什么现在的自动驾驶总是强调自己累积了多少测试里程。

其实我们会发现，从 SOTIF 来看，自动驾驶最大的困难在于"未知"。自动驾驶新且复杂，我们无法穷尽未知的场景，也无法清晰预测系统自身的行为，比如，摄像头被天上飞来的鸟粪盖上了，我们无法提前得知盖的程度，也无法预测摄像头的确切反应。

7.5.3　SOTIF 迭代模型

尽管不够成熟的 SOTIF 还无法定义出全面、细致的正向流程，但我们可以基于图 7-12 所示的流程模型进行迭代。

对应于理论和实践，也即分析与测试，整个 SOTIF 也分为上下两大板块，它本身也构成了认识自动驾驶安全的两个迭代循环。

1. 理论与分析

左上角同样是 V 模型的规格定义与设计实现，然后，基于已知理论与经验，进行类似于功能安全的安全分析，如得到一些已知不安全场景，则通过修改功能来缩减已知不安全的场景。这是第一层的基于理论的认知迭代。

2. 实践与测试

直到理论分析尚可，才可走入下半部分。由于考虑到自动驾驶的理论经验本就不足，这个"尚可"更显得不可信或不充足。我们更需要通过测试的笨办法来进一步排查，一方面确认已知场景，另一方面排查未知场景。

在这个确认与排查的过程中我们会得到一些已知的安全场景或者已知的不安全场景，安全场景不需要处理，不安全场景则同上半部分类似去驱动功能修改。这是第二层的基于实践的认知迭代。

7.5.4　SOTIF 关键活动展开

下面我们结合迭代模型来展开关键的 SOTIF 活动，但由于篇幅所限，只涉及基本思路。

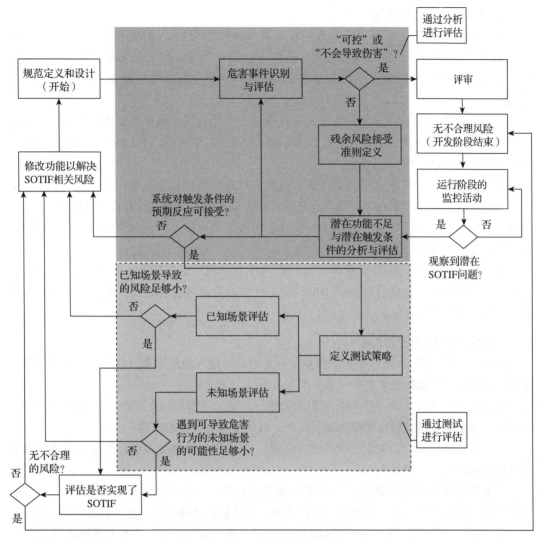

图 7-12　SOTIF 迭代模型

1. 规范定义和设计

无论自动驾驶被宣传得多么神乎其神，工程依然得从规范开始，并进一步基于规范来落实设计。

而自动驾驶的难点也在于规范的定义，不可知的东西自然难以标准化。在这个环节，除了系统功能描述和组件规格外，还会考虑到 ODD（Operational Design Domain，设计运行范围）、控制权限、决策逻辑、误用、性能局限，以及系统与人、车、基础设施的交互等，有时候还需要对一些实在不清楚的内容做一定的假设，而这些也仅仅是冰山一角而已。

2. 危害事件识别与评估

基于已有的规范定义与设计，我们正式进入 SOTIF 分析。这部分依然可以参考 FuSa 中 HARA 分析的部分，思路比较接近，一些方法也可共享，但还是有些重要差别需要区分。比如，SOTIF 不会去识别危害事件的 ASIL 等级（本质是没有足够的用于定等级的数据）。

此外，由于 SOTIF 无 ASIL 来定义风险等级，因此它用"风险接受准则"这个宽泛的概念代替。展开这个概念前，我们可以再回想一下 FuSa 中 ASIL 评定的一个原则，就是如果吃不准，就往高了评。

那么，回到自动驾驶这里，对于需要分析的风险，我们似乎更加吃不准，所以 SOTIF 第一步会把一切风险考虑在内，是零容忍的，是追求本质安全的，只有在"可控度"与"严重度"至少有一个等于零时，才认为不存在不可接受的风险，其他危害事件都应该被进行进一步的 SOTIF 分析。

可能有人会发现，用车场景暴露度在这里没有体现，这是因为，基于前述"零容忍"的原则，一旦我们开始选择该场景中的风险去评估，就意味着它的任何暴露都与 SOTIF 有关，也没有必要再加进来了。

3. 残余风险接受准则定义

但是，"零容忍"只能存在于原则中，现实中，一辆车经历的部分危害事件可能风险足够低（可控度与严重度至少有一个等于零），但不可能都是这样。

那怎么办？ SOTIF 有一个很有意思的思路，它定义了双层接受准则，上面的"零容忍"原则其实属于第一层，即危害行为接受准则，看的是车辆行为的表现。

当达不到第一层时，我们需要考虑第二层，即残余风险接受准则，就是要看车辆在运行过程中的表现。

定义残余风险接受准则时，可以基于相关的法规、功能的成熟度、类似功能的准则、交通数据、模范驾驶员的表现等进行定性评判。如果数据足够充分，还能定量评价，比如：

- ❏ 风险容忍原则：至少在全球范围内一样好，即风险不能高于现有的类似系统。
- ❏ ALARP（As Low As Reasonably Practicable，最低合理可行）原则：俗称"二拉平"，权衡风险大小与进一步降低风险所需的努力。
- ❏ 正向风险平衡原则：整体风险平衡，此长彼要消。
- ❏ MEM（Minimum Endogenous Mortality，最小内源性死亡率原则）原则：新技术的引入不应显著增加社会死亡率。

4. 潜在功能不足与潜在触发条件的分析与评估

面对危害识别阶段得到的非可控或会导致伤害的危害行为，有必要进一步理解，理解它是怎么来的，也就是 SOTIF 伤害路径模型（图 7-10）中提到的"触发条件"与"功能不足"这两个万恶之源。本环节就是要对这两部分源头进行分析。

这同样是一个对未知探索的过程，入手通常也只能依据已知的经验或知识，比如，穿插一些交通事故统计分析、ODD 边界分析或探索性仿真与驾驶等方法论，基于已知的潜在功能不足去寻找导致危害行为的场景（含潜在触发条件），或者反过来，从场景（含潜在触发条件）去找潜在功能不足。

注意，SOTIF 在这里用了潜在（potential）这个前缀，而 FuSa 在失效分类处有个相似的词汇——潜伏（latent），潜在这个概念并不突出。对比这两个词，区别不明显，可以从英文里体会到那一点微妙，大体是 potential 是指"还不是但有可能"，而 latent 是指"是但不明显"，这其实再次反映了 SOTIF 的不可知与不成熟。

走到这里，大约是对这些形成危害行为的整个场景（含触发条件）有了更清晰的认识，需要继续来看此轮迭代中 SOTIF 伤害路径的表现如何。

对应于前文描述的两层接受准则，这里会有 3 种可能。

❑ 一是分析认为这个已知的场景"可控"或"不会导致伤害"，即可控度与严重度至少有一个等于零。

❑ 二是危害事件导致的系统残余风险低于定义的接受准则。

❑ 三是危害事件的风险不可接受。

第一种情况进入运行监控，第二种需要进入测试进一步地评估，第三种情况则驱动功能的修改去解决 SOTIF 相关风险。

5. 修改功能以解决 SOTIF 相关风险

接续上述第三种情况，在如何进行功能修改方面，通常有以下几种思路可以参考。

（1）整个系统设计的修改

感知、规划、执行是自动驾驶的基础模型，可分别从这三方面着手，以尽可能维护预期功能，列举如下。

❑ 感知环节可提高传感器的精度、定义感知冗余方案、应对传感器遮挡或者改进传感器标定与安装等。

❑ 规划算法部分可考虑改进图像识别算法的精度、加快处理速度等。

❑ 执行器属于相对传统的领域，但在涉及 SOTIF 时，必须统一考虑执行精度、响应时间等因素。

（2）预期功能降级或限制

这里类似于 FuSa 中的故障安全，就是通过降级或限制使用，保证部分功能可用以确保安全。比如，摄像头被脏污遮盖而导致失明，系统要降低最大允许车速或最大允许转向扭矩；或者当车辆行驶到无标识的乡村山野道路时，系统要求驾驶员接管。

（3）权限向驾驶员移交

该策略目标在于提高对自动驾驶的可控性，当系统能力不足以应对某些场景时，需要 HMI 通过声、光、图像等有效地向驾驶员传递移交请求，以及如驾驶员未能及时接管，系统需执行降速等响应处理。

写到这里，我们也容易想得到 SOTIF 在高阶自动驾驶中实现的困难。L1 与 L2 的辅助驾驶尚且可以让算力强大的人类驾驶员来接管当后援，但当不再靠人，全由系统进行复杂的建模、决策时，显然极具挑战。

（4）解决合理可预见的误用

人机责任划分是自动驾驶成熟度的关键分水岭。合理可预见误用的提出，算是 SOTIF 对人的责任的一种稀释，在一定程度限制了厂商通过用户手册转移责任的权限，也适当降低了自动驾驶的热度。当然，还是留了一个口子——"合理"，这个"理"的分寸的把握，还需要时间与数据的支撑。

这个策略的想法之一是，在开发人员对自动驾驶技术与场景的持续探索认知中，期待相关驾驶人员对自动驾驶也有更深刻的认知。比如，驾照考试中加入对自动驾驶车辆使用的培训，这就是一个可预见的方案；监控驾驶员眨眼、打哈欠或肌电值等以识别疲劳状态并给出警示；市场营销的引导也是一个关键部分，不能让消费者有不切实际的预期。

当然，人往往是千奇百怪的、不可靠的，通过系统的约束来限制误用的出现最有效。很典型的一个例子，自动泊车是需要低于一定的车速的，如车辆处于较高速度时，泊车功能无法被误激活。

6. 定义测试策略

至此，对图 7-12 的上半部分的理论分析告一段落。面对复杂的自动驾驶，我们不但需要确认理论分析的可靠性，还需要通过大量的测试来探索未知的部分。

有关测试策略，除了常规的关注 ODD 内部的 SOTIF 水平之外，还需要关注 ODD 的边界和外部。一方面要测试系统不能在 ODD 之外的地方被激活，另一个方面要测试从 ODD 内部到 ODD 外部的过渡过程中，移交给驾驶员或系统做出必要保护响应的能力。

7. 已知场景的评估

对于自动驾驶，已知是相对的，这里对已知场景的评估也是分层次的。

首先，面对那些已经定义对应规范的已知危害场景，要看系统的功能表现是否符合定义的方式。但对于那些整体还处于潜在阶段的危害场景，要先看其是不是真的具有危害性，看是否能转正、是否纳入下一步的 SOTIF 考虑范围。而对于已经进一步走到潜在危害行为的场景，应评估其是否可被接受。

具体评估过程还是从安装感知、规划算法、执行这 3 个环节展开。

❑ 感知的目的是搭建出环境模型，要验证其在时间、准确性与鲁棒性层面的表现。

❑ 规划算法会基于感知系统建好的模型给出控制逻辑，要保证算法在需要时能够及时做出反应，且在不需要时不能做出非预期控制行为。

❑ 执行环节是被驱动的，相对而言，逻辑不会很复杂，通常会验证其在恶劣或复杂工况下的正确响应能力。

8. 未知场景的评估

已知尚且复杂，未知更加难以把握。当然，解决问题的思路同所有的工程问题一样，面对的是概率，而不是穷尽，追求的是合理，而不是真理。

随机测试、长期测试、极端场景测试、边缘场景测试、仿真测试等都是未知场景评估的一些方法，在不断的探索中，不断提升信心。至于信心到什么程度算是达成了目标，取决于残余风险接受准则，取决于测试策略定义，本质取决于整个行业的认知与发展水平。

9. 评估是否实现了 SOTIF

前面环节算是把能做的都已经做了，现在要回过头来检查这些应该"都已经做了的"是不是确实都做了、都做好了，对 SOTIF 交付物的一致性、完整性、正确性要再次确认。

10. 运行阶段的监控活动

虽然看起来经过了开发阶段的重重关卡，但当交付到量产后的运行阶段后，我们悬着的心还是不能彻底放下，还要继续监控，监控开发阶段未识别到的危害或功能不足，监控环境的变化，监控车载数据，监控同行类似设计，监控法规变化，监控基础设施变化等。一旦发现潜在的 SOTIF 问题，就需要再次进入迭代循环中。比如，于 2022 年 1 月 1 日开始执行的强标 GB 39732-2020 汽车事件数据记录系统（EDR，vehicle Event Data Recorder system）就会要求提供这样的监控数据。

我粗略地梳理了 SOTIF 的一些关键概念和开发迭代方式，整体看下来，SOTIF 属于比较宏观、抽象的探索性开发活动，更多集中在整车或较高系统级的需求开发、架构定义与验证确认，对应于 V 模型的上层。它不像 ASPICE 或 FuSa 那样在中间层的白盒部分也有具体清晰的可依托标准或最佳实践，或者说 SOTIF 中可白盒的部分会转移到常规软件开发的模型体系中，或 ASPICE 或 FuSa。这样看下来，尤其对于主机厂或者有多条产品线的大型供应商而言，体系融合确实很有必要。

7.6　汽车软件的行业挑战——信息安全

伴随着汽车越来越多的电子化、软件化、网联化，汽车在各个阶段的各个层面都从封闭走向开发，开放会带来更多信息安全问题。2015 年发生了一件汽车信息安全里程碑式的事情，"白帽黑客"Charlie Miller 和 Chris Valasek 攻击了吉普切诺基，能够控制刹车、转向等核心功能，并最终导致百万级召回事件，在此，信息安全引起巨大反响，慢慢地，汽车行业开始将其作为单独的课题拿出来讨论、研究。

有关信息安全的法规已经有很多，目前汽车行业里比较出名的主要是 UNECE/WP.29 R155 和 ISO/SAE 21434（国内也已经逐步立法，但暂不在本书展开）。前者是进入欧盟市场的强制性法规，由 UNECE（United Nations Economic Commission for Europe，联合国欧洲经济委员会）的 WP.29（World Forum for Harmonization of Vehicle Regulations，世界车辆法规协调论坛）在 2021 年 3 月颁布的，并于 2024 年面向所有新车；后者是行业的国际标准，有助于 R155 的认证，但是向整个行业提供了一个框架，由 ISO 和 SAE（Society of Automotive Engineers，国际汽车工程学会）于 2021 年 8 月发布，本节也主要会参考 ISO/SAE 21434 来讨论。

7.6.1 由功能安全引出

我们总将 FuSa、SOTIF 与 Cyber Security（信息安全）放在一起来讲汽车的三大安全，所以面对最后一个信息安全时，难免会问它与前二者的关系。同样的思路，我们还是通过对比（主要是更成熟的 FuSa）来看信息安全的特点。

1. 从 "伤人" 到 "伤心"

FuSa 与 SOTIF 的指向都很明确，就是关注对人的伤害，且限于肉体的伤害，姑且称之为 "伤人"。为什么说信息安全是 "伤心" 呢？这不得不引出信息安全的第一个核心概念——资产（asset），"资产" 的破坏将导致 "伤心"。

（1）资产

在中文的语境里，提到资产，很容易想到钱，钱和资产有部分关系，但不能用钱来直接代替，这里资产的概念更加宽泛。

接下来，我们从更学术的角度看，先串一下 ISO/SAE 21434 中资产及附属概念的含义。

❑ 资产：有价值或对价值有贡献的对象（有形的或无形的），它具有一个或多个值得保护的属性（即信息安全属性），若属性被违背则可能导致一个或多个不良后果（即损害场景）。

❑ 信息安全属性（cybersecurity property）：包括机密性（confidentiality）、完整性（integrity）、可用性（availability）。其中，机密性是信息不泄露，如个人车机账户；完整性是信息准确性，不能被非授权修改；可用性是指授权的用户能有效使用。注意，关于信息安全属性，不同的模型有不同的定义，这里只是其中一种。

❑ 损害场景（damage scenario）：涉及车辆或车辆功能，并给司机、乘客、行人、车主等道路使用者带来不良后果。

（2）信息安全的目的

对应地，我们来寻找信息安全要解决的问题，汽车 E/E 系统或组件拥有一些对人有价值的资产，这些资产里的一些属性被损害后，会对人造成一些不良后果。

信息安全要做的就是，通过保护资产的属性尽可能不被破坏，来让不良后果的风险达到可以接受的程度，让相关人不要太 "伤心"（伤人也属于一种伤心，即信息安全也会关注对人的伤害），如图 7-13 所示。

2. 从 "HARA" 到 "TARA"

再回顾下 FuSa 的开发逻辑，大体是从危害事件来识别风险大小，并定义 ASIL 及对应的安全目标，从而获得 FuSa 的大目标和总标准，随后通过拆解而进入 V 模型的常规开发中。对于 FuSa 而言，HARA 是核心的增量方法。

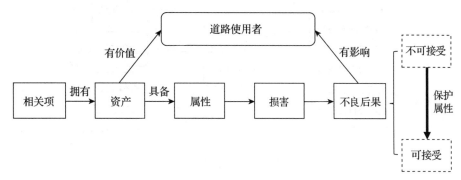

图 7-13　汽车信息安全的目的

现在来看信息安全。大的指引方向都是，将对人不好的东西的发生控制在较低水平。于是，信息安全引出了一个核心方法论——TARA（Threat Analysis and Risk Assessment，威胁分析与风险评估）。

看到这个词，大家首先会注意到其中的威胁，延伸一点，威胁其实来源于威胁场景这个概念，它可以类似对应于 FuSa 中的危害，即潜在的危险。而前述的损害场景相当于 FuSa 中的伤害，即由潜在的危险转化而成的实际发生的后果。后面的风险评估又和 HARA 在字面上完全一致（具体方法会有些不同）。

这样一对比，TARA 和 HARA 有着高度紧密的映射关系，二者基本的方法论逻辑是一致的。类似于 HARA，TARA 也是信息安全的主要增量内容，我们也会用 TARA 来牵引出信息安全开发的脉络。

写到这里，大家应该对汽车信息安全有了一个模糊的轮廓，但很多细节还未展开，比如，威胁的源头是什么，资产主要包括什么，属性里的机密性、完整性及可用性怎么理解，怎么保护，不良后果的影响有哪些，形成的概率高低，相应的风险等级如何评定，TARA 如何将这些东西串联起来……这些问题将在下面回答。

7.6.2　TARA 分析

从这里开始，我们不会刻意与 FuSa 进行对比，一来避免强行对应造成概念混乱，二来需要转变思维聚焦在信息安全上，毕竟，二者本属两个学科。在实际工作中，虽然会有交互，尤其是涉及人员安全时，比如，从 FuSa 角度，将信息安全威胁作为危害进行分析，或者为解决 FuSa 系统性失效而确定一些信息安全对策，但整体上两种分析都是由不同的职能团队在做。

TARA 主要分为 7 个部分，逐个来展开。这里需要注意的是，在 21434 中，整体并不具有明确的线性化次序，包含 TARA 中 7 个部分在内的各个部分都会有一定的独立性，输入输出相互交织，如图 7-14 所示。

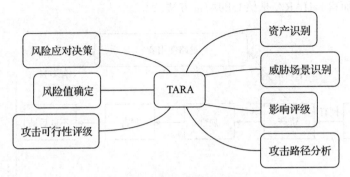

图 7-14　TARA 的 7 个部分

1. 资产识别

资产的识别有一定的事后性与动态性，也就是说资产不会全部清清楚楚地摆在一个列表里（一般会有一部分参考，但不是唯一来源），需要分析、确认、更新。

其他渠道有哪些呢？一般，可以在相关项定义中识别（参见 7.4.2 节的第 1 部分）、从威胁场景（参见 7.6.2 节的第 2 部分）中获取，以及通过不良后果的影响评级（参见 7.6.2 节的第 3 部分）来判断。

当然，这种泛泛之谈会让人不明就里，我们通过一个实例来理解这个逻辑。

先回顾下 7.6.1 节的第 1 部分中有关资产的定义，资产是有价值或对价值有贡献的对象（有形的或无形的），它具有一个或多个值得保护的属性，若属性被违背则可能导致一个或多个不良后果。

（1）潜在资产识别

于是，第一步，在相关项定义中识别研究对象时，我们可以先粗略划定一个有价值对象的范围。比如，分析软件中的刹车 CAN 报文时发现，它的被篡改可能会造成功能的缺失，显然面向价值，这就可以被划归为潜在的资产范围。

（2）威胁与损害场景识别

但这太不工程了，再进一步，还提到了资产的 3 个属性——机密性、完整性与可用性，对应刹车 CAN 报文的篡改，可以将它划归为完整性的违背，它会首先形成一个威胁场景。

那么，这个威胁场景会带来什么呢？或许会造成刹车失灵，甚至车毁人亡，这种后果就是所谓的损害场景。

（3）影响评级

可是这损害场景的影响真的如此严重吗？我们需要进行进一步的影响评级，如果评估结果显示确实挺严重，那么这时就可以将这条"刹车 CAN 报文"作为一项资产，或者说这是一项有必要开展进一步信息安全活动的资产。

所以说，资产的识别对应着一个认识的过程。为了更具象地理解什么是资产，下面举一些典型的例子，如表 7-10 所示。

表 7-10　信息安全资产示例

资产类型	示例
有形资产	传感器、执行器、人、OBD 口、充电口、信号灯等
无形资产	功能、软件、决策算法、网关、防火墙、地图数据、传感数据、个人信息、车载网络、数据库等

看得出来，这些资产和钱有关系，但不那么紧密。

最后，总结一下，在该环节需要输出的内容包含资产、资产的信息安全属性及违反相关属性导致的"损害场景"。

2. 威胁场景识别

威胁场景是损害场景的潜在来源，对它的识别是对技术根因的向上溯源。

通常，威胁场景识别需要体现出是什么信息安全属性被违背及违背的原因是什么，比如，对 EPS 转向助力 CAN 报文进行欺骗篡改会导致 CAN 报文的完整性被违背，从而导致转向助力功能的异常。

3. 影响评级

影响评级实际上是对损害场景的评估，也就是向下探测后果。

前面我们说了资产不只是钱，影响也不仅仅是钱（财产）的损失，如果按照 SFOP 的模型，可以将影响分为 4 类：

- ❏ 人身安全（safety）
- ❏ 财产（financial）
- ❏ 车辆操作（operational）
- ❏ 个人隐私（privacy）

当然，也可以有其他合理的分类方式，但需要在开发供应链中达成共识。

从级别的角度看，每个类别可以从以下 4 个等级展开：

- ❏ 严重的（severe）
- ❏ 重大的（major）
- ❏ 中等的（moderate）
- ❏ 可忽略的（negligible）

其中，人身安全的部分在 FuSa 中有较为全面的、详细的论述，完全可以参考，必要时，也可以结合暴露度与可控度来综合定义，相对而言，人身安全的评价会更充分。对于其余类别，基于经验的、基于团队评价的模式居多。

4. 攻击路径分析

走到这里，我们还没有谈到另一个重要的因素，究竟是谁造成了这种后果？信息安全本质是人与人的攻防较量，我们需要知道攻击者是如何执行攻击，以及如何造成威胁场景的，而攻击者的一系列有预谋的蓄意行为就是攻击路径的概念。比如，对于威胁场景识别处的示例，黑客通过网关转发反向助力信号就是一条攻击路径。

形式上，攻击路径的分析可以按照"自上而下"和"自下而上"的方式展开。

- 自上而下的方法是从威胁场景开始，考虑其可能实现的不同方式，进而推断攻击路径。
- 自下而上的方法是从已识别的漏洞来构建攻击路径。

5. 攻击可行性评级

信息安全中有一个基本策略是，让攻击者的攻击成本大于攻击收益，如果达到这种态势，通常来说，会大幅降低攻击者的攻击意愿。攻击可行性就是指攻击路径成功实现的成本高低，我们也会分为高、中、低、很低这 4 个级别。

具体的方法一般有基于攻击潜力的方法、基于 CVSS（Common Vulnerability Scoring System，通用漏洞评分系统，是一个用于评估软件安全漏洞严重性的公共框架）的方法和基于攻击向量的方法，下面简单描述。

（1）基于攻击潜力的方法

攻击潜力取决于 5 个重要参数，即：

- 所需攻击时间。一个专家从漏洞识别到开发应用的持续时间。
- 所需专业知识。只需要普通小白和攻击各个步骤都需要专业人士的难度显然不同。
- 需要对产品或部件的了解程度。有些攻击可能只有内部人员才能做到。
- 机会窗口。即可攻击的时间段，比如，漏洞公开到修复这段时间或者蓝牙连接的时间段。
- 所需设备。发现漏洞和执行攻击是否需要专业的工具。

在确定好各个参数的取值后，再根据预先定义的取值范围进行等级评定。

（2）基于 CVSS 的方法

21434 中选择了 CVSS 中的可利用度指标来评价可行性等级，而可利用度指标的值是将以下 4 个参数的取值代入特定公式中进行计算得到的。

- 攻击向量。在攻击可行性评级随物理或逻辑的攻击距离增加而增加的前提下评价，比如，从 JATG 口、U 盘、蓝牙到移动网络的攻击可行性依次升高。
- 攻击复杂度。攻击者成功利用漏洞前所需要的条件多寡难易程度。
- 权限要求。攻击者在利用漏洞时需要的权限级别和授权次数等。
- 用户交互。攻击者与受攻击者越需要交互，攻击可行性越低，比如，需要诱导用户点击车机链接提示。

（3）基于攻击向量的方法

仅利用攻击向量评价也是一种简单粗暴的方法，这种方式常用于项目早期或其他还没有充足信息的阶段的粗略估计。

6. 风险值确定

当损害场景的影响等级和相关攻击路径的攻击可行性等级确定之后，最好能有一个综合性的指标来表征信息安全威胁场景的风险水平，也就是这里所讲的风险值确定，比如，通过基于经验值的风险矩阵或者加权公式计算等来确定。

另外，一个威胁情景有可能对应一个以上的损害情景，以及一个损害场景还可能继续带来多个影响类别，我们可以对这一个威胁场景衍生出来的每个影响类别确定单独的风险值。

不过，如果一个威胁场景对应多个攻击路径时，就需要对攻击可行性这个维度进行聚合分析。比如，将对应攻击路径的攻击可行性评级中最大的一个攻击路径分配给该威胁场景，因为我们在这里关注的是形成后果的可行性、可能性，而这取决于木桶最短的那块板子。

7. 风险应对决策

基于风险值高低，需要确认下一步的应对策略，一般分以下 4 种：

- ❏ 风险规避，比如，删除某个功能。
- ❏ 风险减轻，比如，强化安全控制过程或修复漏洞。
- ❏ 风险转移，比如，通过购买保险或者签署合同转移。
- ❏ 风险接受。

由于后两种并没有针对风险本身做什么处理，整个供应链的风险并未得到处理，所以需要特定的声明或监管。

在这里，我们会发现一个情况，就是风险值实际上是随着应对举措的执行而变化的。那么，我们用什么目标线来确定该做什么和做到什么程度，其实类似于 FuSa 中的 ASIL 和 SOTIF 中的两层接受准则。信息安全中增加了一个逻辑类似 ASIL 的概念——CAL（Cybersecurity Assurance Level，信息安全保证等级），它会作为一个固定的指标来确定要做的信息安全活动及严格程度。

7.6.3　信息安全开发概述

到这里，信息安全本身的增量部分大体就讲完了（不涉及太多技术性手段），接下来简要介绍如何将其嵌入我们的质量开发体系中。

同样的，信息安全也跳脱不出 V 模型的框架，部分思路也近似于 FuSa。

- ❏ 概念阶段要进行信息安全目标与信息安全概念定义，以识别出整体的目标和策略。
- ❏ 产品开发阶段则要基于概念阶段的输出进行技术需求定义与拆解，并完成设计实现与设计验证。
- ❏ 信息安全确认阶段要关注目标、需求、声明等的实现程度，核心目标是确认不存在不可接受的风险。

不过，信息安全有一点特殊性。因为面对的是人的攻击，我们需要持续性地高度关注，比如，对最新的漏洞、安全事件、黑客技术的安全监控，对车辆销售之后的信息安全事件的响应，软件更新过程管理和申报规则等。

7.7 解决复杂软硬件问题的思路——8D

提出问题、分析问题、解决问题是我们最耳熟能详的解决问题的思路。很经典，但面向具体问题时还不够用。这里介绍一个汽车行业习惯使用的问题解决方法——8D。

7.7.1 关于 8D 的感触

看到这个词，我总是不由得想起以前写 8D 报告时的痛苦感，也有现在不用写的轻松感，由衷觉得好的 8D 报告几乎能承载汽车行业最好报告的所有要素，也需要责任人从组织协调到技术分析再到表达汇报的全面素养。

目前，8D 这个源自福特的问题解决方法已广泛应用于整个汽车行业，即便迁移到软件 bug 解决上，逻辑与思路仍然适配。但一般来说，8D 适合用来处理紧急的、复杂的、单人无法应对的大问题，比如，开发后期的复杂问题、量产后的突发问题、售后重大投诉或涉及法规、安全、停线、召回之类的严重问题等。

8D 就像一个有血有肉的完整故事一样，每一个步骤都有其侧重点，并有头有尾地构成一个严谨的整体。

7.7.2 8D 的 8 个步骤

8D 的 D 是 Discipline 的意思，翻译过来是"纪律"，强调每一个步骤的纪律性与规则性。言下之意是，不能因为"意义不大"而跳过某些环节，而这在中文中难以找到恰如其分的词汇，所以大家就直接称为 8D 了，方便倒是方便，但弱化了一些原本的意味。

我们暂且不深究，把重点放在具体步骤上，如图 7-15 所示。

搭建团队　说清楚问题　临时救火　找到根因　选择永久方案　实施永久方案　预防复发　收尾

图 7-15　8D 的 8 个步骤

1. 搭建团队

我们前面讲了，要做 8D，一般是因为遇到比较大的事儿了，所以不是一个人的事，要组成团队，领头的还要大，涉众得广，人员水平也要够。比如，中高层经理要参与、要有资深专家支持、软硬机电都要有代表，而且跨职能的质量、生产之类的也可能会被引入。

当然，这也是理论上的，实际情况很可能是，报告基本由一个人写完，也可能是一切尘埃落定后的回顾。总之，一个重点就是，这事儿挺大，需要挺多人知道，还得有一定的资源支持，但事儿自然也不是那么好平，算是一个造势仪式。

2. 说清楚问题

说清楚问题非常重要，尤其是在汽车行业的大企业，解决问题通常不是最难的，只要事够大，基本不存在解决不了的，难的是把问题说得明白、说得精确、说得符合事实，别人才知道怎么帮你，否则，后面都是无用功。

通常有一些工具或模型可用来辅助，比如，5W2H、Is/Is Not、Before/After、Go to See 等，我们不去拓展，软件 bug 的描述可以参考 3.6.3 节。这里再举一个小案例感受下。

我刚毕业的时候，有一次遇到了令人失望的 PV 失效，虽不至于写 8D，但也是挺闹心的，慌慌张张地去找专家支持，脱口而出：零件断了，怎么办？结果被专家连珠炮般的反问问懵了：哪个客户？哪个项目？哪个配置？哪个零件号？断了几件？什么工况？台架还是整车？有没有拍照？具体表现什么样？规范是怎么写的？对客户使用有什么影响？有多少件交付给了客户？对项目 SOP 有什么影响……这些反问并非是对方的为难，而是面对一个依赖较多的问题，全方位的信息更有助于分析和决策。

3. 临时救火

大事儿往往也很急，着急就得先救火，所以搞清楚了是什么问题，就赶紧先处理最紧急的事情。最简单的一个例子是，软件迭代升级后，发现了严重 bug，直接影响造车，那就可以选择赶紧回退到上一个稳定的版本上去，还有些已经出了产线的产品或整车仍然带着 bug，就需要紧急换件或刷新。另外，汽车制造领域的断点、隔离、100% 检查及临时禁止某些功能也是常用的方式。

这是一个让人没法下班、没法好好吃饭、花了很多钱后面还可能推翻的事情，可没办法，虽然 8D 的愿景是避免这种救火的事情，但 8D 的产生往往也是因为这事必须得救火了。至于方法，没有定论，就是众人拾柴、群策群力，大胆假设、小心求证了，重点要确保一次有效，因为一旦需要走这一步，一般就没有时间尝试第二套方案了。

但对于软件而言，随着 OTA 的成熟，这种群体式救火的场景会越来越少，也是进步。

4. 找到根因

当硝烟暂时落定后，根因分析才是体现工程师水准的时候。

（1）技术根因与管理根因

从工程师的角度，他们往往会对技术根因更感兴趣，而技术根因为什么会被允许是需要进一步考虑管理因素的（二者是递进的），我们需要兼顾二者。

（2）为什么发生和为什么逃逸

从原因的类型看，又分别有"为什么发生（出现 bug）"和"为什么没提前探测到（bug逃逸）"两个维度。

（3）验证

当找到这些原因后，还需要验证是否确实如此，最有说服力的验证是"打开与关闭"，也就是完成复现问题（未修复）和关闭问题（基于根因修复后）的直接与反复对比，像按压灯的开关一样直接。

但现实中这种验证经常难以执行，一来原因可能很多，二来它们还会相互耦合，三来成本太高，尤其对于汽车电子软件这种复杂系统来说，所以我们能够选择的有效验证方式还可以是多次的压力测试。

（4）如何找根因

至于如何寻找这些原因，除了最重要的依赖工程师的经验和组织的知识积累外，还有两个十分经典的工具：鱼骨图和 5 Why。

1）鱼骨图。鱼骨图多是从人、机、料、法、环的角度进行树状分枝拓展分析，是有效的形式手段，但在软件领域需要适当调整分类维度。

2）5 Why。5 Why 是另一个简洁有力的"内卷"工具，如图 7-16 所示。抛开一切形式，这个反复问为什么其实代表的是人的深入思考过程，但这个过程需要严谨的逻辑关系和纯粹的预期，否则很可能陷入问飞了或预定好原因再去组织问句的境地。

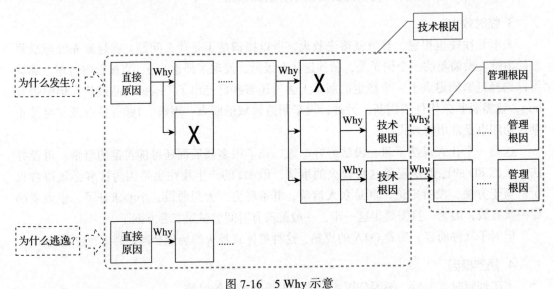

图 7-16　5 Why 示意

为了避免 5 Why 的这种问题，我们继续问之前可以尝试先问自己以下问题。

❑ 这个问题是基于事实还是假设？

❑ 能否证明它确实会导致这个 Why 的发生？

❑ 还会不会有其他原因？

❑ 反过来看因果关系是否合理？

另外，我们会发现，当问到最后总会归结到这个人不行或者这个公司文化不行这类超过 8D 团队控制范围的事情时，就是停止 Why 的时候。提问要往你能控制的方向问，不然怎么关闭 8D。

5. 选择永久方案

理论上，我们能够在第 4 步至少找到 4 个根本原因，即"技术的发生与逃逸"和"管理的发生与逃逸"。如果各个环节还有多个根因，就会有更多，实际上，很难这么工整和完整。总之，找到原因就要定方案，而这个方案和第 3 步的救火不一样，我们期望在这里治标又治本，所谓彻底的、永久的方案。

为什么我们的标题是选择呢？

这又是理论上的，因为不单是多个原因要对应多个方案，即便是同一个原因，也最好能找到多种方案，然后综合考虑后选择一个最好的。这是对时间、成本、技术难度、潜在风险进行权衡的过程，也可能伴随一些必要的测试（试一试）。

还有，面对一个稳定的系统，很关键的一点是不要引入新的问题，但这部分往往是软件很难规避的，打开软件就意味着更多的潜在 bug。这也是为什么有时候我们需要一些强制性的回归测试，即便这部分测试内容看上去和修改的地方没什么关系。

6. 实施永久方案

到这里就属于项目管理的范畴了，谨小慎微地分析原因、权衡利弊、定下方案之后，就要大刀阔斧地快速落地执行。当方案落实，一切都能按照预期反馈后，就可以大松一口气了。这时，8D 最痛苦的阶段已经过去，如有必要，第 3 步的救火方案可能也需要撤下来。

7. 预防复发

在汽车行业待久了，会发现一些奇奇怪怪的设计或习惯。到我们这代汽车人，很多时候并不清楚这些设计的原理是什么，只知道以前都这么做，且没什么问题，成熟的汽车电子企业都会形成一些设计准则或流程要求来规范大家的行动，所谓 Know-How。

这些东西的背后都是一个个问题甚至是血的代价换来的。当然，现在的软件定义汽车已经开始呼唤新的汽车形态，大家期望换一件新衣服，而不是继续打补丁。

话说回来，我们上面所说的基于问题打补丁并形成 Know-How 的行为，就是"预防复发"的内容。简单来说，我们掉了一次"坑"后，要总结经验教训，甚至"架桥修路"，以确保后来人不再重蹈覆辙。这就要求我们将这些信息横向扩展到同类型的项目中，并进一步内化到整个组织的流程中。具体一点，我们通常会利用 LLs 的方式来管理。其实，前面提到的管理维度上永久措施的落实也属于这一范畴，但这一步要更偏向组织级一些。

这种思路其实是一种普适性逻辑，不管是汽车定义软件，还是软件定义汽车，都需要通过这种 PDCA 的脉络将组织、流程、公司、行业推向成熟稳定。

8. 收尾

这里多少有点刻意了，更多的必要性来源于一个方法论的完整性，本身不构成 8D 自身的核心。现实中，如果没有问题要解决，没多少人会专门开个会甚至吃个饭宣布结束。对于流程要求比较严格的企业，最终汇总、批准 8D 报告倒是可以归为这一环节。

7.8 本章小结

本章各小节之间相对松散，每一节之间不构成严格的顺承关系，只是从不同的维度引出了一些实际工作中经常遇到的主题。

前两节从经典项目管理与敏捷两个层面展开，前者的工具性较强，后者则侧重于理念与原则。虽然 FMEA 在纯软件领域的应用并不普遍，但汽车软件作为一个面向风险管控的非纯粹软件，这套方法与交付物仍然需要被关注。随后讲了汽车电子软件的三大安全，三者既有关联也有差异，其整体运转模式也很好地反映了技术与过程的关系，值得深入研究。最后提到的是 8D，如果将其作为软件 bug 的解决思路，是有些笨重，但身处汽车行业，它却能反映处理由软件引起的汽车问题的策略。

汽车软件开发工具链

数字化的第一层或外壳是 IT 工具，工具打通就是工具链。尽管有关数字化的概念铺天盖地，但在数字化的进程中，现在能够比较好落地及落得比较好的就是工具链，工具链也几乎是能把敏捷与标准化平衡好的最佳方式。

实际上，如果没有了工具的支持，软件开发几乎寸步难行，而对于软件开发效率的提升，十之八九也都需要工具链与之配套。因此，讨论软件开发必然绕不过工具，充分利用和优化工具也成为在软件开发之外的另一个重要课题。

当然，软件开发的复杂也会级联到工具链的复杂。例如，不同公司的工具种类纷繁杂乱、不同人的使用经验与习惯千奇百怪、不同开发理念对工具的特有需求五花八门（如敏捷、DevOps、仿真在环等）、不同产品类型与不同复杂度的软件及不同角色对于工具的需求也各有不同等，对于这些我们自然无法全面论述。

本章的重点会放在整个软件开发过程中使用工具进行管理的典型场景，通常称为 ALM（Application Lifecycle Management，软件生命周期管理），但由于工具并未全面普及，布局方式不会严格匹配开发活动，也不会涉及某款具体工具的使用技巧。

另外，诸如 Simulink、Parasoft、Git 这类专业技术类工具实际上隶属于专业的学科领域，不强相关于汽车行业，也不在我们的讨论范围。

8.1 有关工具链的一些话题

在进入具体板块前，先整体讨论几个话题，以便对这个主题有一个宏观的感受。

8.1.1　对工具自身意义的思考

彼得·德鲁克在《卓有成效的管理者》一书中提到"效率是以正确的方式做事，而效能则是做正确的事"。认真完成本章标题的内容阐述和把工具使用得炉火纯青，自然属于"以正确的方式做事"，但这是在"做正确的事"吗？

其实，提出这个疑问，除了受到德鲁克的启发外，还有一个原因是我对工具的态度的转变，这里正好结合我对自己想法变化的原因的反思，来探讨工具的意义。

早些年，我对工具的态度大约是嗤之以鼻，总觉得用工具的人缺少思考和业务能力，纯粹是熟练，工具本身难以构成突出的竞争力，甚至认为工具人是能力差的代名词，特别是早期制造业中接触较多的 CAD、CAE、SAP、ERP、PLM 及一些实验排期或库存管理系统等。

随着对汽车电子软件领域经验的积累和对数字化及敏捷开发等理解的深入，我越来越深刻地体会到充分使用工具的必要性。多说一句，制造业多称作软件或系统，不习惯叫工具，从称呼上其实也能体会到一点定位上的差异。

细究原因，产品与行业的需求是一部分，另一部分也来源于自己职场或社会经验的叠加。工具类似于一种资源、一种手段、一个杠杆，个人加徒手能够完成的工作是极其有限的，借力才能大力。没有工具的话，我们所依托的其实只剩下"语言"，思考需要基于语言，沟通更离不开语言，但语言是局限的。

举个最简单的例子。当你用图表这种基础工具去描述一件事物时，你做的不是简单的语言同态映射，而是不同逻辑和模式下的表达与展示，看这个图表和对应的描述文字时，你获取的信息、感受、思考与灵感均是完全不同的。这就是"图表"这个工具能给你带来的额外价值。

这个道理并不新颖，但对于汽车电子软件领域的很多人来说，他们并未迈入充分利用工具及工具链的门槛，即便是使用专业工具的开发人员，用的也只是很小的模块。当别人还习惯于 Excel 码字、打电话和开会时，这个杠杆可能会帮你更容易撬起来一些你想要的东西。

8.1.2　不同环节常用的工具类别

按照汽车软件开发的来龙去脉，我将整体流程粗略整理为这 7 个环节：需求、架构、开发、集成、验证、项目管理、配置管理。每个环节都有相应的工具。

当然，不是一个工具只能对应一个环节，很多工具开发者和推广者都希望尽可能涵盖更广、更全面的业务场景。所以，理论上，一个工具可以支持很多环节，甚至全生命周期。但是，基于惯例或者各自优势，每一个环节又会用到比较流行的工具或某个模块，一个工具也会交叉使用在不同环节上。

表 8-1 是对汽车电子软件开发常用工具的汇总，可以简单了解下。

表 8-1　汽车电子软件开发常用工具汇总

工具类型	工具名
需求	Doors、DNG、JAMA、Polarion、TRM、Clear Quest、Reqtify 等
架构	OpenAmeos、Rhapsody、Systemweaver、PREEvision、Pure::Variant、Visio、EA、Simulink、AUTOSAR Blockset、ASCET、LabVIEW、Stateflow 等
开发	Eclipse、VS Code、Jenkins、Wind River、Perl、Green Hills、Vector、Source Insight、Cameo 等
集成	Jekins、RTC、Harness、MAKEFILE 等
验证	Coverity、Polyspace、Tessy、QAC、Gerrit、Parasoft、VectorCAST、dSpace、CANoe、CarMaker、Reactis、RQM、ECU-Test、JIRA、Gtest、PC-lint、Findbugs、Junit 等
项目管理	JIRA、Polarion、RTC、Clear Quest、Git、Codebeamer Asana、飞书、Project、Redmine、PTC Integrity 等
配置管理	SVN、Sharepoint、MS Teams、MKS、Git、Confluence、PlasticSCM、ClearCase、Synergy、RTC、Preforce 等

8.1.3　如何理解工具链的"链"

我一直比较排斥造词、造概念等故弄玄虚和简单问题复杂化的行为，说起来天花乱坠、清新脱俗，做起来却还是老一套。

1. "链"

对于工具链的"链"，我们也不要把它想得多么高深。简单理解，"链"就是"建立链接"和"数据同步"。再扩展一点，就是"建立不同但相关数据的链接"和"建立相同但不同区域数据的同步"，前者侧重静态关系，后者侧重动态流转，如图 8-1 所示。

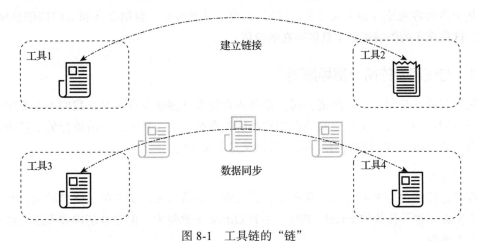

图 8-1　工具链的"链"

将概念扩大，"链"就是大家常讲的 ALM，要将分散各处的、不同用途的、新旧迭代的工具打通，完成很好的集成，以保证开发的整体效率和一致性。

2. 链条里的"人"

当然，链条里不能忽略人，但人脑子里没有天线，无法直接建立链接和传输数据，把人加进链条更多是把与人交互密切的载体加入链条，如手机和邮箱。而且，人在里面的作用越小越好，人的作用越小，说明自动化和智能化的程度越高。

3. 建立链接

ASPICE 要求我们做追溯，追溯就是典型的"建立不同但相关数据的链接"，用文字描述、Excel 贴链接、变更履历里加编号，甚至测试给需求发微信，这都是建立链接。方式多种多样，只不过都上系统后，在工具里直接建立链接会有更多好处，比如，稳固、清晰、透明、历史追溯性好等。

除了工程里的追溯，不同系统间可以自由跳转访问也是一种很实用的链接。

4. 数据同步

"数据同步"和我前面提到的"数据同源"有一定的关系。"数据同源"是提升透明度、效率、准确性的良好手段，良好的"数据同步"又是实现"数据同源"的支撑。

无论是面对频繁变化的项目计划、不断迭代的软件，还是处理成千上万的 bug，或者完成整合数据的配置管理，或者进行不同区域和组织间文件的传递。通过工具的打通，让数据流转起来，让数据自动同步，这都是工具"链"的重要需求。

5. 链下的数据处理

此外，"建立链接"和"数据同步"不一定就是简单的原始链接和源数据传递，可能更需要特殊的匹配、统计、计算等处理工作，比如，需求和测试系统经过比对识别符来完成链接，并在此基础上自动计算出覆盖率。

基于多种客观原因和主观考量，"链"的建立并不容易，数据孤岛和部门墙依然风行。然而，这种现实的弊端正是工具链存在的价值。

8.1.4 对使用者的两个指导原则

我们多数不是专门的工具链公司从业者或者说本书多数受众不是，我们不需要深入工具开发逻辑层面，更多是在工具的应用和功能挖掘组合上。其实，当前流行的工具内嵌了很多强大的功能，实际被挖掘使用的部分却又是非常少的。

1. 玩出花样

首先，我认为是尽可能玩出花样来。要全面，要结构化，要美观，要自动化，要动态化，不要去依赖于传统的 Excel、PPT。尽管 Office 非常强大，但非常基础和普遍，经典的不等于未来的。

玩工具链也并非目的，而是手段，是显示出工具独特性的手段。

❑ 对于工具用户，你使用工具展示、汇报、分析的水平会成为一种业务优势。

❑ 对于工具推广者，只有展示出工具本身的优越性，才能让用户有使用的冲动。我们
　　可以将工具不够普及的原因归结为很多，但核心原因是不够好用。

在全面数字化和智能化到来之前，工具化是一条必经之路。

2. 不求甚解

其次，对于多数使用者来说，或许没必要系统学习。因为有那么多工作在等着，我们
无法投入太多精力在工具上，但应该时刻思考并寻找工具的支持，将自己的一些工作数字
化、工具化。

好读书，不求甚解。我们未必需要自己亲力亲为，大一点的公司都会有工具组，要学
会充分利用资源。在过程中，不断学会用工具加速自己的工作，理解工具的运行逻辑，将
自己的时间更多投放在创造性的思考上。

既然智能化时代终将来临，我们不妨主动迈过去，让工具替人做事必然是智能化
的诉求。而且长期以来，我们很多人都被不会借力、借工具、借资源所误，一直做着能
被工具替代的工作，显然也是身处一个巨大危局。这在以 GPT（Generative Pre-trained
Transformer，生成式预训练模型）为典型代表的 AI 时代尤其突出，改变也尤为必要。

8.2　数字化工具里的"项目"

项目是有一个整体框架的，比如，团队有哪些人、有多少产品配置、各里程碑时间节
点是什么以及一些特定的规则是什么。没有工具的时候，这些东西会被写在项目经理的笔
记本上、会被记到各种 Excel 与 PPT 里、会通过口口相传
留在个人记忆里。现实项目简要场景示意如图 8-2 所示。

而将项目这些整体定义迁移到项目管理类工具里，就
会形成一个可视化的项目区域，大家在这个区域里工作、
交付、交流，这个区域成为抽象项目的具象化展开空间。

具体来说，项目区域定义了一群人如何一起在线工
作的方式。一般会涉及时间线、团队、角色及权限、工作
项、工作流、仪表板、文件结构、枚举值及其他的一些配
置等。

图 8-2　现实项目简要场景示意

对于非工作流特点的单节点工具，如需求和测试，它的项目区域的内涵会更窄，你可
以将其看成一组包含了很多数据、层级化分布，并由一个团队来维护的文件夹。

另外，一个区域可以只针对一个项目，也可以针对包含多个项目的项目集。

8.2.1　项目的一些基本特点

工具里的项目区域毕竟和现实中的开会、写邮件、打电话、写文档这样的场景不太一

样，我们可以先尝试提炼一下现实世界里项目行为的基本特点。

1. 跨组织职能与区域

汽车软件是机电软硬一体化的产品，机、电、软、硬都将由特定的职能团队来应对，而且这仅仅考虑的是工程维度，扩展到运营维度，还会有销售、采购、生产、质量等其他职能，项目交付需要这些跨组织职能的团队的支持。此外，产业融合、联合开发是趋势，分处于世界各地的团队进行协作也会变成常态。也就是说，跨不同区域的多个职能团队服务于多个项目。

2. 合作下的交付物

项目经理的眼睛会盯着交付物来看，但交付物往往是基于使用场景封装后的，它的背后还有很多过程输出物。要及时获得满足质量的交付物，需要盯的不能是一个人，而是来自不同团队的多个人。他们各自的进展、输出相互依赖，且需要共同协调推进。

3. 架构下的组件开发

机、电、软、硬的划分颗粒度太大，无法有效促成软件的开发释放，尤其是复杂的软件系统。所以，对于软件而言，我们还需要考虑架构下的组件开发分工，其实落到最后都是一个一个组件的开发，但这里也会出现不同的场景，比如，一个团队负责一个或多个组件，一个团队可能负责一个完整组件的一部分，一个人也会横跨多个团队，最终成熟后的组件还会被多个项目共享。

8.2.2　走进工具的基本思路

考虑到以上的特点，我们梳理一些项目整体定义的思路。在 4.5.1 节，我们聊过分支管理的基本概念——交付与开发，这里先从这两个视角展开，如图 8-3 所示。

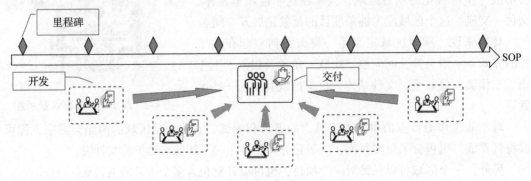

图 8-3　项目走进工具的两个视角

1. 交付视角

项目交付主要考虑什么时间、由谁、交付什么产物，这 3 个要素映射到工具里就是时间线、团队、工作包（项目管理中的最小可交付成果）。

（1）时间线

很显然，汽车软件项目的时间线是需要分层级的，如整车造车、零件生产、软件释放、软件迭代等。当然，这也取决于项目特点和面对的交付客户是哪一层级，配置后的时间线会作为一个指引。

（2）团队

交付团队的重心是放在交付上的，通常细分程度不必太高，可按照工作包类型、项目活动、组织职能、负责项目等方式区分，无定法。

（3）工作包

交付团队的人想要的就是工作包的提交，但这个工作包还是有些大的。比如，某个工作包是释放软件，如果不把释放软件这件事拆分给具体的人，即我们下面讲的开发团队成员，工作是无法开展的。因此，通常我们需要在工作包下配置更小的工作项，如可以分配给个人的待完成开发任务或待修复 bug。

以上 3 个要素需要在工具里串联起来，以匹配什么时间、由谁、交付什么产物这个场景。

2. 开发视角

开发层面不直接面对交付，但是要在交付的驱动下完成交付物的准备。以软件为例，准备的内容包括组件的开发、集成、验证及附属文档。

这些具体的内容就是上面讲的更小的工作项，其余思路和交付视角类似，差异点在于精细化程度，无论是团队、时间线、迭代计划，还是验证标准、准出规则等，都需要更细节的定义。当然，现实项目是否要这么拆分不是重点，这里只是描述工具可以实现的逻辑。

3. 其他

工具天然能够内化知识、经验、标准、流程，在减少学习成本、降低错误率、提高效率各方面都会起到积极作用，列举如下。

❑ 必填项的设置能够提供强制检查的作用。

❑ 责任人迁转可以触发原本线下推进的流程。平台共享、提醒、同步能够提升信息传递的透明度和准确性。

❑ 各种枚举值、字段的定义能够将很多信息提供给使用者。

❑ 不同角色的权限管理还能降低管理成本与保障数据安全。

8.3　Office 上线之需求管理

需求是什么？需求实际上就是文、图、表。需求管理是什么？需求管理实际上就是拆分成条、添加链接、补充相关信息。

这个说法简单粗暴也偏颇，却是工具眼睛里看到的东西。

换另一种直白的说法，需求管理工具是将 Office 文档搬到工具里，从而获得一些诸如痕迹化、互联化、共享化、稳固化、批量化之类的优势。不过，这失去了 Office 自由便捷和低门槛的优势，也是很多人抵触需求进系统的原因之一。

实际上，不单是需求，这种理解思路适合于很多工程活动的工具。因此，本节会重点介绍需求部分，其他类似环节则可以参考本部分来理解，后续不再重复介绍。

8.3.1 需求管理的基本形式

Office 在线化是一种相对粗暴的说法，如果只是将 Office 文档贴在系统里，似乎确有些草草了事。

1. 条目化和文件夹化

在需求工具里，我们会对 Office 上线有一个进一步的要求，即"条目化"和"文件夹化"（不同工具中可能会有不同名字），前者将需求拆分为最小颗粒，后者将不同颗粒度的需求进行分类组合以便于调用，这将构成需求管理的基本形式和基本逻辑。

所以，当打开一份需求，如图 8-4 所示，它的样貌非常接近于 Office 里天然分行列的 Excel，并且根据需求在一个 Excel 里增加多个表格或将多个 Excel 放在不同层级的文件夹中。另外，为了保证协同高效及小颗粒的彼此独立，Excel 中的每一行内容可被定制为一个工作项，这部分细节可以参考 8.5 节。

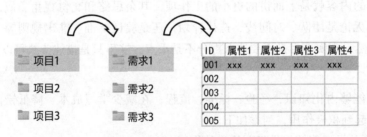

图 8-4　工具中的需求简要示意

2. Excel 的价值与局限

实际上，比较简单的项目还是更适合使用 Excel，不需要昂贵的工具采购和运维费用、人人都可以上手、修改与传递都很便捷。

但随着产品的复杂度、人员的数量、变更的频繁性、内外部强烈的依赖性等增加，我们可能需要在 Excel 里建立更多的表格、建立各种函数、添加各类跳转链接，以及进行频繁的多人在线修改。

这时，Excel 就会显得捉襟见肘。比如，我们经常会发现，打开一张大表格后，里面的函数已经失效，最终又变成自由添删的原始化文档了。因此，集成了更多、更稳固内嵌工具的需求管理工具就有了产生背景，它也能在更多、更复杂的场景里发挥作用。

8.3.2 场景1：复制粘贴

没有看错，就是复制粘贴。从实用性看，我们在日常工作中极其频繁地使用这个操作，尤其是在新建项目或需求时。往大了说，这是在落实复用策略和避免重复造轮子；往小了说，这是人本能驱动下的效率提升。实际上，这里说的复制并不像我们想象中的那么简单，当需求条数非常多和属性非常复杂时，用户会有千奇百怪的复用要求，复制的操作也就不再是简单的单击左右键。需求复制的 4 种场景如图 8-5 所示。

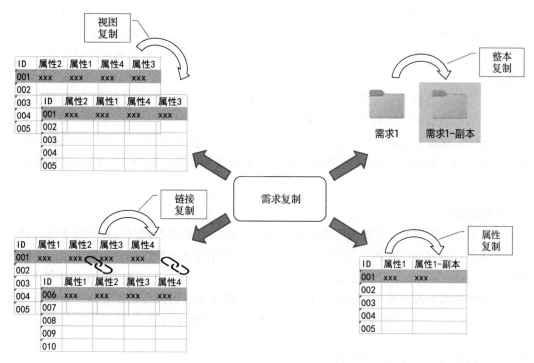

图 8-5 需求复制的 4 种场景

1. 整本复制

由于不同工具里的名称不一样，为了具备一点普适性，我们还是参考将 Excel 放在文件夹的思路来理解。所谓整本复制，就是把一份或多份包含多条需求的文件进行整体复制，Windows 系统下训练出来的思路自然是右键复制或 Ctrl+C，或者还有拖动复制的操作，但可能会涉及跨文件夹或跨项目的批量复制，或许还需要一些脚本的支持。

2. 属性复制

需求会频繁地组合、迭代，里面不同的属性也会体现出很多差异。有时，我们仅仅去复制属性内容（类似于 Excel 的列）会让下一步的检查修改工作更高效。比如，某需求需要增加或者更新"涉及哪个软件组件"的属性，这时就可能需要复制另一个需求中已有的属性，从而避免重复填入或修改繁杂的组件名。这个过程可能会涉及选择基线、选择属性、下拉菜单定义等细节性操作。

3. 链接复制

下面 8.3.4 节会具体讲到链接的建立，而当繁杂的链接建立完成后，我们十分笃定地再也不想从头来一遍了，复制是理所当然的。链接通常是在两类产物之间，比如，系统需求与软件需求、软件需求与软件测试、架构设计与集成测试等。

我们可能会希望，新建的一份文件里的每一条需求都能同等复制原有双向链接，但细想一下会发现，在我们复制的这份文件保有链接的同时，原有的项目文件会增加出入链接。那么，你的复制是否会打乱原文件的正常运行就是个问题，或者复制能否满足自己的诉求也有待考虑。这类问题可以通过权限管理、自动检查项目层级关系或增加强制检查等方式来规避。

通常，复制的原因是需要复用，对于被复制内容，V 模型的"右与下"向"左与上"这个方向的追溯链接（如系统需求对客户需求的满足或系统测试对系统需求的验证）可被复制过来，以保留复用关系，而被复用部分对下游的链接则需去除。当然，如果某项目只维护变更部分，原则上，所有的追溯链接关系单独建立即可，因为该区域内已排除复用情形。

4. 视图复制

考虑到信息保密、展示效果与关注点差异，不同项目里的不同角色看不同文件时可能会有不同形式和内容的视图，比如，向管理层汇报和开发评审显然是要提供不同的维度和颗粒度的信息。有时候，我们也需要仅进行视图复制，而不必去手动调整相关属性的展示。

在整个需求管理，甚至是所有工具链里，这些简单实用的操作都是考验一个工具友好性的基本门槛，比如，类似的操作需求还有导入导出、筛选查询等。

8.3.3 场景 2：定义多重属性

既然项目是独特的，有些场景必然是复制覆盖不了的。这时，我们就需要考虑如何定义底层的这张需求表。为了便于数据分析与处理，需求表一般都是按照相对原始的一维表（详见表 3-3）来铺陈，所以需求表框架的构建就会落脚到第一行多重维度的梳理定义，即工具里习惯称呼的属性上。

前面 4.3.3 节里已经提到了一些具体属性，在工具层面，我们侧重其实现形式。

1. Word、Excel、需求工具

从形式上看，在需求工具里，需求的分行分列的结构整体像 Excel，但从内容上看，从上到下的层次结构更像包含章节、子章节和正文的 Word。这样的话，我们可以把工具里的需求更贴切地类比为，把 Word 内容分行贴到 Excel 的一列里，再补充前后列的属性内容。

不过，Word 版的需求描述是融合在一起的，有时还需要对分行的内容再进行不同属性的区分。

2. 将 Word 版需求转为工具中的需求

现在我们来具体处理 Word 版需求，看如何将其转变为工具里的需求。

除了章节标题，Word 里的文字描述其实也代表了不同的内容，比如，术语、定义、说明、需求本身，而需求也可以继续分为功能与非功能或内部与外部之类，Word 适合于文字专业处理，追求行文顺畅，有时可以通过不同格式、颜色、文字标注的方式来做一定的区分，但整体不为拆分、区分服务。

在进入工具后，虽然多数工具都支持一定的粗体、变色、划线的文字处理功能，但通常不建议使用，而是利用各种属性将其区分开来以便于批量处理，这个诉求催生了 Word 版需求进入工具的第一步——区分类型，就是在 Word 内容的前一列的第一行定义一个“类型”的属性，而不是像 Word 一样设置标题和正文的格式，如图 8-6 所示。

1. 介绍
×××（定义）
2. 需求1
×××
×××（非功能）
×××（备注）
3. 需求2
×××（组件1）
×××
定义：×××
4. 需求3
×××（来源于外部）
5. 附录
×××

内容	类型
1. 介绍	标题
×××	定义
2. 需求1	标题
×××	常规需求
×××	非功能需求
×××	备注
3. 需求2	标题
×××	组件需求
×××	常规需求
×××	定义
4. 需求3	标题
×××	外部需求
5. 附录	标题
×××	常规需求

图 8-6　Word 版需求进入工具的第一步——区分类型

3. 扩充属性

现在的需求在形式上就变成了两个属性之下的两列。对于需求，我们还有很多用途，两个属性当然不足以描述。于是，类似于 4.3.3 节提到的编号、状态、验证方式、优先级、创建人、责任人、影响模块等多重属性就可以依次在其前后加列录入了，工具的优势在于支持跨区域的批量创建、修改等。扩充需求后的需求表如图 8-7 所示。

编号	内容	类型	状态	验证方式	优先级	创建人	责任人	影响模块
001	1. 介绍	标题	/	/	/	/	/	/
002	×××	定义	/	/	/	/	/	/
003	2. 需求1	标题	/	/	/	/	/	/
004	×××	常规需求	已批准	软件测试	1	张三	王五	电源
005	×××	非功能需求	被拒绝	性能测试	2	李四	赵六	诊断
……	×××	备注	……	……	……	……	……	……
	3. 需求2	标题						
	×××	组件需求						
	×××	常规需求						
	×××	定义						
	4. 需求3	标题						
	×××	外部需求						
	5. 附录	标题						
	×××	常规需求						

图 8-7　Word 版需求进入工具的第二步——扩充属性

8.3.4　场景 3：建立双向链接

4.7.1 节里讲过追溯的"卷珠帘"特征，喻其复杂性。追溯的标准方式就是建立各种双向链接，站在 V 模型里看，双向链接包括从左上进来的"入链接"和从右下出去的"出链接"。这里很容易就可以引出一个最基本的应用需求，即在一个或两个项目的两个文件夹中选择一对文件，然后在其各自的条目之间进行出或入的链接标记。

1. 工具里的复杂链接

现在我们回顾一下 4.7.2 节中对工程中追溯的总结，绝大多数工程要素都要与各级需求发生关系。这时，你就会发现，原本简单的应用场景会变得异常复杂，对照一下我们小时候学的语文连线题，左右各五六个词句进行交叉连接，还可以形成一个还算清晰的结构，但如果扩充至几十列（几十个属性），每一列又有几千条（需求或辅助描述），那时拉出来的交叉连线图会是何等的壮观，简要示意如图 8-8 所示。

再去细看，由于要相互链接的要素不同，因此一

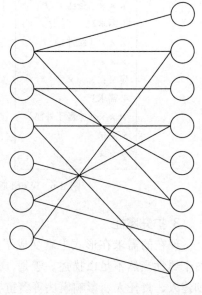

图 8-8　两份文档之间各条目的追溯示意

般还会定义不同的链接类型，以便进一步检查、分类、统计等，比如，需求找测试是"被验证"，需求找设计是"被实现"，或者 V 模型里的左上找左下是"被满足"，左侧找右侧是"被验证"。不同的工具会有不同的说法，但本质都是工程逻辑关系的区分。

总之，对于一个复杂电子软件系统，追溯是极为复杂的。

2. 复杂链接的信息流通

那么，我们建这么复杂的链接关系的意义有多大？

除了常规追溯层面的价值（如 4.7.3 节所述），我们还能将这些连接线想象为通道，通过通道可以传递信息。有一个看上去很不专业却很有市场的需求，负责软件需求的工程师想把链接的系统需求的某个属性列信息作为参考，从而基于链接指引，将对应属性值提取过来，而不用来回切换视图了。

工具的优劣很多时候就体现在细节点的便利性和低门槛上，如果一个工具的学习成本很高，想去推广工具链及进一步的数字化就很难有群众基础。

3. URL 的补充

说到便利性，我们经常会遇到不同板块的支持管理工具不打通的问题，比如，需求与测试，这时的链接就无法直接建立，而需要通过 URL（Uniform Resource Locator，统一资源定位器）来作为连通入口，支持跨区域、跨工具访问，这也算是一个基本要求。

最后，给工具提一个期望，希望工具可以构建出一个链接的全景图，类似于语文连线题、思维导图或列表模式。这就像一张打通任督二脉的秘籍，帮助每个人尽力破除"不识庐山真面目"的迷障，能够知晓自己身处山中何地。

8.3.5　场景 4：链接其他工作项

我们知道，需求不是独立的，也不是静态的。需求管理工具的那些不断演变的线上文件文档是工作产物，是交付产物，这些产物需要经历新建、修改、评审、批准、执行、测试等不同的工程活动才能得出。

8.3.4 节侧重于产物之间的链接，这里的链接则是针对工具链里多人合作下的工作项（项目管理中要处理的具体事务）的流转，即如何在线驱动得到产物与成果。不同工具的工作项类型五花八门，我们暂且挑几个例子来体会下。

1. 任务

非典型工程活动可以通过"任务"类工作项来驱动，比如，需求收集、分配、撰写等。任务的工程属性不是太强，更接近于项目管理中的开口项，只要仍然开口，就可以建立一项，然后按照任务流转状态设置工作流，最简单的分类是"未关闭""进行中"与"已关闭"。任务的颗粒度通常更大些，目标在于驱动而不是确保工程性，一般可以选择仅在任务区域记录交付物链接。

2. 评审

评审是一种通过过程来确保被评审物如何的手段，依赖的是个人经验与经验库（通常为检查清单），有时候还需要多人评审。那么，"评审"工作项就需要支持多评审人、嵌套检查清单、评审问题记录以及诸如"评审中""已拒绝""已批准"之类的状态迁转等信息。评审的颗粒度可以比较细，也包含了很多工程信息，还会作为释放的证据，所以互链接就比较有必要。

这里还有一个细节，即如何链接到评审范围，我们不能把一个文件夹或一整本需求链接进去，这种没有针对性的评审显然也是走过场，要评审的对象可能是一个或跨文件里的多条内容，工具需要能支持这些分散内容的打包或者批量链接，以快速圈定评审范围。如果能根据评审结果自动回传或批量更新需求的评审状态会更好。

3. 变更

99%的项目为复用加变更的模式，因此变更管理是非常重要的一环，这在汽车行业尤为突出，我们的很多需求是靠变更来驱动完成一个小型V模型落地的。

变更同样面临和评审一样的范围问题，而且由于变更要驱动后续整个链路，在实际工作中，需求变更范围的精确识别与链接会比评审要求更加严格。其他环节上，则与其他工作项并无二致。

8.3.6　场景5：建立配置与基线

这里其实说的是两个问题，一个是配置，一个是基线，二者相关，但侧重点不同。

1. 配置

配置的侧重点在于基础项目及不同衍生项目在各类特性、标定参数、硬件选型等可枚举参数上的配置分布，很直观的例子是买车时高中低配分别对应的配置差异。配置本身是个二维矩阵表，根据侧重点不同，会有不同的展现形式，或分列，或下拉菜单。工具要能够有友好灵活的维度拆分及整合方式。

2. 基线

基线是需求的一个版本，是一个在工具加持下不可变的只读版本。一般基线至少以一份、一类或一个项目的需求来打，只打一条也可以，这种方式在将需求条目异化为工作项的模式里比较常见（详见8.5.3节）。

再描述两个比较简单的场景：基线比较和基线组合。

（1）基线比较

基线比较多数情况是为了识别出变更范围，如果比较中还能够进一步组合变更集来驱动下游就更便利了。

（2）基线组合

由于多份需求文档有多个基线，而并非每次都要最新的基线组合，有可能某一份或某几份需要选择更老版本的基线，这时，方便的基线组合功能不免让人欣喜。

8.3.7　场景 6：输出统计报告

盲人摸象，总是不够，所以我们需要统计分析、总结报告、全局视角。而前面所有的需求内容拆分及内容属性拆分，都会给我们自由组合维度的空间，这将极大辅助于一份统计报告的生成。大家需要的报告五花八门，但核心都是基于属性的筛选、布尔逻辑、排布与再计算，常见的报告有基线报告、功能配置表、需求完成情况、测试覆盖情况、追溯完整性等。

在拆分为多个属性后，输出统计报告并不难，真正的难点在于如何持续建立、维护、更新原始数据，并在统计时自动获取最新属性值或者自动调取其他工具里的信息，这在当下各种工具林立的情境下是一个比较大的挑战。

8.3.8　场景 7：人与人的交互

对于现今更多的新用户故事及衍生出来的新需求来说，以往那种不见面、仅依靠发邮件交流就能澄清需求的情况一去不复返。整个团队反复沟通、确认的必要性大大提升，虽然面对面交流的效果最好，但不管是开会还是线下沟通都会消耗不少时间成本，这就涉及如何在不见面的情况下完成高效交互的需求。

以日常通信工具为例，交互的基本要求是"即时性"和"丰富性"，我们可以快速发送文字、图片、视频以辅助理解、解释、共享，多人的话还会有群组，需要寻找专人时还可以单独通知对方。这些操作在移动互联网加持下非常便利，而在工程工具层面，由于有诸多限制，因此体验感还不够好。不过，这都会在场景驱动下被逐渐完善。

8.4　被驱动型的测试管理

其实，如果纯粹看可由文档支持的工作成果，无论是架构设计、详细设计，还是测试计划、测试用例、测试报告，基本都可以被需求的场景所覆盖。我们单独把测试部分拿出来，是因为它本身会有自己的特点，我们姑且总结为"被驱动型"。

8.4.1　场景 1：定义测试计划

这也是一个有意思的现象，按理说，测试同需求、设计一样，都属于一种工程活动，但测试对计划的关注往往更突出些，我想有三部分原因：

- ❑ 一是测试的标准化程度相对较高，容易制订更细的计划。
- ❑ 二是测试处于项目交付末端，大家更紧张于其能否守得住里程碑节点，最终的交付压力也总会层层压到测试身上。

❑ 还有一点是，汽车车型与项目变体很多，通常会按照"平台化开发"和"分支型项目释放"的方式开展，测试处于分支末端，它的项目属性更强。

而计划本身并没有什么特殊的属性，不外乎按用例拆分的开始时间、结束时间、责任人、测试对象（如软件版本）以及本次测试范围（即哪些用例）。但是，通常我们期望测试管理部分能够在提供这些计划属性的前提下，再与线上计划、驱动型工作项进行联动。

8.4.2 场景 2：建立用例库

计划的主体是由本次测试用例范围组成的，而测试用例最好从用例库中提取，这同样是平台化开发加分枝散叶式项目释放的一部分。我们在工程化落地与应用上已经有了很多经验，也不乏勤勤恳恳的角色，但系统性、基础性的沉淀往往不被重视，美其名曰"价值驱动"。

回到用例定义上，不管是 Office 式，还是工作项式，测试用例所包含的属性一般都有：
❑ 测试类型。
❑ 测试准备，如前提条件、硬件环境。
❑ 测试步骤。
❑ 所基于的标准，如需求书或设计书。
❑ 设计预期状态。
❑ 实际获得状态。
❑ 测试结果，如通过、失败、不适用等。
这些属性本身构成了用例的组成要素，这些属性的排布方式则构成了工具的形式。

8.4.3 场景 3：测试报告的汇总

在管理层汇报、项目收尾、质量评审时，我们总会期待一份完整的测试汇总，以便让人一眼看明白这个产品的状态。

比较理想的是，这张全量的汇总表能够包括从系统到单元的所有测试类型，而且能够对应到不同发版或里程碑，可能涉及的属性有：
❑ 测试类别。
❑ 测试安排，如执行、沿用、不适用。
❑ 责任人。
❑ 测试依赖，如对手件或台架。
❑ 测试开始与结束时间。
❑ 测试结果。
❑ 版本号，包含软件、硬件、算法、芯片等。
❑ 评审结果。
❑ 原始测试报告链接。

8.5　协同合作之工作项管理

尽管前面反复提过"工作项"这个概念，但因为它本身的含义有些模糊，所以我们在这个专项展开前再明确下：

- ❑ 脱离业务看，它是一条带有很多属性的信息。
- ❑ 从工具的展示形式来看，它是一份精心排布的 Excel 或 PPT 文档。
- ❑ 从其内容组成来看，它是一个带有 ID 标识、责任人、描述、标准、计划或工作流的工作分配说明。
- ❑ 从项目管理的角度看，它是将项目工作或可交付成果分解后的较小的且更易于管理的组件，算是 WBS（Work Breakdown Structure，工作分解结构）的最下层。

站在上层，责任人和状态是工作项的核心信息与交付，而人员、状态、迁转正是协同合作的主体表现。工作项的种类繁多，上不封顶，你可以定义任何你想定义的东西，比如，商业场景、里程碑、交付、释放、会议、评审、史诗故事、用户故事、任务、需求、测试用例等纵贯全链路的内容，但很多内容有类似之处，我们仅以 3 个最具代表性的工作项为例感受其特点。

8.5.1　场景 1：变更管理

变更思路大同小异，但每个公司的变更具体流程却是大异小同，我们仍然不探讨具体方案，只简单看看工具里的通用场景特性，变更本身的内容详见 3.6 节。

1. 创建变更项

理论上，谁都可以提出变更，但理论也总很难贴合实际，一个变更代表什么含义，谁有权力给出，要看具体的业务需求，也要看创建者的权限。再者，变更往往伴随着交付范围，里程碑的映射常常是必要的。此外，变更的背景、CCB 的组成、影响的子学科或子系统等对于下一步分析有必要的信息都需要在这个阶段被放置进来。

2. 改变工作流状态

带有工作流是工作项的突出优势，通过工作流可以非常直观地看到任务的进展。看变更的话，状态迁转基本涉及新建、分析中、待 CCB 评审、执行中、已完成这些基本环节。不同环节的编辑与推进会定义到不同角色之下。

3. 打散 WBS

因为变更基本都是混杂在一起的高层级内容，可能涉及软硬件，或者涉及软件的多个组件，也基本会涉及软件开发释放全链路，甚至还会涉及跨组织的角色。这时仅一条工作项就有些捉襟见肘了，具体落实还需要打散 WBS，然后将 1 对 n 的工作包建立成新的 n 个工作项，同时与本变更做好追溯链接。当其附属工作项推进后，本变更才可相应走下去。

4. 与需求追溯

尽管所有的变更都能叫变更，但我们一般说的正式变更多数是需求驱动的，如何将变更与需求链接起来是有考究的。我们可以选择用文字描述、贴 URL、直接附文档，也可以反向在需求处标注变更，公司不同，操作也会有所不同。

好的追溯的原则，就是不做重复工作和手动工作，比如，自动将原始需求中的内容调用过来编辑，以及能够清晰定位 A 到 B 的变更范围。

8.5.2 场景 2：bug 管理

同样，我们不关心具体流程，仅关注 bug 管理在工具上的一些特征，也可以同步对比下和变更的一些异同。

1. bug 的分层

bug 多是由测试探测出来的，也有些是由非典型测试的活动发现的，比如，在售后、产线、车上进行其他操作时偶然发现的。

简单来说，bug 就是一种我们不想要的系统行为（而想要就是需求大范畴）。当在项目工作中遇到这种"不想要"时，我们就可以触发一个 bug 工作项。

但我们都知道，软件 bug 是很复杂的，而各种因素的耦合和跨模块的交互，使得车载软件的复杂性更是突出，它的 bug 原因经常不止一个或来源于某一方。

那么，遇到这种情况时该怎么办呢？分 3 个层次看。

- ❑ 工作项责任人的不停流转是一种解决方案，但这会带来任务串行的问题，效率会打折扣。
- ❑ 责任人可以多选算是一种补救，可做管理的人会明白，当一件事安排给多人时，结果常常是没人管。三个和尚没水喝就是这个意思。
- ❑ 作为折中，我们可以对 bug 进行分层，即在这个异常行为之下，再建立多个待具体责任方处理的子 bug。这时的 bug，基本可以划分给某个软件组件方或者某个职能方，大家共同致力于这个异常行为的恢复。

2. bug 的分发

这是一个非常关键的活动，我们无法在每一个项目都穷举式发现和修复 bug。我们要接受这种不完美，却也不能放过横向展开去追求更好的机会。简言之，我们必须识别并通知到潜在受影响的项目。用潜在这个词是因为 bug 通知方通常很难或没有责任确定具体项目的适用性与策略，仍需要被通知方的确认与决策。

- ❑ 从管理流程上，我们可以在 bug 分析的环节去识别与通知。
- ❑ 从技术手段上，我们可以通过分支方式、代码仓集成策略、项目基线及项目变更范围等的分析来确认。
- ❑ 从工具实现上，基于 bug 在代码分支或版本上的定位及其他必要的限定条件，去选择要推送的分支项目。

最后，利用工具触发子 bug 的自动建立，最好还能在子 bug 中加入主 bug 的链接信息，以便追溯分析。

8.5.3　场景 3：需求管理

常规的做法是在一个专门的、支持文档属性的需求管理工具里维护需求。需求的执行、测试任务通过项目管理类工具里的工作项推进，而后再进行链接、反查等工作，多少有点烦琐。

这里提出一种新的需求管理模式，即直接使用用于协同的工作项来定义一条条需求，将内容定义和任务推进紧密融合在一起。这样做有显著的优势，例如，在工作项中去展示需求远比一条条的条文信息更加丰富，可视化效果也会更好。而且，在如今越来越需要交互沟通的开发趋势下，工作项更易于促进人员流转和沟通。

8.6　计划总赶不上变化的项目计划

计划本应该处于项目的开端来统领全局，章节排布也应如此。不过，项目计划作为项目中变化最快且几乎没有之一的东西，很多时候，它是前面细节内容在宏观层面的反映，我们不妨放到后面来回看。

8.6.1　汽车软件计划的 3 个特点

框架性计划常用 PPT，清晰、美观，有全局视角，但信息不够充分。

细节性计划常用 Excel，可以细化到按天的内容，但一个页面或许只展示一个月，又缺乏宏观性，看起来及改起来都很烦琐。

所以，Project 软件一度风行，它最典型的优点是可以编制紧前关系（即各个活动之间的逻辑依赖关系）和自动展示甘特图，但依赖关系也总是变化的。比如，本应该做完测试再去释放软件，但如果时间来不及，只能没测完就释放，这也让计划更新十分费力，再加上有一定的使用门槛，普及性并不高。

我们自是希望工具能够解决这些痛点，为了更有针对性，我们先梳理下汽车软件开发计划的特点，如图 8-9 所示。

1. 层次性

一个典型的汽车软件开发计划最终面对的是，如何确保刷写好软件的硬件模块按时在整车装车或验证的节点上交付。

从代码到整车，这是一个很大的跨度，因此二者中间会有多个层级，硬件开发、硬件测试、底层平台开发、应用层功能开发、软件集成、软件测试、软件释放、系统集成与测试、生产打样、整车台架测试、电气联调、整车环境测试、工厂试运行……

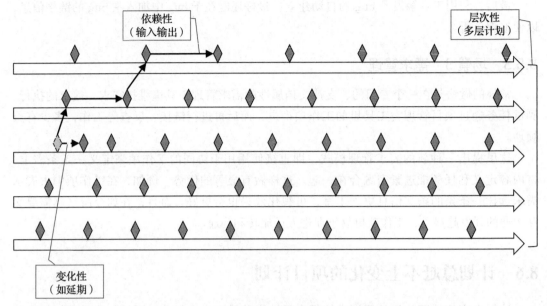

图 8-9 汽车软件开发计划的 3 个特点

尽管分工合作下，我们不太需要关注全部层级，或者即便需要关注，也不用每个层级都很细。比如，最常见的软件开发计划包含软件需求到软件释放的全部活动，但是，不同角色在不同情境下，难免会需要从不同视角展开，制订不同详略程度的计划。一个管理 100人团队的系统经理，其实没必要也没精力关注某个 bug 的修复进展。多层级计划总是一个不小的挑战。

2. 依赖性
层级之间的各个节点是互为输入输出的，层级多了，依赖关系自然更多，所谓牵一发而动全身。一次软件交付，涉及的远不只是软件需求满足程度，前面提到的整个层级中任何一个环节的异常，都有可能波及软件工作。大家一直致力于解耦，就是要打断这种依赖性。落实到项目计划里，这些依赖关系需要能被识别、标记出来，类似于 Project。

3. 变化性
依赖性带来的下一个特点就是变化性，为什么我得延期交软件？因为需求澄清延误了。为什么要压缩我的测试时间？因为台架出问题了，吃掉了你的时间。再加上，功能叠加、bug 频发、时时救火，确定性的计划越来越奢侈，如何根据变化快速调整、展现新计划是一个强烈需求。

那么，结合惯例中的计划形式和汽车软件计划的特点，我们再尝试总结一下一份好计划是怎么样的，这也就引出工具中计划的几个场景。

8.6.2　场景 1：自动更新

一个计划的基本组成要素是人、时间与工作，而这 3 个要素都会不断变化，责任人会推脱、时间会压缩、工作内容与进展会随着形势发展而改变，三者之间的逻辑关系也会变化。更新计划就是一件令人非常痛苦的事情，工具能支持自动更新就非常好了。

当项目很大时，这 3 个要素也就变得极其烦琐与复杂，靠项目经理单枪匹马去维护自然不合理，需要打散。打散到工具里就是人员角色设置、时间线定义和工作项维护，基本思路是让计划上的每一个信息背后都有一个电子元素支撑，而各个元素在责任人更新后能自动映射到整体计划的更新，即达到所谓的电子数据同源。不过，能够快速建立、更新计划与下层元素的关系也是有些难度的，因此工具的本土化、本地化二次开发比较重要。

8.6.3　场景 2：层级视角的切换

不同的人感兴趣的信息是不一样的，对于这部分，基本思路不会很复杂，只选择我们关心的项目阶段、团队以及工作进行展示即可。展示方式可能有不同需求，比如，按照里程碑、先后阶段、子领域、特性、团队、优先级、职能或看板模式等。

- ❑ 对于工作执行者，需求是能够清楚地知道什么时候该做什么和为了什么目标节点而做。
- ❑ 对于不同层级的管理者，他们一般关心的是细分节点任务完成情况，能够从宏观上把握管理漏洞和业务风险，并基于此决策。同时，在需要时，能够跳转到具体业务域的细节。
- ❑ 对于在下游的客户，他们更关心产品的整体表现和对里程碑的满足情况。

思路和好处都讲完了，回归到困难上，困难点仍然在于体验感——操作者和接收者的体验感。如果操作烦琐，想看的看不清，不想看的删不掉，还得来回切换，还不如自己做一份 PPT 来得省心。

8.6.4　场景 3：依赖关系直观展示

敏捷迭代的诉求是打断依赖关系，而后按照价值优先级对工作计划进行排序。但在汽车软件开发里，还有诸多困难，依赖关系的直观展示仍然非常必要。

依赖关系一般就是项目管理里常说的 4 种，分析如下。

- ❑ 完成到开始：只有前面的活动完成，后面的活动才能开始。
- ❑ 完成到完成：只有前面的活动完成，后面的活动才能完成。
- ❑ 开始到开始：只有前面的活动开始，后面的活动才能开始。
- ❑ 开始到完成：只有前面的活动开始，后面的活动才能完成。

另外，再加上一些提前量或滞后量，就基本构成了所有活动之间的逻辑关系。

在 Project 里的甘特图是通过箭头的指引来完成关系定义的，基本符合大家的直观认知习惯。如果再配合一些颜色的区分，可能效果会更好，可以让观者更容易地在繁杂的信息中找到自己关心的那条线。

不过，在当下这种极限时间压缩的开发环境中，理论上的依赖关系经常被打破。虽然应该等评审完需求再开始开发，或者等测试完再释放软件，可是时间不等人，现实中多是边做边看，没问题最好，有问题时，如果能够获得偏差许可，则可忽略，如果无法获得许可，再解决问题，总之，先做了再说。

我们不能说这种方式总是合理的，但却是常常存在的。工具应该提供这种必要的灵活度，能够根据使用者需要来快速完成实际关系的展示，并且在需要时，能够便捷地进行底层元素之间依赖关系的调整。比如，有一个很简单的场景，前后活动之间已经通过箭头指引定义好逻辑关系，但随着项目的发展，必须要一定程度并行；如果可以简单拖动即可完成箭头指引位置和时间点标示，显然会带来很好的体验。

8.6.5 场景 4：交付物下探

这部分其实和场景 1 是相辅相成的。当我们在进行项目评审会或者一些非正式沟通时，经常会打开项目计划来理背景、看目标、定方向、谈细节。当谈到细节时，就会遇到这里的场景，需要下探到具体的工作项或者特定的链接导引，可谓详略有当，既有系统的视角，也有细节的把握。

计划大概就讲这么多，项目计划是项目经理最常处理的内容，也是团队成员很希望及时知道的信息，几乎所有的项目管理类工具都支持这一诉求，但由于使用不够友好，大量的人工操作带来大量的不便与成本，基本很难满足相关人员的期待，因此，Excel 和 PPT 版本的计划依然很普遍。

8.7 数据分析工具

在 3.11 节我们讲了数据分析及驱动开发的一些应用思路，有兴趣的读者可以再回看下。总之，工夫在诗外，数据分析的真功夫也在于数据之外。但是，如果只看工具本身，不外乎就是对各类表和图的支持。

从目前汽车软件开发的体量看，即便最复杂的智能驾驶与智能座舱，产生的开发过程数据量也并不夸张（AI 训练所需数据不在讨论范畴内），充其量也就是几十万的量级（以一维表数据行计量），更多是几十几百几千的分析场景，Excel 和一款普通 BI（Business Intelligence，商业智能）工具（如 Tableau、Power BI）足以支撑。

简单来说，Excel 适合处理数据量不大的表或效果要求不高的图，便捷；BI 适合处理数据量大的表或效果要求高的图，漂亮。如果落到汽车软件开发场景里，那么用 Excel 制表和用 BI 制图即可。

8.7.1　透视表

一维表充当数据源,多维表(Excel 透视表)来支撑交叉对比分析,再加上以 IF、SUM、VLOOKUP 为代表的几个常用函数,已经完全构成了我们常规数据分析的能力。

Excel 的普及性不用多讲,所以分析的难度更多在于"思路",不在于哪个函数怎么写。如果你知道自己想要实现什么,打开搜索,几乎 99% 的问题都能找到答案。

再回到透视表,通过设置筛选、调整行列属性,业务中绝大多数问题的答案都可以据此得出。得不出的话,多数也不是工具的问题,而是对业务本身理解的问题。

8.7.2　可视化图

Excel 也可以制图,而且不少分析思路是在边制表边制图(诸如柱形图、折线图、饼图等)的过程中灵光乍现而来的。在常规数据分析中,Excel 的功能是够用的,问题在于展示的效果、可视化的程度、交互的便捷及在线共享能力相对于 BI 工具较差。如果对这些有更多的要求,希望有更智能化的报表或仪表板,那么 BI 会是更好的选择。

以上很简单的数据分析场景能够涵盖多数人的多数要求,但数据分析本身并非如此简单,很多时候我们的源数据是杂乱的网页或底层的数据库,数据类型也是独特的,数据量也会很巨大。这时,就需要更专业的诸如 SQL、Python、R 语言,并配合 BI 工具来完成。

8.8　本章小结

本章从汽车软件开发工具链基本应用场景的角度进行了概要梳理,考虑到专业开发软件属于更细分的领域,而且与汽车行业本身的关联性不大,所以整体侧重于开发管理,有时也被惯称为 ALM 类工具。

开篇先介绍了工具及工具链的一些观点,并阐述了它们与数字化的关系,总结了常见的工具类型,算是宏观视角下的工具概况。

工具链的主体诉求仍然是支撑项目的落地,于是,进一步地,我们尝试描述了现实中的项目运作如何映射到工具中。接下来,对需求管理、测试管理这类文本属性比较强的领域进行了较长篇幅的解读,因为这部分内容能比较突出地表现出汽车行业多层 V 模型的特点,也能部分覆盖到本章未提及的其他工具类别。

另外,打散的工作项和汇总的项目计划是项目推进中下沉和上浮的两大典型,而且经常作为工具链里串联运转的重要链接点,所以本章也结合行业特点做了一些场景提取。

最后一节讲的是数据分析,这个课题实际上非常大,我们只是从最基本的表与图的维度介绍了数据分析的基本形态。

Chapter 9 第 9 章

转型软件的痛点与困惑

在写这章时，我刚刚参加了几个技术研讨会，软件、新能源、AI、转型、SDV、SOA……对于业内处于迷乱的从业者，光看会前的日程介绍，心心念念地觉得是饕餮之盛宴，可让自己从乱如麻的局里脱困。但是，期望越高，失望越大，讲演者同样处于迷乱中。间隙闲聊时，不乏听到"光给问题不给答案""他所说的我也知道啊""他们做得也就那样""只不过是广告宣传"这样的怨念之词。细想了一下，期待个别同行解决困扰整个行业的痛点与困惑，实为妄念，总结并抛出这些挑战已经是一种贡献。

而答案的找寻需要时间和地位。时间的大浪淘沙作用最具说服力，可以筛选出那些真正有价值的观念、观点、方案；地位的马太效应则印证了"以成败论英雄"的商业世界铁律。

回到现实工作。既然行业格局在被打乱，我们都想成为被选择的人，那么面对纷乱，我们首先得知道乱在哪里，这个问题其实挺难，因为乱很多时候是在脑子里，大家都觉得乱糟糟的、做得不好，但又不知道怎么算好，或者也不笃定是不是真的不好，所以抛问题出来就有了意义。

尽管全书都在致力于辅助回答，但我深知自己的见识、能力与地位和那几位讲演者相比未必更高，在本章，我们还是侧重于问题的梳理和困局的展现，尽量避免针对性的具体观点（本书的具体观点可参见其他章节），而各自领域真正的答案则要由行业共寻和自我筛选。当然，或许在我写某个痛点时，某位工程师已经想出了解决的办法——也许这是我书写的失败，但却是行业的成功。

9.1 互相低不下的头颅

这一节的灵感来源于最近和一位互联网同事的争论，我认为他缺少对造车复杂性的理解，他认为我没有软件与用户的思维……

也不仅仅是个人，这几年，现实中不乏看到各种经验背景的人才、各种演变历程的知识体系、各种文化基因的公司在大融合过程中的各种思想撞击与冲突。

- ❑ 当我们面对软件时，是否可以正视其复杂性与价值？
- ❑ 当我们面对汽车时，是否可以给予这位老者以敬畏？
- ❑ 当我们看到敏捷时，是否可以收回那句"敏捷不适合汽车"？
- ❑ 当我们看到严格的里程碑时，是否可以多想一层，延期后会给整个供应链带来什么？
- ❑ 当我们谈论客户需求时，是不是仍然局限于主机厂？
- ❑ 当我们谈论用户体验时，是否知道汽车里那些无感知却救命的 Know-How？

或许，百舸争流之下，应尽量开放与包容，虽知易行难，但多听多做。

9.2 硬件交样与软件迭代的冲突

以项目目标导向的思维来看，硬件（包括机械）交样及组装、软件迭代及交付成为传统汽车业与现如今（或将来的）汽车业各自显著的代表，而这二者的显著差异也成为汽车行业转型路上的一些障碍。

9.2.1 硬件交样

我早期也做过机械件的开发管理，当时最恐怖的一件事是什么呢？ PV 失效。依稀记得当年第一次面对 PV 失效时茶饭不思的场景。在机械开发中，我们依赖的是成熟的技术积累，一次尺寸合格、一次测试通过似乎是理所当然，正常项目计划里并没有安排失败返工的空间，所以一旦遇到失效，尤其是马上量产时的 PV 失效，心里的慌乱定是难以自持，万一再遇到时间损失和财务成本巨大的修模，接下来，就更是一个又一个的失眠与救火之夜了。

传统"黑盒子"ECU 的开发尚可，毕竟对于不承担运动与匹配功能的常规 ECU 而言，机械和硬件的变动很稀少，而软件本身的"软"让其迭代一两次也没什么问题。技术的稳定和变化的可控之下，一次通过的概率和期待也都是比较高的，而且，多数情况需要软件刷写到硬件里来统一按时交付，面对的还是固定的里程碑，与机械件一样。这时，还没有软件迭代与交付的概念。

9.2.2 软件迭代

时代显然在变化，更多的新需求、更多的玩家、更多的合作模式、更多的交互、更多的软件，这都让传统的按里程碑交样的思路受到了一定的冲击。尤以智能座舱为代表，频繁的软件迭代和软件交付越来越不鲜见，原本纯软件领域的常规操作小场面成为汽车人没见过的"大场面"。

在以前，供应商凭借稳定的供应链和成熟的方案定时定点地交付样件，基本不会出现问题。OEM 则掌控主动权，供应商都要按照 OEM 的节奏来。如果供应商让 OEM 停线，那么它们将面临巨额的赔偿。

可是现在，整个涉及大量软件的产业链都处于一片混乱之中，上一个方案还没搞清楚，新的需求就来了；这个需求刚做一半，又被要求更改，而好不容易改好的方案，还测出来一堆 bug……眼看着时间一点点流逝，OEM 工程师催促供应商赶紧改、赶紧交，不然就要投诉，但供应商却表示，你们领导已经投诉过了……

大家面对软件都有些无奈，这让以工程严谨性著称的汽车工业感觉到了一定的失控，就像一队按部就班向前推进的军队方阵，没大搞软件的地方还算稳健，哪里想大搞，哪里就炮火连天。

总之，软件虽在频繁迭代，但总还有未尽需求与未解 bug，当到了交付时间点时，这些半成品还不得不进入统一调度的硬件交样组装模式里，水土不服自然是预料之内的，分处于两种模式阵营中的人都是三省吾身后五省对身。怎么融合软硬件的开发交付，就成为一个待解决的难题。

9.3 对敏捷自身价值的质疑

软件频繁迭代与交付的特点在汽车业里甚是扎眼，如何消除这种不适？大家都在寄希望于敏捷，敏捷的基本诉求在于价值。但在其致力于价值的过程中，还是引起了大家对其本身价值的质疑。

9.3.1 水土不太服的敏捷

这两年，大家开始把敏捷谈得风生水起。

❑ Scrum、SoS、SAFe、LeSS……都成为口头禅。

❑ 大小咖位的咨询师入驻大大小小的公司开始培训辅导。

❑《敏捷宣言》确实也写得让人热血沸腾。

❑ 敏捷咨询师或激情澎湃，或娓娓道来，或言之凿凿地表达。

总之，一番操作下来，领导觉得 SOP 可以提前了，项目经理觉得团队可以自组织了，开发人员觉得可以不用加班了。

然而，迁延一段时日之后，项目跌跌撞撞还是要延期，散漫的团队一问三不知，坐等时间盒的开发人员还得加班追时间……

敏捷并未产生预期的效果，花了重金的大家开始反思：

❑ 汽车产品不同于互联网。

❑ 汽车要考虑长周期耐久实验。

❑ 汽车要依赖于硬件。

❑ 汽车多模块之间也有依赖。

❑ 汽车开发团队太大。

❑ 汽车还要考虑功能安全。

❑ 软件只是汽车所有开发占比很小的一条线。

于是，软硬件解耦、OTA升级、娱乐与底盘差异化开发、大规模敏捷等概念又出来了。

时至今日，尽管各位专家同仁都有不同的思考和尝试，但与敏捷实效的距离似乎仍然不小，渐渐地，很多人开始失去了耐心。

9.3.2 敏捷的现状约等于"乱"

最接近互联网行业的汽车软件就是车机，即现在的智能座舱或娱乐系统，这也是现在造车人最喜欢玩儿的热点，原因有三。

❑ 一是以 Android 或 Linux 为生态的车机像个大手机，互联网有大量的方案、模式可以借鉴。

❑ 二是车机与底盘功能安全类模块交互依赖较少。

❑ 三是自动驾驶的发展还未走到技术、社会、法规等的拐点，可快速卷的空间不大。

所以，最适合走敏捷路线的就是车机及其他各类大小屏。那么，效果如何呢？整个行业看起来都似乎一般。

需求不进系统了、基线不打了、文档不维护了、bug也看心情修了……美其名曰，我们是走敏捷路线的。当然，车机即便卡死，听起来也没那么害怕，这里只是想说仅仅把项目管理的严格度降低似乎和敏捷没那么大关系，也不是敏捷的初衷。

除了车机，其他的一些供应商或 OEM 的软件也有局部的敏捷试点，但在整车网络架构和整车里程碑约束的前提下，所谓的敏捷更多在于形式上或称呼上，至少小范围受约束的试行看不到太明显的收益，无论是时间、成本，还是所谓的价值。

当然，理论上我也认为娱乐系统作为能够导入更多不确定需求的产品是适合敏捷的，但可能还未摸索到一个好的方式。或者说，在当下的技术成熟度、需求不确定性、管理复杂性、新场景清晰度等综合维度下，对敏捷这板斧头的需求还没那么高。

总体来说，看到的样子还是有点"乱"。

9.3.3 敏捷和标准化谁更先进

敏捷的价值就在于着眼"价值"，以及包括其他的快迭代、小批量、多交付、重视人、消除浪费等，而这些在丰田汽车的精益体系面前又着实属于后辈。

汽车工业属于制造业的皇冠，工厂运营已经进入高度的成熟化和标准化，JIT（Just In Time，准时化生产）、看板、拉动、零库存、单件流等模式已经在相当多的汽车主机厂或零部件工厂落地生根。相比较工厂精益生产的高效交付价值，更多停留在理念阶段的非标化敏捷反而是稚嫩的、落后的。

当然，从另一个角度理解的话，汽车精益制造毕竟是在相对稳定与成熟的环境下发展的。如果把敏捷的非标性作为新兴汽车时代内生的属性，它倒又成了先进的代表。

敏捷之下，非标和标准化成为最难平衡的一个点。这种难以把握与平衡又会引出下一小节的话题。

9.3.4 敏捷应作为意识还是框架

敏捷应该作为意识，这一论述得到了很多敏捷相关的专著或者推行敏捷的咨询师的认可。敏捷是一种意识、一种理念，是武术内功，套路只是众多形式之一。此外，还有很多其他的争论，方法论、模型、思想、哲学、文化等。

打个比方，我们初中政治学过的"抓住重要矛盾"是不是和敏捷关注价值的思路相合呢？孔子的中庸之道是不是也和敏捷的平衡理念接近呢？……敏捷有形可见（比如 Scrum），敏捷更是不可见却无处不在。

对，这是一种听起来很有道理的观点，可要是偏向这个观点，就也从另一个角度放弃了敏捷，将敏捷认为是一种"务虚"的存在，似乎就意味着我们常规意义的敏捷不存在了。

所以，当我们决定或者宣布要采用敏捷方法时，依然脱离不开那些框架，依然要走一些形式，这种要把握某种恰到好处的分寸的感觉实在不容易。

9.4 依旧太高的信息壁垒

封闭是汽车行业的一个典型特点，信息壁垒也自然是高筑。

存在即合理，信息也是一种资源，处于不同位置的每个角色都有不同的利益诉求，所以把握信息差就把握了先手的机会，壁垒的形成有着人性趋利避害的力量的推动。另外，知识产权也是提高行业积极性的手段，应当鼓励。

然而，如今我们处于转型浪潮中，如果只看弊端，显然信息壁垒也是带来了不少障碍。

9.4.1 黑盒交付的后果

在百年汽车工业的发展历程中，或考虑解耦与并行，或考虑外包的低成本，或考虑专业化协作，又或考虑其他种种原因，主机厂一般都集中在整车属性定义与验收、造型设计、品牌渠道开发、供应链管控、零部件组装这些方面。除了动力总成和白车身的一些附属件，主机厂的参与度稍高些，其余多数零部件都是分包给几十或几百家供应商来做的。简单说，我只负责提要求、验收及从宏观体系标准上把控，剩下的交给你来做。

慢慢地，精于细微的供应商掌握了越来越多的 Know-How，信息差带来了话语权。为了避免主机厂诸如年降之类的不断压价，也为了保持自己垄断的市场地位，供应商开发的模块越来越集成化，交付的产品也都是黑盒模式。平常主机厂想看看 FMEA、设计文档、技术参数等，供应商都会以保密为由拒绝提供。那时的市场还宽裕，形成了平衡的态势。

多方因素下，被传统汽车称为"野蛮人敲门"的新势力闯了进来，平衡被打破。它们绕过三大件，钻研新能源、打造智能化、注重客户体验，营销能力也是一流，大量的新供应商也随之而来，终端客户发现了新奇的感觉，价值链在向软件转移，新生态被营造，而原有的供应链依然可以共享。整个汽车市场以出乎大家意料的速度被瓜分或重新划分。

当传统主机厂开始考虑如何应对、如何打造差异化、如何实现智能化时，它们才意识到自己在长期的黑盒交付和红利蜜罐中，早就没有了定义能力。没有办法，重新建立自研能力、投资独立软件公司，志在打破僵局，但仓皇组织起来的一支团队也是困难重重。更何况，很多软件团队依然是由来自底盘、发动机、内饰的领导来管理，更需求透明的软件开发似乎仍然受着某种神秘力量的牵绊。

传统零部件企业也没有更顺心，面对传统主机厂的困境，互联网的新技术、EEA 的演变、功能定义权的流走，看着自己手里的黑盒子，往日的金光似乎暗淡了下去。这么多年来，黑盒子不单是给主机厂，也给庞大的内部团队，大家各做各的，业内的不知道业外的，本土的不知道国外的，软件的不知道硬件的，系统的不知道组件的，跨供应商的产品更是难以兼容。数据深井、信息壁垒也推着行业发展的车轮绕着自己走，看着滚滚尘烟，疲于转身，心力交瘁。

9.4.2　互相制衡的文化

说到互相制衡的文化，帝王御人之术有几千年的历史，100 岁的汽车显然仍是婴儿。很多人非常痴迷于这种政治博弈的理念，也算是所谓管理学的一部分吧。对于参与管理的"帝王们"，互相制衡、互相掣肘已经成为第一课和最重要的一课。不过，好消息是，工程师们倒还单纯些。

这会导致一件很蠢的事情，就是重复造轮子。有时候，我们会发现，公司里不同的人在用不同的方法向不同的方向做同一件事情，直到结果暴露的一刻，再进行一番较量，结果很可能是这件事情早在半年前就由另一拨人证明了没必要做。

在日常工作中，看到的文件版本很老了、你没有权限访问这个系统、这保存在我的本地盘上、这个我不清楚应该是张三负责但估计只有李四知道……这类事情层出不穷，软件工程的一大关注点就在于让信息透明，包括 9.5 节要讲的 ASPICE 以及敏捷里提的信息发射源也是这样的目的。

最令人沮丧的是，所有这一切，所有人都知道，心照不宣，或宣而不发。

9.5　ASPICE 的爱与恨

ASPICE 一度很鼎盛，认证此起彼伏，L2、L3 的宣传也是沸沸扬扬。尤其是新势力刚刚入场、汽车行业刚刚张开怀抱迎接智能软件的那几年，汽车行业刚开始做软件几乎就是左手边摆着 ASPICE、右手敲代码。很合理，脱胎于 CMMI 并针对汽车软件产品定制的 ASPICE，早已是传统汽车电子巨头的基本流程骨架，有成功先例、有最佳实践，为何不使用呢？

随着软件在汽车中的深入和拓展，预期的价值并不直观，落地也非常困难，大家对 ASPICE 的信心开始下降，也逐渐将其推入爱之深又恨之切的矛盾中央。

9.5.1　ASPICE 很好

ASPICE 确实很好，这是从它的形式和工程逻辑来看的，如果一个项目慢慢地、精细地完全按照 ASPICE 做下来，会成为一个非常漂亮的项目，井井有条，环环相扣，挑不出毛病来。理论上，软件质量也应该是过关的。

但是漂亮的背后是十分严谨的、按部就班的工程推进逻辑，有追溯、有策略、有计划、有跟踪、有结果、有评价、有反馈，它是一个非常经典的汽车软件开发模型。业内主流企业中绝大多数产品的开发模式基本都能被这个框架所覆盖。

所以，当我们面对一个功能安全级别很高的产品、一个跨汽车跨其他行业的团队、一个与硬件耦合性较高的软件或者有多层级关系的供应模式，甚至一个完全没做过车载软件的团队开始工作时，ASPICE 都是一个非常好的参考与理解模型，它有助于大家拉平认知、统一规则，也是进一步优化、适配的基础。

回看 ASPICE 的应用历程，其实会发现，汽车电子 Tier 1 在开发、供应 ECU 给主机厂的过程与 ASPICE 的结构非常匹配。或者换句话说，ASPICE 正是为供应链的这一段量身定做的。

继续沿着这个角度往下讲，我们也会发现，想执行好 ASPICE 的门槛实际上是很高的。长期的技术积累与理解可以让架构按层级拆分，同时，这也需要精细化的甚至显得很冗余的角色与流程来匹配，复杂的流程一定会带来缓慢的动作和高昂的成本，而如果市场能够允许你缓慢，那就说明你有足够的市场地位与领域话语权，这些多重的因素都不是唾手可得的。这也是为什么，时至今日，也只有那些大型的传统汽车电子公司，才能算得上在认真执行 ASPICE（实际上，也已经开始承受不住了）。

9.5.2　ASPICE 也很糟

接着上一小段的情形看，反过来说，为什么多数公司都推行不下去呢？它糟糕在哪里呢？这是因为江湖动荡，大家实在无福消受缓慢而昂贵的 ASPICE。吃饱尚且困难，谈什么举止优雅、穿着得体。

另外，从产品属性变化来看，从需求规范到用户故事、从测试验证到体验感受的工程思路也都有了巨大变化，如最知名的智能座舱与智能驾驶，座舱使用 Android 系统，专注于人机交互，智能驾驶关注机器算法，不断挖掘长尾场景，这实在不是脱胎于传统 ECU 的 ASPICE 能够严丝合缝对应的，如果强行解释，只会让 ASPICE 显得很复古。

于是，风向转向了敏捷，但 9.3 节又刚讲了敏捷的痛苦，也算是进退维谷了。

9.6　bug 怎么这么多

代码行数越多，打开软件的次数越多，参与软件开发的人越多，带来的 bug 必然越多。

我们似乎自问自答地回答了标题的问题，新型功能、强算力芯片不断累加需要频繁的软件迭代，而软件发版越多需要的人也越多，这让我们所有人都在球门前混战，心力交瘁。如若守得住还好，但实际上，在项目周期内，当软件交付时，即便是嵌入式 ECU，真正的 bug 量也常以千计，要是再看座舱和智驾，数以万计这个词都显得苍白。而由于一个新项目的周期被极致压缩后，这些发现的、没发现的问题继续流到量产的现象也不鲜见，但那时就是有心无力了。这种不堪可以总结为两个词，"发现不了"和"修复不完"。

9.6.1　前期发现不了

发现不了是指在前期发现不了，在后期才发现，而不是永远发现不了，永远发现不了就是没有。发现 bug 的时间越晚，影响越大——这个道理自是不必多说。

bug 发现不了有两种潜在的原因：

❑ 第一种是不符合规范，多是人为的疏忽，往往是我们知道正确答案而做错了或者来不及做，比如，需求理解错误、测试用例没覆盖到需求、时间来不及后跳过了集成测试等。

❑ 第二种是不符合消费者预期，更多是因为观念的陈旧和经验的欠缺，可能压根不知道有这道题，收到消费者抱怨后，才恍然大悟，哦，原来有这个场景，这个问题在智驾和座舱中同样存在。

9.6.2　后期修复不完

另一种就是发现了却修不完，时间不够，拆东墙补西墙，修了 3 个带来 5 个，来不及做回归测试和风险评估……

这些年，我亲身感受到大家对 bug 的态度逐渐宽容。

最开始，要注重安全与质量，零星的 bug 得清零，这也是大家的共识。

慢慢地，有些 bug 实在找不到原因或者属于偶发情况，软件经理开始给大家刷新认识——软件有 bug 是正常的，但还得经过相对全面的风险评估和审批。

再往后，软件代码量开始激增，奇怪的现象也越来越多，再加上经验丰富的人员流失和交付时间的紧迫，想要做出一个可靠的评估也是心有余而力不足。

就像火势蔓延时，我们只能尽力救火，而无法再去考虑防火的事情了。

9.7 欲拒还迎的转型

其实这里主要是针对传统主机厂和零部件而言的，新势力、初创企业本身就是要"新"。

传统的汽车企业自是面临大船难掉头的困境，投鼠忌器。转吧，业务的阵痛、各方势力的抗拒、转型的风险、原有竞争力如何维持等都让所有人驻足观望；不转吧，日益下滑的销量、越来越少的项目订单、不断降低的 EBIT（Earning Before Interest and Tax，息税前利润）、持续走低的市场份额等也都让人焦虑不安。

9.7.1 转向讲故事

写到这里，我突然想起五六年前接触的一家做内饰的 Tier 1，它竟然开始做起了广告和周边产品，当时觉得有点突兀，Tier 1 做大众营销确实比较少见，以往更多地只需要主机厂认可即可。

几年过去了，效果如何呢？该公司的境况依然不错，市场份额小幅提升，主要竞争对手也将这部分业务剥离出售，比当时的预期强不少。

我们无法通过这个案例证明面向大众营销，给消费者讲故事与销量的正相关关系，但无论是消费者，还是从业者，都前所未有地感觉到汽车走进了传媒中心。那么，刹车失灵、电池自燃这些不断入耳的传媒信息不会影响消费者决策吗？

这样看，它们之间似乎确实存在一些微妙联系。伴随着移动互联网将人们的生活推向热搜年代，这种微妙让主机厂与零部件都开始尝试在营销上发力，但同样是因为太微妙，直接给的效果还没拉满，讲故事的坚决还不足，讲故事的水准也比较粗糙。当然，二者也是相关的。

分庭抗礼的市场格局被打破后，厮杀的汽车市场需要新意、需要亮点，当打算推出一款新产品或新车型时，得需要一个卖点，不然，客户凭什么买你的产品？

9.7.2 转向体验感

讲故事与体验感也是相关的。通过讲好的故事，将消费者显性或隐性的需求潜移默化地与某款车绑定，这个品牌将会给你带来精神上的愉悦感、满足感。比如，有些车特别贵，但能卖得动，实际上，带有"贵"的品牌形象才是它的核心卖点。

我们作为一个潜在的消费者，会不由地带着某种营销下的观感，去将某些品牌列入待选清单。然后，开始一家一家走进 4S 店或商场体验店。在服务人员的引导下，从第一眼看到的造型与颜色开始，到打开门、调整座椅、感觉空间、握方向盘，再到摸内饰、点车机，以及试驾时的启动、转弯、加速、刹车等一系列的操作结束后，再问一下价格……在这大约一小时的时间里，或多或少都有一些劝买或劝退的点，这些点幻化成一种东西，就是感觉，即体验感。毕竟，参数都很漂亮，基本功能都差不多。

这种让人舒适或不适的体验感，很大程度是依赖于智能化的。我曾经体验过一款车，打开车门时，座椅会自动略微面向车门旋转，并稍稍靠后，以便人直接坐上去，而人坐上去后，座椅又会以一个恰到好处的速度调整到比较适合驾驶人体型的位置。这个功能点一下子打动了我，让我想起以往拉座椅滑轨的费力，或者等待电动座椅调整的烦躁感。

9.8　本章小结

本章讲的话题比较宽泛，却也是我们在整个转型过程中始终面临的一些具体问题的总结，从从业者心态开始，到软硬件差异的处理，再到要掀翻传统汽车开发流程桌子的敏捷，都让人感觉到强烈的冲突感与断裂感。

一直为人诟病的信息壁垒，让大家做事磕磕绊绊及频繁重复造轮子，ASPICE 倒是致力于提升软件开发的透明度，但其繁重的步骤又和当下价值导向的环境与体量激增的软件规模不符，很难落地。

无奈之下，整个开发的质量把控落入了只关注验收测试、修复 bug，忽略前期预防的恶性循环中。

既然现状如此艰难，是不是得转型？然而转型的道路并不平坦，其中涉及的讲故事、体验感都是以往汽车行业所陌生或不屑的东西。如今我们身处变革的风暴中，背负着沉重的包袱，欲拒还迎地踏上转型之路，也算是苦不堪言了。

展望未来汽车软件开发模式

写书是件挺痛苦的事，但写到最后一章却生出一种幸福感，一来终于到了收尾阶段，终于等到刀枪入库、马放南山了；二来终于可以不受工程严谨性的约束，恣意发挥一下。

如果有幸有读者也读到了最后一章，不妨同样以一个放松的心态，一起批判，一起想象，乃至幻想，不关乎逻辑，不关乎落地，不关乎成本，不关乎量产。不会写很多，也不会写很全，坐而论道，纸上谈兵，权当是对我们苦闷工程化工作的一点排解。

10.1　搭积木般造车

尽管这种概念在业内早就热了起来，但我是在陪儿子玩积木时，才真正有所感悟，大大小小的积木块，尺寸和卡接都恰到好处，而且能变幻出千奇百怪的形状来，甚是神奇，不由得打动了理工男某些奇奇怪怪的神经。

如果能够用类似的思路来造车，怎么样呢？我们也有很多小颗粒汽车组件，这些组件可以像积木一样自由组合，即插即用，形成大小各异、造型独特、功能多样的汽车。

拆个座椅，插几块电池，就能跑得更远。轿车、SUV、MPV、货车……想开哪个就组合成哪个。或者已经是无极设计了，也没必要定义什么车型类别。我自己的品牌，管它什么 BBA……汽车将再也不是那个一锤子买卖下高度同质化的单调之物。

大概，工厂里也看不到那些几十米长、震耳欲聋的连续冲床，也看不到一个个工人跟着流水线打螺丝、上轮胎，焊接、电泳、喷漆车间了吧，能看到的都是各种小而美的小硬件。大型计算机根据客户的特殊需求高速建模运算，机器人自动组合搭积木造车。既然是标准小组件的制造和自动化组装，可以大批量生产，那么成本自然降低了，最终受惠的也会有老百姓。

当然，想要智能化，肯定离不开软件，能不能每个小组件都是智能硬件呢？想象嘛，那就能吧。软件 SOA 我们说了 20 多年，干脆直接来个整车 SOA，带有不同智能功能且能不断迭代的小硬件就是一个一个原子服务组件。不怕没有实现的机会，怕的是没有想象力、没有设计感，软件开发团队都在致力于实现富有创造力的场景，而不是被一批批的 bug 搅得焦头烂额。

写到这里，看着作为工程师的自己在信口开河，也有点心塞焉，组件之间怎么连接？卡接、压接、焊接、螺接，用哪个呢？强度够吗？耐久性路试通得过吗？碰撞之后会不会散架？信号怎么传递？有线束吗？那么多芯片得多贵？法规允许吗？发现没，一旦开始想工程化，就会遭遇大量的难题，回到最后，还是那个汽车行业反复问的问题——量产了吗？

实际上，我们也不是完全信口开河。一百多年的标准化、互换性、模块化及各大主机厂的平台化产品都是为了搭积木这个目标。再到最近的线控滑板底盘、一体式压铸车身、分体式开发、可变轴距、电池模组也是类似的追求，即解耦、标准化、自由组合，如图 10-1 所示，而且其中一部分已经实现了量产。

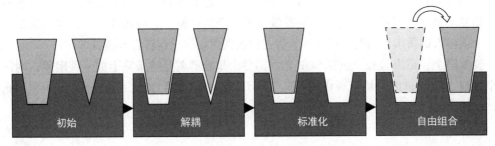

图 10-1　解耦、标准化、自由组合

总之，大家面对汽车行业这头沉重、缓慢、满身牵绊的巨兽，总想一拳将其打散，重新组合。且想且做，且做且成。

10.2　推倒 SOP 的后墙

提到量产，所有汽车人会想起一个非常熟悉的词——SOP。它不是达摩克利斯悬顶之剑，不会随时掉下来，却也是另一把抵背之剑。对于多数忙忙碌碌的汽车人，不可置疑、不可争论，但时刻警觉、屡有刺痛，有时候我们也称之为 SOP 后墙不倒。

当然，各方对于 SOP 的具体时间多有分歧，软件项目经理觉得软件最终释放后就 SOP 了，零部件项目经理觉得 D 样交付或 PSW 签批就 SOP 了，主机厂项目经理可能觉得新车开了发布会正式上市才算 SOP。

然而，无论如何，还是那句话，在整车 SOP 的大墙拦截下，所有人都受到一个"坚硬"

的时间节点的限制，不能推迟，实际上也不太能提前。而要保证这个点能够守得住、能够硬到底，还需要在前面立多个里程碑，箭箭不穿心，却件件总是闹心。

原因很复杂，或依赖于多方步调协同，或基于上市商业规划，或考虑同行市场竞争，或统筹产能与库存准备，我们不管它的难处与合理性以及是否冤屈，只看它给软件开发带来什么问题。

首先，面对频繁的变更、愈加短的周期，软件开发总想追求的敏捷变得不那么好执行了，你的节奏要按照整车节奏来走，敏捷何其难也。

其次，每当快 SOP 时，大家都要双手合十去祈祷项目不出意外、测试不出问题。一旦出现异常，要么拼命救火，三更眠，五更起；要么被迫偏差许可，功能不上了，bug 不修了。人累，质量不好，于公于私，都让人不满意。

如果我们能推倒 SOP 后墙及其前序的里程碑，而后进入气顺、产品好、用户满意的良性循环就好了。到那时，我们再也不用冲刺发版、冲刺测试、冲刺交样、冲刺返工了，慢条斯理，张弛有度。有新场景、新功能就立马开发，开发完立马上车测试，车随时准备好，测试环境时刻搭好，负责评价的专业或非专业用户及时给出反馈与建议。一切顺利后，就迅速上消费者的车，该免费免费，该付费付费，一起赢两遍。再也不用考虑什么评审验收了、信号对齐了、对手件匹配了、物料供应了、产线产能了、市场推广了，也不需要一个又一个接口人的衔接、调度，所有环节都在很丝滑地数字化运转直至消费者。

变革路上，道阻且长，包括 SOP 在内的各个里程碑就是这条路上的一些阻碍，期待掀翻里程碑、推倒 SOP 后墙。现在，大家投入了一定的期许给 OTA，不知道它能否担当此重任，如图 10-2 所示。

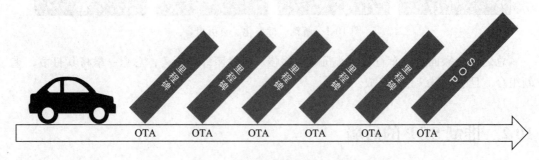

图 10-2　推倒里程碑及 SOP 后墙

10.3　实现本质安全

除了产业链的复杂之外，软件定义汽车还有一个大的门槛，就是安全。三大安全让我们一众软件高手们束手束脚，什么车毁人亡了，什么隐私泄露了，吓都吓死人了。

实际上，对于消费者而言，大量的安全类技术机制与管理流程的执行是低感知的。试问有多少人知道安全气囊在哪里？有多少人知道传感器做了几路冗余？又有多少人知道 E2E（End to End，端到端，一种通信保护机制）为何物？这些都是需要付出高额的成本的。而面对安全，尤其是人身安全，我们又不得不考虑那些边边角角的边界条件，这个矛盾让我们在软件快速迭代、功能上线、新技术尝试上都会畏首畏尾。

无论是在车内设计上下功夫，还是在车外环境做拓展，抑或是二者兼备，一旦能够实现本质安全，即人员误操作和设备出故障都不会出现安全事故，我们就能高枕无忧了。

- ❑ 或许是被动安全优秀到了每小时 200 公里的 100% 正面刚性碰撞都能让驾驶员感受到被子般的柔软。
- ❑ 或许单车主动安全已经进化到了完全无人驾驶，撞车？不可能的。
- ❑ 或许车联万物让任何道路危险来临时，都能随时处置，我不撞别人，别人也别想撞到我。
- ❑ 或许驱动能源已经变成了太阳能、集中供电、磁能等绝对安全的一种，电池自燃再也不会出现了。
- ❑ 或许到那时，开发工作可以不再是那么枯燥与紧张的事情，程序员们极尽自己的智慧与想象力，只要用户体验好，功能可以随时上，那些细致的文档、反复的层层测试都可以缩减，甚至代码开源，整个生态都可以献计献策。

如若安全问题能够得到解决，传统汽车行业会继动力总成"护城河"被绕过后，再失一大城池，但这却是汽车本身的成功。

10.4　再也不写文档

作为期待躺平的人员，理智上，我非常尊重和认可文档的价值，但情感上，也有至少同等程度的厌恶，尤其是那种写完之后大概率不会有第三个人看的文档（一般对于第二个人有一次性用途）以及花里胡哨的 PPT（我更喜欢用文字表达观点）。

印象比较深刻的一个例子是，曾经写过一份功能安全文档和一份配置管理文档，二者的版本信息互为输入，功能安全需要配置管理完成才能完成，而配置管理也同样需要功能安全完成才能完成，没想到文档竟然还能写成死循环……

写文档的人会拿出很多理由说文档不重要。同事之间流传下来的一个真实的段子是，审核员问项目组成员，你为什么不写详细设计书。

答曰，这个很简单，我们稍微一想就想出来了，懂代码的人也都能看得明白，没必要额外花时间去写出来，有这个时间我们还能够多上几个特性。

嗯……那复杂的呢？

多想一下，也想出来了。

审核员其实也有很充分的理由。你能想出来，不代表别人能想出来，万一你离职呢。我们需要积累组织经验，而且你在写的过程中还能发现一些意想不到的问题，或者你有可能判断错误。另外，我们的合作方众多、周期绵长，我们需要传递信息、需要保留证据、需要寻找变更基础等。

这大约是说了文档的不必要性和必要性。我们想消除文档，但最好别拂了谁的意，毕竟大家都希望建立一个和谐、理想的工作环境。

也就是说，不是完全不写，而是争取少写，能不写就不写。我们可以建立好唯一的、绿色的数据源，同一数据绝不再重复写，我们可以快速搜索、自由订阅、轻松链接，这样就减少了很多寻找、复制、粘贴、核对的浪费性工作。或者把非增值的管理工作和增值的技术工作绑定在一起，比如，写需求是增值的技术工作，开评审与执行需求的任务单是不增值的管理工作，如果需求写完自动生成一条任务，是不是挺好？

当然，这需要强大的、自动化的工具链的支撑，信息、知识都在工具流中流转，随取随用。那时的 Office 大概已经退出主流舞台，或者不再是主动输入的角色，而是被动的被输出物，条理清晰且带了恰到好处的五彩斑斓，那些当今疯狂内卷 PPT 的才华横溢者只能重新寻找用武之地了。

说到这里，再进一步，那些从需求、设计、代码、验证、bug 修复、确认验收等的一系列驱动型工程文档是不是都可以不用？这可是裁剪到最后最重要的文档了，希望如此。

甚至有一天，驾驶员和乘客，也就是我们的终端客户，坐在车里，突然想到一个场景或者遇到一个不舒服的问题，喊一句给我添加一个某某功能或处理下什么问题。经过筛选的声音信息电光石火般地传到开发者耳朵里，MBSE 已经更加智能，模型快速调整，生成代码，持续集成，自动识别用例完成测试。接着，进行整车各交互模块的模拟运行，以确认各场景下的稳健性，随后快速交付，并推送 OTA，直至客户车上的定制化开发完成。而且一切信息都自动留存到工具链的相关节点上，以待后续调取。想想也确实美好。

不美好的文档其实是信息、知识和智慧的载体，无论何时，我们都需要这些被承载的东西，只是或许 AI 在很多环节都能代替我们的人力去承载它们。那时，大家就能有更多的时间做一些更具创造性的美好事情了。

10.5 可视化网状协同

不知道全面人工智能化后，还需不需要大批量人员的协同合作。上一节想得有点夸张，这里我们不妨想象得近一点、稍微务实一点，那就是如何处理当下复杂智能座舱、自动驾驶系统的复杂协作。

跨文化、跨组织、跨流程、跨工具、跨操作系统的协作生态，拥有着大量的接口，虽然叫作生态，但没有自然生态衔接得那么丝滑，我们需要大量的人员在这些单元及接口间工作、交流。我们希望能建立起一张大网，网格与网格之间紧密连接，互相牵动，没有断层，适时调整，最好还是实时可视化的。

办公室中间可以建造一个巨幕大屏，如图 10-3 所示。分级时间计划可以作为统领的展示与指引，各方进展动态调整，随时展示，自动计算依赖关系。如果有风险，可及时提醒到个人即时通信工具，并在巨幕上报红显示，处理之后，即恢复绿色状态，像工厂里的安灯系统一样。

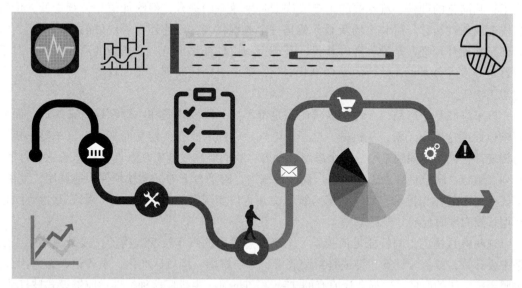

图 10-3　可视化协同看板简要示意

或许即便屏幕再大，物理空间也不够展示。那么，首先这个巨幕可以随便切换视角，或整车的，或零件的，或软件的，或需求的，或代码的，或测试的，或 bug 的……其次，各小团队也可以单独开辟一块不那么大的屏展示自己的细节信息。

总之，这是造车生态下所有层级信息、任务及流转状态的汇总，大家随时可以知道自己处于哪里、别人处于哪里、自己需要的东西到哪里拿、别人需要的东西什么时候怎么给。风险是暴露的，开发是透明的，知识是共享的。但这样自然是很难实现的，想得似乎还是不太务实，因为要处理大量的问题。比如，无法标准化的流程和技术方案，庞大系统的性能与维护，知识产权的保护，供应链之间的利益竞争……

这个幻想给我们带来的启发是，协作中尽可能减少人工接口，尽可能增加透明度，提高信息流转的速度。

10.6　汽车行业大洗牌

前面的内容很多是想象，而行业的混战却是真真切切在发生的，行业进一步大洗牌或是不算夸张的预期。

首先是需求驱动方的转变，所有主机厂都或主动或被动地关注起了终端消费者，关注用户体验、提炼使用场景成为业内讨论得越来越多的内容。如果消费者的话语权进一步提高，主机厂真正开始关注客户体验，这种需求势能的转变反过来会驱动整个产业链生态、组织、流程、文化的变革。

需求的转变带来了另一个核心变化是汽车价值链的转移，软件的重要程度已经不遑多论了，趋同化的硬件、流水线的生产或许会带来效率的提升，但附加值是持续走低，价值在快速向软件转移。后装市场新服务就是一个典型代表，以前还在讲硬件的原厂副厂，以后都是在硬件预埋甚至硬件随时替换的基础上，由软件来加持，形成新的商业模式。对于项目与开发人员来说，量产的概念也会弱化，整个生命周期都需要和这些车打交道，让它们常用常新。

汽车终归是个产品，个性化需求的满足都需要一段段代码和一颗颗螺钉来落地。而如何整体调度这些小元素，从机械、电子、电气、软件的所有架构层面来看，汽车整车架构的转变都在被"解耦到重聚"这个思路驱动着。我们要高效地实现个性化、体验感，打散、排列、组合、融合是理念思路，跨厂商、跨车型、跨平台下的标准软硬件快速调用、复用、扩展是造车的操作诉求，而以汽车为智能交互入口实现车、路、人、云、家等万物协同是新型智能汽车时代的终极形态。

这些极具诱惑力的特征是依赖于一个极具想象力的汽车技术架构的，或是域集中，或是中央计算，或是云计算，抑或是封装底层、分层解耦、接口标准化、服务化。无论什么，按照康威定律的原理，这都会让原有的 Tier 2、Tier 1、主机厂这种线性供应链模式被打乱，也会让按车型、按功能域层层划分的职能被调整，还会让多个项目运作的组织模式被改变。到那时，OEM、Tier 或者项目经理、需求工程师等概念都会消失，它们的职责也会发生大幅变化。

需求驱动、价值拉动、架构推动，似乎所有的力量都在让所有参与者思变、转变，并最终形成一个新的汽车业态，我们期待并正在经历着。

10.7　本章小结

如本章开头所说，我们想通过一个轻松简短的想象来作为全书的收尾，不追求可操作性。不过，我们也希望能够引发读者的一些思考，空杯心态，兼容并蓄，以逐步打破那些僵化的、陈旧的模式，与时俱进。

回到本章内容上，这些小节也算是从汽车在面对软件时遭遇的困境展开，只是这些东西涉及面太广、话题太大，我们没有良好实践，也无法给出合适答案，索性进行一场不设限的想象。繁杂的造车环节、SOP 坚硬的后墙、萦绕心头的安全、不得不写的文档以及协作的内耗等都是这场革新中的日常场景。然而，既然有这样的浪潮汹涌，相信汽车行业会在不远的时期内迎来一场洗牌。

未来，不可想象，也请尽情想象。

推荐阅读